Birgit Wolf
Sprache in der DDR

Birgit Wolf

Sprache in der DDR

Ein Wörterbuch

Walter de Gruyter · Berlin · New York
2000

♾ Gedruckt auf säurefreiem Papier,
das die US-ANSI-Norm über Haltbarkeit erfüllt.

Die Deutsche Bibliothek — CIP-Einheitsaufnahme

Wolf, Birgit:
Sprache in der DDR : ein Wörterbuch / Birgit Wolf. — Berlin ;
New York : de Gruyter, 2000
ISBN 3-11-016427-2

Printed in Germany
Satz: Arthur Collignon GmbH, Berlin
Druck und buchbinderische Verarbeitung: WB-Druck GmbH & Co.
Buchproduktion KG, Rieden/Allgäu
Einbandgestaltung: + Malsy, Kommunikation und Gestaltung, Bremen

Inhaltsübersicht

Vorwort

Mut gemacht, ein Wörterbuch über den Sprachgebrauch in der DDR zu schreiben, hat mir das große Interesse von KollegInnen und Freunden. Dieses wurde mir gleichermaßen entgegengebracht von denen, die in der DDR aufgewachsen waren, als auch von denen, die ihre Heimat in den alten Bundesländern hatten.

Die wissenschaftliche Aufarbeitung der Lexik der DDR wird schon seit längerer Zeit eingefordert (z. B. Burkhard Schaeder 1996), doch ist bisher zu dieser Thematik meines Wissens noch kein umfassendes Lexikon erschienen. Wie ich nun aus eigener Erfahrung weiß, ist der Versuch einer solchen Darstellung mit vielen Schwierigkeiten verbunden. Schon allein die Frage, was gehört eigentlich zum DDR-spezifischen Sprachgebrauch, ist nicht immer einfach zu beantworten. Hinzu kommt die Tatsache, daß einerseits schon nach einem historisch so kurzen Zeitraum von nur 10 Jahren bestimmte sprachliche Eigenheiten im Bewußtsein der Sprecher zu verblassen beginnen. Ein Prozeß, der andererseits aber auch die nötige Distanz einer betrachtenden Beschreibung ermöglichte.

Wörterbücher über DDR-Sprache gibt es bereits, wobei die bis 1989 erschienenen sich meist auf bestimmte Sprachauffälligkeiten (Jahresendflügelfigur, Broiler) beschränkten und nicht so sehr eine Darstellung des Sprachgebrauchs in seiner relativen differenzierten Vollständigkeit zum Ziel hatten. Oft wurde die SED-Terminologie in ihrem Gebrauch mit der Sprache in der DDR gleichgesetzt.

Die aus der DDR stammenden Wörterbücher sind zwar teilweise sehr informativ, aber eher knapp gehalten und standen oftmals unter dem Zwang, den politischen und ideologischen Wortschatz zu dokumentieren.

Nun doch nach 10 Jahren Wiedervereinigung von Ost und West noch so ein Wörterbuch? Wissen wir nicht schon alles, was den anderen und seinen Sprachgebrauch betrifft oder sind wir bereit, immer noch mehr über uns zu lernen? Wollen wir uns wirklich der Mühe unterziehen und hinter die Wörter sehen? Wer dazu bereit ist, der wird hoffentlich Freude an diesem Wörterbuch haben und erkennen, Sprache in der DDR, das waren nicht nur der Sprachgebrauch der SED (also der offiziell propagierte Sprachgebrauch) oder die besonderen Sprachauffälligkeiten, die von Außenstehenden schnell registriert wurden.

Es gab vor allem auch den unerwünscht kritischen, meist mündlich wiedergegebenen Alltagswortschatz, der kaum schriftlich dokumentiert, geschweige denn angemessen beschrieben ist. In der DDR gab es außerdem eine jahrelang kultivierte Fähigkeit, zwischen den Zeilen zu lesen und feine sprachliche Untertöne zu registrieren. Dem stand die Bereitschaft der Sprecher gegenüber, „Nichtgesagtes" in entsprechender Weise kodiert zu formulieren. Da laute Kritik nicht erwünscht war, gab es die leise, die sich in einer bestimmten Wortwahl, in ironischen Wendungen oder den vielen Witzen über die Regierung, die Partei und den Alltag fand.

Dies versuche ich in die einzelnen Artikel einzubringen und hoffe, durch die Mischung von Definition, Kommentar, Textbeispielen, Zitaten und Witzen einen Beschreibungsansatz gefunden zu haben, der es erlaubt, die den Wörtern innewohnenden Wertungen, Emotionen und Empfindungen angemessen darzustellen.

Mit diesem Wörterbuch wurde also der Versuch unternommen, den über 40 Jahre gewachsenen spezifischen Wortschatz, seinen Gebrauch als Zeugnis und Ergebnis eines historischen Prozesses darzustellen, sprachhistorische wie auch sprachkulturelle Sachverhalte zu dokumentieren, mit denen Aussagen zu den Befindlichkeiten der unter den konkreten DDR-Bedingungen lebenden Mitgliedern der doch stark differenzierten deutschen Sprachgemeinschaft getroffen werden können.

Wenn trotz der Vielschichtigkeit der Problematik ein Wörterbuch herausgekommen ist, von dem die einen sagen können „ja, ich erkenne mich wieder" und die anderen „nun ist mir doch vieles über die ehemalige DDR klargeworden", dann hat sich das Durchhalten für mich gelohnt.

In diesem Zusammenhang möchte ich all denjenigen danken, die mir mit fachlichem Rat und wissenschaftlicher Sachkenntnis zur Seite standen. Besonders möchte ich mich bei Frau Dr. Doris Steffens bedanken, die an der Erarbeitung der Konzeption und der Ausarbeitung einiger Wortartikel intensiv beteiligt war. Frau Dr. Cordula Krahl verdanke ich fundierte Anregungen im Zusammenhang mit der Endredaktion des Manuskripts. Bei Herrn Dr. Lutz Wolf bedanke ich mich für die vielen wertvollen Hinweise zu Wörtern des politischen und juristischen Wortschatzes. Nicht zuletzt bedanke ich mich bei meinem Partner Jan und meinen drei Kindern Patricia, Frederik und Martin, ohne deren Geduld das Wörterbuch wohl nie entstanden wäre.

Ich wünsche uns, daß dieses Wörterbuch ein wenig zum Verständnis und zur Toleranz gegenüber „anders" Sprechenden beitragen möge, denn wer die Bedeutung der Wörter nicht kennt, der kann auch nicht verstehen.

August 2000   Birgit Wolf

Hinweise zur Benutzung

Stichwortauswahl

Anliegen dieses Wörterbuches ist die Darstellung des in 40 Jahren gewachsenen spezifischen DDR-Wortschatzes einschließlich seines Gebrauches. Im wesentlichen läßt sich dieser Wortschatz in 2 große Gruppen einteilen:

1. in die von offizieller Seite geprägten und propagierten neuen Lexeme (z. B. **örtliche Räte, Oberstes Gericht, orientieren auf**) und Neubedeutungen (z. B. **Patenschaft, Bürgschaft, Präsent**) für DDR-spezifische Sachverhalte, mit denen Benennungslücken geschlossen wurden.

Dazu kamen außerdem Neubenennungen, die aus politisch-ideologischen und wertenden Gründen geprägt wurden, um bereits vorhandene Lexeme zu ersetzen (**Dokument** für **Paß, Sekundärrohstoffe** für **Altstoffe, Dreiraumwohnung** für meist nur eine **2½-Zimmer Wohnung, Fahrerlaubnis** für **Führerschein**).

Nicht vordergründig politisch-ideologisch, obwohl stark frequentiert, waren solche Lexeme, mittels derer von offizieller Seite ein hohes Maß an schon Erreichtem konstatiert wurde, was gleichzeitig mit dem Aufruf verbunden war, auf diesem Niveau nicht stehenzubleiben (**immer** + Komparativ, **noch** + Komparativ).

Eine Vielzahl dieser neuen Lexeme fand auch in die Alltagskommunikation Eingang, dann nämlich, wenn auf DDR-relevante Sachverhalte referiert wurde, für die nur eine offiziell propagierte Benennung existierte (**Elternaktiv, endversorgt**).

2. die vom Volk geprägten Benennungen, auch Neubedeutungen, die entweder Benennungslücken schlossen (besonders in Tabubereichen, z. B. **blaue Fliese/Kachel, Mumienexpreß, falten gehen**) oder Parallelbenennungen zu offiziell propagierten Benennungen (**Mauer** statt **antifaschistischer Schutzwall, Rotlichtbestrahlung** statt **Parteiversammlung**) waren. Die in diesem Bereich dargestellte Lexik wurde vorwiegend in der mündlichen, nichtoffiziellen Kommunikation benutzt, um sich (mehr oder weniger) bewußt, vom offiziellen Sprachgebrauch abzugrenzen und den eigenen Sprecherstandpunkt und eigene Wertungen durch die Wahl bestimmter sprachlicher Mittel hervorzuheben. Sie ist daher Ausdruck der mannigfaltigen Möglichkeiten, sich dem offiziell verordneten Sprachgebrauch zu entziehen.

Diese Zweiteilung des Wortschatzes führte zu einer speziellen **Bedeutungsbeschreibung.** Sie besteht aus einer Mischung von sachlichen Erläuterungen und ergänzenden Kontextbeispielen, aus Definition und Kommentar, folgt so eher einem Diskurs über den Sprachgebrauch in der DDR, ohne an einer strengen Beschreibungssprache festzuhalten. Formalismus in bezug auf die Gestaltung der Artikel wird so vermieden. Das heißt, daß je nach Erfordernis die Verbindung definitorischer Elemente mit kommentierender Beschreibung unter Einbeziehung stilistischer Informationen bei den Stichwörtern möglich ist.

Gerade diese Mischung wird das Buch auch für Nichtlinguisten interessant machen.

Die insgesamt große Zahl von DDR-spezifischen Benennungen und Gebrauchsweisen, wie in den beiden Gruppen aufgezeigt, betrifft v. a. die mit dem öffentlichen Leben in Zusammenhang stehenden Sachbereiche und macht die Polarisierung zwischen offiziell propagiertem Sprachgebrauch und nicht-offizieller Kommunikation und die sich daraus ergebenden Formen von Distanzierungen einerseits sowie die Notwendigkeit der Anpassung der Angehörigen der Kommunikationsgemeinschaft an die Realität und ihre offizielle Versprachlichung andererseits deutlich.

Wenn eingangs festgestellt wird, daß die Lexik von 40 Jahren DDR-Vergangenheit für dieses Wörterbuch relevant ist, dann bedeutet das konkret, daß in erster Linie der zum Zentrum der DDR-Lexik gehörende Wortschatz erfaßt wurde. Das ist eine Aussage, die problematisch ist, angesichts der existierenden Kluft zwischen offizieller, besonders in den Massenmedien verbreiteter, und nicht-offizieller, sich vorwiegend auf den Bereich der privaten, bevorzugt mündlichen Kommunikation konzentrierenden Sprache. Ich gehe aber davon aus, daß Teile dieses

Wortschatzes (wie unter 1. ausgeführt) auch in der nicht-offiziellen Kommunikation eine Rolle spielten und daß der Wortschatzbereich, der fast gar nicht in der Allgemeinsprache reflektiert wurde, weil er eindeutig SED-Terminologie war (**Diktatur des Proletariats, Partei neuen Typus, Territorialplanung**), trotzdem seine Existenzberechtigung in diesem Wörterbuch hat, da er, wenn auch nicht allgemein gebraucht, so doch allgegenwärtig war.

Dieser Tatsache ist auch die Aufnahme einer streng ausgewählten Zahl von Eigennamen (**Bitterfelder Weg, Arbeiterfestspiele**), Organisationsnamen (**FDJ, BGL**) und Produktnamen (**Malimo, Wolpryla, Spee**) geschuldet. Die enge Verknüpfung dieser Kategorien von Namen mit dem ehemaligen System machte eine bestimmte Auswahl und Aufnahme unbedingt erforderlich. Systemerhellung kann nur erfolgen, wenn man den Inhalt transparent macht.

Das Auswahlkriterium für politische Termini (**Bewußtsein, Basis und Überbau**) war der Aspekt von Zentrum und Peripherie. Deshalb wurde ihre Zahl auch relativ begrenzt.

Erfassungszeitraum

Der Zeitraum für die dargestellte Lexik umfaßt die Jahre 1949 bis 1989. Berücksichtigung finden in Ausnahmefällen auch solche Wörter und Wortzusammensetzungen, die schon vor 1949 geprägt wurden und dann allmählich (wegen des Wegfalls der in der Realität nicht mehr existierenden Sachverhalte) aus dem Sprachgebrauch verschwanden. Dies waren Wörter wie **Neulehrer, Bodenreform** oder **ABF**. Aufgenommen wurden außerdem auch solche Bezeichnungen, die innerhalb des erfaßten Gesamtzeitraumes inzwischen schon wieder veraltet (**UWUBU**), in einem bestimmten Zeitraum aber sprachlich relevant waren.

Aufbau der Wörterbuchartikel

Die rund 1 900 Stichwörter sind alphabetisch geordnet.

Der Aufbau der einzelnen Wörterbuchartikel unterliegt einem festen Schema. Am Anfang des Artikels steht das durch Fettdruck hervorgehobene Stichwort. Es hat in der Regel eine Bedeutung, kann aber auch polysem sein. Das wird durch eine Gliederung mit Hilfe arabischer Zahlen verdeutlicht.

Agronom Tätigkeitsbezeichnung für eine ausgebildete Fachkraft auf dem Gebiet der ↑ Pflanzenproduktion, die in einer ↑ LPG oder einer ↑ KAP leitend oder beratend tätig war.
Freunde /nur Pl./ **1.** Offizielle Bezeichnung für die (O-Ton:) ‚mit uns in enger Freundschaft verbundenen sowjetischen Menschen‘.
2. Umgangssprachlich gebraucht für die in der ↑ DDR stationierte sowjetische Armee.

Nach dem Stichwort folgt die Bedeutungsbeschreibung. Kommen in dieser Wörter vor, die selbst als eigenständige Stichwörter fungieren, werden sie mit ↑ versehen. Tritt ein mit ↑ versehenes Stichwort mehrmals in der Definition auf, dann steht der ↑ nur an der Stelle der Ersterwähnung.

SERO *auch* **Sero** /o. Art.; Kurzf. für Sekundärrohstoffe/ ...
2. ↑ Annahmestelle des zentralen VEB ↑ Kombinat Sekundärrohstoffe, bei der v. a. die Bevölkerung Altstoffe gegen Vergütung abgeben konnte. An besonders dafür ausgestatteten Annahmestellen wurden auch Stoffe, die sachkundig entsorgt werden mußten, z. B. Kühlschränke, Batterien, kostenlos angenommen.

Wörter mit Bindestrich werden als ein Stichwort angesetzt (**politisch-ideologisch**) und erscheinen an entsprechender alphabetischer Stelle.

Stichwörter können einzelne Wörter, aber auch Wortgruppen sein. Phraseologismen kommen dafür ebenso in Frage, wie beispielsweise

bei der **Fahne** (sein)

oder nicht phraseologische Wortgruppen, wie

blaue **Fliese/Kachel**),

wenn diese relativ stabil zum Beispiel in der Reihenfolge ihrer Komponenten sind (**Hoch- und Fachschulkader**) bzw. wenn – immer unter dem Aspekt, daß es sich um DDR-Lexik handelt – die Vorhersagbarkeit der Verbindung dieser Komponenten relativ groß ist (**sozialistisches Eigentum, Straße der Besten, bewaffnete Organe**).

Die Phraseologismen findet man unter dem in der Wendung enthaltenen fettgedruckten Substantiv. Die Wortgruppen unter dem ersten Wort der Wortgruppe an alphabetischer Stelle.

Stichwörter können auch solche Lexeme sein, die in Zusammensetzungen reihenbildend auftreten (**-kombinat, Brigade-**) und zwar auch dann, wenn das Simplex (z. B. **Basar**) kein Stichwort ist (**-basar**).

An dieser Stelle wird die alphabetische Reihenfolge zu Gunsten einer nutzerfreundlicheren Darstellung wie folgt unterbrochen:

Simplex – Zusammensetzungen mit einem Grundwort – Zusammensetzung mit einem Bestimmungswort – weitere Stichwörter in alphabetischer Reihenfolge

> **Aktiv** /nach russ. Vorbild/ Eine kleine Gruppe von Personen, die freiwillig und ehrenamtlich …
> **-aktiv** Grundwort, das sich in Zusammensetzungen mit Substantiven auf eine kleine Gruppe von …
> **Aktiv-** Bestimmungswort, das sich in Zusammensetzungen mit Substantiven auf die Tätigkeit eines ↑ Aktivs bezog.
> **Aktivist** Kurzbezeichnung für Ehrentitel, die ↑ Werktätigen verliehen wurden, die …

Initialabkürzungswörter (**ABI, EOS**) und andere Formen von Abkürzungswörtern (**SV-Ausweis** für **Sozialversicherungsausweis, Bodenreform** für **demokratische Bodenreform**) werden als selbständige Stichwörter behandelt und mit dem in Schrägstrichen gegebenen Kommentar /Kurzf. für…/ gekennzeichnet. Die Lexeme, treten als Stichwort sowohl in der Kurz- als auch in der Langform auf, es wird auf die jeweils andere Form verwiesen.

> **ABI** [a|be|i:] /Kurzf. für Arbeiter-und-Bauern-Inspektion/ 1963 gegründete Institution, die dem ↑ ZK der SED und dem Ministerrat unterstellt war …
> **Arbeiter-und-Bauern-Inspektion** ↑ ABI

Eine Definition erfolgt bei der Form, die als sprachliche Variante bevorzugt benutzt wurde. Im o. g. Fall also bei **ABI**.

Die üblichen Angaben in Sprachwörterbüchern zum Stichwort wie Betonung, grammatische Angaben und Aussprache wurden auf ein Mindestmaß reduziert. Diese Hinweise befinden sich in Schrägstrichen nach dem Stichwort und beziehen sich – soweit überhaupt vorhanden – auf:

Abkürzung	**Büro für Neuererwesen** /Kurzf.: BfN/ Gesetzlich vorgeschriebene Abteilung in...
Kurzform	**BGL** /Kurzf. für Betriebsgewerkschaftsleitung/
Wortbildungsangaben bei Kunstwörtern	**Malimo** /o. Pl.; Kunstw. aus Mauersberger (Name des Erfinders) + Limbach-Oberfrohna (Produktionsort)/
erkennbaren Spracheinfluß	**Dispatcher** /nach einem dem Engl. entlehnten russ. Vorbild/
Beschränkungen im Numerus	**Junge Talente** /Pl./ **Kandidatenzeit** /o. Pl./ **Klassiker** /vorw. Pl./ **Hauptaufgabe** /Pl. ungebr./ **Kulturobmann** /Pl.: Kulturobleute/ usw.
Beschränkungen im Gebrauch des Artikels	**Bruderland** /im Pl. mit best. Art./ **Centrum** /o. PL.; o. Art./ **Delegierte** /Art.: der <u>und</u> die/ **ESP** [e:es:pe] /Art. ungebräuchl.; **Garant** /mit unbest. Art. + Genitivattribut/ usw.

Es werden Hinweise zu Schreibvarianten gegeben, z. B.

Mach-mit- *auch* **Mach mit**
NÖSPEL *auch* **n.ö.S**
SERO *auch* **Sero**

Angaben zur **Aussprache** erfolgen nur dann, wenn mehrere Möglichkeiten des Aussprechens bestehen.

BAM [bam]
Kolchos ['kolξos] /Art. der: <u>auch</u> das/; **Kolchose** [kol'ξoze]

Synonyme − falls vorhanden − werden am Ende des Stichwortes angegeben, z. B.:

Palast der Republik Anläßlich des IX. SED-Parteitages ... Wegen Asbestgefährdung wurde der Palast im September 1990 gesperrt und für den Abriß vorgesehen. S.: Ballast der Republik, Erichs Lampenladen, Lampenladen Mitte, Palazzo Prozzo

Alle erwähnten Synonyme werden als eigenständige Stichwörter aufgenommen und wenn notwendig (beispielsweise wegen einer anderen Stilebene oder eines zusätzlichen Bedeutungshintergrundes) ebenfalls definiert oder auf das Grundsynonym verwiesen.

Ballast der Republik Umgangssprachlich für ↑ Palast der Republik, da bei dessen Bau aus der gesamten ↑ DDR Bauleute nach Berlin geschickt wurden, um bei der schnellen Fertigstellung dieses Repräsentativgebäudes zu helfen.
Erichs Lampenladen ↑ Lampenladen Mitte. Umgangssprachlich für den ↑ Palast der Republik
Lampenladen Mitte Scherzhaft für den ↑ Palast der Republik vor dem Marx-Engels-Platz in Ostberlin, dessen weitläufiges Treppenhaus auch nachts durch zahllose Lampen beleuchtet wurde. Die Bezeichnung entstand in Anlehnung an das (aus der Werbung bekannte) Lichthaus Mösch in Westberlin. S.: Erichs Lampenladen
Palazzo Protzo ↑ Palast der Republik

Vgl. auch steht am Ende eines Artikels, wenn semantische Beziehungen im Wortschatz transparent gemacht werden sollen, also um zu zeigen, das enge Bedeutungsbeziehungen zwischen den einzelnen Stichwörtern bestehen.

Ehekredit Ursprünglich nicht offizielle, später auch offizielle Bezeichnung für einen seit 1972 einem jungen Paar nach der Eheschließung gewährten zinslosen Kredit in Höhe von 5000, später 7500 Mark, dessen Rückzahlung je nach der Zahl der in der Ehe geborenen Kinder teilweise oder ganz erlassen wurde. Vgl. auch: abkindern
abkindern Umgangssprachlich gebraucht für den gesetzlich vorgesehenen Erlaß von Tilgungsraten eines zinslosen Kredits für junge Familien. Während der Kreditlaufzeit von acht Jahren wurde bei der Geburt jedes Kindes ein Teil der zurückzuzahlenden Summe erlassen. Die Kreditsumme betrug Anfang der siebziger Jahre 5000 Mark, später 7500 Mark. Sie reduzierte sich bei der Geburt des ersten Kindes um 1000 Mark, bei Geburt des zweiten um weitere 1500 und bei Geburt jedes folgenden Kindes noch einmal um 2500 Mark. Vgl. auch: Ehekredit

Dazu auch verweist auf verwandte Wörter, die keinen eigenen Eintrag haben.

nachnutzen Aus der ↑ Neuererbewegung hervorgegangene ... Dazu auch: Nachnutzung
Vergesellschaftung Terminus der Politischen Ökonomie des Sozialismus, der ... Dazu auch: vergesellschaften

Es steht ebenfalls, wenn von der maskulinen auf die abgeleitete feminine Form verwiesen wird.

Traktorist /nach russ. Vorbild/ Berufsbezeichnung für ... Dazu auch: Traktoristin

Besonderer Wert wird auf **Kollokationen** gelegt, also auf die Darstellung regelgerechter, typischer Verbindungen des Stichwortes mit anderen Wörtern, wenn die sich aus den semantisch-syntaktischen Relationen zwischen den Lexemen ergeben. Diese typischen Verbindungen werden mit * markiert.

Durch (**O-Ton:**) werden Textstellen gekennzeichnet, die auf immer wiederkehrende Phrasen hinweisen und meist nur im mündlichen Sprachgebrauch üblich waren.

Im Bedarfsfall werden **Zitate** oder **Witze** zur Illustration einbezogen.

Die Länge der Artikel ist sehr unterschiedlich, in der Regel aber länger als in einsprachigen Bedeutungswörterbüchern. Es wurden rund 1900 Stichwörter aufgenommen, bei dieser Zählung unberücksichtigt bleiben die sich aus den definierten Grund- und Bestimmungswörtern ergebenden Wörter.

Die Artikel sind bewußt in alter Rechtschreibung geschrieben, da im Beschreibungszeitraum die Neuregelung noch nicht galt.

Zeichen und Abkürzungen

↑   **Verweispfeil:** Das betreffende Wort ist an alphabetischer Stelle selbst ein Stichwort.

/ /   **Schrägstriche:** Schließen Kommentare ein, kennzeichnen beispielsweise Genusrestriktionen.

[ ]   **Eckige Klammern:** Dienen zur Kennzeichnung der Aussprache des Lexems.

*   **Stern:** Kennzeichnet bei dem jeweiligen Stichwort bestimmte, immer wiederkehrende typische Verbindungen, die noch nicht den Charakter von Phraseologismen bzw. von nicht phraseologischen Wortgruppen tragen (z. B.: **Begenung** * freundschaftliche, inhaltsreiche, herzliche ...).

◆   **Karo:** Kennzeichnet Lexeme, die sowohl mit als auch ohne -es gesprochen oder geschrieben werden können, **Kampf-** *auch* ◆ **Kampfes**grüße ...

(O-Ton):   **(O-Ton):** Verweis auf häufig gesprochene, jedoch selten schriftlich wiedergegebene Wortverbindungen.

Abk.	Abkürzung
Adj.	Adjektiv
Adj.; nur attr.	Adjektiv, nur attributiv
Adj.; vorw. präd.	Adjektiv, vorwiegend prädikativ
Adv.	Adverb
Art.	Artikel
Art. ungebr.	Artikel ungebräuchlich
attr.	attributiv
best.	bestimmt
best. Adj. od. Genitivobj.	(mit) bestimmtem Adjektiv oder Genitivobjekt
bzw.	beziehungsweise
dgl.	dergleichen
Engl.	Englisch
etc.	et cetera
Genitivobj.	Genitivobjekt
ggf.	gegebenenfalls
im Pl. mit best. Art.	im Plural mit bestimmtem Artikel

insb.	insbesondere
Kurzf.	Kurzform
Kurzf. für ...	Kurzform für ...
nur Pl.	nur Plural
nur Sg.	nur Singular
o.	ohne
o. Art.	ohne Artikel
od.	oder
o. g.	oben genannt
o. Pl.	ohne Plural
o. ä.	oder ähnliches
O-Ton:	Originalton
Phras.	Phraseologie
Pl.	Plural
Pl. ungebr.	Plural ungebräuchlich
präd.	prädikativ
Russ.	Russisch
russ.	russisch (attributiv)
S.	Synonym
Sg.	Singular
sog.	sogenannt
u.	und
u. ä.	und ähnliche
u. a.	unter anderem
unbest.	unbestimmt
unbest. Art.	unbestimmter Artikel
ungebr.	ungebräuchlich
usw.	und so weiter
v. a.	vor allem
vgl.	vergleiche
vgl. auch	vergleiche auch
vorw.	vorwiegend
vorw. attr.	vorwiegend attributiv
vorw. o. Art.	vorwiegend ohne Artikel
vorw. Pl.	vorwiegend Plural
vorw. Sg.	vorwiegend Singular
W.	Witz
Z.	Zitat
z. B.	zum Beispiel

Quellen

Zeitungen, Zeitschriften, Periodika

BZ
Berliner Zeitung. − Berliner Verlag, Berlin 1949−1990

BZA
BZ am Abend. − Berliner Verlag, Berlin 1949−1999

Deine Gesundheit
Deine Gesundheit. Populärwissenschaftliche medizinische Zeitschrift. − Verlag Volk und Gesundheit, Berlin 1956−1993

Einheit
Einheit. Zeitschrift für Theorie und Praxis des wissenschaftlichen Sozialismus. − Dietz Verlag, Berlin 1946−1989

FDGB-R
FDGB-Rundschau. Herausg. vom Bundesvorstand des FDGB. − Verlag Tribüne, Berlin 1963−1989

Filmspiegel
Filmspiegel. − Henschelverlag, Berlin 1954−1991

Frau von Heute
Frau von Heute. Organ des demokratischen Frauenbunds Deutschlands. − Deutscher Frauenverlag, Leipzig 1949−1962, ab 1963 Für Dich − die neue illustrierte Frauenzeitung. − Verlag für die Frau, Leipzig 1963−1990

JW
Junge Welt. Organ des Zentralrats der FDJ. − Verlag Junge Welt, Berlin

KiH
Kultur im Heim. − Verlag die Wirtschaft, Berlin 1957−1989

ND
Neues Deutschland. Organ des Zentralkomitees der SED. − Verlag Neues Deutschland, Berlin

Neuer Weg
Neuer Weg. Organ des Zentralkomitees der SED für Fragen des Parteilebens. − Dietz Verlag, Berlin 1946−1989

NL
Neues Leben. Jugendmagazin. Hrsg. vom Zentralrat der FDJ. −Verlag Neues Leben, Berlin 1953−1989

Tribüne	Tribüne. Organ des Bundesvorstandes des FDGB. – Verlag Tribüne, Berlin 1947– 1991
Trommel	Trommel. Organ des Zentralrats der FDJ für Thälmannpioniere und Schüler. – Verlag Junge Welt, Berlin
Wo	Wochenpost. – Berliner Verlag, Berlin 1954–1997

Weitere Quellen

Dokumente der SED

E. Honecker, Protokoll VIII. Parteitag, 1/1971 =
Protokoll der Verhandlungen des VIII. Parteitages der Sozialistischen Einheitspartei Deutschlands. 15. bis 19. Juni 1971 in der Werner-Seelenbinder-Halle zu Berlin. Bd. 1, 1. bis 3. Beratungstag. – Dietz Verlag, Berlin 1971

E. Honecker, IX. Parteitag der SED =
IX. Parteitag der SED. Berlin, 18. bis 22. Mai 1976. Bericht des Zentralkomitees der Sozialistischen Einheitspartei Deutschlands an den IX. Parteitag der SED. Berichterstatter: Genosse Erich Honecker. – Dietz Verlag, Berlin 1976

E. Honecker, XI. Parteitag der SED =
XI. Parteitag der SED. Berlin, 17. bis 21. April 1986. Bericht des Zentralkomitees der Sozialistischen Einheitspartei Deutschlands an den XI. Parteitag der SED. Berichterstatter: Genosse Erich Honecker. – Dietz Verlag, Berlin 1986

G. Mittag, Direktive X. Parteitag der SED =
X. Parteitag der SED. 11. bis 16. April 1981 in Berlin. Direktive des X. Parteitages der SED zum Fünfjahrplan für die Entwicklung der Volkswirtschaft der DDR in den Jahren 1981 bis 1985. Bericht der Kommission an den X. Parteitag der SED. Berichterstatter: Genosse Günter Mittag. – Dietz Verlag, Berlin 1981

W. Stoph, X. Parteitag der SED 1981, Direktive =
X. Parteitag der SED. 11. bis 16. April 1981 in Berlin. Direktive des X. Parteitages der SED zum Fünfjahrplan für die Entwick-

lung der Volkswirtschaft der DDR in den Jahren 1981 bis 1995. Berichterstatter: Genosse Willi Stoph. – Dietz Verlag, Berlin 1981

andere Quellen

Geschichte der DDR =
Geschichte der Deutschen Demokratischen Republik. Von einem Autorenkollektiv unter der Leit. von Rolf Badstübner. – VEB Deutscher Verlag der Wissenschaften, Berlin 1981

Gesetzblatt DDR 41(1957) 322 =
Gesetzblatt der Deutschen Demokratischen Republik. Herausg. vom Büro des Präsidiums des Ministerrates der Deutschen Demokratischen Republik. – VEB Deutscher Zentralverlag, Berlin 1957

Kulturpol. WB =
Kultur-politisches Wörterbuch. – Dietz Verlag, Berlin 1970

Lenin, Bd. 14 =
Lenin, W. I.: Materialismus und Empiriokritizismus. Kritische Bemerkungen über eine reaktionäre Philosophie. – Dietz Verlag, Berlin 1979

Röhl, Ernst: Ich wünschte, ich wär' mein Bruder. – Eulenspiegel Verlag, Berlin 1983

Statut der Freien Deutschen Jugend =
Statut der Freien Deutschen Jugend. Beschlossen vom X. Parlament der Freien Deutschen Jugend 1976. Herausg. vom Zentralrat der Freien Deutschen Jugend, Abteilung Verbandsorgane, über Verlag Junge Welt, Berlin 1977

Unter der blauen Fahne. Leseheft…, =
Unter der blauen Fahne. Leseheft für den Pionierzirkel „Unter der blauen Fahne" im Studienjahr der FDJ 1988/89. Herausg. vom Zentralrat der FDJ, Abteilung Junge Pioniere/Organisationsleben, über Verlag Junge Welt, Berlin 1988

A

A Zeichen für 'Anfänger'. An der Pkw-Heckscheibe groß und gut sichtbar angebrachter Buchstabe, mit dem der Fahrer signalisierte, daß er Führerschein bzw. ↑ Fahrerlaubnis erst vor kurzem erworben und/oder wenig Fahrpraxis hatte.

Abendstudium Bis in die siebziger Jahre praktizierte Form des Studiums, das Berufstätige neben der täglichen Arbeit abends noch an einer Universität, ↑ Hoch- oder Fachschule absolvierten. Wurde der Abendstudent vom Betrieb zum Studium ↑ delegiert, blieb die Betriebszugehörigkeit erhalten, und ihm wurde eine Verkürzung der Arbeitszeit gewährt. Auf diesem Weg erwarben viele erfolgreiche Wirtschaftspraktiker, oft aber auch Menschen, die als Jugendliche aus politischen Gründen oder wegen ihrer sozialen Herkunft (vor allem aus dem Bürgertum) keinen Studienplatz in der von ihnen gewünschten Studienrichtung erhalten hatten, eine akademische Ausbildung; dazu auch: Abendstudent. Vgl. auch: Direktstudium
Z.: „Das Abendstudium an den Fachschulen der deutschen Demokratischen Republik hat die Aufgabe, den Werktätigen ein Fachschulstudium ohne Unterbrechung ihrer beruflichen Tätigkeit zu ermöglichen." Gesetzblatt DDR, 41(1957)322

ABF [a|be|ef] /Kurzf. für Arbeiter-und-Bauern-Fakultät/ 1949 an einigen Universitäten und ↑ Hochschulen gegründete selbständige ↑ Fakultät, an der junge Arbeiter und Bauern bzw. Kinder von Arbeitern und Bauern in meist drei Jahren die Hochschulreife erlangen konnten. Das Ziel, den Anteil der Studenten mit dieser sozialen Herkunft im Vergleich zur Gesamtzahl der Studierenden überproportional zu erhöhen, um damit

schneller eine ↑ sozialistische Intelligenz heranzubilden, galt Anfang der sechziger Jahre als erreicht. Die Einrichtungen wurden nach und nach wieder geschlossen. Nur an der Universität Halle bestand auch weiterhin eine ABF genannte Einrichtung, an der fachlich und politisch geeignete Schüler bereits in Klasse 12 auf ein Auslandsstudium, meist in der Sowjetunion, vorbereitet wurden.

abfassen Umgangssprachlich für 'etwas bekommen, das der Sprecher/ Hörer für reichlich bemessen hielt'.
* eine hohe Prämie, drei Stempel, fünf Monate Gefängnis abfassen

Abgrenzung Seit 1970 offiziell verwendete Bezeichnung, die für eine Politik stand, mit der sich die SED-Führung gegenüber der Bundesrepublik ↑ ideologisch stärker als bisher abschotten wollte. Aus wirtschaftlichen Gründen wurden in dieser Zeit bilaterale Kontakte zur Bundesrepublik und anderen westlichen Ländern intensiviert. Der Partei- und Sicherheitsapparat sah jedoch darin Gefahren für die politische Stimmung in der Bevölkerung. Deshalb versuchte die SED-Führung, die Abgrenzung mit der Unvereinbarkeit der unterschiedlichen gesellschaftlichen Systeme in den beiden deutschen Staaten zu begründen und die Existenz der ↑ DDR zu legitimieren. Sie erteilte damit der Politik der Bundesrepublik, die an dem Weiterbestehen einer deutschen Nation und der Pflicht zur Wiederherstellung der staatlichen Einheit festhielt, endgültig eine Absage. Zwar wurden die gemeinsame deutsche Geschichte, Sprache und Kultur nicht geleugnet, doch sah man dies gegenüber den gegensätzlichen sozialen Strukturen in beiden deutschen Staaten als untergeordnet an.

1

ABI [a|be|i:] /Kurzf. für Arbeiter-und-Bauern-Inspektion/ 1963 gegründete Institution, die dem ↑ ZK der SED und dem Ministerrat unterstellt war. Im offiziellen Verständnis sollte sie als ↑ Parteiorgan, dem auch staatliche Befugnisse übertragen waren, die Umsetzung der SED-Beschlüsse und die darauf beruhenden Gesetze systematisch überprüfen und als besondere Art der Volkskontrolle die (O-Ton:) ´Staatsmacht festigen´ und die ´Aktivitäten der Massen fördern´. Die Tätigkeit der Parteien und so sensible Bereiche wie Landesverteidigung, ↑ Sicherheit und Justiz waren von einer Kontrolle durch die ABI ausdrücklich ausgenommen. Während die eigentlichen Machtzentralen, die ↑ Bezirksleitungen und das ↑ Zentralkomitee der SED, nicht Gegenstand, sondern Auftraggeber der Kontrolltätigkeit der ABI waren, griff die ABI in den Betrieben und unteren ↑ Staatsorganen im Rahmen von Schwerpunktkontrollen oftmals auch bei nur geringfügigen Pflichtverletzungen hart durch. Diese Kontrollen durch hauptamtliche Mitarbeiter des Zentral-, Bezirks- oder Kreiskomitees der ABI wurden durch die Aktivitäten ehrenamtlicher Mitarbeiter ergänzt. Deren Einflußnahme beschränkte sich darauf, auf den unteren Ebenen grobe Verstöße im Einzelfall (z. B. im Handel, im Bauwesen, bei der zentralen Essenversorgung) festzustellen und zu verfolgen.

ABI- Bestimmungswort, das sich in Zusammensetzungen mit Substantiven auf Handlungen, Tätigkeiten oder Organisationsformen der ↑ ABI bezog. Gebräuchlich waren Zusammensetzungen mit Substantiven wie: -kommission:), -kontrolle, -komitee

Abiturstufe Schulausbildung in der ↑ erweiterten Oberschule, die die neunte bis zwölfte Klasse, von 1981 an die elfte und zwölfte Klasse, umfaßte und mit dem Zeugnis der Hochschulreife abgeschlossen wurde.

ÄBK [ä|be|ka] /Kurzf. für Ärzteberatungskommission/ Auf Grundlage der Sozialversicherungsverordnung in jedem ↑ Kreis berufenes Gremium von Ärzten, die diese Aufgabe neben ihrer praktischen medizinischen Tätigkeit wahrnahmen. Der Kommission hatten sich spätestens nach etwa sechswöchiger Krankschreibung, auf Antrag des Betriebes aber auch früher, Patienten vorzustellen, um über ihre weitere Arbeitsunfähigkeit befinden zu lassen. Weiterhin oblag es der ÄBK, bei Kur-, Renten- und Schwerbeschädigtenanträgen die Untersuchung und medizinische Begutachtung vorzunehmen.

Abkauf Vor allem in der Wirtschaft gebrauchtes Wort für eine zeitweilig die vorhandene Produktionskapazität überfordernde hohe Nachfrage nach bestimmten Waren. Bei verstärktem Kauf entstanden aufgrund fehlender Produktionsreserven und ungenügender Lagerbestände oft Sortimentslücken. Bei den davon betroffenen Waren handelte es sich oftmals um Saisonartikel wie Osterhasen vor Ostern oder Wasserbälle und Badebekleidung im Sommer, aber auch um Waren, die bei Touristen besonders begehrt waren.

abkindern Umgangssprachlich gebraucht für den gesetzlich vorgesehenen Erlaß von Tilgungsraten eines zinslosen Kredits für junge Familien. Während der Kreditlaufzeit von acht Jahren wurde bei der Geburt jedes Kindes ein Teil der zurückzuzahlenden Summe erlassen. Die Kreditsumme betrug Anfang der siebziger Jahre 5000 Mark, später 7500 Mark. Sie reduzierte sich bei der Geburt des ersten Kindes um 1000 Mark, bei Geburt des zweiten um weitere 1500 und bei Geburt jedes folgenden Kindes noch einmal um 2500 Mark. Vgl. auch: Ehekredit

Abminderungsstunde Unterrichtsstunde, die einem Lehrer wegen anderer zusätzlicher Verpflichtungen, z. B.

als Klassenlehrer, von seiner zu leistenden Gesamtstundenzahl erlassen
wurde.

abnicken 1. Im nicht offiziellen Sprachgebrauch in einer Versammlung, einem Gremium nicht aus Überzeugung, sondern aus Gleichgültigkeit,
Resignation, Opportunismus einer
Wahl oder einer Entscheidung zu-
stimmen. **2.** Eine Entscheidung treffen, von der
erwartet wurde, daß sie ohne noch-
malige Prüfung durch ein Entscheidungsgremium erfolgt. Besonders die
formale Übernahme von ↑ Vorgaben
der Parteigremien und -leitungen
durch ↑ staatliche Organe (Ministeri-
en, ↑ Räte der Bezirke und Kreise)
oder Betriebsleiter erfolgte auf diese
Weise. (O-Ton:) ˈWenn die Partei
entschieden hat, kann der Direktor
nur noch abnicken.ˈ

Abprodukt /vorw. Pl./ Fester, flüssiger
oder gasförmiger Stoff, der bei der
↑ Produktion als Nebenprodukt an-
fiel, aber noch (sofern die technischen Voraussetzungen bestanden)
weiterverarbeitet bzw. weiter genutzt
wurde. Beispielsweise wurde Schlak-
ke zu Steinen verarbeitet oder mit
Kühlwasser wurden Fischteiche und
Gewächshäuser beheizt. Das Nutz-
barmachen derartiger Produktions-
rückstände war v. a. in den achtziger
Jahren aufgrund der Rohstoff- und
Materialknappheit propagandistisches Dauerthema, Erfolge auf diesem Gebiet mußten in einer staatlichen Abrechnung der Betriebe nachgewiesen werden.

Absatzbar Schuhreparaturwerkstatt, in
der man auf die Reparatur seiner
Schuhe warten konnte.

Abschnittsbevollmächtigter ↑ ABV

Absolventenlenkung Umgangssprachlich für ↑ Absolventenvermittlung.

Absolventenvermittlung Von allen Universitäten, ↑ Hoch- oder Fachschulen wahrzunehmende Aufgabe, jedem Absolventen durch staatliche
Entscheidung einen Arbeitsplatz zu-

zuweisen. Damit war für alle Studenten der Einstieg ins Berufsleben gesichert, doch entsprach die zugewiesene Tätigkeit häufig nicht den persönlichen Vorstellungen. Auf individuelle Wünsche wurde kaum Rücksicht
genommen, da die (O-Ton:) ˈgesell-
schaftlichen Erfordernisseˈ Vorrang
hatten. Der Arbeitsvertrag der Absolventen konnte beiderseits vor Ablauf einer Dreijahresfrist nicht ohne
triftigen Grund und nur mit besonderer staatlicher Erlaubnis aufgehoben werden. S.: Absolventenlenkung

Abteilung I und II Kategorien der Politischen Ökonomie, mit der die
↑ Volkswirtschaft in zwei unterschiedlich bewertete Gruppen einge-
teilt wurde. Diejenigen Wirtschaftszweige, die Produktionsmittel produzierten, gehörten zu Abteilung I, die
die ↑ Konsumtionsmittel produzierenden zur Abteilung II. Die Katego-
risierung sollte der theoretischen
Vorbereitung einer wissenschaftlich
begründeten Strukturpolitik dienen,
die eine ausgewogene Entwicklung
der verschiedenen Wirtschaftszweige
anstrebte. Dem Ausbau der Abteilung II (und damit einer verstärkten
↑ Konsumgüterproduktion) wurde
jedoch erst nach dem VIII. ↑ Parteitag der SED mehr Aufmerksamkeit
geschenkt, nachdem zuvor alle für
die Wirtschaft verfügbaren Mittel in
den Ausbau v. a. der Schwerindustrie
gelenkt worden waren.

Abteilungsgewerkschaftsleitung ↑ AGL

Abteilungsparteiorganisation ↑ APO

ABV [aˈbeˈfau] /Kurzf. für Abschnitts-
bevollmächtigter/ Angehöriger der
↑ Volkspolizei, der für ein bestimmtes Gebiet (↑ Wohngebiet, Gemeinde) zuständig war und dort für
↑ Ordnung und Sicherheit zu sorgen
hatte. Ähnlich wie der westdeutsche
Kontaktbereichsbeamte bemühte er
sich, Ansprechpartner für die Bürger
zu sein. V. a. in Kleinstädten und
Gemeinden konnte der ↑ ABV wegen

seiner ständigen Präsenz auch kriminalitätsvorbeugend wirksam werden.

Abwärme Freigesetzte Wärmeenergie, die – wie andere ↑ Abprodukte auch – noch einmal genutzt wurde.

Abwerbung 1. Das Verleiten zum ungesetzlichen Verlassen der ↑ DDR, das laut Strafgesetzbuch als Staatsverbrechen galt und mit Freiheitsstrafe bis zu 15 Jahren bestraft wurde. **2.** Das Verleiten zum Wechsel der Arbeitsstelle innerhalb der DDR durch einen Arbeitskräfte benötigenden Betrieb, der dazu keine staatliche Ausnahmegenehmigung hatte. Die Betriebe durften berufstätige Arbeitskräfte nicht öffentlich über Stellenanzeigen werben, sie konnten ihre freien Stellen lediglich dem ↑ Amt für Arbeit melden. Das bot sie dann geeigneten Bewerbern an, die auf der Suche nach einem Arbeitsplatz waren, wobei auch hier die staatlich angeordnete ↑ Arbeitskräftelenkung in Schwerpunktbetriebe Vorrang hatte.

Abzeichen „Für gutes Wissen" Auszeichnung der ↑ FDJ, vergeben in den Stufen Gold, Silber oder Bronze für gute Kenntnisse des ↑ Marxismus-Leninismus und der Beschlüsse der ↑ SED. Es wurde ↑ FDJ-Mitgliedern nach erfolgreich bestandener Prüfung in dem für sie obligatorischen ↑ FDJ-Studienjahr verliehen.

AGB [a|ge|be] ↑ Arbeitsgesetzbuch

Aggression Im Verständnis der ↑ SED die unrechtmäßige Anwendung bewaffneter Gewalt eines imperialistischen Staates gegen einen sozialistischen oder blockfreien Staat. Der Einmarsch der Länder des ↑ Warschauer Vertrages in die damalige ČSSR oder der Sowjetunion in Afghanistan galten deshalb nicht als Aggression, sondern als brüderliche Hilfe für ein vom ↑ Imperialismus bedrohtes sozialistisches oder sozialistisch orientiertes Land.

Agitation und Propaganda Die permanente und systematische Einflußnahme auf das Denken und Handeln der Menschen im Sinne der ↑ Ideologie der ↑ SED. Nach ihrem Verständnis war eine solche (O-Ton:) ʼpolitische Erziehungʼ der Bevölkerung unbedingt notwendiger und (O-Ton:)ʼunlösbarer Bestandteilʼ der Partei- und Staatspolitik. Begründet wurde die Indoktrination damit, daß ʼein ständiger Kampf gegen (O-Ton:) ʼalle Erscheinungsformen der bürgerlichen Ideologieʼ zu führen sei. Wenn auch Agitation und Propaganda als Einheit verstanden wurden, so unterschieden sie sich doch in ihren Aufgaben. Die Agitation war darauf gerichtet, über Presse, Rundfunk und Fernsehen, über Parteien und ↑ Massenorganisationen mit Hilfe der ↑ Sichtagitation und nicht zuletzt durch mündliche Agitation die gesamte Bevölkerung zu erreichen und Verständnis für die Tagespolitik der DDR-Führung zu wecken. Aufgabe der Propaganda war es hingegen, systematisch und gezielt die Ideologie der SED zu verbreiten. Als Schwerpunkt für das Wirken von Agitation und Propaganda galt der Betrieb. Vgl. auch: Propaganda

Z.: „In der täglichen Agitationsarbeit mit den Werktätigen müssen wir Genossen auch auf jede Frage mündlich antworten. Und im Parteilehrjahr wollen wir uns ja das Rüstzeug für die Agitation erwerben." Neuer Weg 1/1975, 11/12

Agitations- Bestimmungswort, das sich in Zusammensetzungen mit Substantiven auf Gegenstände oder Vorgänge bezog, die bei der tagespolitischen Beeinflussung der DDR-Bevölkerung eingesetzt wurden. Gebräuchlich waren Zusammensetzungen wie: -arbeit, -material, -tätigkeit

Agitator Ein ↑ Junger Pionier, ein ↑ FDJ- oder ↑ SED-Mitglied, das beauftragt war, an seine Mitschüler, ↑ Genossen, Kollegen gezielt politische Informationen weiterzuleiten und darüber mit ihnen zu ↑ diskutieren.

AGL [a|ge|el] /Kurzf. für Abteilungsgewerkschaftsleitung/ Gewähltes Gremium des ↑ FDGB auf der mittleren betrieblichen Ebene, d. h. in Abteilungen eines Betriebes, einer Institution mit insgesamt mehr als 300 FDGB-Mitgliedern. In dem 1978 in Kraft getretenen ↑ Arbeitsgesetzbuch wurden den Abteilungsgewerkschaftsleitungen viele weitgehende Zustimmungs- und Mitwirkungsrechte bei betrieblichen Entscheidungen, z. B. bei Kündigungen oder Disziplinarmaßnahmen, übertragen.

agra Seit 1967 Name der Landwirtschaftsausstellung in der ↑ DDR, die seit 1950 alle zwei Jahre immer im Frühsommer in Markkleeberg bei Leipzig stattfand.

Agrar-Industriekomplex In der ↑ politischen Ökonomie des Sozialismus Bezeichnung für die Gesamtheit der Wirtschaftsbereiche sowie der entsprechenden Betriebe und Einrichtungen, die mit der Herstellung von Produktionsmitteln für die Landwirtschaft (z. B. Maschinen-, Kühl- und Lagertechnik, Melioration, Düngemittelproduktion), mit der ↑ Produktion der landwirtschaftlichen Erzeugnisse sowie deren Weiterverarbeitung, Lagerung, Transport und Absatz befaßt waren.

Agrar-Industrie-Vereinigung Bezeichnung für einen als Experiment gebildeten Großbetrieb in Friedland (Mecklenburg), zu dem sowohl landwirtschaftliche Produktionsflächen als auch Kapazitäten für den Transport und die Weiterverarbeitung zu Nahrungsmitteln gehörten. Der als Muster für die industriemäßige ↑ Produktion in der Landwirtschaft gedachte Betrieb stand unter Leitung der Politbürokandidatin Margarete Müller.

Agrarflieger Pilot, der im Auftrag des ↑ Agrarfluges ein speziell für den Einsatz in der Land- und Forstwirtschaft ausgerüstetes Flugzeug steuerte.
Z.: „In diesem Jahr wollen die Agrarflieger 1,2 Millionen Hektar aus der Luft bearbeiten." JW 1./2.3.1980, 1

Agrarflug Betriebsteil des staatlichen Luftfahrtunternehmens ↑ Interflug. Im Auftrag von Land- und Forstwirtschaftsbetrieben wurden die speziell ausgerüsteten Agrarflugzeuge eingesetzt, um von einer Vielzahl einfacher Flugplätze aus Dünge- oder Schädlingsbekämpfungsmittel auf Felder und Waldflächen auszubringen. Der Agrarflug war staatlich stark subventioniert.

Agronom Tätigkeitsbezeichnung für eine ausgebildete Fachkraft auf dem Gebiet der ↑ Pflanzenproduktion, die in einer ↑ LPG oder einer ↑ KAP leitend oder beratend tätig war.

agrotechnisches Zentrum Eigenständiger landwirtschaftlicher Betrieb, der im Auftrag der ↑ LPG, der ↑ KAP für Düngung sowie Schädlings- und Unkrautbekämpfung zuständig war und der auch die Einhaltung der hygienischen Vorschriften (z. B. in den Ställen) zu kontrollieren hatte.

-akademie Grundwort, das sich in Zusammensetzungen mit Substantiven auf eine Veranstaltungsreihe oder Institution bezog, die sich mit nichtakademischer Weiterbildung oder Wissensvermittlung befaßte. Gebräuchlich waren Zusammensetzungen wie: ↑ Dorf-, Betriebs-, ↑ Eltern-, Fernseh-, ↑ Frauen-, Sommer-, Veteranen-

Aktiv /nach russ. Vorbild/ Eine kleine Gruppe von Personen, die freiwillig und ehrenamtlich innerhalb von Parteien und ↑ Massenorganisationen, in der Wirtschaft und im Kultur- und Bildungsbereich an der Lösung bestimmter Aufgaben mitwirkten. Die jeweiligen Leitungsgremien, die in der Regel die Bildung solcher Aktive initiierten, versprachen sich von deren Arbeit eine wirksame Unterstützung. * gesellschaftliches Aktiv (Arbeitsgruppe mit bestimmten Aufgaben, besonders in der Kommunalpolitik)

-aktiv Grundwort, das sich in Zusammensetzungen mit Substantiven auf eine kleine Gruppe von Personen bezog, die sich zur Förderung oder Lösung bestimmter Aufgaben freiwillig zusammenfanden. Gebräuchlich waren Zusammensetzungen wie: ↑ Eltern-, FDJ-, Gewerkschafts-, Handels-, Lern-, Neuerer-, ↑ Partei-, ↑ Verkehrssicherheits-, Versorgungs-

Aktiv- Bestimmungswort, das sich in Zusammensetzungen mit Substantiven auf die Tätigkeit eines ↑ Aktivs bezog. Gebräuchlich waren Zusammensetzungen wie: -konferenz, -tagung, -vorsitzender

Aktivist Kurzbezeichnung für Ehrentitel, die ↑ Werktätigen verliehen wurden, die über einen längeren Zeitraum gute Arbeit geleistet hatten und politisch nicht als negativ eingeschätzt wurden. Der Titel „Aktivist der sozialistischen Arbeit", „Verdienter Aktivist" (für einen mehrfachen Aktivisten), „Hervorragender Jungaktivist" wurde in Form einer Urkunde in Verbindung mit einer Ansteckdnadel und einer Geldprämie meist anläßlich bestimmter staatlicher Feiertage vom Betriebsleiter im Einvernehmen mit der ↑ Betriebsgewerkschaftsleitung verliehen. Vgl. auch: Jungaktivist

Aktivist der ersten Stunde Ehrenbezeichnung für politisch sehr aktive Personen, die sich nach 1945 in der ehemaligen sowjetischen Besatzungszone engagiert für den Aufbau der ↑ antifaschistisch-demokratischen Ordnung nach sowjetischem Vorbild eingesetzt hatten.

Aktivisten- Bestimmungswort, das sich in Zusammensetzungen mit Substantiven auf Gegenstände oder Vorgänge im Zusammenhang mit der Tätigkeit von ↑ Aktivisten bezog. Gebräuchlich waren Zusammensetzun-

gen wie: -abzeichen, ↑ -bewegung, -nadel

Aktivistenbewegung Staatlich gesteuerte, im wesentlichen vom ↑ FDGB organisierte Bewegung, die darauf gerichtet war, möglichst viele Menschen dafür zu gewinnen, überdurchschnittliche Leistungen am Arbeitsplatz zu erbringen. Auslöser war 1948 eine nach sowjetischem Vorbild organisierte, als beispielhaft geltende Aktion, bei der der Bergmann Adolf Hennecke in einer speziell vorbereiteten Sonderschicht seine Tagesnorm um 287% übererfüllte.

aktuell-politisch Aus der Sicht der ↑ SED tagespolitisch bedeutsam und deshalb spezielle ↑ Agitation erfordernd. * aktuell-politische Ereignisse, Informationen

Alleinvertretungsanmaßung In der ↑ Propaganda verwendetes Schlagwort, besonders in den sechziger und frühen siebziger Jahren, mit dem der Anspruch der Bundesrepublik, auch die Bewohner der ↑ DDR international zu vertreten, bezeichnet und als unberechtigt zurückgewiesen wurde. Dieser Alleinvertretungsanspruch der Bundesrepublik ergab sich aus der Nichtanerkennung der DDR als zweitem deutschen Staat. Mit der Unterzeichnung des Grundlagenvertrages im Jahre 1972 und der sich daran anschließenden weltweiten Anerkennung der DDR ging der Gebrauch des Wortes zurück. Es verschwand aber nicht völlig, denn die Bundesrepublik behielt es sich weiterhin vor, DDR-Bürger zu vertreten, wenn diese es wünschten.

allgemeinbildende polytechnische Oberschule ↑ zehnklassige allgemeinbildende polytechnische Oberschule

allseitig Vor allem in der Parteipropaganda im Sinne von ʿumfassendʾ als Attribut in formelhaft verwendeten Wortverbindungen oft gebraucht. So war z. B. die (O-Ton:) ʿallseitig entwickelte sozialistische Persönlichkeitʾ das besonders in den sechziger und siebziger Jahren propagierte Idealbild von einem Menschen, der sein Ziel darin sah, sein hohes allgemeines, fachliches Wissen und seine politischen Überzeugungen sowie seine Erfahrungen in die Gestaltung einer ↑ Gesellschaft einzubringen, die ihm ihrerseits alle Entfaltungsmöglichkeiten bot. * allseitige Stärkung (des sozialistischen Weltsystems); allseitiger Fortschritt; allseitig entwickelte Persönlichkeit

Altstoffsammlung Organisierte Erfassung von ↑ Sekundärrohstoffen (Lumpen für die Trabantkarosserie, alte Zeitungen für Toilettenpapier, Flaschen für das ↑ Wohnungsbauprogramm). In der Regel durch Pioniergruppen am ↑ Pioniernachmittag oder durch Schulklassen durchgeführt, wurden ganze Wohnviertel entrümpelt. Als Belohnung gab es vom „Lumpenmännchen" (über lange Jahre Symbol der ↑ Sekundärrohstofferfassung VEB SERO) Bargeld. Mit diesem Geld organisierten sich die Gruppen Feiern, Klassenfahrten, Theaterbesuche u. ä. Mitunter hatten die Altstoffsammlungen auch Kampagne-Charakter, um der chronischen Materialknappheit zu begegnen. Zu diesem Zweck gab es Richtlinien aus dem Ministerium für ↑ Volksbildung der ↑ DDR. Diese wurden in den Zeitschriften ↑ Frösi und ↑ Trommel landesweit propagiert.

Ambulatorium Medizinische Einrichtung, in der Allgemeinmediziner und verschiedene Fachärzte (im Angestelltenverhältnis) praktizierten, und die auch über zentrale Einrichtungen wie Röntgenabteilung, Labor und Physiotherapie verfügte. Ambulatorien waren besonders auf dem Land und in Neubaugebieten Zentren für die medizinische ↑ Grundversorgung.

Amt für Arbeit Abteilung beim ↑ Rat des Kreises, der Stadt, des ↑ Stadtbezirkes mit der Aufgabe, die Arbeits-

kräfteplanung für das ↑ Territorium vorzunehmen und den Betrieben staatliche ↑ Auflagen als Obergrenze der zulässigen Beschäftigtenzahl zu erteilen, den Arbeitskräfteaustausch zwischen ↑ Schwerpunktbetrieben zu koordinieren, aber auch Arbeitsmöglichkeiten für Behinderte und schwer zu vermittelnde Arbeitsuchende zu schaffen und für ausreichend Ausbildungsplätze zu sorgen. Zu ihren Aufgaben gehörte es auch, Arbeitsstellen zu vermitteln, die von den Produktionsbetrieben ausschließlich hier angeboten werden konnten. Es war damit zentraler Anlaufpunkt für alle diejenigen, die ihren alten Arbeitsplatz aufgeben wollten und einen neuen suchten. Es war auch verantwortlich dafür, daß Haftentlassene einen neuen Arbeitsplatz erhielten (die Betriebe hatten eine bestimmte Quote zu erfüllen) und daß Rehabilitanden eine geeignete Tätigkeit zugewiesen bekamen. Die Mitarbeiter der Ämter hatten weitreichende Kontrollbefugnisse gegenüber den Betrieben und staatlichen Einrichtungen, die u. a. auch die Einhaltung der Tarifverträge umfaßten. Sie konnten Einstellungsstops anordnen und Ordnungsstrafen verhängen.

Änderungsvertrag Vertrag, der gemäß ↑ Arbeitsgesetzbuch mit dem Beschäftigten abzuschließen war, wenn sich die in seinem Arbeitsvertrag vereinbarten Bedingungen vorübergehend oder dauernd änderten, z. B. bei Übernahme einer anderen Tätigkeit oder bei rationalisierungsbedingter Versetzung auf einen anderen Arbeitsplatz. Die zuständige ↑ Gewerkschaftsleitung beteiligte sich an der Vorbereitung des Vertrages, um zu gewährleisten, daß die Rechte des Beschäftigten gewahrt wurden und er nicht unverschuldet eine Verschlechterung des Arbeitsvertrages in Kauf nehmen mußte.

Anerkennung, materielle ↑ materielle Anerkennung

Angebot Gesamtheit aller zum Kauf angebotenen Waren und nicht, wie in der Bundesrepublik, als billiges Sonderangebot zu verstehen. * ein reichhaltiges Angebot an Waren des täglichen Bedarfs; das Angebot in der Hauptstadt ist besser als in der Republik

Angehöriger der Intelligenz Jemand, der aufgrund einer akademischen Ausbildung eine vorwiegend geistige Tätigkeit ausübte und damit nach den geltenden ↑ ideologischen Grundsätzen nicht einer der die sozialistische ↑ Gesellschaft tragenden Klassen (der Arbeiter und Bauern), sondern der sozialen Schicht der ↑ Intelligenz angehörte. Eine klare Abgrenzung der Angehörigen der Intelligenz z. B. gegenüber den Angestellten erfolgte allerdings nicht. Die zum Zeitpunkt der Gründung der ↑ DDR vorhandene Intelligenz wurde als Überbleibsel des Bürgertums betrachtet, das einerseits nützlich, andererseits aber politisch unsicher war. Deshalb bemühte sich die ↑ SED intensiv darum, aus der ↑ Arbeiterklasse heraus eine neue ↑ sozialistische Intelligenz zu schaffen, die in ihrem Denken der ↑ führenden Rolle der Arbeiterklasse verbunden war. Zu diesem Zweck wurden Arbeiterkinder und junge Arbeiter bei der Vergabe von Studienplätzen stark gefördert, währenddessen für die Kinder der Intelligenz nur beschränkte Studienmöglichkeiten bestanden. Um den Einfluß der Arbeiterklasse dauernd sicherzustellen, sollte sich die Intelligenz immer wieder aus der Arbeiterklasse reproduzieren. Aus diesem Grunde wurden v. a. Familientraditionen, z. B. in Ärztefamilien, gewaltsam unterbrochen. Die Arbeit der Angehörigen der technischen, medizinischen, pädagogischen, wissenschaftlichen und künstlerischen Intelligenz wurde in Abhängigkeit von den jeweiligen Parteilinien unterschiedlich und

wechselnd bewertet. Grundsätzlich sollten die Angehörigen der Intelligenz nicht besser verdienen als qualifizierte Arbeiter, in der Versorgung mit Wohnungen oder Ferienplätzen wurden sie sogar schlechter gestellt. Vgl. auch: sozialistische Intelligenz W.: Sagt der Arbeiter zum Professor: „Mein Sohn kann studieren!" Antwortet der Professor: „Macht nichts, mein Enkel kann studieren."

Angestellter Im engeren Sinn unter dem Gesichtspunkt der Stellung im Produktionsprozeß jemand, der außerhalb der unmittelbaren ↑ Produktion besonders in der Verwaltung, im Betrieb und in den staatlichen Organen, im Gesundheitswesen, im Handel, auf dem Dienstleistungssektor arbeitete und dessen Tätigkeit in der Regel keine höhere Qualifikation erforderte. Eine klare Grenzziehung gegenüber den Angehörigen der ↑ Intelligenz und den Angestellten gab es allerdings nicht.

Annahmestelle 1. Geschäft, in dem v. a. hauswirtschaftliche Dienstleistungen (wie Reinigung, Reparatur, Neuanfertigung) angenommen und zur Bearbeitung weitergeleitet wurden. **2.** Einrichtung, in der ↑ Sekundärrohstoffe wie Flaschen, Gläser, Papier, Schrott und Plastikverpackungen angenommen wurden, für die ein geringer Betrag gezahlt wurde.

Anrecht Abonnement für Theater- und Konzertkarten.

Anrechtskonzert Konzert innerhalb eines ↑ Anrechts.

Anstalt zur Wahrung der Aufführungsrechte ↑ AWA

antagonistischer Widerspruch Nach marxistisch-leninistischer Auffassung der in einer vorsozialistischen ↑ Gesellschaft bestehende unlösbare Gegensatz zwischen den Interessen der herrschenden Klasse und denen der ausgebeuteten Klasse, der sich daraus ergab, daß von dem von der Gesellschaft produzierten Reichtum tatsächlich nur die Besitzer der Produktionsmittel profitierten. Mit der Begründung, daß im ↑ Sozialismus die Eigentumsverhältnisse in bezug auf die Produktionsmittel grundsätzlich andere seien, wurde der antagonistische Widerspruch für aufgehoben erklärt.

Antifaschismus Von der Mehrheit der Bürger beim Wiederaufbau nach 1945 ehrlich akzeptierte politische Richtung, die in eine breite Volksbewegung überging. Sie basierte auf den Erfahrungen, die man im Kampf gegen den faschistischen Terror gesammelt hatte und war ihrem Wesen nach gegen Faschismus und Imperialismus.

antifaschistisch-demokratische Ordnung Die in der sowjetischen Besatzungszone, der späteren ↑ DDR, in den Jahren 1945−49 errichtete staatliche Ordnung, die das Ziel hatte, durch eine grundlegende gesellschaftliche und sozialökonomische Umwälzung den ↑ Kapitalismus als den sozialen Nährboden des Faschismus zu beseitigen und die Voraussetzungen für den Aufbau des ↑ Sozialismus zu schaffen. In dieser als ↑ Übergangsperiode bezeichneten Phase wurden die Reste des Faschismus zerschlagen, Betriebe verstaatlicht, Großgrundbesitzer enteignet, eine ↑ Bodenreform durchgeführt und ein neuer SED-dominierter ↑ Staatsapparat nach sowjetischem Vorbild installiert.

antifaschistischer Schutzwall Offiziell verwendete Bezeichnung für die seit dem 13. August 1961 mitten durch Berlin verlaufende militärisch gesicherte Grenzanlage. Sie galt als Inbegriff für die gesamte an der Westgrenze installierte Sperranlage. Die Errichtung dieser ungewöhnlich aufwendigen Grenzanlage wurde mit der Notwendigkeit begründet, den Frieden in Mitteleuropa gegen Angriffe aus den NATO-Staaten zu sichern und die Ausplünderung der ↑ DDR durch die Bundesrepublik

unter Nutzung der offenen Grenzen zu beenden. In erster Linie jedoch diente sie dazu, die Fluchtbewegung v. a. qualifizierter Beschäftigter in den ↑ Westen zu unterbinden. Seit der Mitte der siebziger Jahre war der Gebrauch dieser Wortverbindung rückläufig, er beschränkte sich auf pathetisch gehaltene Beiträge meist zum Jahrestag des Mauerbaus. Statt dessen wurde Staatsgrenze (West) oder Staatsgrenze der DDR verwendet, vereinzelt sogar ↑ Mauer, ein Wort, das seit 1961 in der Bevölkerung üblich, offiziell jedoch nicht erwünscht war. S.: Mauer, Staatsgrenze (West)

An- und Verkauf Name von speziellen Geschäften für den Handel mit Gebrauchtwaren.

APO[a|pe|o:] /Kurzf. für Abteilungsparteiorganisation/ Organisationsform der ↑ SED in Betrieben, Institutionen mit insgesamt mehr als 150 SED-Mitgliedern. Sie untergliederte sich in mehrere ↑ Parteigruppen und war Teil der übergeordneten ↑ BPO.

Apparat Die mit hauptamtlichen Mitarbeitern besetzten Dienststellen der Parteien, der ↑ Massenorganisationen, der ↑ Staatsorgane und Wirtschaftsführung.

-apparat Grundwort, das in Zusammensetzungen mit Substantiven einen bestimmten Teil des ↑ Apparats bezeichnete. Gebräuchlich waren Zusammensetzungen wie: Gewerkschafts-, Partei-, ↑ Staats-

Apparatschik Abwertende Bezeichnung für einen ↑ Funktionär aus dem ↑ Apparat der Parteien, ↑ Staatsorgane, ↑ Massenorganisationen und Wirtschaftsführung, der in seiner Tätigkeit die Nachteile der bürokratischen Führung der ↑ Gesellschaft verkörperte.

Appell ↑ Fahnenappell

Arbeiter der Landwirtschaft In einer ↑ LPG angestellter Arbeiter, der nicht Genossenschaftsmitglied war, oder in einem anderen sozialistischen

Betrieb der Landwirtschaft (z. B. ↑ VEG, ↑ KIM) tätiger Arbeiter. V. a. in den fünfziger und sechziger Jahren, als die sozialistische Umgestaltung der Landwirtschaft stattfand, förderte die ↑ SED den Einsatz von Arbeitern auf dem Lande aus ↑ ideologischen Gründen.

Arbeiter-und-Bauern-Fakultät ↑ ABF

Arbeiter-und-Bauern-Inspektion ↑ ABI

Arbeiter-und-Bauern-Kinder /Pl./ Im offiziellen Sprachgebrauch Kinder von Arbeitern oder Bauern. Sie waren v. a. bei der Gewährung von Ausbildungsmöglichkeiten und Studienplätzen besonders zu fördern.

Arbeiter-und-Bauern-Macht Die Staatsform, die nach der herrschenden ↑ Ideologie dadurch gekennzeichnet war, daß die Arbeiter und Bauern unter Führung der ↑ Partei der Arbeiterklasse die Macht ausübten. Die Bezeichnung geht auf Lenin zurück und wurde seit 1952, dem Jahr des Beginns des Aufbaus des ↑ Sozialismus in der ↑ DDR, verwendet. Seit den siebziger Jahren wurden synonym ´Staat der Arbeiter und Bauern´, ´Arbeiter-und-Bauern-Staat´ und ´sozialistischer Staat´ gebraucht.

Z.: „... entwickelte sich die Deutsche Volkspolizei zu einem schlagkräftigen, zuverlässigen und wachsamen Schutz- und Sicherheitsorgan der Arbeiter- und- Bauernmacht, zu einem ...“. ND 1.7.1970, 1

Arbeiter-und-Bauern-Staat ↑ Arbeiter-und-Bauern-Macht

Arbeiter- und Bauernschließfach /vorw. Pl./ Spöttisch gebraucht für eine der DDR-weit typengleich gestalteten Wohnungen in den Plattenbausiedlungen. Vgl. auch: Elfgeschosser

Arbeiterdenkmal Scherzhaft für einen besonders im Freien stehenden ↑ Werktätigen, der, auf sein Werkzeug gestützt, gerade nicht arbeitete. Die Bezeichnung entstand in Anspielung auf die zahlreichen Statuen, die

Arbeiter als Vertreter der herrschenden Klasse darstellten.

Arbeiterdichter Im offiziellen Sprachgebrauch ein schriftstellerisch tätiger Arbeiter. S.: schreibender Arbeiter

Arbeitererfinder Im offiziellen Sprachgebrauch ein Arbeiter, der eine Erfindung gemacht hatte.

Arbeiterfestspiele /Pl./ Von 1959 bis 1972 jährlich, dann alle zwei Jahre in einem der ↑ Bezirke stattfindende Kulturfestspiele, die vom ↑ FDGB organisiert und staatlich unterstützt wurden. Es traten von ihren Betrieben geförderte Laienkünstler und -ensembles, aber auch Berufskünstler auf. Die Festspiele wurden als (O-Ton:) ´Höhepunkte des künstlerischen Volksschaffens´ bezeichnet und galten als ´wesentlicher Bestandteil der sozialistischen Nationalkultur´.

Arbeiterklasse Nach marxistisch-leninistischer Auffassung die Klasse, die als einzige in der Lage ist, durch eine ↑ sozialistische Revolution den Übergang vom ↑ Kapitalismus zum ↑ Sozialismus herbeizuführen und die im Sozialismus im Bündnis mit den ↑ Bauern und den anderen ↑ Werktätigen unter der Führung einer kommunistischen Partei die Macht ausübt. Die ↑ führende Rolle im Sozialismus wurde damit begründet, daß sie die zahlenmäßig stärkste, am engsten mit der ↑ Produktion verbundene Klasse sei, die die meisten materiellen Werte schaffe. Soziologisch war die Arbeiterklasse nicht genau definiert. Es wurden nicht nur in der materiellen ↑ Produktion unmittelbar Beschäftigte (Industrieproletariat als Kern der Arbeiterklasse), sondern auch im Dienstleistungsbereich und in der Landwirtschaft tätige Arbeiter zur Arbeiterklasse gerechnet. Weil die Zahl der Arbeiter durch die technische Entwicklung der ↑ Produktion rückläufig und die ↑ SED zugleich bestrebt war, die These von der zahlenmäßig stärksten und führenden Klasse aufrecht zu erhalten, zählte man auch die in Produktionsbetrieben eingesetzten Ingenieure, die Mitarbeiter des Partei- und Staatsapparats und die Offiziere der ↑ bewaffneten Organe zur Arbeiterklasse.

Arbeiterkontrolleur Gewählter Vertreter einer Gewerkschaftsgruppe, der bestimmte Kontrollfunktionen auf der Ebene seines Arbeitsbereiches auszuführen hatte. Beispielsweise prüfte er, ob Vorschläge von Kollegen im Planungsprozeß oder gesetzliche Festlegungen im Arbeitsschutz durch die Betriebsleitung berücksichtigt worden waren.

Arbeiterkorrespondent Im offiziellen Sprachgebrauch ↑ Werktätiger, der für die Betriebszeitung ehrenamtlich Artikel verfaßte, die seine Arbeitswelt optimistisch beschrieben.

Arbeiterrückfahrkarte Ermäßigte Bahnfahrkarte, die jeder Berufstätige für die Fahrt vom Wohnort zur Arbeitsstelle und zurück benutzen konnte.

Arbeiterstudent Im offiziellen Sprachgebrauch Student, der vor Aufnahme des Studiums Arbeiter gewesen war.

Arbeitertheater Seit 1959 im Zusammenhang mit dem ↑ Bitterfelder Weg ins Leben gerufene Laientheater, die meist von einem Großbetrieb finanziert und beherbergt wurden. So hatten besonders die Beschäftigten dieser Betriebe die Möglichkeit, unter Anleitung qualifizierter Kräfte Theater zu spielen. Die besten Ensemble traten bei den ↑ Arbeiterfestspielen auf.

Arbeiterversorgung Gesetzlich vorgeschriebene Verpflegung der Beschäftigten in allen Betrieben und Einrichtungen mit subventionierten Speisen und Getränken in den Arbeitspausen. Großbetriebe konnten darüber hinaus Waren und Dienstleistungen in speziellen betrieblichen Einrichtungen anbieten. Es handelte sich dabei um betriebliche Leistungen, die

besonders dazu dienen sollten, im Zuge der (O-Ton:) 'Verbesserung der Arbeits- und Lebensbedingungen' berufstätigen Frauen Wege zu ersparen.

Arbeiterveteran Im offiziellen Sprachgebrauch ehrenvolle Bezeichnung für einen von der Partei- und Staatsführung der kleinen Gruppe verdienstvoller ehemaliger führender Vertreter der Arbeiterklasse zugerechneten Menschen. Dies waren in der Regel im Rentenalter stehende frühere hohe ↑ Funktionäre aus dem ↑ Partei- und Staatsapparat. Vgl. auch: Parteiveteran, Veteran (2)

Arbeiterwohnungsbaugesellschaft ↑ AWG

Arbeitseinstellung ↑ Einstellung

Arbeitserziehung Besondere Form der Freiheitsstrafe, die wegen ↑ asozialen Verhaltens verhängt wurde. Sie sollte bewirken, daß der Verurteilte durch Erziehung zur Arbeit in die Lage versetzt wurde, nach Beendigung des Strafvollzugs einer regelmäßigen Beschäftigung nachzugehen. Die Besonderheit dieser Strafe lag darin, daß sie nicht in Gefängnissen, sondern in Arbeitslagern mit günstigeren Lebensbedingungen vollzogen wurde. Die Dauer des Aufenthalts im Arbeitslager war durch Gesetz auf mindestens ein und höchstens fünf Jahre festgelegt, der Zeitpunkt der Entlassung wurde in diesem Rahmen von der Lagerleitung bestimmt, wenn sie den Erziehungserfolg als eingetreten ansah. Trotz geringer Rückfallquote mußte diese Strafart nach Beitritt der ↑ DDR zur UNO-Menschenrechtskonvention durch eine traditionelle Freiheitsstrafe ersetzt werden.

Arbeitsgesetzbuch /Kurzf.: AGB/ Gesetzeswerk, das 1978 in Kraft trat und das ↑ Gesetzbuch der Arbeit ablöste. Es regelte im Grundsatz alle Fragen, die mit der beruflichen Tätigkeit und den daraus erwachsenden Ansprüchen der Beschäftigten im

Zusammenhang standen, wie z. B. Arbeitsverträge, Arbeits- und Urlaubszeit, Berufs-, Aus- und Weiterbildung, Förderung von Frauen und Jugendlichen.

Arbeitskräftelenkung Offizielle Bezeichnung für die staatlich gelenkte ↑ bedarfsgerechte Verteilung der Arbeitskräfte auf einzelne Wirtschaftszweige und Betriebe. Dies wurde indirekt erreicht durch eine entsprechende Berufsberatung und -ausbildung, materielle Stimuli (Löhne, Gehälter, auch Wohnungsangebote) in bestimmten Wirtschaftszweigen, die staatlich besonders gefördert wurden. Im Rahmen der staatlichen ↑ Planung wurde durch die übergeordneten Wirtschaftsorgane und gleichzeitig durch die örtlichen ↑ Ämter für Arbeit die Höchstzahl der Beschäftigten für jeden Betrieb festgelegt. Eine direkte Möglichkeit der Arbeitsplatzzuweisung bestand nur bei gerichtlich Verurteilten für die Dauer der Bewährungszeit.

Arbeitsorganisation ↑ wissenschaftliche Arbeitsorganisation

Arbeitsplatzbindung Als Zusatzstrafe zu Freiheitsstrafen auf Bewährung vom Gericht festgelegte, zeitlich begrenzte Verpflichtung, seinen Arbeitsplatz nicht zu wechseln. Während dieser Zeit waren beiderseits ausgesprochene Kündigungen unwirksam.

der lange **Arm** Vom Volke geprägte Bezeichnung für ↑ Ministerium für Staatssicherheit.

Armee /o. Pl./ Umgangssprachlich für ↑ Armeezeit.

Armee- Bestimmungswort, das sich in Zusammensetzungen mit Substantiven auf Personen, Gegenstände oder Vorgänge aus dem Bereich der ↑ NVA bezog. Gebräuchlich waren Zusammensetzungen mit Substantiven wie: ↑ -filmstudio, ↑ -general, ↑ -sportgemeinschaft, ↑ -sportklub, ↑ -sportler, ↑ -zeit

Armeefilmstudio Filmstudio der ↑ NVA, in dem militärpolitische und -technische sowie propagandistische Dokumentarfilme produziert und vergleichbare Filme aus Ländern des ↑ Warschauer Vertrages synchronisiert wurden.

Armeegeneral Höchster militärischer Rang der ↑ Nationalen Volksarmee.

Armeesportgemeinschaft ↑ ASG

Armeesportklub ↑ ASK

Armeesportler Sportler, der in einem ↑ Armeesportklub oder einer ↑ Armeesportgemeinschaft Mitglied war.

Armeezeit Zeitraum, in dem ein Wehrpflichtiger seinen militärischen Dienst ableistete. * vor, während, nach der Armeezeit

Ärzteberatungskommission ↑ ÄBK

ASG [a|es|ge] /Kurzf. für Armeesportgemeinschaft/ Sportvereinigung, die von einer einzelnen Diensteinheit der ↑ NVA finanziell getragen wurde. Auf die Wehrpflichtigen wurde starker Druck ausgeübt, während ihrer Dienstzeit einer ASG beizutreten.

ASK [a|es|ka] /Kurzf. für Armeesportklub/ Von der ↑ Nationalen Volksarmee finanziell und personell vollständig ausgestatteter zentraler Sportklub. Aufgrund der hervorragenden Trainingsbedingungen waren die wenigen ↑ Armeesportklubs Leistungszentren für mehrere Sportarten. Sie traten unter der Klubbezeichnung ASK „Vorwärts" an.

asoziales Verhalten Die vorsätzliche Verletzung der in der Verfassung begründeten Pflicht jedes Staatsbürgers, durch gesellschaftlich nützliche Arbeit seinen Lebensunterhalt zu verdienen. Sie bildete einen eigenständigen Straftatbestand, wobei Hausfrauentätigkeit, das Leben der Rentner oder die Lebensführung solcher Menschen, die aufgrund ihres Vermögens kein Arbeitseinkommen benötigten und im übrigen die staatliche Ordnung nicht störten, in diesem Sinne nicht als strafbar galten. Bei lang andauerndem asozialen Verhalten und erfolglosen Präventivmaßnahmen (z. B. Vorladung zur ↑ Schiedskommission im ↑ Wohngebiet) konnten Freiheitsstrafen (zeitweilig auch ↑ Arbeitserziehung) gerichtlich verhängt werden. Seit 1977 verurteilte die Justiz rechtsmißbräuchlich zunehmend auch Ausreisewillige, die wegen eines gestellten ↑ Ausreiseantrages ihren Arbeitsplatz verloren hatten, wegen asozialen Verhaltens.

Asphaltblase Vom Volke geprägte Bezeichnung für ↑ Trabant.

Aspirant Nachwuchswissenschaftler, der sich nach dem Studium (und einer Zeit der Berufstätigkeit) an einer Universität, ↑ Hochschule oder Akademieeinrichtung auf die Promotion vorbereitete. * außerplanmäßiger Aspirant (Aspirant, der sich neben seiner beruflichen Tätigkeit auf die Promotion vorbereitete); dazu auch: Aspirantin

Aspirantur Staatliches Förderungsverfahren, das Nachwuchswissenschaftler unter Betreuung durch einen dafür verantwortlichen Professor zur Promotion geleitete. Die Aufnahme in die Aspirantur erfolgte durch Entscheidung des Rektors der Universität oder ↑ Hochschule und war zeitlich befristet. Während planmäßige ↑ Aspiranten im Anstellungsverhältnis zur Universität bzw. Hochschule standen und auch Lehraufgaben erfüllten, waren außerplanmäßige Aspiranten weiterhin in ihrem Hauptberuf tätig, sie erhielten aber durch ihren Betrieb tageweise Freistellungen.

Aufbauhelfer Jemand, der ehrenamtlich im Rahmen des ↑ Nationalen Aufbauwerks mitarbeitete.

Aufbauwerk ↑ Nationales Aufbauwerk

Aufenthaltsbeschränkung Zusatzstrafe zu einer Verurteilung auf Bewährung, die den Straftäter verpflichtete, sich für einen festgelegten Zeitraum ausschließlich in einem bestimmten Ort bzw. Gebiet (↑ Kreis,

↑ Bezirk) aufzuhalten. Die Beschränkung konnte auch in dem Verbot bestehen, einen bestimmten Ort aufzusuchen (↑ Aufenthaltsverbot). Dahinter stand die Absicht, den Verurteilten von einem negativen sozialen (großstädtischen) Umfeld zu trennen und ihn gleichzeitig besser zu kontrollieren. * er hat eine Aufenthaltsbeschränkung für Prenzlau

Aufenthaltsverbot ↑ Aufenthaltsbeschränkung

Aufhebungsvertrag Vertrag, mit dem die Vertragspartner ein Arbeitsverhältnis in beiderseitigem Einvernehmen auflösten. Aufgrund des in der Verfassung der ↑ DDR festgeschriebenen Rechts auf Arbeit sollte der Aufhebungsvertrag (anders als eine Kündigung) die reguläre Form für die Beendigung eines Arbeitsverhältnisses sein.

Aufkaufpreis Preis, zu dem staatliche Aufkauf- oder Handelsbetriebe landwirtschaftliche Erzeugnisse von ↑ privaten Produzenten, z. B. Kleingärtnern oder Genossenschaftsbauern aus der privaten ↑ Hauswirtschaft, aufkauften. Weil auf diese Weise das Angebot z. B. an frischem Obst und Gemüse verbessert werden konnte, wurde den Produzenten als Anreiz ein Preis gezahlt, der zeitweilig höher war als der, den die Einzelhandelskunden dann für diese Erzeugnisse zahlen mußten.

Auflage 1. Verbindliche Weisung eines ↑ staatlichen Organs gegenüber nichtunterstellten Betrieben, Einrichtungen oder Personen. Sie betraf v. a. die Erfüllung gesetzlicher Pflichten, z. B. als Ergänzung zu einer Baugenehmigung oder bei der Einhaltung des Arbeitsschutzes. Da eine Vielzahl von staatlichen Kontrollorganen tätig war, erhielten die Betriebe oftmals eine kaum noch zu überschauende Anzahl unterschiedlicher Auflagen, zu deren Erfüllung ihnen nicht selten die materiellen Möglichkeiten fehlten.
2. ↑ staatliche Planauflage

(k)einen **Aufriß** machen /Phras./ Umgangssprachlich für sich (nicht)aufregen, (sich) (keine) Umstände machen. * Mach bloß keinen Aufriß! Die machen immer so einen Aufriß!

Ausbauwohnung Wohnung, die in so schlechtem Zustand war, daß der Mieter sie vor Einzug auf Kosten der Verwaltung bzw. des Vermieters selbst komplett instand setzen mußte. In den siebziger Jahren lief eine entsprechende Kampagne der ↑ FDJ, mit der junge Leute geworben wurden, ihre Wohnverhältnisse auf diesem Weg zu verbessern.

Ausbürgerungsantrag /Kurzf. für Antrag auf Entlassung aus der ↑ Staatsbürgerschaft der ↑ DDR/ Im offiziellen Sprachgebrauch für ↑ Ausreiseantrag.

Ausreiseantrag Im nicht offiziellen Sprachgebrauch Antrag eines DDR-Bürgers auf Entlassung aus der ↑ Staatsbürgerschaft und gleichzeitige Übersiedlung in die Bundesrepublik oder in ein anderes westliches Land. Die Antragsteller beriefen sich dabei auf das in der Helsinki-Schlußakte proklamierte ↑ Menschenrecht auf freie Wahl des Wohnsitzes. Sie hatten mit beruflichen Nachteilen, zeitweilig sogar mit strafrechtlicher Verfolgung zu rechnen. Die Entscheidung über die Anträge trafen die ↑ Staatsorgane willkürlich, d. h. ohne gerichtliche Überprüfungsmöglichkeit.

Ausreisegenehmigung Staatliche Genehmigung zur Übersiedlung eines DDR-Bürgers in die Bundesrepublik oder ein anderes westliches Land. Vgl. auch: Einreisedokument

ausreisen Die ↑ DDR legal, d. h. mit ↑ Ausreisegenehmigung, endgültig in Richtung Bundesrepublik oder in Richtung eines anderen westlichen Landes verlassen.

Ausweis für Arbeit und Sozialversicherung /Kurzf.: SV-Ausweis/ Ausweis, den jeder sozialversicherte Beschäftigte besaß und der ihn zur Inanspruchnahme von Leistungen der ↑ Sozialversicherung und des ↑ staatlichen Gesundheitswesens berechtigte. Er diente für die Rentenberechnung auch als Nachweis der im Leben geleisteten versicherungspflichtigen Arbeitszeit. Der Ausweis enthielt Angaben zu allen Arbeitsverhältnissen (Tätigkeitsbezeichnung, Beginn und Ende jeder Berufstätigkeit, berufliche Entwicklung, jährlicher Arbeitsverdienst) sowie zu allen medizinischen Behandlungen (unter Angabe des jeweiligen Diagnoseschlüssels und der Ausfalltage) und Impfungen.

Auszeichnungsreise Reise, die ein ↑ Werktätiger als Anerkennung für geleistete Arbeit oder für langjährige Mitgliedschaft (z. B. in einer ↑ Massenorganisation) geschenkt bekam. Die Reise führte häufig mit dem ↑ Freundschaftszug in die Sowjetunion.

AWA [ava] /Kurzf. für Anstalt zur Wahrung der Aufführungsrechte/ 1951 gegründete staatliche Einrichtung, die die Rechte der Komponisten aus der ↑ DDR für die Aufführung ihrer Werke wahrnahm und auch die Vergütung für Textdichter einbezog. Auf der Grundlage von Gegenseitigkeitsabkommen, z. B. mit der GEMA, wurden auch die Rechte ausländischer Komponisten gewahrt. Da in der DDR alle Veranstaltungen einer polizeilichen Genehmigungspflicht unterlagen, knüpfte die AWA (außerhalb der Bereiche Rundfunk und Fernsehen) bei der Einziehung von Lizenzgebühren direkt beim Antragsteller einer Veranstaltungsgenehmigung an. Dies betraf auch halböffentliche Musikveranstaltungen, z. B. eine Disko in der Schule. Eine Genehmigung wurde nur dann erteilt, wenn glaubhaft gemacht wurde, daß mindestens 60% der Musiktitel, die gespielt werden sollten, von DDR-Musikern stammten. Dahinter stand nicht nur die Absicht, sog. dekadente musikalische Einflüsse in Grenzen zu halten, es sollten auch ↑ Devisen für Lizenzgebühren gespart werden. Diese Regelung wurde erst in den achtziger Jahren gelockert.

AWG [a|ve|ge] /Kurzf. für Arbeiterwohnungsbaugenossenschaft/ ↑ Genossenschaft, die die Aufgabe hatte, Wohnungen für ihre Mitglieder zu errichten und zu verwalten. Die Genossenschaften wurden von Trägerbetrieben finanziell unterstützt. Mitglied konnte ein Mitarbeiter eines Trägerbetriebes werden, wenn wegen schlechter Wohnraumsituation und fehlender Chancen, in absehbarer Zeit eine kommunale Wohnung zu erhalten, der Betrieb seinen Antrag auf Aufnahme in die AWG befürwortete. Es wurden nur so viele Mitglieder aufgenommen, wie in einem Zeitraum von drei Jahren voraussichtlich versorgt werden konnten. Jedes Mitglied zahlte in der Warte

zeit einen AWG-Anteil in Höhe eines vierstelligen Betrages, der von der Zimmerzahl abhängig war, und leistete unentgeltliche Arbeitsstunden auf dem Bau. Der Staat stellte den notwendigen Baugrund zur Verfügung, übernahm die Erschließungskosten und gewährte zinslose Kredite für die Baumaßnahmen.

AWG- Bestimmungswort, das sich in Zusammensetzungen mit Substantiven auf Personen und Einrichtungen einer ↑ AWG bezog. Gebräuchlich waren Zusammensetzungen wie: -(aufnahme)antrag, -block, -einsatz, -leistung /vorw. Pl./, -mitglied, ↑ -wohnung

AWG-Wohnung Wohnung, die einem Mitglied der ↑ Arbeiterwohnungsbaugesellschaft aus deren Kontingent zustand, wenn er die dafür notwendigen Bedingungen (eingezahlte Mitgliedsbeiträge, Aufbaustunden) erfüllt hatte. S.: Genossenschaftswohnung

B

Babyjahr Umgangssprachliche Bezeichnung für das Jahr bis zum ersten Geburtstag des Kindes, in dem sich die Mutter zu seiner Betreuung von der Arbeit freistellen lassen konnte. Sie bekam zwanzig Wochen lang das volle Gehalt (Wochenurlaub) und anschließend ↑ Mütterunterstützung. Nach Ablauf des Babyjahres konnte die Frau – dies war ihr gesetzlich garantiert – ihre frühere Arbeit wieder aufnehmen. Mit diesen ↑ sozialpolitischen Maßnahmen sollte die Entscheidung für mehrere Kinder bei gleichzeitiger Berufstätigkeit unterstützt werden. Die Bezeichnung Babyjahr fand allmählich auch in die offizielle Sprache Eingang. Vgl. auch: Mütterunterstützung
Z.: „Meine Schwiegertochter ... hatte während ihres Babyjahres ihre Qualifikation nicht unterbrochen." BZ 16./17.1.88, 11

Baikal-Amur-Magistrale ↑ BAM

Badzelle Fachsprachlich für ein standardisiertes Badezimmer, das als Betonfertigteil in alle seit den siebziger Jahren errichteten Typen von Neubauwohnungen eingebaut wurde. Dieser Raum wurde schon montagefertig zu den einzelnen Bauplätzen transportiert, dort in den Rohbau eingesetzt und ausgebaut. Die Badzellen waren nicht sehr geräumig, fensterlos und verfügten über wenig Komfort. Vgl. auch: Naßzelle
Z.: „Badmöbel für Badzelle, braun, 375,00 M." BZA 9.3.88, 5

Ballast der Republik Umgangssprachlich für ↑ Palast der Republik, da bei dessen Bau aus der gesamten ↑ DDR Bauleute nach Berlin geschickt wurden, um bei der schnellen Fertigstellung dieses Repräsentativgebäudes zu helfen.

Ballettschaffende ↑ -schaffende

BAM [bam] /Kurzf. für Baikal-Amur-Magistrale/ In den siebziger und achtziger Jahren unter Mitwirkung der ↑ DDR zur Erschließung von sowjetischen Rohstoffvorkommen in Sibirien errichtete Eisenbahnlinie. Aus propagandistischen Gründen stand der Bau unter der Schirmherrschaft der Jugendverbände Komsomol und ↑ FDJ. Alle am Bau Beteiligten wurden nach Sondertarifen bezahlt und mit verschiedenen Privilegien (z. B. Urlaubsplätze auf der Krim, Einkauf in ↑ Intershops, schnellere Versorgung mit Pkw) ausgestattet. * sich zur BAM melden; zur BAM gehen; bei der BAM arbeiten
Z.: „Ich kam zur BAM, um mich moralisch und physisch zu erproben, um mich durch eine große gesellschaftliche Aufgabe selbst richtig kennenzulernen." NL 11/75, 14

Banane Symbol für die in allen Bereichen herrschende Mangelwirtschaft. Bananen kamen fast nur zu Feiertagen, wie Weihnachten oder dem ↑ Tag der Republik bzw. an ↑ Parteitagen auf den Markt und waren dann auch nicht ohne längeres Anstehen zu bekommen. Der DDR-Bürger wandelte den Schlagertext „Zwei Apfelsinen im Haar und an der Hüfte Bananen..." ab zu „Zwei Apfelsinen im Jahr und jedes Schaltjahr/zum Parteitag Bananen".
W.: Warum ist die Banane krumm? Weil sie jahrzehntelang einen Bogen um die DDR gemacht hat.

Banner der Arbeit Als hohe staatliche Auszeichnung seit 1954 in drei Stufen verliehener Orden für (O-Ton:) ´hervorragende und langjährige Leistungen bei der Stärkung der DDR´. Sie wurde an Einzelpersonen, ganze ↑ Kollektive, Betriebe, Genossenschaften, gesellschaftliche Organisationen, wissenschaftliche oder staatliche Einrichtungen sowie Verbände und Truppenteile der ↑ bewaffneten Organe vergeben. Die Ordensverleihung fand in der Regel anläßlich des 1. Mai oder des ↑ Nationalfeiertages statt.

Bannerträger Ironische Bezeichnung für eine Person, die mit dem Orden ↑ „Banner der Arbeit" ausgezeichnet worden war.

Barkas Jahrzehntelang in der ↑ DDR hergestelltes Fahrzeug aus den VEB Barkas-Werken Karl-Marx-Stadt, das zum Inbegriff des Kleintransporters überhaupt wurde. Da die ↑ Produktion den Bedarf der Wirtschaft nicht abdecken konnte, war es für Privatpersonen nur unter besonderen Bedingungen möglich, Besitzer eines solchen Wagens zu werden, und zwar als Gewerbetreibender, Kinderreicher oder über ↑ Genex gegen Bezahlung in harter Währung.

-basar Grundwort, das in Zusammensetzungen einen marktähnlichen Verkauf von meist unentgeltlich zur Verfügung gestellten Dingen bezeichnete. Der Erlös dieser Veranstaltungen, die häufig in Schulen, Kindergärten, Betrieben oder ↑ Wohngebieten durchgeführt wurden, kam einem gemeinnützigen Zweck zugute. Gebräuchlich waren Zusammensetzungen wie: Buch-, Kuchen-, Spielzeug-, ↑ Schriftsteller-, ↑ Soli-

Basis /nur Sg./ Kategorie des historischen Materialismus als einer Teildisziplin der marxistischen ↑ Philosophie. Sie bezeichnet die Gesamtheit der ↑ Produktionsverhältnisse, die gesamte ökonomische Struktur der jeweiligen ↑ Gesellschaftsordnung.

Basis und Überbau Offiziell gebrauchte Formel, die – als Grundkategorien des historischen Materialismus – die Strukturen einer ↑ Gesellschaftsformation in ihrer jeweiligen Entwicklungsstufe widerspiegelt. Basis stand für die Gesamtheit der ↑ Produktionsverhältnisse, die die ökonomische

Struktur einer ↑ Gesellschaft in einer bestimmten Entwicklungsetappe bestimmt, Überbau für die relativ selbständige, aber durch die jeweils vorhandene Basis bestimmte Gesamtheit der politischen, philosophischen, religiösen, juristischen und kulturellen Institutionen (Staat, Parteien, Kirchen usw.) sowie für das System der gesellschaftlichen Anschauungen (Moral, ↑ Philosophie usw.).

basisorientiert Von offizieller Seite gern verwendetes Wort, durch das diese ihre Volksverbundenheit zum Ausdruck bringen wollte. * die Politik von Partei- und Staatsführung war und ist stets basisorientiert

Bastelstraße Meist von der ↑ Pionierorganisation betreute, bei Kindern und Eltern beliebte Einrichtung, die besonders auf Märkten, für die Beschäftigung der Kinder sorgte, die dort unter Anleitung kleine, sinnvolle Geschenke selbst anfertigen konnten. Dabei wurden die Materialien kostenlos gestellt oder nur ein kleiner Unkostenbeitrag erhoben. Die größte Bastelstraße war das ↑ Pionierzentrum auf dem Weihnachtsmarkt in Ostberlin. Die Möglichkeit, hier für die ganze Familie Weihnachtsgeschenke (von der Pyramide bis zur gebrannten Keramik) herstellen zu können, fand immer großen Anklang.

Bastion des Friedens Offiziell verwendete Wortverbindung, mit der die ↑ SED pathetisch den Anspruch formulierte, daß die ↑ DDR und der ↑ Warschauer Vertrag diejenigen Kräfte wären, die besonders in Mitteleuropa den Frieden zu bewahren wüßten.

Bau- Bestimmungswort, das sich in Zusammensetzungen mit Substantiven auf Tätigkeiten im Bauwesen, auf das Bauen bezog. Gebräuchlich waren Zusammensetzungen mit Substantiven wie: ↑ -arbeiterversorgung, -aufsicht (staatliche Bauaufsicht),

-freiheit, -geschehen, -maßnahme, ↑ -soldat

Bauarbeiterversorgung 1. Versorgung der Bauarbeiter mit einem äußerst preiswerten Imbiß, einer warmen Mahlzeit und Mangelwaren wie frischem Obst direkt auf der Baustelle. Da der Bau ein Lieblingskind der DDR-Führung war, betonten hohe Parteifunktionäre immer wieder, (O-Ton:) 'die gute Versorgung unserer Bauarbeiter ist uns Herzenssache'. **2.** /Kurzf.: BAV/ Spezielle Abteilung der ↑ HO oder des ↑ Konsums, die auf Großbaustellen für die Bauarbeiterversorgung verantwortlich war und dort eigene ↑ Verkaufsstellen und Kantinen unterhielt.

Bauer ↑ Genossenschaftsbauer

-bauer Grundwort, das in Zusammensetzungen handwerkliche Ausbildungsberufe bezeichnete. Gebräuchlich waren Zusammensetzungen mit Substantiven wie: Beton-, Boots-, Brunnen-, Maschinen-, Modell-, Ofen-, Orgel-, Stahlschiff-

Bauernpartei ↑ DBD

Bauern(schaft), werktätige ↑ werktätige Bauern(schaft)

Bausoldat Wehrpflichtiger, der aus religiösen oder ethischen Gründen nicht zum Wehrdienst mit der Waffe bereit war. Da Wehrdienstverweigerung mit Gefängnis bestraft wurde, war er gezwungen, einen achtzehnmonatigen waffenlosen Dienst bei der ↑ Volksarmee in speziell für diese Fälle eingerichteten Baueinheiten abzuleisten. Die Bausoldaten waren äußerlich erkennbar an einem stilisierten Spaten auf den Schulterstükken der Uniform. Obwohl sie formal gleichberechtigte Armeeangehörige waren, mußten sie wegen ihrer Haltung mit dauerhaften beruflichen Benachteiligungen rechnen.

BBS [be|be|εs] ↑ Betriebsberufsschule

Beatschaffen ↑ -schaffen

beauflagen 1. Offiziell verwendetes Wort dafür, daß jemandem eine unbedingt einzuhaltende, bindende Weisung erteilt wurde, mit der ein übergeordnetes oder mit besonderen Befugnissen ausgestattetes ↑ Staatsorgan ein bestimmtes Handeln verlangte. So konnte z. B. die ↑ Hygieneinspektion jeden beauflagen, der gegen staatliche Hygienevorschriften verstieß. Selbst Gerichte, ↑ Vertragsgerichte oder Staatsanwaltschaften konnten beauflagen. **2.** Eine staatliche ↑ Planauflage erteilen, d. h. eine im Planjahr zu erbringende Produktionsleistung oder Gewinnerwirtschaftung als ↑ Kennziffer festlegen. Beauflagt wurden Betriebe, ↑ Kombinate, ↑ Genossenschaften oder wissenschaftliche Institutionen von dem ihnen jeweils übergeordneten ↑ Staats- oder Wirtschaftsorgan.

bedarfsgerecht In offiziellen Texten verwendetes Wort, in denen eine stärker die materiellen Wünsche der Bevölkerung bzw. Bedürfnisse der Industrie berücksichtigende ↑ Produktion gefordert bzw. versprochen wurde. Um v. a. der Bevölkerung eine Aussicht auf eine bessere Versorgung zu geben, wurde auf jedem ↑ Parteitag angekündigt, in Zukunft für bedarfsgerechte ↑ Produktion zu sorgen. * bedarfsgerechte Bereitstellung von Apfelsinen für Weihnachten; bedarfsgerechte Produktion für die immer bessere Versorgung der Bevölkerung mit hochwertigen Konsumgütern; bedarfsgerechte Strukturen müssen entwickelt werden Z.: „Wenn die Genossen bei der Auswertung der 13. Tagung des Zentralkomitees in den Gewerkschaftsgruppen oder in ihren Arbeitskollektiven auftreten und Schlußfolgerungen für die weitere Arbeit ziehen, dann werden sie auch darüber sprechen, daß es um eine stabile, bedarfsgerechte Produktion von Konsumgütern mit hohem Gebrauchswert und in guter Qualität geht." Neuer Weg 1/1975, 6

Bedarfslücke Offiziell gebrauchte Umschreibung dafür, daß sich Waren nicht ausreichend oder zeitweilig überhaupt nicht im ↑ Angebot befanden, obwohl es sich z. T. um ganz selbstverständliche Dinge des Lebens handelte. Die Gründe dafür waren vielfältig. Einer davon war, daß ein Teil der ↑ Produktion in den Export gehen mußte, um ↑ Devisen bzw. Rohstoffe zu beschaffen. W.: „Guten Tag, ich möchte gern Ihren Verkaufsstellenleiter sprechen." – „Das ist leider nicht möglich, er ist soeben in eine Bedarfslücke gefallen!"

Bedürfnis In offiziellen Texten in bestimmten Wortverbindungen (die Bedürfnisse befriedigen; die immer bessere Befriedigung der Bedürfnisse der Bevölkerung) gebrauchtes Wort, mit dem auf den Anspruch der ↑ Partei Bezug genommen wurde, die vielfältigen existentiellen Wünsche der DDR-Bürger zu erfüllen. Dies beruhte auf der Behauptung, daß es nur im ↑ Sozialismus möglich wäre, die wirtschaftlichen, geistigen und kulturellen Bedürfnisse der Menschen umfassend zu befriedigen. Z.: „Die Verantwortung dieser Zweige besteht doch gerade darin, … alles zu tun, um solche ↑ Konsumgüter zu schaffen, mit denen die technischen Errungenschaften für die Befriedigung der Bedürfnisse der Menschen unmittelbar wirksam werden." E. Honecker, IX. Parteitag der SED, S. 54

Bedürfnisbefriedigung Von offizieller Seite für die Absicht der Parteiführung gebraucht, den Wünschen der Bevölkerung entsprechend ausreichende Wohnungen, ↑ Konsumgüter und Möglichkeiten zur Freizeitgestaltung anzubieten. In offiziellen Texten wurde deshalb von der Anstrengung und Bereitschaft der Partei- und Staatsführung (O-Ton:) ʻzur immer besseren Bedürfnisbefriedigung der Bevölkerungʼ gesprochen.

Der VIII. ↑ Parteitag der SED (1971) erhob dies sogar zur ↑ Hauptaufgabe für die kommenden Jahre. Da aber die vorhandene Wirtschaftskraft nicht ausreichte, verlegten die SED-Funktionäre den Zeitpunkt der Bedürfnisbefriedigung in eine immer fernere Zukunft.

befaßt sein mit Im Sprachgebrauch des ↑ Staatsapparates gebraucht für die Tatsache, daß man sich z. Z. mit einem Problem beschäftigte. Umgangssprachlich oft ironisch gebraucht, denn in der ↑ DDR war immer irgendwer mit irgend etwas befaßt, z. B. um eine ↑ Bedarfslücke zu schließen.

Beförderungsdokument Offiziell für Fahrschein.

Befruchtung Im offiziellen Sprachgebrauch benutztes Wort dafür, daß jemand oder eine Sache im positiven Sinne beeinflußt wurde. * geistige, gegenseitige Befruchtung der sozialistischen Staaten; die Befruchtung des Neuererwesens durch sowjetische Erfahrungen

Begabtenförderung Prinzip, das der Einrichtung von Spezialschulen bzw. ↑ Spezialklassen für besonders begabte Kinder zugrunde lag. Die Begabtenförderung setzte je nach Förderungsrichtung in der dritten (Russisch- und andere Sprachschulen), fünften (Spezialschulen für Musik) oder siebenten Klasse (Spezialschulen für Mathematik/Physik) ein und führte zumeist bis zum Abitur. Der Sport erfuhr eine Sonderförderung durch die Kinder- und Jugendsportschulen.

Begegnung Offiziell gebrauchtes Wort, das immer eine positive Einstellung zu denen, die sich trafen, hervorrufen sollte. Es wurde häufig bei der Berichterstattung über die Zusammenkunft von befreundeten sozialistischen Staats- und Parteiführungen verwendet, meist in Verbindung mit schmückenden Adjektiven, um die enge Verbundenheit der Beteilig-

ten hervorzuheben. * freundschaftliche, herzliche, inhaltsreiche Begeg-
nungen

Begeisterung Von offizieller Seite immer dann verwendetes Wort, wenn
entsprechend den Wünschen der
↑ Partei bei politischen Veranstaltungen (z. B. ↑ Parteitage, Staatsbesu-
che) die Anwesenden leidenschaftli-
che Zustimmung bekundeten. Da die
Führungsspitze der ↑ DDR bemüht
war, nach allen Seiten ein Bild der
Harmonie und den Eindruck einer
engen Verbindung zwischen sich und
dem Volk zu vermitteln, konnte man
in den Medien ständig etwas über die
(O-Ton:) 'zustimmende Begeisterung
der Bevölkerung' über die Aktivitäten ihrer Regierung lesen. Besonders
zu bestimmten Feiertagen (1. Mai,
↑ Tag der Republik) war dem kein
Ende gesetzt. * andauernde, leiden-
schaftliche, revolutionäre Begeisterung des Volkes

Behältnismöbel Fachsprachlich für
nichts weiter als einen normalen
Schrank oder eine Truhe.
Z.: „Niedrig gehaltene Behältnismöbel (Eigenbau) mit Ganzglastüren
(MDW 80) bildeten durch das
schwarz gebeizte Furnier einen guten
Kontrast zur Umgebung." KiH 1/87,
29

beinhalten In der offiziellen Sprache
bis hin zur Alltagssprache verwendetes Wort dafür, daß eine Information
oder eine Bewertung in einer schrift-
lichen oder mündlichen Darstellung
enthalten ist. * das Referat des Parteisekretärs beinhaltet folgende
Schwerpunkte

Beisortiment Neben der eigentlichen
↑ Produktion von einem Betrieb zusätzlich produzierte Erzeugnisse, mit
denen − einer Order von höherer
Stelle folgend − ↑ Bedarfslücken geschlossen werden sollten. Das konnte bedeuten, daß ein Betrieb der
Schwerindustrie auch noch Jalousien
und Gartengrills herstellen mußte,
obwohl er nicht über die Vorausset-

zungen für eine wirtschaftliche Fertigung verfügte. Die Betriebe erhielten zur Kontrolle dieser Verpflichtungen eine gesondert abzurechnen-
de ↑ Planauflage 'Konsumgüterproduktion'.

belegen Umgangssprachlich dafür, daß
jemand auf penetrante Art und Weise von etwas überzeugt werden sollte. * Hör endlich auf, mich zu belegen!; Der Parteisekretär belegte ihn
nun schon seit zwei Stunden, um zu
erreichen, daß er in die Kampfgruppe eintritt.

Beratungsmuster Ausstellungsstück in
einem Laden oder einem Kaufhaus,
das eine volle Angebotspalette suggerieren sollte. Wollte man ein solches
Erzeugnis tatsächlich erwerben, war
es entweder gerade nicht lieferbar
oder es gab lange Bestellzeiten.

Bereichs- Bestimmungswort, das sich
in Zusammensetzungen auf eine bestimmte in den Betrieben vorhandene Struktureinheit bezog. Gebräuchlich waren Zusammensetzungen mit
Substantiven wie: -leiter, -organ,
-versammlung

Bereitschaftspolizei Paramilitärisch ausgerüstete kasernierte Einsatzkräfte
der ↑ Volkspolizei, die für den Einsatz bei großflächigen Bewachungs-
oder Ordnungsaufgaben (z. B. Großveranstaltungen bei sportlichen Großveranstaltungen, ↑ Pressefesten, Absper-
rung von Stadtgebieten bei ↑ Parteitagen u. ä.), aber auch bei bürger-
kriegsähnlichen Unruhen sowie zur
Absicherung der ↑ NVA im Kriegsfall vorgesehen waren. Der Dienst
bei der Bereitschaftspolizei konnte
für Wehrpflichtige anstelle des Wehr-
dienstes angeordnet werden.

Bergbaufolgelandschaft Eine nach Abschluß von Braunkohlenförderung
im Tagebau und nach dem Ablagern
von Abraum in Halden entstandene
sowie die daraus durch Rekultivie-
rung geformte Landschaft. Propagiertes Ziel der ↑ SED war es, nach
der Schließung einer Braunkohlen-

grube die gesamte Fläche aufzuforsten und zu begrünen, um keine kahlen, verödeten Flächen zurückzulassen. Die fehlende wirtschaftliche Leistungskraft ließ dies aber nur sehr bedingt zu.
Z.: „Heute gibt es langfristige Konzeptionen für die Gestaltung sogenannter Bergbaufolgelandschaften, die von den Organen der Staatsmacht und gesellschaftlichen Organisationen gemeinsam mit den Braunkohlekombinaten sowie Spezialisten der Land- und Forstwirtschaft erarbeitet werden." ND 5.10.1978, 3

Berichts- Bestimmungswort, das in Zusammensetzungen den Zeitraum von meist einem Jahr kennzeichnete, über den vor einem staatlichen, gesellschaftlichen oder Parteigremium Rechenschaft abgelegt werden mußte. Gebräuchlich waren Zusammensetzungen mit Substantiven wie: -jahr, -kennziffer (↑ Kennziffer), pflicht, -zeitraum

Berliner Fernsehturm Kernstück der aus Anlaß des 20. Jahrestages der ↑ DDR erfolgten Umgestaltung des Berliner Stadtzentrums. Er wurde nach einer Gestaltungsidee von Hermann Henselmann, Jörg Streitparth und deren Kollektiven in den Jahren 1965 bis 1969 erbaut. Der Turm besteht aus einem Betonschaft, einem kugelförmigen Turmkopf mit darüberliegenden Antennenanlagen. Er hatte ursprünglich eine Gesamthöhe von 365 m (nach Rekonstruktion der Antennenanlage 1997 368 m). Im Turmkopf befindet sich in 203 m Höhe eine Aussichtsplattform und darüber das Telecafé. S.: Penis socialisticus erectus, Protzkeule, Sankt Walter, Telespargel, Wuppke
Z.: „Im Ausstellungszentrum am Berliner Fernsehturm wurde gestern nachmittag eine Ausstellung 'Sport in der bildenden Kunst der DDR' eröffnet." BZ 29.5.1985, 6

Berufs- Bestimmungswort, das sich in Zusammensetzungen auf die berufliche Ausbildung, den Beruf bezog. Gebräuchlich waren Zusammensetzungen mit Substantiven wie: -ausbildung (↑ -ausbildung mit Abitur), ↑ -ausweis, -beratungskabinett (↑ Kabinett), ↑ -beratungszentrum, ↑ -jugendlicher, -orientierung; dazu auch: Partizipien wie: -beratend, -orientiert

Berufsausbildung mit Abitur Bildungsweg, der es nach Abschluß der ↑ polytechnischen Oberschule (10. Klasse) ermöglichte, an einer Berufsschule in dreijähriger Ausbildung nur einen Facharbeiterbrief, sondern auch die Hochschulreife zu erwerben. Der Schulbesuch dauerte somit 13 Jahre, ein Jahr länger als auf der ↑ EOS. Diese Ausbildungsform wurde v. a. von Schülern genutzt, die nach der 8. Klasse (in den achtziger Jahren nach der 10. Klasse) nicht zur EOS ↑ delegiert worden waren oder die eine praktische Vorbereitung auf das Studium bevorzugten. An der EOS gab es bis 1966 ebenfalls die Möglichkeit, das Abitur und gleichzeitig einen Facharbeiterbrief zu erwerben, wobei dort die Akzente bei der schulischen Ausbildung lagen.
Vgl. auch: erweiterte Oberschule
Z.: „… die Berufsausbildung mit Abitur, bei der in drei Jahren sowohl die Qualifikation als Facharbeiter als auch die Hochschulreife erworben werden." FDGB-R 3/86, 18

Berufsausweis Befähigungsnachweis auf kulturellem oder künstlerischem Gebiet, der nach einer erfolgreichen Ausbildung und einem entsprechenden Abschluß in der jeweiligen Sparte (z. B. Unterhaltungsmusiker, Schlagersänger) erteilt wurde. Sein Besitzer hatte Anspruch auf eine bestimmte Eingruppierung und somit auf eine entsprechende Gage. Vgl. auch: Ersteinstufung
Z.: „Obwohl man den Berufsausweis in der Tasche hat, muß man nun erstmals beweisen, daß man es tatsächlich kann, eine Art verlängertes

Diplom oder Gesellenstück." Filmspiegel 15/89, 11

Berufsberatungszentrum Von örtlichen
↑ Staatsorganen geführte oder auf
staatliche Anordnung hin von Großbetrieben zu unterhaltende spezielle
Einrichtung für Schulabgänger, in
der sie über verschiedene Möglichkeiten und Chancen der späteren Berufsausbildung nicht nur in einem
Betrieb, sondern in einem gesamten
Wirtschaftszweig informiert und beraten wurden.
Z.: „Der Direktor des Berufsbera-
tungszentrums ... informierte die
Volksvertreter ..., daß im gleichen
Schuljahr 1 200 individuelle Gespräche in diesem Zentrum geführt worden sind." BZ 20.8.85, 12

Berufsjugendlicher Im nichtoffiziellen
Sprachgebrauch spöttisch für einen
der zahlreichen Berufsfunktionäre
der ↑ FDJ, der deutlich älter als die
von ihm zu vertretenen Jugendlichen
war. Bestes Beispiel für einen Berufs-
jugendlichen war Egon Krenz, der
mit achtundvierzig Jahren immer
noch das Amt eines FDJ-Vorsitzen-
den innehatte, obwohl das FDJ-Sta-
tut eine Altersgrenze von fünfunddreißig Jahren vorsah.
W.: Anfrage eines Jungen Pioniers
beim FDJ-Zentralrat: „Mein Vater
ist fünfunddreißig und soll schon aus
der FDJ ausscheiden. Könnte er
nicht noch einige Zeit im Zentralrat
mitarbeiten?" Antwort: „Dafür ist er
noch nicht alt genug."

Beschäftigtenkollektiv Offiziell für eine
Gruppe von Menschen, die das
Schicksal gemeinsamer beruflicher
Tätigkeit zusammengeführt und die
Theorie vom ↑ Kollektiv als der
Keimzelle gemeinsamen Lebens ver-
band. In vielen Beschäftigtenkollek-
tiven herrschte anstelle der von der
↑ SED gewünschten Gruppendiszi-
plin und gegenseitiger Aufsicht eher
das Prinzip kollegialer solidarischer
Gemeinschaft. Das Wort fand keinen
Eingang in die Alltagssprache.

Beschluß 1. Jede wichtige Entscheidung in der staatlichen Verwaltung,
der Wirtschaft und anderen Bereichen des öffentlichen Lebens wurde
durch die zuständigen ↑ Staats- und
Parteiorgane in Form eines Beschlus-
ses gefaßt, der nur von übergeordneten ↑ Funktionären kritisiert werden
durfte.
2. /Pl./ Im Sprachgebrauch der Funktionäre als Synonym für die Beschlüsse eines SED-Parteitages gebraucht. * die Beschlüsse studieren,
mit Leben erfüllen

Best- Bestimmungswort, das sich in
Zusammensetzungen auf jemanden,
der überdurchschnittliche Leistungen vollbrachte oder auf etwas, das
hervorragende Qualität aufwies, bezog. Gebräuchlich waren Zusammensetzungen mit Substantiven wie:
↑ arbeiter, -leistung, -student

Bestandteil Im Sinne von fest zu einer
Sache, zu einem Ganzen gehörender
Teil. Offiziell wurde dieses Wort mit
vielen schmückenden Adjektiven gebraucht. * fester, unabdingbarer, wesentlicher, wichtiger Bestandteil unserer sozialistischen Lebensweise;
unverbrüchlicher Bestandteil unserer
Freundschaft zur Sowjetunion

Bestarbeiter Berufstätiger, der wegen
seiner (O-Ton:) 'hervorragenden Arbeitsergebnisse bei der sozialistischen
Planerfüllung' mit diesem Titel als
betriebliche Auszeichnung bedacht
wurde. Grundgedanke der Verleihung war der Slogan: 'Wie wir heute
arbeiten, werden wir morgen leben!'
In allen ↑ volkseigenen Betrieben
wurden in der ↑ Straße der Besten
Fotografien der Bestarbeiter ausge-
hängt. Der ↑ FDGB rief seine Mitglieder regelmäßig auf, den Bestar-
beitern im Rahmen der Bestarbeiter-
bewegung nachzueifern. Auf Bestar-
beiterkonferenzen in den ↑ Kombinaten mußten die Bestarbeiter ihre
Erfahrungen darlegen, dies sollte alle
anderen Mitarbeiter dazu anregen,

höhere Arbeitsleistungen zu erbringen.
Z.: „Im Hafengebäude vereinte ein Meeting zur Begrüßung Bestarbeiter aus der DDR mit Gewerkschaftlern Rigas." FDGB-R 2/86, 17
Bestellsystem Im medizinischen oder im Dienstleistungsbereich praktiziertes Verfahren, bei dem der Patient zu einem bestimmten Termin bestellt wurde bzw. der Kunde sich für den Erwerb einer bestimmten, meist knappen Ware auf eine Warteliste setzen lassen konnte.
Bester (des Berufs) Im Rahmen des ↑ sozialistischen Wettbewerbs an den besten Mitarbeiter oder Lehrling einer Berufsgruppe im Betrieb vergebener Titel, z. B. Bester Melker oder Bester Mechaniker. Auch bei der ↑ Nationalen Volksarmee wurden Soldaten und Truppenteile als Beste ausgezeichnet und ein Bestenabzeichen (spöttisch Kratzerplatte genannt) vergeben.
W.: In Form einer Karikatur dargestellte Zeichnung, auf der ein einzelner Schiffbrüchiger auf einer einsamen Insel sein Foto mit der Unterschrift „Unser Bester" an eine Palme nagelt.
-bester Grundwort, das sich in Zusammensetzungen auf Berufstätige bezog, die im Rahmen eines bestimmten Zeitabschnitts (Tag oder Monat) Sieger im ↑ sozialistischen Wettbewerb geworden waren. Sie hatten sich dabei besonders um die Steigerung der Arbeitsproduktivität verdient gemacht. Gebräuchlich waren Zusammensetzungen mit Substantiven wie: Tages-, Monats-
Z.: „Dreimal wollten wir unter den Tagesbesten sein − was uns gelang." BZ 25.5.88, 6
Besucherabteilung ↑ Besucherdienst
Besucherdienst /vorw. Sg./ Für die Werbung und den Verkauf von Karten für kulturelle Veranstaltungen zuständige Einrichtung in einer Stadt bzw. die entsprechende Abteilung in

einem Theater. Wegen der erschwinglichen Eintrittspreise, die jedermann bezahlen konnte, waren die Karten für viele Veranstaltungen knapp. Die Aufgabe des Besucherdienstes bestand auch darin, die Karten „gerecht" zu verteilen. S.: Besucherabteilung
Besucherrat /vorw. Sg./ Auf freiwilliger Basis gebildete Gruppe von interessierten Theaterfreunden, die ein Theater bei seinen zukünftigen Vorhaben berieten, unterstützten und Anregungen ebenso wie Kritiken von Theaterbesuchern an die Intendanz weiterleiteten.
Besuchsreise In offiziellen Texten für eine einem DDR-Bürger von den staatlichen Behörden bewilligte Reise ins westliche Ausland, meist zu Verwandten.
Betonbauer ↑ -bauer
Betonwerker ↑ -werker
Betrieb In der Umgangssprache übliche Bezeichnung für das Unternehmen, in dem man arbeitete. Zwischen den Mitarbeitern und ihrem Betrieb bestand ein Geflecht sozialer Bindungen. Viele Betriebe sorgten für Wohnraum, Kindergartenplätze, medizinische Behandlung, ↑ Kinderferienlager, Urlaubsunterkünfte, Sportvereine usw. Die Beschäftigten identifizierten sich deshalb oft mit ihrem Betrieb.
Betrieb der sozialistischen Arbeit Ehrentitel der ↑ DDR, der an Betriebe verliehen wurde, die im ↑ sozialistischen Wettbewerb mit überdurchschnittlichen Leistungen aufwarten konnten.
Betrieb mit staatlicher Beteiligung Bezeichnung für einen Betrieb, an dem neben einem ↑ privaten Unternehmer der Staat beteiligt war. Solche Betriebe gab es neben den staatlichen (↑ VEB) und genossenschaftlichen Unternehmen in den fünfziger und sechziger Jahren. Es handelte sich dabei um ursprünglich rein ↑ private Unternehmen, die teils auf

staatlichen Druck, teils auch wegen steuerlicher Besserstellung den Staat als Gesellschafter finanziell beteiligt hatten. Durch die Rechtsform der Kommanditgesellschaft trug der private Unternehmer die volle Verantwortung für den laufenden Geschäftsbetrieb und haftete mit seinem gesamten persönlichen Vermögen. Aus der Sicht der ↑ SED war die staatliche Beteiligung ein erster Schritt auf dem Weg zur Überführung der gesamten Wirtschaft in ↑ Volkseigentum, zugleich sollte zeitweilig die spezielle Erfahrung und Tatkraft der Privatunternehmer zur wirtschaftlichen Stärkung genutzt werden. Im industriellen Bereich wurde 1972 die Überführung in das Volkseigentum vollzogen, so daß es in der Industrie dann nur noch ↑ volkseigene und einige wenige genossenschaftliche (↑ Konsum) Betriebe gab. Vgl. auch: halbstaatlicher Betrieb

Betriebs- Bestimmungswort, das sich in Zusammensetzungen mit Substantiven auf den ↑ sozialistischen Betrieb, die von ihm unterhaltenen bzw. unterstützten Einrichtungen und Veranstaltungen bezog. Gebräuchlich waren Zusammensetzungen wie: ↑ -akademie, ↑ -anrecht, ↑ -berufsschule, -ferienlager (↑ Ferienlager), ↑ -festspiele, ↑ -fonds, ↑ -gewerkschaftsleitung, ↑ -gewerkschaftsorganisation, -kampfgruppe (↑ Kampfgruppe), -kindergarten, -leitung, ↑ -parteiorganisation, ↑ -poliklinik, ↑ -sportgemeinschaft, -wandzeitung (↑ Wandzeitung), -zeitung

Betriebsakademie An einen sozialistischen Großbetrieb oder eine staatlichen Institutionen angeschlossene Einrichtung, die für die Aus- und Weiterbildung der Mitarbeiter zuständig war. Aufgabe der Betriebsakademie war es, auf der Grundlage von ↑ Qualifizierungsplänen, die es in jedem Betrieb gab, kostenlose Lehrgänge für eine weiterführende

Qualifikation der dort Beschäftigten durchzuführen. Der Unterricht erfolgte durch wissenschaftlich-technische Fachkräfte dieser Einrichtungen, es gab aber auch eine enge Zusammenarbeit mit Hoch-, ↑ Fach- oder Volkshochschulen. Besonderes Augenmerk wurde auf die Weiterbildung von Jugendlichen (↑ Jugendförderungsplan) und Frauen (↑ Frauenförderungsplan) gelegt.

Betriebsanrecht Theater- oder Konzertabonnement, das einem Betriebsangehörigen über seinen Betrieb zu sehr niedrigen Preisen angeboten wurde. Auf diesem Wege wollte man erreichen, daß auch Menschen an die Kultur herangeführt werden, die sich ohne diesen Anstoß nicht dafür interessiert hätten. Leider hatte das Anrechtssystem aber die negative Wirkung, daß viele andere Kunstinteressierte kaum oder nur schwer Karten bekamen (↑ Bestellsystem), obwohl im Theater nicht alle Plätze besetzt waren, weil manche Inhaber eines Betriebsanrechts die Karten verfallen ließen.

Betriebsberufsschule /Kurzf.: BBS/ Einem Betrieb angeschlossene Einrichtung für den allgemeinbildenden sowie den auf den Beruf bezogenen theoretischen Unterricht der Lehrlinge. Der Besuch der Betriebsberufsschule war Pflichtbestandteil der gesamten Lehrausbildung. Soweit kleinere Betriebe keine eigene Berufsschule unterhalten konnten, wurde für deren Lehrlinge der Unterricht an Betriebsberufsschulen der Großbetriebe oder an kommunalen Berufsschulen erteilt.

Betriebsfestspiele /Pl./ Bezeichnung für eine meist mehrtägige Veranstaltung in einem Großbetrieb, auf der die Betriebsangehörigen sportliche oder künstlerische Leistungen präsentieren konnten. Sie sollte auch als Anregung für eine Beschäftigung auf kulturellem oder sportlichem Gebiet dienen und so zur Förderung der sozialistischen Arbeitskultur beitragen. Die besten Laienkünstler wurden zu den ↑ Arbeiterfestspielen ↑ delegiert. In diesem Rahmen entdeckte man oftmals wirkliche Talente. Betriebsfestspiele wurden 1970 auf Anregung der ↑ SED ins Leben gerufen und jährlich von der jeweiligen ↑ Betriebsgewerkschaftsleitung organisiert.

Betriebsgewerkschaftsleitung /Kurzf.: BGL/ Offizielle Bezeichnung für das von den Mitgliedern der ↑ Betriebsgewerkschaftsorganisation für die Dauer von zwei Jahren gewählte Leitungsgremium. Sie war nicht nur für die Organisation der gesamten Gewerkschaftsarbeit verantwortlich, sondern nahm auch eine Vielzahl gesetzlicher Mitwirkungs-, Zustimmungs- und Kontrollrechte war. So konnte z. B. keine Kündigung ausgesprochen und keine Überstunde ohne ihre Zustimmung angeordnet werden, sie hatte Zugang zu den ↑ Kaderakten und grundsätzlichen betrieblichen Leitungsdokumenten, und sie konnte jederzeit die Einhaltung von Arbeitsschutzvorschriften an jedem Arbeitsplatz kontrollieren. Als Vertragspartner der Betriebsleitung beim Abschluß des ↑ Betriebskollektivvertrages bestimmte sie auch darüber mit, wie die betrieblichen Mittel zur Verbesserung der Arbeitsbedingungen, zur Prämierung besonderer Leistungen oder zur Frauenförderung eingesetzt wurden. In Großbetrieben wurden die Zustimmungsrechte der Betriebsgewerkschaftsleitung großenteils von Abteilungsgewerkschaftsleitungen wahrgenommen. Trotz der umfangreichen gesetzlichen Rechte der Betriebsgewerkschaftsleitung war ihr praktischer Einfluß begrenzt, denn ↑ SED und Betriebsleitung achteten darauf, daß v. a. der hauptamtliche Vorsitzende und eine ausreichende Zahl der SED angehörigen Leitungsmitglieder die Interessen der ↑ Partei zuverlässig wahrnahmen.

Betriebsgewerkschaftsorganisation ↑ Grundorganisation des ↑ FDGB, die alle Gewerkschaftmitglieder eines Betriebes, einer Institution, einer ↑ Hoch- oder Fachschule umfaßte. Die Betriebsgewerkschaftsorganisation setzte sich aus mehreren Gewerkschaftsgruppen zusammen. Höchstes beschlußfähiges ↑ Organ war die Mitgliederversammlung, die über wichtige betriebsinterne Fragen beriet.

Betriebskollektivvertrag /Kurzf.: BKV/ Jährlich abzuschließender Vertrag zwischen der ↑ Betriebsgewerkschaftsleitung und der Betriebsleitung eines ↑ volkseigenen Betriebes, dessen Inhalt im Arbeitsrecht ausführlich geregelt war. Darin verpflichteten sich der Betriebsleiter und die ↑ Betriebsgewerkschaftsleitung u. a. zur Förderung der Planerfüllung (z. B. durch die Gewährung von ↑ Zielprämien), zur Verbesserung der Arbeits- und Lebensbedingungen (z. B. durch die Einrichtung neuer Waschräume), zur Erhöhung des Bildungsniveaus der Mitarbeiter (z. B. durch Festlegung der vom Betrieb bereitzustellenden Gelder für Qualifizierung) oder zur Förderung von Kultur und Sport (z. B. durch betriebliche Zuschüsse für ↑ Sportgemeinschaften oder ↑ Kulturgruppen). Bestandteil des Betriebskollektivvertrages waren auch der ↑ Frauen- und der ↑ Jugendförderungsplan. Ohne den Betriebskollektivvertrag konnten weder Betriebs- noch Gewerkschaftsleitung über die umfangreichen Geldmittel für diese Zwecke verfügen. Besondere Bedeutung für die Mitarbeiter hatte die im Betriebskollektivvertrag zu treffende Regelung über die Voraussetzungen der ↑ Jahresendprämie. Über den Betriebskollektivvertrag mußte eine Mitgliederversammlung oder eine ↑ Vertrauensleutevollversammlung beschließen.

Betriebsparteiorganisation /Kurzf.: BPO/ ↑ Grundorganisation der ↑ SED in Betrieben und Institutionen, die gebildet wurde, wenn mindestens drei SED-Mitglieder im Betrieb tätig waren. Den ↑ Blockparteien war es dagegen nicht gestattet, sich in den Betrieben zu organisieren. Die BPO und v. a. ihr Vorsitzender, der betriebliche ↑ Parteisekretär, waren das eigentliche Machtzentrum des Unternehmens. Sie erhielten Richtlinien von der ↑ SED-Kreisleitung und setzten diese als Festlegungen gegenüber der Betriebsleitung durch. Z.: „Von Beginn der Bauarbeiten an nahm die BPO der ZPO die Baustelle unter Parteikontrolle. Die Baustelle ist ein Domizil der Neuerer. Der wichtigste Vorschlag sparte bisher eine Million Mark an Investitionen ein." Neuer Weg 1/1975, 14

Betriebspoliklinik Gesundheitseinrichtung, die von einem Großbetrieb finanziert wurde und vorzugsweise von Betriebsangehörigen genutzt werden durfte.

Betriebssportgemeinschaft /Kurzf.: BSG/ Von einem ↑ volkseigenen oder genossenschaftlichen Betrieb finanziell und organisatorisch geförderter Sportverein, der dem ↑ DTSB angehörte. Die Betriebssportgemeinschaft war auch für die jährlich stattfindenden Betriebssportfeste verantwortlich, auf denen sich die Betriebsangehörigen in sportlichen Wettkämpfen messen konnten. Großen Wert legte man auch darauf, den Kindern der Betriebsangehörigen hier die Möglichkeit zur sportlichen Betätigung zu geben. Die Betriebssportgemeinschaften nahmen auch Sportinteressierte auf, die im Umfeld des Betriebes wohnten.

Bettenhaus 1. Zu einem Hotel oder Ferienheim gehörendes Gebäude, das ausschließlich der Unterbringung der Gäste diente. V. a. der ↑ Feriendienst der Gewerkschaften konnte durch große neu errichtete Gebäude die Kapazität für einen ↑ FDGB-Urlaub erweitern. Gegenüber den meisten Privatunterkünften besaßen die Bettenhäuser viele Vorteile, z. B. einen deutlich besseren Ausstattungsstandard. **2.** Erweiterungsbau eines Krankenhauses zur Unterbringung von stationär zu behandelnden Patienten.

Bevölkerungsbedarf Der im ↑ Plan staatlich festgelegte Anteil der ↑ Produktion oder des ↑ Imports, der unmittelbar zum Verkauf an die Bevölkerung bestimmt war. Da viele Waren nicht ausreichend zur Verfügung standen, versuchten die Betriebe immer wieder, gerade Engpaßprodukte aus dem Bevölkerungsbedarf zur eigenen Verwendung zu erwerben. Die ↑ Partei versuchte, sowohl durch Bestrafung dieser Umverteilung (z. B. durch Ordnungsstrafen für Betriebs- oder ↑ Verkaufsstellenleiter) als auch durch die bevorzugte ↑ Produktion der gerade fehlenden Güter die Bedürfnisse der Bevölkerung besser zu befriedigen und damit die Stimmung im Lande positiv zu beeinflussen. Es sollte bei der Bevölkerung der Eindruck erweckt werden, daß zwar manchmal etwas fehlt, aber daß man alles daran setze, Abhilfe zu schaffen. * für den Bevölkerungsbedarf produzieren; nur für den Bevölkerungsbedarf, nicht für gesellschaftliche Bedarfsträger.

bewaffnete Organe Im offiziellen Sprachgebrauch die Gesamtheit der für die Landesverteidigung und innere Ordnung der ↑ DDR eingesetzten, mit Waffen ausgerüsteten Kräfte. Zu den bewaffneten Organen gehörten die ↑ Nationale Volksarmee, die ↑ Deutsche Volkspolizei, die Grenztruppen, die ↑ Kampfgruppen der Arbeiterklasse, das Ministerium für ↑ Staatssicherheit sowie die Zollverwaltung. Ihren Mitarbeitern wurden sehr gute Bezahlung, besondere Renten und andere Vergünstigungen (z. B. Urlaubsplätze) gewährt.

Bewegung schreibender Arbeiter ↑ schreibender Arbeiter

-bewegung Grundwort, das sich in Zusammensetzungen mit Substantiven auf den organisierten Zusammenschluß einer Gruppe von Menschen, die ein gleiches politisches, künstlerisches oder geistiges Ziel anstrebten, bezog. Gebräuchlich waren Zusammensetzungen wie: ↑ Aktivisten-, ↑ Neuerer- , ↑ Singe-

bewußt Im offiziellen Sprachgebrauch wurde dieses Wort vorwiegend auf die ↑ Arbeiterklasse und deren Interessenvertreter bezogen. Ein bewußter Arbeiter war immer ein klassenbewußter Arbeiter, d. h. er wußte um seine ↑ historische Mission, war von ihr überzeugt und setzte sich aktiv für ihre Verwirklichung ein. * ein bewußter Arbeiter, Lehrer, Genosse; die Arbeiterklasse ist der bewußteste Teil des Volkes. Dazu auch: Bewußtheit

Bewußtsein 1. Kategorie der marxistisch-leninistischen ↑ Philosophie zur Bezeichnung der Gesamtheit der spezifisch menschlichen sinnlichen und rationalen Widerspiegelung der Realität. Das Bewußtsein steht bei dieser Auffassung für das höchste Entwicklungsprodukt der Materie. Obwohl es gegenüber der materiellen Welt, d. h. dem Sein, als sekundär angesehen wurde, gestand man dem Bewußtsein als dem Prozeß der aktiven Auseinandersetzung des Menschen mit der Welt eine relative Eigengesetzlichkeit zu.
Z.: „Die Materie ist das Primäre. Die Empfindung, der Gedanke, das Bewußtsein ist das höchste Produkt der in besonderer Weise organisierten Materie." (Lenin, Bd. 14, S. 47)
2. Im Sprachgebrauch der ↑ Funktionäre Bezeichnung für die sich öffentlich zeigende positive Grundeinstellung eines Menschen gegenüber der ↑ Arbeiterklasse und der Politik der ↑ SED. In diesem Sinne bemühte sich der gesamte Partei- und

↑ Staatsapparat darum, (O-Ton:) ʻdas Bewußtsein der Bevölkerung zu entwickelnʼ. Kritikern wurde demgegenüber vorgeworfen, sie hätten (O-Ton:) ʻkein Bewußtseinʼ. Vgl. auch: gesellschaftliches Bewußtsein

bewußtseins- Bestimmungswort, das sich in Zusammensetzungen mit Partizipien auf ein ↑ Bewußtsein (2) bezog, das von einer positiven Einstellung gegenüber der ↑ SED und ihrer Politik bestimmt war. Gebräuchlich waren Zusammensetzungen wie: -bildend, -fördernd

Beziehungen /Pl./ **1.** Im offiziellen Sprachgebrauch in Verbindung mit vielen schmückenden Adjektiven verwendet zur Charakterisierung des Verhältnisses der ↑ DDR oder ihrer politischen Führung zu anderen Ländern, besonders den verbündeten sozialistischen Ländern, deren kommunistischen Parteien oder ↑ Massenorganisationen. Damit sollte bei der Bevölkerung eine positive Einstellung zu den so benannten Personen (gruppen), Sachverhalten oder Ereignissen erzeugt werden. * brüderliche, freundschaftliche, gegenseitige, gute, gutnachbarliche Beziehungen
2. Nicht offiziell für die Möglichkeit, aufgrund persönlicher oder beruflicher Kontakte Engpaßwaren oder Dienstleistungen zu beschaffen. In der Bevölkerung hieß es deshalb (O-Ton:) ʻBeziehungen schaden nur dem, der keine hatʼ.

Bezirk Staatliche Verwaltungseinheit der mittleren Ebene, die den ↑ Kreisen über- und der Regierung untergeordnet war. 1952 wurden durch Verwaltungsumstrukturierung die ehemaligen fünf Länder (Sachsen, Thüringen, Brandenburg, Sachsen-Anhalt, Mecklenburg) in 14 Bezirke umgewandelt, wobei die Benennung dieser Territorien nach dem jeweiligen Namen ihrer Hauptstädte erfolgte (z. B. Bezirk Dresden, Erfurt oder Rostock). Den Bezirken gleichgestellt war Berlin als ↑ Hauptstadt der

DDR. Der Bezirk hatte eine vorwiegend administrative Funktion in dem ihm unterstellten Territorium auszuüben. Sein oberstes Entscheidungsorgan war der ↑ Bezirkstag, der für die Dauer von 4 Jahren gewählt wurde und selbst wiederum den ↑ Rat des Bezirkes und verschiedene Kommissionen wählte.

Bezirks- Bestimmungswort, das sich in Zusammensetzungen mit Substantiven auf Sachverhalte, die hinsichtlich eines ↑ Bezirkes bestanden, oder auf Personen, deren Arbeitsaufgabe unmittelbar an den Bezirk gebunden war, bezog. Gebräuchlich waren Zusammensetzungen mit Substantiven wie: -ebene, ↑ -gericht, ↑ -leitung, -messe, -presse, ↑ -rat, ↑ -sekretär, -spartakiade, -stadt, ↑ -tag, -zeitung; dazu Partizipien wie: -geleitet, -bezogen

bezirksgeleitete Industrie Teil der Industrie, bestehend vorwiegend aus Klein- und Mittelbetrieben unterschiedlichster Branchen, v. a. aber der Lebensmittel- und Textilindustrie, der den ↑ Räten der Bezirke und nicht direkt einem Ministerium unterstellt war.
Z.: „Es geht auch in der bezirksgeleiteten Industrie um die konsequente Fortsetzung der Intensivierung durch eine umfassende sozialistische Rationalisierung sowie die Verbesserung der Qualität der Erzeugnisse." Neuer Weg 1/1975, 4

Bezirksgericht Gericht, das über Rechtsstreitigkeiten in zweiter Instanz bei Einspruch gegen das Urteil eines ↑ Kreisgerichtes des ↑ Bezirkes entschied. Da das DDR-Recht nur ein zweistufiges Gerichtsverfahren vorsah, endete hier die große Masse der Streitigkeiten mit rechtskräftigen Entscheidungen, ohne daß das ↑ Oberste Gericht diese überprüfen mußte.

Bezirksleitung Für einen ↑ Bezirk zuständiges Leitungsgremium einer ↑ Massenorganisation oder der

↑ SED. Soweit nicht ausdrücklich auf eine Massenorganisation hingewiesen wurde (z. B. ↑ Bezirksleitung der FDJ), war immer die Bezirksleitung der SED gemeint. Diese hatte in allen wichtigen gesellschaftlichen und wirtschaftlichen Angelegenheiten des Bezirkes das letzte, entscheidende Wort, sie war nur dem ↑ ZK verantwortlich.

Bezirksrat 1. Umgangssprachlich für ↑ Rat des Bezirkes
2. Jemand, der in einem ↑ Stadtbezirk ein Ressort leitet, z. B. der Bezirksrat für Handel und Versorgung.

Bezirkssekretär Umgangssprachlich für den ↑ Ersten Sekretär der ↑ Bezirksleitung der ↑ SED des jeweiligen ↑ Bezirkes. Die fünfzehn Bezirkssekretäre hatten eine wichtige Machtposition inne, die sie oftmals selbstherrlich ausnutzten. S.: Provinzfürst

Bezirkstag Offiziell für das oberste ↑ Organ der Staatsmacht in einem ↑ Bezirk. Da auf den wenigen Sitzungen eines Bezirkstages nur die von der ↑ SED-Bezirksleitung zuvor gebilligten Beschlüsse gefaßt wurden, die tägliche ↑ staatliche Leitung hingegen durch den ↑ Rat des Bezirkes erfolgte, blieb der Einfluß der Mitglieder des Bezirkstages auf die Kommunalpolitik sehr begrenzt.

BfN ↑ Büro für Neuererwesen
BGL /Kurzf. für Betriebsgewerkschaftsleitung/ Auch mit der Kurzform gab es viele Zusammensetzungen wie: BGLer (Vorsitzender der BGL), BGL-Sitzung, BGL-Vorsitzender, BGL-Wahl
Z.: „In enger Zusammenarbeit entwickeln die Mitarbeiter des Gesundheitswesens mit den Betriebsleitungen und der BGL wirkungsvolle Methoden zur günstigen Beeinflussung des Krankenstandes." Neuer Weg 1/ 1975, 9

BHG ↑ Vereinigung der gegenseitigen Bauernhilfe

Bilanz 1. Propagandistisch gebrauchte Bezeichnung für öffentliche Erfolgs-

meldungen der Partei- und ↑ Staatsfunktionäre, wenn sie die Leistungen
eines bestimmten Zeitraumes (↑ Jahresvolkswirtschaftsplan, Wahlperiode o. ä.) darstellen wollten. * eine
positive, begeisternde, (unübersehbar) erfolgreiche Bilanz
2. In der Wirtschaftsplanung die Gegenüberstellung von Aufkommen
und Bedarf an bestimmten Erzeugnissen. Diese „materiellen Bilanzen"
wurden für die vielen Erzeugnisse er-
stellt, die nicht ausreichend vorhanden waren. In ihnen wurde als staatliche Entscheidung (Bilanzentschei-
dung) festgelegt, welcher Zweig der
↑ Volkswirtschaft oder der staatlichen Verwaltung mit einem bestimmten Produkt beliefert und wessen Bedarf nicht abgedeckt wurde. Durch
Bilanzen wurde der Mangel nicht beseitigt, es sollten aber Prioritäten gesetzt und Verschwendung bestraft
werden. Tatsächlich wurden die Bilanzen zunehmend mit Rechen- und
Methodentricks geschönt und Zu-
weisungen nach politischen Kriterien
zugunsten des Verbrauchs durch den
Sicherheits- und Parteiapparat vorgenommen. Damit wurde die Wirtschaft weiter geschwächt, der Mangel vergrößert und für das Bilanzsystem Arbeitskräfte und Rechen-
technik gebunden.
3. Jährlich erstellte wertmäßige Darstellung des Ergebnisses der Wirtschaftstätigkeit eines sozialistischen
Betriebes.
Bildschirmspiel Offiziell geprägtes
Wort für Telespiel, um sich vom
westlichen Sprachgebrauch zu unterscheiden.
Bildungs- Bestimmungswort, das sich
in Zusammensetzungen mit Substantiven auf den Prozeß von Ausbildung
und Erziehung sowie der Aneignung
von wissenschaftlichen Kenntnissen
unter besonderer Berücksichtigung
der ↑ ideologischen Komponente
und v. a. auf die Vermittlung eines
sozialistischen Menschenbildes be-

zog. Gebräuchlich waren Zusammensetzungen mit Substantiven wie:
-arbeit, ↑ -fernsehen, -stätte, -system;
* einheitliches sozialistisches Bildungssystem; dazu Adjektive wie:
-ökonomisch, -politisch, -wirksam
Bildungsfernsehen Für den Unterricht
in den ↑ polytechnischen Oberschulen konzipierte und seit 1966 vom
Fernsehen der ↑ DDR vormittags
ausgestrahlte Sendung von etwa 40
Minuten Länge, die dem Lehrer die
Möglichkeit bot, sie gezielt als
Unterrichtshilfe einzusetzen. In einem Schuljahr wurden ca. 250
Unterrichtssendungen für 13 verschiedene Fächer, thematisch gestaltet für die Klassen 2 bis 10, ausge-
strahlt. Außerdem liefen in dieser
Sendereihe auch Fremdsprachenkur-
se in den Sprachen Russisch und
Englisch.
Bitterfelder Weg /o. Pl./ Offizielle und
v. a. in der ↑ Propaganda verwendete
Bezeichnung für die kulturpolitische
Ausrichtung aller Partei- und
↑ Staatsorgane, aber auch der von ihnen gelenkten Künstlerverbände.
Auf dem V. ↑ Parteitag (1958) be-
schloß die ↑ SED, die Kulturpolitik
als Bestandteil der ↑ sozialistischen
Kulturrevolution streng an das von
der ↑ Partei definierte Interesse der
↑ Arbeiterklasse zu binden. Die
Autorenkonferenz des Mitteldeut-
schen Verlages in Bitterfeld (erste
Bitterfelder Konferenz, 24.4.59) wurde deshalb dazu benutzt, diese neue
Kulturpolitik mit großem propagandistischen Aufwand unter der Losung „Greif zur Feder, Kumpel, die
sozialistische Nationalkultur braucht
dich!" bekannt zu machen. Ziel dieser Politik war es v. a., eine enge Verbindung zwischen Künstlern und Arbeiterschaft herzustellen. Die Verbindung zwischen Kunst und sozialistischer Wirklichkeit sollte sich unmittelbar in den Werken des ↑ sozialistischen Realismus widerspiegeln. Von
den Berufskünstlern wurde erwartet,

daß sie in ihren Werken ein positives Bild der Arbeiterklasse vermittelten. Zugleich entstand in den darauffolgenden Jahren eine Massenbewegung auf kulturellem Gebiet, z. B. ↑ Zirkel ↑ schreibender Arbeiter, ↑ Klubs der Werktätigen, ↑ Volkskunstzirkel. Auf der zweiten Bitterfelder Konferenz (1964), diesmal direkt vom ↑ Politbüro der SED veranstaltet, stand die Forderung im Mittelpunkt, immer mehr Menschen zu veranlassen, sich regelmäßig kulturell im Arbeitskollektiv zu betätigen. Dem sollte ein wichtiger Teil des ↑ sozialistischen Wettbewerbs gewidmet sein. Viele ↑ Kollektive besuchten im folgenden kontinuierlich Theater und Konzerte, die Betriebe veranstalteten ↑ Betriebsfestspiele, die ↑ Arbeiterfestspiele wurden ins Leben gerufen. Neben diesen positiven Wirkungen sorgte die starke politische Beeinflussung der Künstler jedoch dafür, daß die Kunst nicht mehr die Widersprüche des realen Lebens ausdrückte. Auf dem VIII. ↑ Parteitag der SED wurde die mit dem Bitterfelder Weg verbundene Gängelung der Künstler zeitweilig zurückgenommen.
W.: Lieber vom Leben/von Unsitte gezeichnet, als von Sitte gemalt.
BKV ↑ Betriebskollektivvertrag
blaue Fliesen Vom Volke geprägte Bezeichnung für einen 100-DM-Schein. Der Besitz solcher konvertierbaren ↑ Devisen versetzte den DDR-Bürger in die Lage, im ↑ Intershop viele Mangelprodukte kaufen zu können oder das Handwerkern die begründete Aussicht auf eine schnelle Erledigung von gefragten Dienstleistungen zu erlangen. In der Zeitung konnte man auf folgendes Inserat treffen: „Tausche bunte Fliesen gegen blaue". Für Eingeweihte hieß das ganz klar, tausche Ost- gegen Westgeld. S.: blaue Kacheln
blaue Kacheln ↑ blaue Fliesen

Blauhemd Bezeichnung für das von den Mitgliedern der ↑ FDJ bei besonderen Anlässen zu tragende blaue Hemd. Außerdem wurde das Wort auch für die FDJ-Mitglieder selbst benutzt. S.: FDJ-Hemd, FDJ-Bluse
Blinden- und Sehschwachenschule Spezielle Bildungseinrichtung, in der nach eigens auf die Bedürfnisse dieser Schülergruppe zugeschnittenen Lehrplänen und -methoden unterrichtet wurde.
Block Bezeichnung eines Hauses in einem Neubaugebiet. Während der Bauplanung und -durchführung wurden alle Häuser als Block mit einer bestimmten Nummer bezeichnet. Die Straßenbenennung erfolgte oftmals erst nach dem Einzug der ersten Mieter. In einigen großen Neubausiedlungen wie Halle-Neustadt unterblieb sie sogar ganz. * er wohnt in Halle-Neustadt, Block 495
Block- Bestimmungswort, das sich in Zusammensetzungen mit Substantiven auf den ↑ demokratischen Block bezog, der von den zu Wahlen zugelassenen politischen Parteien und ↑ Massenorganisationen gebildet wurde. Gebräuchlich waren Zusammensetzungen wie: -freunde /Pl./, -partei, -politik
Bodenfonds der LPG Im LPG-Recht gesetzlich verankerte Bezeichnung der einer ↑ LPG zur gemeinsamen Bewirtschaftung insgesamt zur Verfügung stehenden landwirtschaftlichen Nutzfläche. Sie war von den Mitgliedern als Genossenschaftseinlage in die LPG eingebracht worden. Zum Bodenfonds wurden auch solche Flächen gerechnet, die der LPG freiwillig oder aufgrund von Zwangsnutzungsverträgen, die der ↑ Rat des Kreises festlegte, zur dauernden Anpachtung überlassen worden waren. Die Bewirtschaftung der Flächen des Bodenfonds erfolgte ohne Rücksicht auf Grundstücks- oder Flurgrenzen, dadurch konnten große, mit Maschinen gut zu bearbeiten-

de Felder geschaffen werden. Aus dem Bodenfonds überließ die LPG ihren Mitgliedern kleinere Flächen für die ↑ persönliche Hauswirtschaft.

Bodenreform /Kurzf. für demokratische Bodenreform/. 1945 wurde in der damaligen sowjetischen Besatzungszone eine entschädigungslose Enteignung der Großgrundbesitzer (Eigentum über 100 ha) zugunsten der kleinen oder landlosen Bauern und den Umsiedlern aus den polnischen Gebieten durchgeführt. Die Entscheidung hatte ökonomische, soziale und politische Motive.

Bonbon Vom Volke geprägte Bezeichnung für das ↑ Parteiabzeichen der ↑ SED.

Bonner Ultras In den fünfziger und sechziger Jahren besonders in der SED-Propaganda, aber auch offiziell gebrauchte Verbindung zur Bezeichnung der maßgeblichen Politiker der Bundesregierung und der sie tragenden Parteien. Auch die Repräsentanten national-konservativ orientierter Vereinigungen in der Bundesrepublik wie z. B. der Vertriebenenverbände wurden so bezeichnet. Sie entstand aus der Verkürzung der Formel von den (O-Ton:) ῾in Bonn herrschenden ultrakonservativsten und revanchistischen Kreisen᾿. Die ständige formelhafte Wiederholung in den Massenmedien und der Parteiagitation nahm ihr gegenüber der Bevölkerung bald jede Glaubwürdigkeit, die die Wendung von den bBU᾿s (den bösen Bonner Ultras) prägte. Mit dem nach der Machtübernahme Honeckers veränderten Stil der propagandistischen Arbeit verzichtete die ↑ Partei auf derart plumpe Agitation. Z.: „Heute vor fünf Jahren wurde die KPD verboten. Doch zum Schweigen haben die Bonner Ultras sie nicht gebracht." ND 17. August 1961, 1

Bonzenschleuder Vom Volke geprägte Bezeichnung für **1.** einen Dienstwagen der Parteiprominenz oder

führender ↑ Staatsfunktionäre (zunächst vom Typ Tschaika oder Tatra, später Volvo oder Peugeot) **2.** den ↑ Städteschnellverkehr der Deutschen Reichsbahn zwischen den ↑ Bezirksstädten und Berlin, weil dieser besonders von dienstreisenden ↑ Funktionären benutzt wurde **3.** ↑ Sputnik (2).

Bonzograd Spöttisch für ein den führenden Partei- und ↑ Staatsfunktionären sowie Diplomaten vorbehaltenes Wohnviertel in Berlin-Pankow.

-börse Grundwort, das sich in Zusammensetzungen mit Substantiven **1.** auf eine von einem ↑ staatlichen Organ oder einer gesellschaftlichen Organisation durchgeführte Veranstaltung bezog, die den Besuchern und Teilnehmern besonders gute Möglichkeiten zum Tausch oder Kauf sonst nur schwer erhältlicher oder spezieller Artikel eröffnen sollte. So veranstalteten z. B. Ministerien ↑ Materialbörsen, um nicht benutzte Maschinen oder Werkzeuge einer sinnvollen Verwendung zuzuführen. Aber auch Verbände wie der ↑ Kulturbund gaben Arbeitsgruppen, z. B. den Mineralogen oder Kakteenzüchtern, auf diese Weise die Chance des Austausches in größerem Maßstab. Gebräuchlich waren Zusammensetzungen mit Substantiven wie: Getränke-, Grafik-, Grundmittel-, ↑ Material-, Tausch-, Urlaubs-, Verkaufs-, Zierfisch- **2.** bezog sich das Grundwort auf eine zentral von einem ↑ Kombinat, einem Ministerium oder einer gesellschaftlichen Organisation (↑ FDGB, ↑ FDJ) durchgeführte Veranstaltung, auf der neue technische Lösungen oder Ideen bekannt gemacht werden sollten. Man erhoffte sich von der ↑ Nachnutzung von ↑ Neuerungen oder ↑ Rationalisierungsmethoden, aber auch von dem Erfahrungsaustausch eine Verbesserung der Wirtschaftlichkeit in den Betrieben. Gebräuchlich waren Zusammensetzungen mit Substantiven wie: Angebots-, Ideen-, ↑ Nachnutzungs-, Software-

Boulevard Fußgängerzone in den Innenstädten, in der sich Geschäft an Geschäft reihte und zum Einkaufsbummel einladen sollte. Im Rahmen einer nach 1980 veränderten Baupolitik wurde versucht, zumindest eine Straße in jeder ↑ Kreis- und Bezirksstadt entsprechend auszubauen und damit den Wünschen der Bevölkerung nach sinnvoller Stadtgestaltung und verbesserter Handelskultur gerecht zu werden. Damit sollte zugleich ein Ausgleich für die in vielen Neubaugebieten fehlenden ↑ Verkaufsstellen für Industriewaren geschaffen werden.

Bourgeoisie Nach marxistisch-leninistischer Auffassung die in der kapitalistischen ↑ Gesellschaftsordnung herrschende, das Eigentum an den Produktionsmitteln besitzende und die ↑ Arbeiterklasse (das ↑ Proletariat) ausbeutende Klasse. Ausgangspunkt dessen ist die These, daß die kapitalistische Gesellschaftsordnung durch den Gegensatz von ↑ Kapital und Arbeit, durch zwei sich in ihren Interessen diametral und unversöhnlich gegenüberstehende Klassen geprägt ist. Zwar wird dem Bürgertum im Feudalismus und der sich daraus entwickelnden, Produktionsmittel besitzenden Bourgeoisie im ↑ Kapitalismus der freien Konkurrenz noch eine fortschrittliche Rolle zugebilligt, weil sie durch das Vorantreiben der Entwicklung der ↑ Produktivkräfte den Fortschritt in der ↑ Gesellschaft beschleunigt. Im zweiten, dem monopolistischen Stadium des Kapitalismus jedoch verschärft sich der ↑ Klassenkampf zwischen Arbeiterklasse und Bourgeoisie immer mehr und führt schließlich nach der Theorie des ↑ Marxismus-Leninismus zur proletarischen Revolution und Herrschaft der Arbeiterklasse. Der Gebrauch des Wortes Bourgeoisie war v. a. in der Parteipropaganda

mit einer negativen Wertung versehen, die aus der Ablehnung der kapitalistischen Gesellschaftsordnung resultierte. Gebräuchlich waren auch Zusammensetzungen mit Substantiven wie: Groß-, Klein-, Monopol-

BPO ↑ Betriebsparteiorganisation

Brandschutzverantwortlicher Vom Leiter eines Betriebes oder eines ↑ staatlichen Organs beauftragter Mitarbeiter, der für die Umsetzung der staatlichen und betrieblichen Brandschutzvorschriften sowie die regelmäßige Brandschutzbelehrung der Mitarbeiter in einem bestimmten räumlichen oder personellen Bereich zuständig war. Diese Verantwortung wurde zumeist zusätzlich zur eigentlichen Arbeitsaufgabe übertragen. Jeder Betriebsleiter hatte in Übereinstimmung mit dem Brandschutzgesetz ausreichend viele Brandschutzverantwortliche zu benennen, für deren Schulung zu sorgen und ihnen Gelegenheit zu geben, Brandgefahren direkt an den zuständigen Leiter zu melden.

BRD /Kurzf. für Bundesrepublik Deutschland/ Nachdem die DDR-Propaganda in den fünfziger Jahren vergeblich versucht hatte, durch die Benennung 'Deutsche Bundesrepublik' den Teilstaatcharakter der westdeutschen Staatsgründung deutlich zu machen, kürzte sie später den richtigen Staatsnamen des anderen deutschen Staates mit drei Buchstaben ab, um ihn im Sinne der Zweistaatentheorie der Abkürzung ↑ DDR gegenüberstellen zu können. Mit der zunehmenden Selbstidentifikation als 'Bundesrepublik' anstelle des von den Vätern des Grundgesetzes favorisierten 'Deutschland' gelang es tatsächlich, die Abkürzung BRD international als Pendant zu DDR zu etablieren.

BRD- Offiziell gebrauchtes Bestimmungswort, das sich in Zusammensetzungen auf die in der Bundesrepublik Deutschland lebenden Menschen oder dort befindende Institutionen bezog. Gebräuchlich waren Zusammensetzungen mit Substantiven wie: -Deutscher, -Fernsehen, -Korrespondent, -Land, -Medien, -Presse, -Sender, -Wirtschaft. Das Bestimmungswort kam auch in Ableitungen mit Suffixen vor, wurde dann allerdings umgangssprachlich gebraucht, wie: -er, -ler, -isch

breit Offiziell gern benutztes Attribut, auch als Element von wiederkehrenden Wendungen, in Verlautbarungen der Regierung und in der ↑ Agitation und Propaganda. Es sollte die Einbeziehung bzw. Zustimmung der gesamten Bevölkerung mit den jeweils von Partei- und Staatsführung vorgegebenen Ansichten zu bestimmten politischen Vorgängen suggerieren. * das breite Interesse aller Bevölkerungsschichten; es fand ein breiter Meinungsaustausch mit allen Werktätigen statt; eine breite Öffentlichkeit stimmte den Plänen der Partei begeistert zu

Breiten- Offiziell gebrauchtes Bestimmungswort, das in Zusammensetzungen die Einbeziehung eines sehr großen Teils der Bevölkerung bezeichnete. Gebräuchlich waren Zusammensetzungen mit Substantiven wie: ↑ -arbeit, -ausbildung, ↑ -sport, -wirkung; dazu: -wirksam

Breitenarbeit /o. Pl./ Auf die Einbeziehung und v. a. aktive Mitwirkung des überwiegenden Teils der Bevölkerung gerichtete Tätigkeit auf politischem, kulturellem oder sportlichem Gebiet. (O-Ton:) 'Breitenarbeit ist politische Massenarbeit'.

Breitensport Teil der im ↑ DTSB organisierten Sportbewegung, der, im Unterschied zu dem auf internationale Erfolge orientierten Leistungssport, der gesamten Bevölkerung Gelegenheit zur sportlichen Betätigung in der Freizeit bieten sollte. Besonders Kinder und Jugendliche fanden hier eine sinnvolle Freizeitbeschäftigung. Im Breitensport wurden

fast alle Sportarten für einen geringen Vereinsbeitrag angeboten. Sporthallen und -plätze wurden, soweit sie nicht dem Leistungssport zugeordnet waren, kostenlos zur Verfügung gestellt. In vielen Sportarten (z. B. Fußball, Volleyball, Gymnastik) ermöglichten die Fachverbände oder die Betriebs- oder Wohngebietssportgemeinschaften auch Nichtmitgliedern oder nicht dauerhaft organisierten Gruppen (z. B. Handballmannschaften von Arbeitskollektiven) unentgeltlich gelegentlich Sport zu treiben.

Brettsegeln /o. Pl./ Offiziell für 'Surfen' gebrauchtes Wort, um sich auch sprachlich vom ↑ Westen abzugrenzen. Z.: „...wachsende Teilnehmerzahlen. Die gibt es natürlich auch im Brettsegeln, wie hierzulande das Surfen genannt wird." FDGB-R 3/88, 32

Brigade /nach russ. Vorbild/ Arbeitsgruppe in einem ↑ sozialistischen Betrieb, deren Mitglieder mit gleichen bzw. zusammengehörenden Arbeitsaufgaben betraut waren. Dem Gedanken vom ↑ Arbeitskollektiv folgend sollten die Mitglieder einer Brigade auch einen größeren Teil ihrer Freizeit gemeinsam verbringen. Das Wort war Bestandteil mehrerer fester Verbindungen wie: Brigade der sozialistischen Arbeit (eine mit dem Ehrentitel ↑ Kollektiv der sozialistischen Arbeit ausgezeichnete Brigade), Brigade der Freundschaft (von der ↑ FDJ in sozialistische Länder oder ↑ junge Nationalstaaten geschickte Gruppe von jungen Menschen, die dort durch praktische Arbeit zur Stärkung des Gedankens des ↑ proletarischen Internationalismus beitragen sollten, indem sie vor Ort gemeinsam mit den Jugendlichen dieser Länder halfen, deren Wirtschaft mit aufzubauen).

-brigade Grundwort, das in Zusammensetzungen mit Substantiven eine bestimmte Art der genannten Arbeitsgruppe bezeichnete. Mit dem jeweiligen Bestimmungswort wurde die Brigade hinsichtlich der in ihr beschäftigten Personen oder deren ausgeübter Tätigkeiten gekennzeichnet. Gebräuchlich waren Zusammensetzungen wie: ↑ Feldbau-, Ernte-, ↑ Feierabend-, ↑ Frauen-, ↑ Hausfrauen-, Jugend-, ↑ Komplex-, ↑ Neuerer-, ↑ Paten-, Pionier-, ↑ Rentner-, ↑ Reparatur-, Schüler-, ↑ Studenten-, Viehzucht-

Brigade- Bestimmungswort, mit dem in Zusammensetzungen mit Substantiven ein Vorgang oder Gegenstand bezeichnet wurde, der einen direkten Bezug zu einer ↑ Brigade besaß. Gebräuchlich waren Zusammensetzungen wie: ↑ -abend, -ausflug, -feier, ↑ -tagebuch

Brigadeabend Gesellige Abendveranstaltung der Mitglieder einer ↑ Brigade in ihrer Freizeit. Auch wenn zeitweise solche Veranstaltungen von offizieller Seite ausdrücklich verlangt wurden, nutzten viele Menschen gern diese Möglichkeit des Beisammenseins in fröhlicher Atmosphäre.

Brigadetagebuch Von einem Mitglied der ↑ Brigade geführtes Buch, in dem chronologisch über Erfahrungen, Erfolge und Aktivitäten im täglichen Arbeitsleben und bei gemeinsamen Freizeitunternehmungen (Theaterbesuch, Ausflüge, Feste) berichtet wurde. Vollständigkeit und eine angemessene Form dieser Aufzeichnungen konnten die Entscheidung über die Vergabe des Titels ↑ Kollektiv der sozialistischen Arbeit positiv beeinflussen.

Brigadier [...die:] Leiter einer ↑ Brigade. Im täglichen Arbeitsprozeß übernahmen die Brigadiere oft die Aufgaben der unmittelbaren Arbeitsorganisation, die sonst ein Meister oder anderer Vorgesetzter ausübte. Dazu auch: Brigadierin

Broiler Junges, industriemäßig gemästetes, fettarmes Hähnchen, das vorzugsweise gegrillt verzehrt wurde und das in der Bundesrepublik als (Brat)hähnchen bezeichnet wird. Die zu Werbezwecken propagierte Bezeichnung ʻGoldbroiler᾽ veranlaßte den Volksmund dazu, die etwas zäheren Exemplare als Silber- oder Bronzebroiler zu bezeichnen. S.: Gummiadler

-broiler Grundwort, das sich in Zusammensetzungen mit Substantiven auf einen ↑ Broiler bzw. eine besondere Zubereitungsart von Hähnchenfleisch bezog. Gebräuchlich waren Zusammensetzungen wie: ↑ Gold-, Kaßler-

Bruder ↑ großer Bruder

Bruder- Offiziell, v. a. in der ↑ Propaganda benutztes Bestimmungswort, das in Zusammensetzungen mit Substantiven im übertragenen Sinn für ausländische Menschengruppen, Organisationen, staatliche Einrichtungen oder Staaten verwendet wurde, die nach SED-Verständnis die gleiche politische Gesinnung und gleiches politisches Klasseninteresse hatten, und mit denen man sich aus diesem Grund besonders eng verbunden fühlte. Dies betraf v. a. die Beziehungen zur Sowjetunion und zu anderen sozialistischen Staaten, aber auch zu kommunistischen Bewegungen in anderen Ländern. Gebräuchlich waren Zusammensetzungen wie: ↑ -armee, ↑ -bund, -bündnis, ↑ -land, ↑ -partei, -volk

Bruderarmee Im offiziellen Sprachgebrauch verklärende Bezeichnung für die Armee eines Mitgliedslandes des ↑ Warschauer Vertrages.

Bruderbund /o. Pl./ Offiziell verwendetes Wort für die besonders engen Beziehungen zwischen den sozialistischen Staaten und ihren kommunistischen Parteien. Damit sollte, ungeachtet der vielen gegensätzlichen Interessen der einzelnen Staaten, die angeblich enge Freundschaft, gegenseitige Hilfe und Zusammenarbeit besonders auf politischem und wirt-

schaftlichem Gebiet deutlich gemacht werden.

Bruderland /im Pl. mit best. Art./ Vor
allem in der ↑ Propaganda verwendete Bezeichnung für ein Land, das
der ↑ sozialistischen Staatengemeinschaft angehörte. Im Plural war es
auch die Bezeichnung für die ↑ sozialistische Staatengemeinschaft selbst.

brüderlich /nicht präd./ Im offiziellen
Sprachgebrauch verwendetes Attribut, das die besondere freundschaftliche Verbundenheit der sozialistischen Staaten und kommunistischen
Parteien bzw. Gewerkschaften dank
gleicher sozialer Stellung, politischer
Anschauung oder Gesellschaftsordnung bezeichnen sollte. * brüderliche
Beziehungen zu den Staaten des
Warschauer Vertrages; brüderliche
Hilfe, Solidarität; brüderliche Zusammenarbeit mit den friedliebenden
Völkern der Sowjetunion; brüderliche Kampfesgrüße an die befreundeten Arbeiterparteien (Losung zum
1. Mai)

Bruderpartei In der ↑ Propaganda Bezeichnung für eine mit der ↑ SED befreundete kommunistische oder Ar-
beiterpartei.
Z.: „Ein gemeinsamer Brief an das
Zentralkomitee der KPČ, der von
den Repräsentanten der Bruderpar-
teien Bulgariens, Ungarns, der
DDR, Polens und der Sowjetunion
unterschrieben ist, wird heute vom
„Neuen Deutschland" und der „Berliner Zeitung" im Wortlaut veröffentlicht." BZA 18.7.1968, 1

Bruttoprodukt Terminus der Politischen Ökonomie des Sozialismus,
der als Pendant zu dem Begriff
'Bruttosozialprodukt' der bürgerlichen Volkswirtschaftslehre fungieren
sollte. Das jährlich in der staatlichen
Statistik ausgewiesene Bruttoprodukt war für die Bewertung der
volkswirtschaftlichen Leistung nur
bedingt tauglich, da z. B. bei der angewandten Methode des Wertaus-
weises der Staat durch willkürliche

Preisfestsetzungen auch die Höhe
des ausgewiesenen Bruttoprodukts
willkürlich beeinflußte. Vgl. auch:
gesellschaftliches Gesamtprodukt

BSG ↑ Betriebssportgemeinschaft

Buchschaffende ↑ -schaffende

Bückware *auch* **Bück-dich-Ware** Man-
gelware, die nur für besondere Kunden oder gegen (O-Ton:) 'eine kleine
Aufmerksamkeit, einen kleinen Aufpreis' von dem Verkäufer unter dem
Ladentisch hervorgeholt wurde.

Bühnenschaffende ↑ -schaffende

Bummelschicht Umgangssprachlich für
das unentschuldigte Fernbleiben eines ↑ Werktätigen von der Arbeit. S.:
Fehlschicht
Z.: „Es kommt nicht vor, daß einer
von ihnen mal 'ne Bummelschicht
einlegt. Das gibt's seit vier Jahren
nicht – und wenn sie mit dem Taxi
zur Schicht kommen." JW 2.1.1980, 1

Bundesrepublik Deutschland ↑ BRD

Bundi In der Umgangssprache wohlwollend angewendete Kurzform für
einen Bundesdeutschen. Die Bezeichnung war in den achtziger Jahren eine Übernahme des (nicht gleichermaßen positiv gemeinten) Sprach-
brauchs der Westberliner.

Bündnis Im offiziellen Sprachgebrauch
verwendetes, oft mit schmückenden
Adjektiven versehenes Wort, das für
die politische und militärische Gemeinschaft der ↑ sozialistischen Staaten oder auch der politischen Kräfte
innerhalb eines sozialistischen Landes stand. Mit diesem Wort sollte
auch die besondere Stärke dieser Gemeinschaft ausgedrückt werden. * festes, stabiles, unerschütterliches, un-
trennbares, unverbrüchliches Bündnis der sozialistischen Staatengemeinschaft und der Armeen des
↑ Warschauer Vertrages

Bündnispolitik Offiziell propagiertes
Prinzip der Innenpolitik der ↑ SED
mit dem Ziel, alle sozialen Schichten
ihrer Führung zu unterwerfen. Es beruhte auf der Theorie vom Bündnis
der Klassen und Schichten unter der

↑ Hegemonie der Arbeiterklasse als einem notwendigen Element der ↑ sozialistischen Revolution zur (O-Ton:) 'Befreiung des ganzen Volkes von Ausbeutung und Unterdrükkung'. Ausdruck dessen war die absolute Vorherrschaft der SED sowohl gegenüber den anderen Parteien als auch gegenüber allen anderen gesellschaftlichen Organisationen. Mit der Bündnispolitik, die auch in der Verfassung der ↑ DDR vorgegeben war, sollten die eigene Bevölkerung und das Ausland über die tatsächlichen politischen Verhältnisse getäuscht werden.

Bungalow Kleineres, eingeschossiges, leichtgebautes Haus im Grünen, oft aus Holz, das in den Sommermonaten v. a. in den Gärten als Unterkunft genutzt wurde. W.: Frage: Wer sind in der DDR die drei bekanntesten Russen? Antwort: Stroganow, Lunikow (Wodkasorte) und Bungalow.

Bungalow- Bestimmungswort, das sich in Zusammensetzungen mit Substantiven auf ein kleineres, eingeschossiges, leichtgebautes Holzhaus bezieht. Gebräuchlich waren Zusammensetzungen wie: -dorf, -siedlung

(sich) einen Bunten machen /Phras./ Umgangssprachlich für sich einige Stunden oder einen Tag Freizeit schaffen, um nur seinen Neigungen nachgehen zu können.

Bürger 1. /Kurzf. für Staatsbürger der DDR/ In offiziellen Dokumenten wie der Verfassung, aber auch in der ↑ Propaganda verwendete Bezeichnung für die Gesamtheit der Staatsbürger der ↑ DDR. Die Verwendung dieses Wortes enthielt keine Wertung, im Gegensatz zu der eine positive Einstellung suggerierenden Wendung (O-Ton:) 'unsere Menschen'. **2.** Von den Mitarbeitern der ↑ Staats- und Sicherheitsorgane als Anrede verwendet, um solche „bürgerlichen Anreden" wie 'Herr/Frau' zu umge-

hen. Sie brachte zugleich eine Distanz zum Ausdruck, die sich von Anreden wie '↑ Genosse, Kollege' deutlich abhob.

Bürger- Offiziell gebrauchtes Bestimmungswort, das in Zusammensetzungen mit Substantiven oder Adjektiven, von den Staats- und Parteiorganen verwendet wurde, wenn vom Staatsbürger der ↑ DDR die Rede war. Gebräuchlich waren Zusammensetzungen mit Substantiven wie: -beratung, -initiative, -komitee; dazu auch Adjektive wie: -freundlich, -nah

Bürger im höheren Lebensalter Offiziell gebrauchte Formulierung für Rentner, die eine hohe Wertschätzung der gesamten ↑ Gesellschaft gegenüber dem Alter ausdrücken sollte. Im Gegensatz dazu waren die Lebensumstände vieler Rentner, z. B. wegen der geringen Renten, sehr schlecht.

Bürgerinitiative Offizielle Bezeichnung für sich wiederholende, von der ↑ Nationalen Front auf Veranlassung der ↑ Partei organisierte freiwillige Arbeitseinsätze zur Verschönerung von öffentlichen Parks und Einrichtungen (z. B. Kindergärten, Clubs der ↑ Volkssolidarität) oder auch von Wohnhäusern und Höfen. An den meist an Wochenenden durchgeführten Arbeiten nahmen viele Menschen teil, weil sie wußten, daß die den örtlichen ↑ Staatsorganen oder Wohnungsverwaltungen zur Verfügung stehenden Kapazitäten bei weitem nicht ausreichten, um alle notwendigen Arbeiten zu erledigen. Z.: „In der Bürgerinitiative 'Schöner unsere Städte und Gemeinden — Mach mit!' sind im ersten Halbjahr in allen Bezirken gute Resultate erzielt worden." ND 3.8.82, 1

Bürgermeister Vorsitzender des ↑ Rates einer Stadt oder Gemeinde.

Bürgschaft 1. Die seit 1964 im Strafgesetzbuch der ↑ DDR verankerte Möglichkeit, für ein gerichtlich verurteiltes Mitglied eines ↑ Arbeitskollektivs entweder durch einen einzelnen oder das gesamte ↑ Kollektiv gegenüber dem Gericht die Verpflichtung zu übernehmen, sich für die Zeit der Bewährung besonders um den Kollegen zu kümmern. Dieses Verfahren sollte die Chancen der Resozialisierung verbessern und Rückfällen vorbeugen, was in vielen Fällen auch tatsächlich gelang. Wenn dem Gericht eine solche Bürgschaft angeboten wurde, war die Aussetzung einer Freiheitsstrafe zur Bewährung wahrscheinlich.

2. Wer ↑ Kandidat oder (als Kandidat) Mitglied der ↑ SED werden wollte, mußte die schriftliche Befürwortung eines SED-Mitgliedes vorlegen. Darin hatte der Bürge zu bestätigen, daß der Antragsteller das Vertrauen der ↑ Partei verdient, einen festen ↑ Klassenstandpunkt besitzt und von ihm aktive Parteiarbeit zu erwarten ist.

Büro für Neuererwesen /Kurzf.: BfN/ Gesetzlich vorgeschriebene Abteilung in allen ↑ sozialistischen Betrieben mit der Aufgabe, alle eingehenden ↑ Neuerervorschläge zu registrieren und die ordnungsgemäße und rechtzeitige Bearbeitung durch die zuständigen Leiter zu überwachen. Sie hatte auch Auskunft über das ↑ Neuererrecht zu erteilen und ↑ Neuerervereinbarungen zwischen dem Betrieb und Mitarbeitern anzuregen, um auf diese Weise zur ↑ Rationalisierung der Arbeitsabläufe beizutragen. Tatsächlich mußten die BfN jedoch sehr viel Zeit für das Erstellen von Statistiken aufwenden, in denen die Erfüllung der vielen staatlich vorgegebenen Erfolgskennziffern auszuweisen war.

Buschfunk Umgangssprachlich für die mündliche Weitergabe von Informationen besonders innerhalb eines Betriebes. Auf diese Weise wurden auch solche Informationen, die Staat und ↑ Partei gerne vertraulich behandeln wollten, schnell bekannt.

C

CAD /Kurzf. für computer-aided design/ In den USA und Japan entwickelte Verfahren der von Computern weitgehend selbständig durchgeführten Konstruktion und Projektierung von Erzeugnissen sowie der technologischen Planung von Produktions- und Montagevorgängen. Vgl. auch: CAD/CAM

CAD/CAM Offiziell als Schlagwort benutztes Prinzip der rechnergestützten Entwicklung und Herstellung von Erzeugnissen, das in den letzten Jahren der ↑ DDR von der Parteiführung als Wundermittel für die Sanierung der Wirtschaft betrachtet wurde. Das als Teil des technischen Fortschritts bei Einsatz in geeignetem Umfeld wirksame Prinzip wurde unter Mißachtung des vielfach ungenügenden technischen Ausstattungsgrades auf dem ↑ Auflagen- und Befehlsweg in der Wirtschaft eingeführt, obwohl weder die verfügbaren elektronischen Ausrüstungen noch die Produktionsanlagen dafür geeignet waren. Deshalb blieb der erhoffte Produktivitätsaufschwung weitgehend aus. Vgl. auch: CAD, CAM
W.: Zwei Arbeiter treffen sich. Der eine sagt: „Wir haben jetzt auf unseren Erzeugnissen ein neues Zeichen, eine Kette und einen Kamm." „Und", fragt der andere," was soll das bedeuten?" "Na, ganz einfach. Unsere Produkte sind das Ergebnis von CAD/CAM!"

CAM /Kurzf. für computer-aided manufacturing/ In den USA und Japan entwickelte Verfahren der computergesteuerten, sich selbst regulierenden ↑ Produktion. Vgl. auch: CAD/CAM

CDU ↑ Christlich-Demokratische Union Deutschlands

Ceaucescus letzte Rache Umgangssprachlich abwertende Bezeichnung für einen im Rahmen des ↑ Komplexprogramms des ↑ RGW in Rumänien produzierten Kleintransporter, der sich durch seine ungeheure Störanfälligkeit auszeichnete und für den Ersatzteile schwer zu beschaffen waren.

Centrum /o. Pl.; o. Art./ Bezeichnung für die großen, von der ↑ HO geleiteten Kaufhäuser in der ↑ Hauptstadt und in den Bezirksstädten, die in der „Vereinigung Volkseigener Versand- und Warenhäuser CENTRUM" zusammengeschlossen waren. Sie hatten ein viel besseres Warenangebot im Vergleich zu den „normalen" Kaufhäusern in den Kreis- und Kleinstädten und wurden deshalb zu einem Anziehungspunkt für alle, die nicht den Vorzug hatten, in der Nähe einer solchen Einrichtung zu wohnen.
Z.: „Centrum-, Waren- und Bekleidungshaus am Alex sind nach wie vor Einkaufsmagneten für Tausende Kunden." BZA 30.7.1968, 1

Charakter der Epoche Zentraler Begriff des „Wissenschaftlichen Kommunismus", der v. a. in den Propagandareden der ↑ SED verwendet wurde. Nach der herrschenden ↑ Ideologie war der Charakter der Epoche im zwanzigsten Jahrhundert (beginnend mit der russischen Oktoberrevolution 1917) geprägt durch den weltweiten Übergang vom ↑ Kapitalismus zum ↑ Sozialismus.

Chemiefacharbeiter ↑ -facharbeiter

Chemiewerker ↑ -werker

chemisieren Von Walter Ulbricht auf dem V. ↑ Parteitag der SED (1958) als eine der Grundlinien der Entwicklung der volkswirtschaftlichen Entwicklung verkündete Umstellung der Wirtschaft. Danach war die Chemie als einer der drei wichtigsten Industriezweige beschleunigt (bis 1965) auszubauen und chemische Produkte in der Industrie (zur Ablösung traditioneller, in der ↑ DDR knapper Materialien wie Stahl, Buntmetalle, Holz), v. a. aber auch in der Landwirtschaft und im Konsumgüterbereich verstärkt einzusetzen. Der Slogan dieser Zeit lautete: „Chemie bringt Arbeit, Schönheit, Brot". Für die rohstoffarme DDR wurde eine glückliche Zukunft durch Einsatz der wenigen einheimischen Rohstoffe (Braunkohle, Kalk) in der chemischen ↑ Produktion in Aussicht gestellt. Dabei unterschätzte man jedoch die Schwierigkeit umweltgerechter Produktion und verkannte die eigentliche Wachstumsbranche Elektrotechnik/Elektronik.

Christlich-Demokratische Union Deutschlands /o. Pl.; Kurzf.: CDU/ Eine der ↑ Blockparteien, 1945 als Teil einer Welle regionaler Gründungen in ganz Deutschland, in der sowjetischen Besatzungszone aus einer christlichen Sammlungsbewegung hervorgegangene bürgerliche Partei christlich-sozialer Orientierung. Zunächst in Opposition zur ↑ SED in den ↑ örtlichen Volksvertretungen und Parlamenten stehend, war sie später unter dem Druck der sowjetischen Besatzungsmacht und der von dieser eingesetzten Staatsverwaltung in Programmatik und personeller Führung zunehmend auf eine Zusammenarbeit mit der SED ausgerichtet. Seit der Gründung der ↑ DDR in allen Parlamenten ein-

schließlich der ↑ Volkskammer mit einem geringen Anteil an Sitzen (ca. 5%) vertreten, war die CDU bei der Ausübung ihrer parlamentarischen Rechte mit den drei anderen kleinen Parteien (↑ LDPD, ↑ NDPD, ↑ DBD) in den ↑ Demokratischen Block (zu dem auch die SED gehörte) eingebunden. Ihr war im politischen System der DDR die Rolle zugedacht, religiös gebundene politisch interessierte Bürger für den Aufbau des ↑ Sozialismus zu aktivieren und zugleich dem Ausland wie der DDR-Bevölkerung gegenüber als Beweis für den demokratischen Charakter der DDR zu dienen. Obwohl die CDU in allen ↑ Kreisen, ↑ Bezirken und in der Regierung eine (kleine) Anzahl von ↑ Funktionen besetzte, einen stellvertretenden ↑ Staatsratsvorsitzenden sowie zeitweilig den Präsidenten des ↑ Obersten Gerichts und durch ihren Vorsitzenden den ↑ Volkskammerpräsidenten stellte, hatte sie doch kein wirkliches politisches Gewicht, sondern fügte sich nach eigenem ausdrücklichen Bekunden der Führung durch die SED. Die politische Rolle der CDU war so v. a. die eines „demokratischen Feigenblatts".

Club (der Werktätigen) ↑ Klub (der Werktätigen)
Clubgaststätte ↑ Klubgaststätte
computer-aided design ↑ CAD
computer-aided manufacturing ↑ CAM
Conterganwolga ↑ Zappelfrosch

D

Datsche /nach dem russ. Wort ʼdatscha', das in der folgenden Bedeutung in dieser Lautform nie gebräuchlich war/ Etwa seit 1970 umgangssprachlich für das Wochenendhaus eines DDR-Bürgers entweder in einer Kleingartenanlage oder außerhalb der Stadt. V. a. mit der Präposition *auf* gebraucht: * wir fahren auf die, unsere Datsche; sie machen Urlaub auf der Datsche

DBD /Kurzf. für Demokratische Bauernpartei Deutschlands/ 1948 unter maßgeblicher Beteiligung der ↑ SED gegründete, dem ↑ Demokratischen Block angehörende Partei. Als Bündnispartner der SED hatte sie die Aufgabe, die Bauern für deren Politik zu gewinnen und in den politischen Entscheidungsgremien die bäuerliche Bevölkerung zu repräsentieren. Sie spielte u. a. eine aktive Rolle bei der Kollektivierung der Landwirtschaft Ende der fünfziger, Anfang der sechziger Jahre.

DDR /Kurzf. für Deutsche Demokratische Republik/ Vom Volk wurde die Kurzform angesichts des für die DDR ungünstigen Vergleichs mit der Bundesrepublik etwa als Ende der achtziger Jahre auch interpretiert als: **D**er **D**oofe **R**est.
W.: Frage: „Welche Steigerungsmöglichkeiten gibt es für ʼIch liebe meine DDR'?" − „Ich liebe meine DDR sehr. − Ich liebe meine DDR grenzenlos."

DDR- Die Herkunft oder den Geltungsbereich bezeichnendes Bestimmungswort. Gebräuchlich waren Zusammensetzungen mit Substantiven wie: -Autor, -Bevölkerung, -Bürger, -Fahne, -Hauptstadt, -Hymne, -Mannschaft, -Rekord, -Staatsbürgerschaft oder mit Adjektiven wie: -deutsch, -typisch, -weit. Außerdem gab es aber auch ausschließlich nicht offizielle, spöttisch gemeinte und bewußt kontrastierende Benennungen wie: -isch (die DDR betreffend), -ler (DDR-Bürger), -Mensch (DDR-Bürger).

Dederon /o. Pl.; Kunstwort aus DDR + -on/ Handelsmarke für eine in der ↑ DDR hergestellte, dem Perlon vergleichbare Chemiefaser.

Dederon- Bestimmungswort in Zusammensetzungen mit Substantiven wie: -beutel, -hemd, -kleid, -schürze, -strumpf

DEFA /o. Pl.; Kurzf. *und* Markenzeichen für **D**eutsche **F**ilm **AG**/ Die 1946 auf Veranlassung der sowjetischen Militäradministration gegründete Filmgesellschaft. Sie wurde 1952 in das ↑ Volkseigentum der ↑ DDR übernommen. Die DEFA war das einzige zivile Produktionsunternehmen für Spiel- und Dokumentarfilme in der DDR.

Dekadenz /o. Pl./ Offiziell gebraucht zur Kennzeichnung des Charakters von Kunst und Kultur in der bürgerlichen ↑ Gesellschaft, denen − von wenigen Ausnahmen abgesehen − ein allgemeiner Niedergang nachgesagt wurde, der als (O-Ton:) ʼAusdruck des sterbenden Kapitalismus' galt.

Dekorfolie Material, das als Imitat von Holzfurnier zur industriellen Beschichtung von Möbelspanplatten diente oder das im Handel als Meterware angeboten wurde und dann entweder selbstklebend war oder geleimt werden mußte.

delegieren 1. Jemanden als Interessenvertreter einer gesellschaftlichen Gruppe, eines Betriebes, einer Institution zur Teilnahme an etwas (z. B. einer Konferenz, Tagung, Beratung) entsenden. * wir werden ihn zur Ideenkonferenz delegieren; man hat sie zum Studium delegiert

2. Als Weisungsberechtigter Aufgaben, Zuständigkeit u. ä. an andere übertragen. * der Direktor hat die Aufgaben an den neuen Leiter delegiert; dazu auch: Delegation
Delegierte /Art.: der *und* die/ Jemand, der als Mitglied einer Delegation zu etwas, z. B. einer Konferenz, einem ↑ Parteitag der ↑ SED ↑ delegiert (1) wurde. * er war Delegierter des letzten Parteitages; die Wahl der Delegierten zum FDGB-Kongreß
Delegierungsvertrag Dreiseitiger Vertrag, der den befristeten Einsatz eines Arbeitnehmers in einem anderen Betrieb arbeitsrechtlich regelte, ohne daß dadurch das Arbeitsverhältnis mit dem delegierenden Betrieb unterbrochen wurde. Dauerte die Delegierung länger als zwei Wochen, mußte der Vertrag schriftlich geschlossen werden.
Deli /Art.: der/ Umgangssprachlich für ↑ Delikatladen. * im Deli kaufen; in Neudeli (spaßhafte Bezeichnung für den Komplex von Delikatläden am Alexanderplatz in Ostberlin) kaufen
Delikat /Art.: der; o. Pl./ **1.** 1976 gegründetes, zentrales, ↑ volkseigenes Handelsunternehmen, das über ein DDR-weites Netz von Einzelhandelsgeschäften zu sehr hohen Preisen für DDR-Mark Lebens- und Genußmittel vertrieb, die von höherer Qualität als die in den Geschäften von ↑ HO oder ↑ Konsum angebotenen Erzeugnisse waren. Die Produkte waren westliche Importe, in ↑ Gestattungsproduktion hergestellte oder besonders gute DDR-Erzeugnisse. Delikat hatte eine höhere ↑ Verkaufskultur als HO oder Konsum und keine Selbstbedienung. Auch in kleineren Städten bestand mindestens eine Filiale (1982 gab es in der ganzen ↑ DDR ca. 550). Zusätzlich wurden in den ↑ Kaufhallen spezielle Stände für Delikat-Erzeugnisse eingerichtet. Die Handelskette Delikat galt mit ihrem Sortiment als

Gegenstück zum ↑ Intershop. Sie sollte den Bürgern, die keine ↑ konvertierbare Währung besaßen, den Kauf von westlichen bzw. ↑ hochwertigen Waren ermöglichen. Die Preise lagen um das Drei- bis Vierfache über denen vergleichbarer Waren in der Bundesrepublik und bestätigten damit indirekt den niedrigen Tauschwert der DDR-Mark. Die Parteiführung, der ein solches Versorgungsnetz für gut Verdienende ↑ ideologische Probleme bereitete, wies 1977 im Zusammenhang mit der Eröffnung weiterer Geschäfte darauf hin, daß diese nicht (O-Ton:) ʿzu den dauerhaften Begleitern des ↑ Sozialismus gehören würdenʾ. Vgl. auch: Exquisit (1)
2. Umgangssprachlich für ↑ Delikatladen /besonders in der Verbindung mit den Präpositionen *aus* und *in*/ * Wurst und Käse nur noch im Delikat kaufen; Das sind ja Preise wie im Delikat (es sind sehr hohe Preise)! Vgl. auch: Exquisit
Delikat- Sich auf das Handelsunternehmen bzw. die Handelsmarke Delikat beziehendes Bestimmungswort in Zusammensetzungen mit Substantiven wie: -abteilung, -bier, -erzeugnis, ↑ -laden, -programm, -wurst
Delikatladen ↑ Verkaufsstelle des Handelsunternehmens ↑ Delikat.
Deliladen Umgangssprachlich für ↑ Delikatladen.
Demokratie ↑ sozialistische Demokratie
Demokratische Bauernpartei Deutschlands ↑ DBD
demokratische Bodenreform ↑ Bodenreform
Demokratischer Block /o. Pl./ Nach der Verfassung der ↑ DDR das Bündnis der Parteien und ↑ Massenorganisationen unter Führung der ↑ SED. Tatsächlich war der Demokratische Block ein organisatorisches Instrument der Unterordnung der politisch einflußlosen Parteien und

Organisationen unter die Alleinherrschaft der SED. Nach außen sollte er demokratische Verhältnisse vorspiegeln. Der Demokratische Block hatte stets ein gemeinsames Programm und ein einheitliches Abstimmungsverhalten in den Parlamenten, so daß dort keine abweichenden Meinungen oder gar Gegenstimmen auftraten. Die Mitgliedsorganisationen des Demokratischen Blocks stellten für alle Wahlen als ↑ Nationale Front eine gemeinsame Kandidatenliste (↑ Einheitsliste) auf, andere Kandidaten waren zur Wahl nicht zugelassen. Vgl. auch: Nationale Front

Demokratischer Frauenbund Deutschlands ↑ DFD

demokratischer Zentralismus Organisationsprinzip in Staat, Wirtschaft und Parteien, nach dem alle Angelegenheiten von einer Zentrale aus geplant und geleitet wurden, aber − zumindest theoretisch − auch den untergeordneten Stellen ein Entscheidungs- und Mitspracherecht eingeräumt wurde. Die praktische Wirkung dieses von Lenin begründeten Prinzips bestand darin, daß die Zentrale im wesentlichen alle Entscheidungen selbst traf und die untergeordneten Stellen ausschließlich zur schnelleren und wirksameren Umsetzung dieser Entscheidungen beitragen durften. Vor allem innerhalb der ↑ SED wurde jede Kritik an der Parteiführung als Verstoß gegen dieses Prinzip angesehen und unterbunden.
Z.: „Auf der Grundlage des demokratischen Zentralismus ist die Leitungstätigkeit in Staat und Wirtschaft ständig zu vervollkommnen." W. Stoph, X. Parteitag der SED 1981, Direktive, S. 41

deutsch Bezeichnete im offiziellen Sprachgebrauch die ethnische und ↑ territoriale Zugehörigkeit zu dem vor 1945 bestehenden ehemaligen Deutschland und seinen Bewohnern, man verwendete es nur mit histori-

schem Bezug. Außerdem wurde es teilweise auch in Namen von Organisationen, Institutionen u. ä. (z. B. ↑ Freier Deutscher Gewerkschaftsbund, Deutsche Post) beibehalten, nach 1970 aber häufig mit dem Zusatz ↑ ´DDR´ versehen, wenn eine vergleichbare Einrichtung auch in der Bundesrepublik existierte (z. B. Deutsches Rotes Kreuz der DDR, Deutscher Anglerverband der DDR).

Deutsche Demokratische Republik /Kurzf.: DDR/ Der am 7. Oktober 1949 gegründete und am 3. Oktober 1990 der Bundesrepublik beigetretene Staat, der auf dem Teil des Gebietes des ehemaligen Deutschen Reiches bestand, welcher nach dem Ende des zweiten Weltkrieges von der Sowjetunion besetzt wurde. Dieser Staat war nach der Niederlage des deutschen Faschismus mit dem Anspruch eines alternativen sozialistischen Gesellschaftskonzepts angetreten. Nach seinem Selbstverständnis sollte die ↑ Arbeiterklasse im Bündnis mit den Bauern und den anderen Bevölkerungsschichten unter der Führung der ↑ SED die politische und wirtschaftliche Macht ausüben. Durch die praktische Oberhoheit der Sowjetunion in ihrem ehemaligen Besatzungsgebiet war das Gesellschaftskonzept der die tatsächliche Macht ausübenden Partei SED über lange Zeit ausschließlich vom Vorbild der Sowjetunion geprägt, es hatte den Charakter des stalinistischen ↑ Kommunismus. Die Wende in der Politik der ↑ DDR vollzog sich, als wegen des Zerfalls des stalinistischen Systems in der Sowjetunion und wegen des Scheiterns der Wirtschaftspolitik der SED die breite Masse der Bevölkerung die Aufgabe der ursprünglichen Gesellschaftskonzeption und die Vereinigung mit der kapitalistischen Bundesrepublik verlangte.

Deutsche Film AG ↑ DEFA

Deutsche Mark der Deutschen Notenbank /Kurzf.: DM/ Bis 1964 gültige Währungseinheit.

Deutsche Reichsbahn /Kurzf.: DR/ Für den Personen- und Güterverkehr auf den öffentlichen Eisenbahnstrecken verantwortliches staatliches Unternehmen, das direkt dem Ministerium für Verkehrswesen unterstand. Mit fast 250 000 Beschäftigten war es der größte Betrieb in der ↑ DDR, dessen Aufgaben mit denen der (weitaus kleineren) ↑ Kombinate vergleichbar war. Die Bezeichnung Deutsche Reichsbahn aus der Zeit vor 1945 wurde beibehalten, um Eigentumsrechte zu sichern. Die Deutsche Reichsbahn hatte aufgrund zwingender staatlicher Vorschriften die übergroße Mehrheit des Ferngüterverkehrs abzuwickeln, Straßentransporte waren nur mit staatlichen Genehmigungen zulässig. Durch die permanente Überlastung des Streckennetzes und die Überalterung des Wagenparks waren Verspätungen und lange Transportfristen an der Tagesordnung.

W.: DR = Dein Risiko

W.: Wer sind die vier Hauptfeinde der Deutschen Reichsbahn? Frühling, Sommer, Herbst und Winter.

Deutsche Volkspolizei ↑ Volkspolizei

Deutscher Turn- und Sportbund ↑ DTSB

Devisen /Pl./ Umgangssprachlich für ausländische Zahlungsmittel, gemeint waren aber in erster Linie die frei konvertierbaren Währungen. S.: Valuta (2)

W.: Anfrage an den Sender Jerewan: „Können auch Männer Kinder kriegen?" Antwort: „Im Prinzip nein, aber fragen sie doch mal in der DDR nach. Die machen für Devisen fast alles."

Devisenausländer Nach den devisenrechtlichen Bestimmungen der ↑ DDR eine Person, die ihren ständigen Wohn- oder Geschäftssitz (im Unterschied zum Deviseninländer) außerhalb der DDR hatte. Devisenausländer durften nur mit Zustimmung der DDR-Behörden über ihr in der DDR befindliches Vermögen verfügen und DDR-Mark besitzen. Bei Besuchen in der DDR konnten Devisenausländer aus ihrem Geldvermögen begrenzte Beträge verbrauchen. Ein Transfer ins Ausland erforderte eine staatliche (O-Ton:) ´devisenrechtliche Sondergenehmigung´. Hingegen durften Devisenausländer in unbegrenzter Höhe konvertierbare ↑ Devisen besitzen und in der DDR ausgeben.

DFD /o. Pl.; Kurzf. für Demokratischer Frauenbund Deutschlands, Frauenbund/ Zum ↑ Demokratischen Block gehörende ↑ Massenorganisation, die als einzige nur Frauen, unabhängig von ihrer Mitgliedschaft in anderen Parteien und Massenorganisationen, offenstand. Ca. 20% der Frauen in der ↑ DDR gehörten dem DFD an, fast 50% der Mitglieder waren älter als 50 Jahre. Jüngere berufstätige Frauen und Mütter fühlten sich kaum angesprochen, obwohl der DFD das Ziel hatte, die Vereinbarkeit von Familie, Haushalt und Beruf zu propagieren und zu fördern. Er wurde v. a. in den ↑ Wohngebieten z. B. durch konkrete Hilfsangebote wie die ↑ DFD-Beratungszentren, aktiv.

DFD-Beratungszentrum Vom ↑ DFD eingerichtete und finanzierte Beratungsstelle im ↑ Wohngebiet, in der über Kurse und Vorträge den Frauen Hilfe v. a. in Fragen der Haushaltsführung und Familienerziehung angeboten wurde.

DFD-Frauenakademie Vom ↑ DFD eingerichtete Bildungseinrichtung für Frauen besonders auf dem Lande, in der v. a. Kurse zu Haushalt und Berufsvorbereitung sowie zu gesellschaftspolitischen Themen (z. B. Ehe und Familie im ↑ Sozialismus) angeboten wurden.

Dienstleistungsbetrieb ↑ Dienstleistungskombinat

Dienstleistungskombinat /Kurzf.: DLK/ Für die Versorgung v. a. mit hauswirtschaftlichen Dienstleistungen in einem ↑ Bezirk zuständiges Unternehmen, bestehend aus mehreren kleinen Betrieben bzw. Werkstätten und einem Netz von ↑ Annahmestellen.

Dienstleistungswürfel Umgangssprachlich scherzhaft für die in den großen Neubaugebieten in ↑ Plattenbauweise errichteten zweistöckigen Gebäude mit quadratischer Grundfläche, in denen sich außer Post, Friseur, Blumenladen und einer ↑ Annahmestelle für hauswirtschaftliche Dienstleistungen immer auch ein ↑ Jugendklub befand.

Diktatur des Proletariats Mit diesem Terminus kennzeichnete die marxistisch-leninistische Gesellschaftswissenschaft den Charakter eines sozialistischen Staates, d. h. auch den Charakter des Staates ↑ DDR. Weil nach dem Sieg der ↑ sozialistischen Revolution die ↑ Arbeiterklasse den ↑ Sozialismus aufbauen und zugleich alle Angriffe von Seiten des ↑ Imperialismus von außen und der geschlagenen bürgerlichen Kräfte von innen abwehren mußte, benötigte sie einen ↑ Staatsapparat, der Gewalt gegen die Feinde des ↑ Sozialismus ausübte und zugleich den Aufbau organisierte. Diktatur wurde in diesem Sinne als die nur für eine Übergangszeit erforderliche Herrschaft der Arbeiterklasse und ihrer Verbündeten über eine reaktionäre Minderheit verstanden. Im Gegensatz zu dieser Theorie übte in der DDR eine Minderheit von ↑ Funktionären die tatsächliche Macht gegenüber der übrigen Bevölkerung aus.

Diplom Der niedrigste akademische Grad, der nach der Verteidigung einer Diplomarbeit an einer Universität oder ↑ Hochschule in allen Fachrichtungen erworben werden konnte.

Diplomgesellschaftswissenschaftler Berufsbezeichnung für jemanden, der eine mehrjährige Ausbildung v. a. an einer Partei- oder Militärhochschule mit einem ↑ Diplom auf dem Gebiet der marxistisch-leninistischen ↑ Gesellschaftswissenschaften abgeschlossen hatte. Diese einem Politikstudium vergleichbare Ausbildung absolvierten besonders Partei- und ↑ Staatsfunktionäre sowie Offiziere.

Diplomphilosoph Berufsbezeichnung für jemanden, der an einer Universität oder (Partei)hochschule an der ↑ Sektion ʹMarxistisch-leninistische Philosophieʹ ein ↑ Diplom erworben hatte.

Direktive Im offiziellen Sprachgebrauch von einer übergeordneten Stelle ausgegebene verbindliche Anleitung zum Handeln. * die Direktive zum Volkswirtschaftsplan

Direktstudent Student, der an einer Universität, ↑ Hoch- oder Fachschule tagsüber regelmäßig an den Lehrveranstaltungen teilnahm, der also während des Studiums nicht berufstätig war; dazu auch: Direktstudium. Vgl. auch: Abend- und Fernstudent

Diskomoderator ↑ Diskosprecher

Diskosprecher ↑ Schallplattenunterhalter

diskutieren Im offiziellen Sprachgebrauch v. a. in der Bedeutung gebraucht, daß jemand politisch im Sinne der ↑ SED zu beeinflussen, (O-Ton:) ʹÜberzeugungsarbeit zu leistenʹ war. ʹEine Frage zu Ende diskutierenʹ bedeutete demnach, daß bei nicht übereinstimmenden Meinungen ein Problem so lange diskutiert werden mußte, bis alle Gesprächspartner ihr Einverständnis mit der von oben gewünschten Auffassung erklärten. ʹIhr müßt nach vorn diskutierenʹ beinhaltete die Aufforderung, sich nicht bei der Kritik von Mißständen aufzuhalten, eine solche wegen der Gefahr der Ursachenforschung möglichst gar nicht zuzulassen, sondern die 'großen Ziele' im Auge zu behalten.

Dispatcher /nach einem dem Engl. entlehnten russ. Vorbild/ Jemand, der in einem bestimmten Bereich der Wirtschaft, besonders im Verkehrswesen, in der Energiewirtschaft, in der Chemie und im Bergbau für die Kontrolle und Steuerung der Arbeitsabläufe verantwortlich war.

Dispensairebetreuung Organisationsprinzip, nach dem im Gesundheitswesen unabhängig von der allgemeinen medizinischen Betreuung Gruppen von Patienten in bestimmten Einrichtungen systematisch erfaßt und von speziell geschultem Personal gezielt und über längere Zeiträume hinweg regelmäßig behandelt und betreut wurden. Dies betraf v. a. Patienten mit der gleichen chronischen Erkrankung (z. B. Diabetes, Rheuma) oder mit gleichen gesundheitlichen Risikofaktoren (z. B. Schwangere).

Disproportionen /Pl./ Ausdruck des Mißverhältnisses zwischen der Leistungskraft verschiedener Wirtschaftszweige. Von offizieller Seite wurden vom ↑ Kapitalismus ererbte Unausgewogenheiten in der Wirtschaftsstruktur gern als eine Erklärung dafür gebraucht, daß v. a. die Wirtschaft noch nicht so wie erwartet funktionierte. Obwohl die Disproportionen bekannt seien, könnten sie doch (O-Ton:) 'wegen des imperialistischen Wirtschaftskrieges gegen die DDR' nicht schnell beseitigt werden. Das regelmäßig auf den SED-Parteitagen abgegebene Versprechen, (O-Ton:) 'die Disproportionen in der ↑ Volkswirtschaft zu beseitigen', war aber schon deshalb nicht erfüllbar, weil ↑ ZK der SED und ↑ staatliche Plankommission die Investitionen oftmals nach subjektiven Kriterien verteilten, womit sie die Disproportionen noch verstärkten.

Diversion Offizielle Bezeichnung für Sabotageakte gegen den Staat, die (O-Ton:) 'dem Klassenfeind und seinen Helfershelfern' zugeschrieben wurden. Auch verwendet für die sog. Zersetzungsarbeit auf ↑ ideologischem Gebiet, die Regimekritikern (besonders Autoren und Regisseuren) zur Last gelegt und als Staatsverbrechen verfolgt wurde; dazu auch: Diversant. S.: Subversion

DLK ↑ Dienstleistungskombinat

DM ↑ Deutsche Mark der Deutschen Notenbank

Dokument Im Sprachgebrauch der Parteimitglieder Bezeichnung für das SED-Parteibuch bzw. die ↑ Kandidatenkarte, auch für das FDJ-Mitgliedsbuch. Verwaltungssprachlich dann in den achtziger Jahren auch für den Personalausweis bzw. Paß. Vgl. auch: Parteidokument

Dorfakademie Besonders Ende der fünfziger und in den sechziger Jahren auf dem Lande eingerichtete Schulungsstätte für die Landbevölkerung.

Dorffestspiele /Pl./ Jährlich in einer anderen ländlichen Gemeinde, einem Gemeindeverband veranstaltetes Volksfest, das als (O-Ton:) 'Leistungsschau des künstlerischen Volksschaffens' zentral initiiert und gefördert, aber vom örtlichen ↑ Dorfklub organisiert wurde. In einem bunten Programm traten verschiedene ländliche Volkskunstgruppen und Berufskünstler auf, und es fanden überregionale Wettkämpfe statt, z. B. im Wettpflügen.

Dorfklub Seit Ende der fünfziger Jahre von zentralen Stellen initiierte Einrichtung in einigen Dörfern, mit der kulturelle und künstlerische Arbeit auf dem Dorf ermöglicht und gefördert werden sollte, um das Leben auf dem Lande abwechslungsreicher zu gestalten. Dorfklubs wurden ehrenamtlich geleitet und von ↑ LPG, ↑ VEG und von der Gemeinde finanziell unterstützt. Vgl. auch: Jugendklub

Dorfkonsum Von der örtlichen ↑ Konsumgenossenschaft in fast jedem Dorf geführter Laden, der zwar meist winzig war und nur das Notwendigste im ↑ Angebot hatte, der den Dorfbewohnern, v. a. den älteren, aber immerhin häufige und weite Einkaufsfahrten ersparte.

DR ↑ Deutsche Reichsbahn

Dr. sc. /Abk. für doctor scientiae/ Anstelle des bis 1969 mit der Habilitation erworbenen Titels Dr. habil. nach der dritten Hochschulreform eingeführter höchster akademischer Grad, der nunmehr nach der ↑ Promotion B verliehen wurde. Er schloß nicht mehr automatisch die Berechtigung ein, als Hochschullehrer zu arbeiten, diese wurde durch gesonderte staatliche Entscheidung verliehen.

Dreiraumwohnung Offizielle Bezeichnung für eine Wohnung mit drei Wohnräumen. Ursprünglich geprägt zur Verschleierung der eigentlichen Zimmergröße in Neubauwohnungen und zur Aufwertung aller halben Zimmer. Später auch umgangssprachlich und in Inseraten (Suche/ Tausche) gebräuchlich. Vgl. auch: -raumwohnung

dringende Familienangelegenheiten /Pl./ Offizielle Bezeichnung für bestimmte familiäre Anlässe, die aufgrund gesetzlicher Regelungen von den DDR-Behörden als Grund für Westreisen akzeptiert werden konnten. Diese Ende der siebziger Jahre im Zusammenhang mit der Entspannungspolitik eingeführte Möglichkeit, daß DDR-Bürger auch vor Erreichen des Rentenalters Reisen ins westliche Ausland beantragen konnten, wurde schrittweise ausgebaut. Voraussetzung für einen Antrag auf (O-Ton:) 'besuchsweisen Aufenthalt in der BRD' durch einen DDR-Bürger waren amtliche Bestätigungen, daß auf einen im ↑ Westen lebenden nahen Verwandten einer der 'Anlässe' zutraf. Dieser Antrag, der zuerst vom Betrieb genehmigt werden muß-

te, konnte von den Behörden ohne Angabe von Gründen abgelehnt werden. Überhaupt wurde dem Antragsteller die staatliche Entscheidung immer erst kurz vor dem Reisetermin mitgeteilt. Als dringende Anlässe galten z. B. Hochzeiten, Geburtstage im höheren Lebensalter, lebensbedrohliche Krankheiten und Beerdigungen. Als Reisegeld standen jedem DDR-Bürger pro Jahr 15 DM zu, die für 15 DDR-Mark eingetauscht wurden. Die SED-Führung rühmte sich „… ihrer konstruktiven Zusammenarbeit im humanitären Bereich […]. Allein im 1. Quartal 1988 reisten 1 473 566 Bürger der DDR, davon 362 563 in dringenden Familienangelegenheiten ins nichtsozialistische Ausland, vorwiegend in die BRD und nach Berlin (West)." Kurt Hager 1988, S. 16

drüben Umgangssprachlich gebraucht für den jeweils anderen Teil Deutschlands, wobei von östlicher Seite eine positive emotionale Einstellung mitschwang. Die Wortverbindung (O-Ton:) 'nach drüben machen' wurde landschaftlich gebraucht für die ↑ DDR durch ↑ Ausreise verlassen, während die ↑ Republikflucht in der Regel mit nicht geglücktem Ausgang und demzufolge im Perfekt mit (O-Ton:) ' nach drüben gemacht haben' benannt wurde.

Druckgenehmigung Für die Herstellung von Druckerzeugnissen jeglicher Art erforderliche staatliche Genehmigung, die sogar verlangt wurde, bevor Briefpapier, das als Geschenk für die Westtante mit deren Adresse versehen werden sollte, gedruckt werden durfte.

Drushba-Trasse /nach russ. Vorbild: russ. drushba = deutsch Freundschaft/ Bezeichnung für die vom Westural bis zur sowjetisch-polnischen Grenze führende ca. 2 700 km lange Erdgasleitung, an deren Bau in der zweiten Hälfte der siebziger und Anfang der achtziger Jahre sich diejenigen ↑ RGW-Länder finanziell und personell beteiligten, die Gaslieferungen aus der Sowjetunion erhalten wollten. Der Bauabschnitt, für den die ↑ DDR verantwortlich war und der über ca. 550 km Länge vom Ural bis in die Ukraine reichte, wurde, weil dort mehrere tausend ↑ FDJler arbeiteten, zum 'Zentralen Jugendobjekt der FDJ' erklärt und stand dadurch jahrelang im Mittelpunkt des propagandistischen Interesses. S.: Erdgastrasse, Trasse

DSF /Kurzf. für Gesellschaft für deutsch-sowjetische Freundschaft/ ↑ Massenorganisation, deren Anliegen es war, die Freundschaft und Zusammenarbeit mit der Sowjetunion zu propagieren und Kenntnisse über das Leben der dort ansässigen Völker zu vermitteln. Die DSF verlieh den Ehrentitel ↑ 'Kollektiv der deutsch-sowjetischen Freundschaft' an Arbeitskollektive, die im Rahmen eines entsprechenden Arbeitsplanes z. B. Filme und Vorträge aus der oder über die Sowjetunion besuchten sowie an ↑ Freundschaftstreffen mit sowjetischen Bürgern teilnahmen. Dem Interesse des einzelnen an Kontakten und Informationen stand allerdings entgegen, daß persönliche Beziehungen überhaupt nicht gefördert, eher erschwert wurden, und daß Kontakte auf kulturellem und wissenschaftlich-technischem Gebiet fast ausschließlich offizieller Art waren. Die Mitgliedschaft in der DSF wurde einerseits in manchen Betrieben und in allen staatlichen Verwaltungen und Parteiorganen praktisch verlangt, andererseits bot sie einem

DDR-Bürger aber die Möglichkeit, ein Mindestmaß an verlangten ↑ gesellschaftlichen Aktivitäten nachzuweisen, ohne mehr als die Zahlung der Mitgliedsbeiträge leisten zu müssen.

DTSB /Kurzf. für Deutscher Turn- und Sportbund/ 1957 gegründete Organisation mit mehr als 3 Millionen Mitgliedern in 35 Sportverbänden. Obwohl die Entwicklung des ↑ Breitensports erklärtes Ziel war, wurden doch die Kräfte und Mittel überwiegend auf den Ausbau des Leistungssports konzentriert, um das staatliche Ansehen der ↑ DDR zu fördern. Für den einzelnen bestand die Möglichkeit, bei sehr geringen Mitgliedsbeiträgen zwanglos in einem Verein Sport zu treiben, jedoch war die Förderung und Ausstattung der meisten Vereine unzureichend.

Dubèeks Rache Umgangssprachliche Bezeichnung für die durch die überschweren tschechischen Straßenbahnen verursachten Straßenschäden.

Durchsicht Inspektion eines Kraftfahrzeuges in der Werkstatt, die häufig nicht sehr sorgfältig durchgeführt wurde, so daß die Bezeichnung ganz wörtlich verstanden wurde: Türen auf und durchsehen!

durchstellen Umgangssprachlich für eine Anordnung von oben nach unten weiterleiten. * die Auflage an die Mitarbeiter durchstellen; die Problematik wurde nach unten durchgestellt

Duroplast Werkstoff, aus dem z. B. die Trabant-Karosserie bestand, die nicht rostete, bei einem Aufprall aber wegbrach, ohne sich zu verformen.

E

Ehekredit Ursprünglich nicht offizielle, später auch offizielle Bezeichnung für einen seit 1972 einem jungen Paar nach der Eheschließung gewährten zinslosen Kredit in Höhe von 5 000, später 7 500 Mark, dessen Rückzahlung je nach der Zahl der in der Ehe geborenen Kinder teilweise oder ganz erlassen wurde. Vgl. auch: abkindern

Eheschließung, sozialistische ↑ sozialistische Eheschließung

Ehrenbanner Vom ↑ ZK der SED, dem ↑ Zentralrat der FDJ, aber auch den ↑ Bezirks- und Kreisleitungen der SED und FDJ verliehene Fahne, mit der Einzelpersonen, ↑ Kollektive, Armee- und ↑ Kampfgruppeneinheiten sowie vor allem Betriebe (O-Ton:) 'in Anerkennung und Würdigung hervorragender Leistungen im sozialistischen Wettbewerb zu Ehren ...' meist des nächsten Parteitages ausgezeichnet wurden, da sie an Projekten gearbeitet hatten, denen eine besondere Bedeutung beigemessen worden war. * das Ehrenbanner des Zentralkomitees der SED

Ehrendienst /o. Pl./ Offizielle, besonderes Pathos ausdrückende Bezeichnung für den Grundwehrdienst. * er leistet seinen Ehrendienst bei der ↑ Nationalen Volksarmee

Ehrenkleid /o. Pl./ Offizielle, besonderes Pathos ausdrückende Bezeichnung für die Uniform der ↑ Nationalen Volksarmee. * er trägt das Ehrenkleid der Nationalen Volksarmee

Ehrenpionier /vorw. Sg./ Erwachsener, der ehrenhalber Mitglied der ↑ Pionierorganisation war. Für dieses Ehrenamt kamen nur Personen in Frage, von denen sich die SED-Führung eine Vorbildfunktion versprach, also solche, deren Tätigkeit Kinder besonders faszinierte (↑ Kosmonaut, Sportler), oder solche, die SED-Politiker oder ↑ Arbeiterveteranen waren. Ihre Aufnahme wurde dadurch vollzogen, daß ihnen eine ↑ Pioniergruppe das blaue (später rote) Halstuch ihrer Organisation überreichte.

Ehrentafel Kleine, in einem Betrieb oder einer staatlichen Einrichtung sichtbar aufgehängte Tafel, auf der die Namen von ↑ Werktätigen standen, denen entweder hohe staatliche Auszeichnungen verliehen worden waren, die den Ehrentitel 'Bester Melker', 'Bester Dreher' usw. erhalten bzw. verteidigt hatten oder deren ↑ Kollektiv mindestens 3 Monate lang den ↑ Plan übererfüllt hatte. Welche Personen würdig waren, auf der Ehrentafel zu stehen, wurde 1953 in einem Gesetz genau festgelegt.

Eigen- Häufig in Zusammensetzungen gebrauchtes Bestimmungswort, weil gerade auch in einer dem ↑ Volkseigentum verpflichteten ↑ Gesellschaft die Aktivitäten einzelner, sofern sie im Interesse des Staates waren, besondere Aufmerksamkeit und Würdigung erfuhren. Gebräuchlich waren Zusammensetzungen mit Substantiven wie: -bau, ↑ -erwirtschaftung der Mittel, -initiative, ↑ -leistung, -verantwortung, -versorgung; dazu Adjektive wie: -verantwortlich

Eigenerwirtschaftung der Mittel /o. Pl./ Wirtschaft. Element des ↑ ökonomischen Systems des Sozialismus, das 1963 (VI. ↑ Parteitag der SED) formuliert wurde. Als wichtiger Teil verschiedener Versuche effektivitätsbezogener Reformen am Wirtschaftsmechanismus des ↑ Sozialismus (z. B. 1967/68, 1972, 1989) zeitweilig von großer propagandistischer Bedeutung. Durch die Eigenerwirtschaftung der Mittel sollten die Unternehmen zu effektiver Arbeit analog zu den sich selbst finanzierenden kapitalistischen Unternehmen veranlaßt werden. Vor Einführung dieses Systems mußten die Betriebe ausnahmslos alle Einnahmen kurzfristig an den Staat abführen. Die Finanzierung ihrer laufenden Kosten erfolgte durch geplante Zuwendungen des Staates. Im Rahmen der Eigenerwirtschaftung konnten die Betriebe einen Teil ihrer Einnahmen, der eine durch den ↑ Plan festgelegte Mindestabführungssumme überstieg, behalten und zur Finanzierung ihrer laufenden Kosten und von Investitionen und Zusatzvergütungen (z. B. ↑ Prämien an Mitarbeiter) einsetzen. Damit entstand ein Anreiz, durch Erhöhung der Einnahmen die betrieblichen Arbeitsbedingungen zu verbessern. Die Reformprogramme scheiterten, da die notwendigen Rahmenbedingungen in der ↑ Volkswirtschaft, wie Konkurrenz, freie ↑ Preisbildung, Verzicht auf staatliche Eingriffe in die Betriebsführung seitens der SED, aus ↑ ideologischen Gründen nicht geschaffen wurden.

Eigenleistung /vorw. Pl./ Leistungen, die ↑ AWG-Mitglieder in Form von Geld und/oder geleisteten Arbeitsstunden für den sog. unteilbaren Fonds der ↑ Genossenschaft erbringen mußten, bevor sie ihre AWG-Wohnung nach mindestens drei Jahren Wartezeit beziehen konnten. Die Höhe des zu zahlenden Geldbetrages und die Anzahl der Arbeitsstunden waren im Statut der ↑ AWG festgelegt und nach Wohnungsgröße gestaffelt. So mußten beispielsweise für eine ↑ Drei-Raum-Wohnung ca. 5 000 Mark aufgebracht werden, das entsprach sechs monatlichen Durchschnittseinkommen. Auch nach dem Einzug mußten die ↑ Genossenschaftler jährlich eine bestimmte Zahl von Arbeitsstunden (z. B. für das Fensterstreichen, die Vorgartenpflege) nachweisen.

Eigentum ↑ sozialistisches Eigentum an den Produktionsmitteln

Einführung in die sozialistische Produktion ↑ ESP

Eingabe Nach offizieller Darstellung ein besonders wichtiges demokratisches Recht der Bürger zur Mitbestimmung in allen gesellschaftlichen Angelegenheiten. Das durch die Verfassung gesetzlich garantierte Eingabenrecht gestattete den Bürgern, sich mit Problemen, Vorschlägen, Hinweisen oder Kritiken an den Leiter jedes ↑ Staatsorgans, jedes Betriebes und jeder Organisation zu wenden. Dieser mußte innerhalb von vier Wochen zwar schriftlich antworten, aber nicht entsprechend den Wünschen des Bürgers entscheiden. Ausgenommen vom Eingabenrecht waren Anliegen, für die der Rechtsweg (z. B. ein Verfahren beim Arbeitsgericht) möglich war. Als Mißbrauch des Eingabenrechts galt jede Eingabe, deren Inhalt als Kritik an den Grundsätzen der Partei- und Staatsführung ausgelegt werden konnte; solche Eingaben waren nicht selten Anlaß für staatliche Überwachungsmaßnahmen und Sanktionen. In der Praxis wurde die Eingabe schnell zum allgemeinen Beschwerdemittel, vornehmlich in Alltagsfragen. So wies die Statistik der Eingabenthemen, die aber nicht veröffentlicht wurde, deutlich die täglichen Probleme der Bevölkerung aus.
W.: „Was ist der Unterschied zwischen Westen und Osten?" „Im Westen gibt es Einnahmen und Ausgaben, im Osten gibt es Ausnahmen und Eingaben."

Einheit 1. In der kommunistischen ↑ Propaganda häufig verwendetes Wort für den aus der Klassenkampftheorie abgeleiteten Grundsatz, daß nur einheitliches und solidarisches Handeln der ↑ Arbeiterklasse und ihrer Verbündeten Erfolge im ↑ Klassenkampf ermöglichen könnte. Die historischen Erfahrungen der deutschen Arbeiterbewegung, deren Spaltung (1918/1919) die Machtübernah-

me des Faschismus (1933) begünstigte, schienen dies zu bestätigen. Die Lehren daraus sollten nach dem Willen der ↑ SED in allen Lebensbereichen verwirklicht werden. Offiziell wurden zahlreiche formelhafte Losungen gebraucht. * Einheit und Geschlossenheit (der Partei); Einheit von Wirtschafts- und Sozialpolitik; Einheit von Partei und Volk; Einheit von Theorie und Praxis; die Einheit der Arbeiterklasse; Einheit im Denken und Handeln; in Einheit mit der planmäßigen Verbesserung der Arbeits- und Lebensbedingungen
2. Vor allem in den fünfziger Jahren verwendet als Symbol für den Willen der SED, die staatliche Einheit Deutschlands zu erhalten. Da beide deutsche Staaten die Einheit nur im Rahmen des von ihnen jeweils vertretenen Gesellschaftssystems praktizieren wollten, gab es keine echte Bereitschaft zum Erhalt der staatlichen Einheit durch Kompromisse. Einheit wurde in dieser Zeit häufig in Losungen der SED, als Name für Sportklubs der ↑ Staatsorgane, als Straßen- oder Platzbezeichnung verwendet. Nach der dritten ↑ Parteikonferenz der SED (1956) galt Einheit in dem genannten Sinne allerdings als politisch überholt, seit dem Bau der ↑ Mauer (1961) sogar als staatsfeindlich. Vgl. auch: national
Einheit von Wirtschafts- und Sozialpolitik Seit dem VIII. ↑ Parteitag der ↑ SED 1971 zentrales Schlagwort, das ein System von ökonomischen und sozialpolitischen Maßnahmen bezeichnete, mit dem die von der SED vorgegebene ↑ Hauptaufgabe realisiert werden sollte, nämlich (O-Ton:) 'die weitere Erhöhung des materiellen und geistigen Lebensniveaus des Volkes auf der Basis eines stabilen wirtschaftlichen Wachstums'. Damit wurde ein neuer politischer Kurs eingeschlagen, der den Ansprüchen der Bürger mehr Raum geben sollte. Im Laufe der Jahre wurde

allerdings das Ungleichgewicht zwischen den sozialen Leistungen einerseits (großzügige Hilfen für junge Mütter bzw. Familien mit Kindern wie z. B. ↑ Ehekredit, ↑ Babyjahr) und den wirtschaftlichen Ergebnissen andererseits immer größer. Die ↑ Volkswirtschaft war mit der Sozialpolitik praktisch überfordert. Vgl. auch: Hauptaufgabe
einheitlich ↑ Einheit (1). * das einheitliche und geschlossene Handeln; einheitliches sozialistisches Bildungssystem; einheitliche Linie, Auffassung
einheitliches sozialistisches Bildungssystem Aufeinander abgestimmtes System von Einrichtungen zu Bildungszwecken, das allen Bürgern grundsätzlich zugänglich war. Einbezogen waren die Vorschuleinrichtungen (↑ Krippe, ↑ Kindergarten) sowie die ↑ polytechnischen Oberschulen, ↑ erweiterten Oberschulen bis hin zu den Universitäten. 1965 wurde dieses System durch ein gesondertes Gesetz ausgestaltet. Grundgedanke war die Entwicklung ↑ sozialistischer Persönlichkeiten durch das Recht auf Bildung für jedermann und damit die Überwindung des bürgerlichen Bildungsprivilegs. Es wurde der kostenfreie Besuch von Schulen und Universitäten gewährleistet. Für Krippen und Kindergärten mußte ein geringer, eher symbolischer Kostenbeitrag von einer Mark täglich entrichtet werden. Studenten bekamen generell ein geringes monatliches Stipendium, falls das Einkommen der Eltern oder des Ehepartners eine bestimmte Einkommensgrenze nicht überstieg. Tatsächlich war aber das Prinzip 'Bildung für jedermann' nur eingeschränkt gültig, da es zwar keine Frage des Geldes, sehr oft aber abhängig von der sozialen Herkunft war (Kinder von Arbeitern, Bauern und besonders von Staats- und Parteifunktionären sowie Offizieren wurden bevorzugt) und vom ↑ ideologi-

ꜱᴄʜᴇɴ Standpunkt war, wer Abitur und Hochschulabschluß erwerben durfte.

Einheitsliste der Nationalen Front Offizielle Bezeichnung für die Liste, auf der die Namen sämtlicher Kandidaten standen, die von den in der ↑ Nationalen Front zusammengefaßten Parteien und ↑ Massenorganisationen in einem Wahlgebiet nominiert worden waren. Die Kandidaten hatten, nachdem sie sich einer kritischen Befragung durch Kollegen am Arbeitsplatz und auf Wahlveranstaltungen stellen mußten, am Wahltag die 99%ige Chance, gewählt zu werden. Es war nämlich keine Wahl zwischen einzelnen Kandidaten und damit zwischen Parteien zu treffen, sondern alle Kandidaten wurden im Block gewählt. Es bestand zwar grundsätzlich die Möglichkeit, einen oder alle Kandidaten zu streichen, aber in der Regel betrat man erst gar nicht die Wahlkabine, sondern faltete gleich den Zettel mit der jeweiligen Kandidatenliste und steckte ihn in die Wahlurne. Vgl. auch: falten gehen

Einreisedokument Offiziell gebraucht für einen Paß oder einen Ausweis, der bei der Einreise in die ↑ DDR vorgelegt werden mußte. Vgl. auch: Ausreisegenehmigung

Einreisekontrolle Paß- und Zollkontrolle bei der Einreise in die ↑ DDR. Sie wurde besonders streng bei Reisenden aus westlichen Ländern gehandhabt und häufig in speziellen Räumen vorgenommen.

Einstellung Gesinnung, innere Haltung zur ↑ DDR, die der Staat immer beeinflussen und kontrollieren wollte und deren Bewertung für das berufliche Fortkommen wichtig sein konnte, so daß sich der Bürger bemühte, sie zumindest nach außen positiv, d. h. wie vom Staat erwartet, erscheinen zu lassen. * eine fortschrittliche, positive, richtige, nicht die richtige Einstellung haben; die politische Einstellung; Du mußt deine politische Enstellung ändern!

Eintrittsgeld Umgangssprachlich für ↑ Mindesumtausch.

Einzelhandelsbetrieb Staatliches (z. B. ↑ HO) oder genossenschaftliches (z. B. ↑ Konsum) Unternehmen, das u. a. ↑ Verkaufsstellen, Warenhäuser, ↑ gastronomische Einrichtungen betrieb.

Einzelhandelsverkaufspreis /Kurzf.: EVP/ Staatlich festgelegter und kontrollierter, für den gesamten Einzelhandel einheitlich geltender Verkaufspreis einer Ware. Viele Erzeugnisse, die besonders den ↑ Grundbedarf abdeckten, wurden hoch subventioniert, andere, v. a. die des ↑ gehobenen Bedarfs (Haushaltstechnik, Heimelektronik, Autos, Kleidung guter und modischer Qualität), waren unverhältnismäßig teuer, um die Subventionen zumindest teilweise wieder auszugleichen. Viele Warengruppen wurden über Jahrzehnte stabil gehalten, das betraf die hoch subventionierten Nahrungsmittel, Bücher, Kinderkleidung ebenso wie Haushaltswaren, Ersatzteile usw. So konnte der Hersteller den Preis gleich auf die Warenpackung aufdrucken oder − was einen noch bleibenderen Eindruck hinterließ − in die Ware einprägen. Nur bei Saisonware wie Obst und Gemüse wurde der Preis von Woche zu Woche neu, aber ebenfalls zentral festgelegt.

Einzelschaffender Offiziell gebrauchte Bezeichnung für einen Künstler, der allein an einem Kunstwerk arbeitete.

Einzelvertrag Besonders in den fünfziger und sechziger Jahren abgeschlossener Vertrag mit einem (O-Ton:) 'hervorragenden Werktätigen', hier einer Spitzenkraft aus Wirtschaft, Wissenschaft, Kunst, die der Staat an sich binden wollte, u. a. mit einer Wohnung, übertariflichem Gehalt, zusätzlicher Altersversorgung und anderen Vergünstigungen, z. B. einem garantierten Studienplatz für die Kinder, der bevorzugten Versorgung mit einem Auto. Vgl. auch: Nomenklaturkader

Elaste /Pl./ Bezeichnung für eine Gruppe von Werkstoffen, die in der ↑ DDR ausschließlich aus synthetischem Kautschuk hergestellt wurden und gummielastische Eigenschaften hatten. Sie wurden v. a. in der Reifen- und Farbindustrie eingesetzt. In der Allgemeinsprache waren sie aber nur bekannt durch den Werbeslogan „Plaste und Elaste aus Schkopau" (gemeint waren die Buna-Werke).

Element Im offiziellen Sprachgebrauch Bezeichnung für eine Person, die sich den in der ↑ DDR geltenden Regeln verweigerte und deshalb zu ächten war. Durch die Verbindung mit Adjektiven wie kriminell, staatsfeindlich oder subversiv sollte die bezeichnete Person, die oder deren Tat besonders durch westliche Medien bekannt wurde, der Öffentlichkeit als Gesetzesbrecher erscheinen. Damit wollte man Nachahmungen oder Sympathiebekundungen von vornherein ausschließen. Dies betraf z. B. Schriftsteller, die wegen eines Schreibverbots in der DDR ohne staatliche Genehmigung im ↑ Westen publizierten oder auch Personen, die die DDR verlassen hatten oder versuchten, sie zu verlassen.

Elfgeschosser Ein Neubaublock mit elf Etagen. Die Normiertheit der Abmessungen von Plattenbauten zeigte sich auch in der Höhe, d. h. es wurden seit den siebziger Jahren v. a. fünf-, sechs- und elfgeschossige Häuser gebaut, wofür die Benennungen Fünf-, Sechs- und Elfgeschosser auch allgemeinsprachlich üblich waren. Vgl. auch: Arbeiter- und Bauernschließfach

Elternakademie ↑ -akademie

Elternaktiv Von den Eltern der Schüler einer Klasse oder der Kinder einer Vorschuleinrichtung für jeweils ein Schuljahr gewählte Vertretung von Eltern, die sich für die Zusammenar-

beit zwischen Elternhaus und Schule einsetzte, dabei meist ganz praktische Unterstützung (z. B. Organisation von Veranstaltungen, Begutachtung der Qualität der ↑ Schulspeisung) leistete.

Z.: „Nicht einmal das Elternaktiv hatte diesmal die Hand im Spiel – Klassenlehrerin Frau Dietrich und die Hortnerin Frau Thiemer hatten den Pionieren bei den Vorbereitungen kräftig geholfen." Trommel 18/ 1985, 15

Elternbeirat Für die Dauer von zwei Jahren an einer Schule von allen Eltern gewählte Elternvertretung, die die Aufgabe hatte, v. a. durch die Mitarbeit in verschiedenen Kommissionen (z. B. für ↑ Berufsberatung, ↑ Jugendweihe, außerunterrichtliche Tätigkeit) die Lehrer zu unterstützen und zu entlasten. Eine direkte Einflußnahme war allerdings nur sehr bedingt möglich und beschränkte sich z. B. auf ↑ Eingaben der Elternvertreter an zuständige Dienststellen.

endversorgt /Adj.; vorw. präd./ Sowohl in der Verwaltungssprache als auch in der Allgemeinsprache verwendetes Wort, das bedeutete, nach den Vorschriften der Wohnungsbehörde über soviel Wohnräume verfügend, daß überhaupt kein Anspruch auf eine größere, geschweige denn bessere Wohnung bestand, es sei denn, die Familie vergrößerte sich. So galt eine vierköpfige Familie mit 2 1/2 Zimmern als endversorgt, sie konnte nur durch selbst organisierten Wohnungstausch, der ebenfalls genehmigungspflichtig war, eine größere Wohnung bekommen.

Energiekombinat ↑ -kombinat

Entlassungskandidat /Kurzf.: EK/ Nicht offizielle Bezeichnung für einen Militärangehörigen im Grundwehrdienst während des dritten (und damit letzten) Diensthalbjahres. Der wegen des starken Drills und der strengen Kasernierung unter schlechten Bedingungen (besonders in Hinblick auf Unterbringung, Verpflegung, Freizeitangebot) verhaßte Wehrdienst führte zur Entstehung einer strengen Hierarchie unter den Soldaten. Sie zeigte sich u. a. darin, daß die Entlassungskandidaten, die für sich in Anspruch nahmen, bereits sehr viel ertragen zu haben, von den Neulingen (Spritzern) verlangten, alle anfallenden unangenehmen Arbeiten (wie Toilettenreinigung) für sie zu erledigen. Trotz offizieller Mißbilligung waren solche Zustände in der ↑ NVA weit verbreitet und wurden von den Truppenoffizieren geduldet, da sie einen gemeinschaftlichen Widerstand der Mannschaft gegen das Offizierskorps praktisch unmöglich machten.

entsprechend den Erfordernissen Offiziell verwendete Formel, mit der Planmäßigkeit und Folgerichtigkeit betont, gleichzeitig aber fehlende Möglichkeiten kaschiert und Ansprüche in ihre Schranken gewiesen werden sollten. Z.: „Verstärkt sind Frauen und junge Facharbeiter entsprechend den Erfordernissen für eine Ausbildung zum Meister zu gewinnen," G. Mittag, X. Parteitag der SED, S. 70

entwickelte sozialistische Gesellschaft In der Gesellschaftstheorie der ↑ DDR geprägte Bezeichnung für eine Entwicklungsphase der ↑ Gesellschaft, in der nach der Meinung der ↑ SED die Grundlagen des ↑ Sozialismus bereits existierten. Diese sollten dann zunächst vervollkommnet werden, bevor der Aufbau des ↑ Kommunismus hätte in Angriff genommen werden können. Bei der Theorie von der entwickelten sozialistischen Gesellschaft handelte es sich um eine vom VIII. ↑ Parteitag (1971) der SED beschlossene Abwandlung des früheren, von Walter Ulbricht geprägten Konzepts. Dessen ˋentwikkeltes gesellschaftliches System des ↑ Sozialismus' hatte sich in der DDR wegen ungenügender wirtschaftlicher

Leistungskraft, aber auch wegen der Stagnation in der Sowjetunion nicht realisieren lassen. Auch die neue theoretische Variante erwies sich in den nächsten Jahren als nicht erfolgreich.

EOS [e:o:es] ↑ erweiterte Oberschule
EOS- Als Bestimmungswort in Zusammensetzungen mit Substantiven sich auf die ↑ erweiterte Oberschule beziehend. Gebräuchlich waren Zusammensetzungen wie: -Lehrer, -Schüler

Erbauer des Sozialismus /Pl./ Offizielle, besonderes Pathos ausdrückende Bezeichnung für diejenigen, die in der ↑ DDR an Projekten mitgearbeitet haben, die äußerlich als besonders zukunftsweisend und damit als Beweis für die (O-Ton:) ˋÜberlegenheit des Sozialismus' galten, wie Neubausiedlungen, Kraftwerksbauten, Firmenansiedlungen auf der grünen Wiese oder die ↑ Erdgastrasse.

Erdgastrasse ↑ Drushba-Trasse

Erfassungspreis Staatlich festgelegter Preis für tierische und pflanzliche Erzeugnisse aus ↑ privater, oftmals nebenberuflicher oder in der Freizeit betriebener ↑ Produktion. Die Bezeichnung stammte aus den fünfziger Jahren, in denen alle Besitzer landwirtschaftlicher Grundstücke ein Pflichtsoll bei staatlichen Erfassungsbetrieben abzuliefern hatten. Sie wurde auch nach Abschaffung des Pflichtsolls für die freiwilligen Ablieferungen beibehalten, die aus den ↑ privaten Hauswirtschaften der LPG-Bauern sowie der Freizeitproduktion der Kleingärtner und Siedler stammten und attraktive Einkünfte brachten. Aus dieser ↑ Produktion kam der Großteil des gesamten Obst-, Gemüse-, Geflügelfleisch- und Honigangebots im staatlichen Handel.

Erfinderkollektiv Ehrentitel für eine Arbeitsgruppe, die an einer Erfindung, der Entwicklung technischer

Neuerungen arbeitete oder gearbeitet hatte.

Erich /o. Art./ Nicht offiziell wohlwollend-spöttisch für Erich Honecker, das langjährige Staatsoberhaupt. S.: Honni *auch* Honny W.: „Was ist, wenn Erich mal stirbt?" „Dann erbt seine Schwester das Grundstück." (Gemeint war das gesamte Gebiet der DDR)

Erichs Krönung /o. Art./ Spöttische, in Anlehnung an 'Jacobs Krönung' vom Volk geprägte Bezeichnung für eine Kaffeesorte, die offiziell 'Kaffee-Mix' hieß, weil in Ermangelung von ↑ Devisen Kaffee mit Gerste gestreckt wurde. Sie wurde aber wegen des dominierenden Malzkaffeegeschmacks von der Bevölkerung nicht angenommen und verschwand bald wieder vom Markt.

Erichs Lampenladen ↑ Lampenladen Mitte. Umgangssprachlich für den ↑ Palast der Republik.

Erneuerungsrate Staatliche ↑ Kennziffer, die für ein Planjahr das Verhältnis von erneuerten (d. h. weiterentwickelten) und nicht erneuerten Erzeugnissen eines bestimmten Sortiments für einen Betrieb, ein ↑ Kombinat oder einen Industriezweig angab. Die ↑ SED hoffte mit Hilfe dieser ↑ Kennziffer die Betriebe zu veranlassen, ihre Erzeugnisse zu modernisieren und dadurch in den Genuß besonderer Förderungen zu kommen. Zugleich sollte eine hohe Erneuerungsrate in der ↑ Propaganda als Nachweis für die Leistungsfähigkeit der Wirtschaft dienen, obwohl doch die Tatsache einer Veränderung eines Erzeugnisses nichts über dessen Verbesserung aussagt. So wurden unter dem Einfluß allgegenwärtiger Materialknappheit und der Abschottung vom internationalen Markt oftmals nur unwesentliche Änderungen vorgenommen und als Erneuerungen abgerechnet, um damit die Statistik zu schönen.

Ernte- Offiziell oft propagandistisch eingesetzt als Bestimmungswort in Zusammensetzungen mit Substantiven wie: -brigade, ↑ -kapitän, ↑ -schlacht

Erntekapitän /vorw. Sg./ Von den Medien überhöhend gebrauchtes Wort für den Fahrer eines Mähdreschers während der Ernte, die jedes Jahr zum erstrangigen propagandistischen Ereignis hochstilisiert wurde. In der Alltagssprache wurde das Wort höchstens spöttisch gebraucht, um sich über die Sprache der Medien lustig zu machen. S.: Kombinefahrer

Ernteschlacht Nur offiziell verwendete Beschreibung der Anstrengungen bei der Einbringung der Ernte. Die Massenmedien versuchten, durch Nachahmung der sowjetischen Propagandasprache eine besondere emotionale Wirkung zu erreichen, die dem Wort 'Schlacht' zugemessen wurde. Ähnliche Bildungen waren Produktionsschlacht (erhebliche Anstrengungen in den Betrieben zur Planerfüllung) oder Winterschlacht (Aufrechterhaltung v. a. der Energieversorgung und des Transports bei Wintereinbruch).

Eröffnungsverteidigung In den Rechtsvorschriften über Wissenschaft und Technik geregelte Pflichtveranstaltung über Entwicklungsvorhaben, die im ↑ Staatsplan oder untergeordneten Plänen enthalten waren. Bei der Eröffnungsverteidigung hatte das ↑ Forschungskollektiv gegenüber den späteren Anwendern und verschiedenen staatlichen Institutionen (z. B. Staatsbank, Ministerium für Wissenschaft und Technik) nachzuweisen, daß für das zu lösende Problem mit dem vorgesehenen Aufwand eine effektive Lösung erarbeitet werden konnte. Das Gesamtsystem Wissenschaftsförderung, in dem die Eröffnungsverteidigung nur einen Schritt darstellte, konnte wegen der Bürokratisierung des Verfahrens und wegen der wissenschaftsfremden Interessen vor allem der beteiligten ↑ Staatsorgane keine ausreichenden Wachstumsimpulse auslösen, es hemmte vielmehr und brachte zusätzliche Kostenbelastungen.

Errungenschaften /vorw. Pl./ Im offiziellen Sprachgebrauch besonders in der Verbindung ʿsozialistische Errungenschaftenʾ sehr häufig benutzt. Gemeint waren in erster Linie die Ergebnisse der sozialökonomischen und gesellschaftspolitischen Veränderungen nach 1945 auf dem Gebiet der ↑ DDR. Besonders hervorgehoben wurde in diesem Zusammenhang die allen Bürgern gewährte soziale Sicherheit, worunter Vollbeschäftigung, subventionierte Grundnahrungsmittel, Mieten und Tarife, garantierte ↑ Mindestrenten, besondere Förderung junger Mütter im Beruf u. ä. verstanden wurden. Dieses von Staats wegen bis zum Überdruß strapazierte Wort, das in der ↑ privaten Kommunikation so gut wie keine Rolle spielte, verfehlte aber seine Wirkung nicht. Das zeigte sich darin, daß in der ersten Zeit nach dem Untergang der DDR viele Bürger auf diese sozialen Leistungen, die die wirtschaftliche Leistungskraft der DDR überfordert hatten, als (O-Ton:) ʿunsere Errungenschaftenʾ verwiesen und deren Verlust beklagten.

Ersatzfonds Begriff der sozialistischen Volkswirtschaftstheorie, der die Gesamtheit der Aufwendungen für den Ersatz verschlissener Produktionsmittel darstellen sollte. Vgl. auch: Fonds

Ersteinstufung Erstmalig vorgenommene Einstufung eines Musikers, einer Band, eines Showkünstlers durch eine Kommission, die die künstlerische Darbietung mit einem Prädikat bewertete, nach dem sich die Höhe der Gage bemaß, die der Künstler für seine Auftritte fordern konnte. Vgl. auch: Berufsausweis

erster deutscher Arbeiter-und-Bauern-Staat Offiziell im SED-Verständnis

die ↑ DDR als der Staat, in dem die Arbeiter und Bauern an der Macht waren.

Erwachsenenqualifizierung /o. Pl./ **1.** Berufliche Weiterbildung für Erwachsene mit dem Ziel, die für ihren Arbeitsplatz erforderliche Ausbildung (mit staatlich anerkanntem Abschluß) oder eine andere, höhere Qualifikation zu erwerben. **2.** Die entsprechenden Bildungseinrichtungen, besonders ↑ Betriebsakademien und ↑ Volkshochschulen.

erweiterte Oberschule /Kurzf.: EOS/ Schule, die nur die Klassenstufen 9 bis 12, seit 1981 sogar nur noch 11 bis 12 unterrichtete und bis zum Abitur führte. Bis Anfang der siebziger Jahre absolvierten die Schüler parallel zum Schulbesuch meist an einem Tag pro Woche noch die Ausbildung in einem Lehrberuf, so daß sie innerhalb von vier Jahren sowohl das Abitur als auch einen Facharbeiterbrief erwarben. Vgl. auch: Berufsausbildung mit Abitur

Erzeugnisgruppe Ursprünglich als koordinierendes Gemeinschaftsgremium von Unternehmen unterschiedlicher (↑ privater, genossenschaftlicher, volkseigener) Eigentumsform mit einem jeweils gemeinsamen Produktionssortiment (z. B. Blusen, Elektromotoren, Blechwaren) gegründet, um deren gemeinsame Interessen z. B. in der ↑ Preisbildung, der Standardisierung, der Qualitätsfestlegung gegenüber den zuständigen staatlichen Organen, aber auch den Erzeugnisgruppen von Zulieferern oder Abnehmern zur Geltung zu bringen. Nach weitgehender Liquidation des ↑ privaten Bereiches im produzierenden Gewerbe (1972) verkümmerte die Tätigkeit der Erzeugnisgruppen stark und war nur noch wenig wirksam.
Z.: „Dabei spielt die sozialistische Gemeinschaftsarbeit in den Erzeugnisgruppen zur Überwindung der Produktivitätsunterschiede zwischen

den zentral- und bezirksgeleiteten Betrieben sowie die Beseitigung der Niveauunterschiede in den Arbeits- und Lebensbedingungen eine entscheidende Rolle." Neuer Weg 1/ 1975, 4
erzeugniskonkret Dieses Wort ist ein typisches Beispiel für eine von ↑ Tonnenideologie geprägte Wirtschaft. Um die mit dem staatlichen ↑ Plan vorgegebene Menge erfüllen zu können, versuchten die Betriebe, nur wenige Produkte in hoher Stückzahl herzustellen. Weil deshalb immer wieder Erzeugnisse fehlten, erging regelmäßig von höchster Stelle der Aufruf, (O-Ton:) ʿalle Planaufgaben kontinuierlich und erzeugniskonkret zu erfüllenʾ. Dies bedeutete nichts weiter, als daß der Plan auch in einzelnen, genau bestimmten Positionen erfüllt werden sollte.

Erzeugnispreis In der staatlichen Planungspraxis verwendetete Bezeichnung für den Preis eines Erzeugnisses in einem bestimmten Produktions- oder Handelsbereich. Dieser Preis war für betriebswirtschaftliche Zwecke nicht aussagefähig und damit nicht brauchbar, da er nichts darüber aussagte, ob jeweils mit oder ohne Verpackung, Transport zum Besteller, Mengenrabatt u. ä. gerechnet wurde. Er wurde deshalb auch nicht der Rechnung für erfolgte Lieferungen zugrunde gelegt.

Erzeugnissortiment Gruppe derjenigen Waren, die zum Produktions- oder Handelsprogramm eines Betriebes gehörten.

ESP [eːesːpe] /Art. ungebräuchl.; Kurzf. für Einführung in die sozialistische Produktion/ Unterrichtsfach in den Klassen 7 bis 10, das den Unterricht in ↑ UTP theoriebezogen ergänzte und Kenntnisse in Werkstoffkunde, Produktionstechnik und Arbeitsschutz vermittelte. Vgl. auch: polytechnische Bildung und Erziehung, PA, UTP

Estrade /nach russ. Vorbild/ Volkstümliche künstlerische Veranstaltung mit Musik und oft gemischt mit anderen Programmteilen wie Tanz, Artistik und Rezitation, die auf einer großen Bühne im Freien stattfand. * Estrade der Freundschaft; Estrade der Volkskunst

EVP [eːvauːpe] /o. Pl./ ↑ Einzelhandelsverkaufspreis

Ex /Art.: der/ Umgangssprachlich für ↑ Exquisitgeschäft.

Existenzellipse Vom Volke geprägte Bezeichnung für das ↑ Parteiabzeichen der SED.

Exquisit /Art.: der; o. Pl./ **1.** 1962 gegründetes, zentrales volkseigenes Handelsunternehmen, das über ein DDR-weites Netz von Einzelhandelsgeschäften zu sehr hohen Preisen für DDR-Mark Konfektion, Rauch- und Lederwaren, Schuhe und Kosmetika vertrieb, die von höherer Qualität bzw. modischer waren als die in den Geschäften von ↑ HO und ↑ Konsum angebotenen Erzeugnisse. Die angebotenen Produkte waren westliche ↑ Importe, in ↑ Gestattungsproduktion hergestellte oder besonders gute DDR-Erzeugnisse. Exquisit hatte auch eine höhere ↑ Verkaufskultur als HO oder Konsum und keine Selbstbedienung. In jeder mittleren Stadt bestand mindestens eine Filiale (1982 gab es in der ganzen ↑ DDR ca. 300). Die Handelskette Exquisit galt mit ihrem Sortiment als Gegenstück zum ↑ Intershop. Sie sollte den Bürgern, die keine konvertierbare Währung besaßen, den Kauf von westlichen bzw. hochwertigen Waren ermöglichen. Die Preise lagen um das drei- bis vierfache über denen vergleichbarer Waren in der Bundesrepublik und bestätigten damit indirekt den niedrigen Tauschwert der DDR-Mark. Die Parteiführung, der ein solches Versorgungssystem für gut Verdienende ↑ ideologische Probleme bereitete, wies bei der Eröffnung einer größeren Anzahl neuer Läden (1977) darauf hin, daß diese (O-Ton:) 'nicht zu den dauerhaften Begleitern des Sozialismus' gehören sollten. Vgl. auch: Delikat (1)

2. Umgangssprachlich für ↑ Exquisitgeschäft /besonders in Verbindung mit den Präpositionen *aus* und *in*/ * das Kleid habe ich aus dem Exquisit; im Exquisit gab es schicke Schuhe; im Exquisit haben sie... W.: Treffen sich zwei gute Freunde. Sagt der eine: „Ich habe von meiner 100-Mark-Prämie ein Hemd im Exquisit gekauft." Fragt der andere: „Und der Rest?" „Den hat meine Frau noch draufgelegt."

Exquisit- Sich auf das Handelsunternehmen ↑ Exquisit beziehendes Bestimmungswort in Zusammensetzungen mit Substantiven wie: ↑ -geschäft, -handel, -hemd, -laden, -schuhe

Exquisitgeschäft ↑ Verkaufsstelle des Einzelhandelsunternehmens ↑ Exquisit.

F

Fach- Bestimmungswort, das sich in Zusammensetzungen mit Substantiven auf ein spezielles Arbeitsgebiet, auf dem jemand arbeitet, ausgebildet wird, oder ein bestimmtes Wissensgebiet, das jemand beherrscht, bezog. Gebräuchlich waren Zusammensetzungen wie: ↑ -arbeiter(in), -berater, ↑ -kabinett, ↑ -kader, ↑ -kombination, ↑ -schule, -schulkader, -unterrichtsraum

Facharbeiter für Offizielle Bezeichnung für verschiedene Facharbeiterberufe, besonders für solche, die aufgewertet werden sollten bzw. die früher gar keine Lehrberufe waren. Bei der Benennung der Berufe war man sehr erfinderisch und brachte es teilweise wahrlich zu sprachlichen Meisterleistungen. * Facharbeiter für die Be- und Verarbeitung von Körnern und Hülsenfrüchten (Müller); Facharbeiter für Fleischerzeugnisse (Fleischer); Facharbeiter für warenbewegende Prozesse (Transportarbeiter)

-facharbeiter Grundwort, das sich in Zusammensetzungen mit Substantiven auf die Berufe bezog, für die eine Berufsausbildung mit dem Abschluß ↑ Facharbeiter vorgesehen war. Grundsätzlich wurde die Berufsbezeichnung formal von den Materialien oder den Produkten, mit denen im Beruf umgegangen wurde, abgeleitet. Dabei kam es zu vielen fast lächerlichen sprachlichen Bezeichnungen. Gebräuchlich waren Zusammensetzungen wie: Bibliotheks-, Bindemittel-, Edelmetall-, Elektronik-, Geologie-, Gummi-, Klavier-, Schuh-, Zerspanungs-

Facharbeiter- Bestimmungswort, das sich in Zusammensetzungen mit Substantiven immer auf die durch eine Berufsausbildung erworbene oder zu erwerbende Qualifikation als ↑ Facharbeiter bezog. Gebräuchlich

waren Zusammensetzungen wie: -beruf, -brief, -prüfung

Fachkabinett Für ein bestimmtes Unterrichtsfach speziell ausgerüsteter Raum in einer Schule, der ein besseres Lernen im betroffenen Fach ermöglichen sollte. Fachkabinette gab es besonders in den naturwissenschaftlichen Fächern (Biologie, Chemie, Physik). S: Fachraum, Fachunterrichtsraum; vgl. auch: Kabinett

Fachkader /vorw. Pl./ Offizielle Bezeichnung für einen Mitarbeiter, der eine spezielle fachliche (im Unterschied zur politischen) Qualifikation besaß und deshalb geeignet war, wichtige Funktionen zu übernehmen, die besondere fachliche Anforderungen stellten. Solche Personen wurden vorausschauend nach besonderen Kriterien und Plänen ausgewählt, gefördert, (zusätzlich) politisch geschult und eingesetzt.

Fachkombination Die Kombination von zwei Unterrichtsfächern, für die ein Lehrer durch Studium die nötige Qualifikation erworben hatte. Jeder künftige Lehrer mußte während des Studiums parallel zwei Studienfächer belegen, wobei zulässige Kombinationen vorgegeben (und damit begrenzt) waren. Bis Anfang der siebziger Jahre gab es ein Haupt- und ein Nebenfach, dann wurden die beiden Fächer gleichwertig behandelt. Beispielsweise gab es für zukünftige Deutschlehrer die Fachkombinationen Deutsch/Russisch, Deutsch/Geschichte, Deutsch/Englisch, Deutsch/Zeichnen, Deutsch/Musik oder Deutsch/ ↑ Staatsbürgerkunde. Nach der Immatrikulation war es in der Regel nicht mehr möglich, die Kombination zu ändern.

Fachschule Mit einem Ingenieur- oder gleichgestellten Abschluß zu beendende Einrichtung der höheren

Fachausbildung, in der die Auszubildenden besonders auf wissenschaftlich-technischem oder wirtschaftlichem Gebiet auf eine Tätigkeit im mittleren Bereich der Wirtschaft etc. vorbereitet wurden. Die Fachschulausbildung baute auf der ↑ zehnklassigen allgemeinbildenden polytechnischen Oberschule und anschließender Berufsausbildung auf, auch das Abitur ermöglichte die Fachschulausbildung.

bei der Fahne (sein) /Phras./ Umgangssprachlich für bei der ↑ NVA (im Grundwehrdienst oder als Soldat auf Zeit) dienen. S.: zur Fahne gehen, kommen, müssen
Z.: „Diese überspezielle Neuigkeit: Top-John bei der Fahne." NL 31(1983)1, 47

Fahnenappell Im offiziellen Sprachgebrauch Bezeichnung für eine angeordnete bzw. befohlene Zusammenkunft zu besonderen Anlässen bei der ↑ NVA, der ↑ GST, in Schulen und Kinderferienlagern, die mit dem feierlichen Hissen einer Fahne abgeschlossen wurde. In der Schule mußten z. B. am 1. Tag des neuen Schuljahres, zum ↑ Pioniergeburtstag, zum ↑ Tag der Republik oder zur Zeugnisausgabe die Lehrer und Schüler in Reih und Glied auf dem Schulhof antreten. Nach einer Rede des Schuldirektors wurde die DDR-Fahne, die Pionierfahne oder die FDJ-Fahne gehißt, für die Schüler war es Pflicht, in Pionier- bzw. FDJ-Kleidung zu erscheinen.

Fahrerlaubnis /o. Pl./ Bis 1976 Bezeichnung für das Dokument, das zum Führen eines Kraftfahrzeuges berechtigte. Dann wurde wieder die international eingeführte Bezeichnung Führerschein benutzt, die vorher wegen des vermeintlichen Bezuges zum Begriff „Führer" nicht verwendet werden sollte.

Fahrtrainer Mit allen Bedienelementen eines Fahrzeuges versehenes, fest installiertes Gerät, mit dem der Fahr-

schüler zu einem vor ihm auf einer Leinwand erscheinenden Film das Führen eines Kraftfahrzeuges simulierte. Anhand eines gleichzeitig mitlaufenden Diagramms konnte der Fahrlehrer Fehler des Fahrschülers erkennen und auswerten. Das erfolgreiche Absolvieren der Übungen am Fahrtrainer war seit Beginn der achtziger Jahre eine der Voraussetzungen, um überhaupt zur Fahrprüfung zugelassen zu werden.

Fakt ist/das ist **Fakt** /Phras./ Umgangssprachlich für es ist so, es entspricht den Tatsachen, das ist die Wahrheit, genau so und nicht anders verhält es sich. * Fakt ist, daß ich ihn heute morgen noch gesprochen habe.; Heute morgen habe ich noch mit ihm gesprochen, das ist Fakt!

Faktor Im offiziellen Sprachgebrauch gern benutzt, um in Verbindung mit schmückenden Adjektiven oder Genitivobjekten die besondere Wichtigkeit eines Geschens, eines bestimmten Umstandes zu unterstreichen. * ein dauerhafter, fester, stabiler Faktor der Freundschaft, des Friedens, der Völkerverständigung

Fakultät Teil des wissenschaftlichen Rates bzw. interdisziplinärer Bereich einer Universität, in dem verschiedene, zu einer Gruppe zusammenzufassende Wissenschaften vertreten waren und die diese Wissenschaften repräsentierten. * die geisteswissenschaftliche Fakultät des wissenschaftlichen Rates

falsches Bewußtsein Umgangssprachlich innerhalb der ↑ SED bzw. innerhalb des ↑ Staatsapparates als Beurteilung der politischen Einstellung von jemandem, der mit seinen Äußerungen oder gar Handlungen nicht auf der offiziellen ↑ Linie der Partei- oder Staatsführung lag.

falten gehen Umgangssprachlich spöttisch für wählen. Da der Wahlvorgang in der ↑ DDR so gestaltet war, daß man keine Entscheidung zwischen Parteien oder Kandidaten traf, sondern die Kanditaten auf einer ↑ Einheitsliste standen, die grundsätzlich nicht verändert werden konnte, war das Durchlesen des Wahlzettels völlig uninteressant. Man konnte den Wahlzettel getrost ungelesen falten und in die Urne stecken. Vgl. auch: Einheitsliste der Nationalen Front

Faltgarage Aus wetterbeständigem Material bestehende Plane, mit der man ein Fahrzeug völlig abdeckte und es so, besonders im Winter, gegen Feuchtigkeit und Schmutz schützte.

Familien- Bestimmungswort, das sich in Zusammensetzungen mit Substantiven oder Adjektiven auf die Familie als (O-Ton:) ´kleinste Zelle der sozialistischen Gesellschaft´ bezog, die es in diesem Sinne zu fördern und zu beeinflussen galt. Gebräuchlich waren Zusammensetzungen mit Substantiven wie: -beratungsstelle, -gesetz, ↑ -gesetzbuch, ↑ -gespräch, ↑ -name, ↑ -zusammenführung; dazu Adjektive wie: freundlich-, -gelöst, -orientiert

Familiengesetzbuch /nur Sg./ Seit 1966 geltendes Gesetz über die rechtlichen Bedingungen, die für die Gründung und das Zusammenleben, den Schutz und die Förderung der Mitglieder einer Familie galten, dessen Grundlinie durch wirksame Unterstützung der Gleichberechtigung frauenfreundlich war.

Familiengespräch Gespräch eines Beauftragten einer Parteileitung der ↑ SED mit einem anderen Parteimitglied und dessen Familienangehörigen, wenn nach Meinung der ↑ Partei Grundsätze der ↑ sozialistischen Moral in dieser Familie nicht beachtet wurden und dadurch das Ansehen der SED beeinträchtigt werden könnte. In solchen agitatorisch geführten Gesprächen wurde versucht, den ↑ Genossen auf den Pfad der Tugend zurückzuführen.

Familienname Von den Ehepartnern gemeinsam zu wählender Name der neuen Familie, für den der Geburtsname des Mannes oder der Frau zur Auswahl standen.

Familienzusammenführung Im offiziellen Sprachgebrauch für die von staatlicher Seite genehmigte Ausreise eines Familienmitglieds zu seiner schon im westlichen Ausland wohnenden Familie. Der Staat gab seine Erlaubnis zur Ausreise meistens dann, wenn eine bestimmte Geldsumme in konvertierbaren Devisen als Gegenleistung dafür gezahlt wurde.

ein Faß aufmachen /Phras./ Umgangssprachlich für sich über etwas sehr aufregen und lautstark schimpfen.

FDGB /o. Pl.; Kurzf. für Freier Deutscher Gewerkschaftsbund, Gewerkschaft/ 1946 in Berlin gegründete, einzige zugelassene gewerkschaftliche ↑ Massenorganisation, die nominell als Bund selbständiger Branchengewerkschaften strukturiert war. Der FDGB wurde nach den Prinzipien des ↑ demokratischen Zentralismus geleitet, ging von einer konsequent marxistisch-leninistischen Weltanschauung und der Anerkennung der ↑ führenden Rolle der ↑ SED aus. Die Führung des FDGB wurde stets durch ein Mitglied des ↑ Politbüros der SED wahrgenommen, alle leitenden ↑ Funktionäre waren ↑ Nomenklaturkader, der große ↑ Apparat angestellter hauptamtlicher Mitarbeiter wurde nach den für den ↑ Staatsapparat geltenden Prinzipien besetzt und vergütet. Die den FDGB durch die Verfassung und weitere Gesetze, v. a. das ↑ AGB, übertragenen Rechte nutzte er im Sinne der SED, indem er die Wirtschaftspolitik der Partei- und Staatsführung z. B. durch den ↑ sozialistischen Wettbewerb unterstützte und auf dem Gebiet der Sozialpolitik den Staat durch Übernahme vieler Aufgaben (z. B. die ↑ Sozialversi-

cherung, den ↑ Feriendienst) entlastete. Dem FDGB stand das Recht der Gesetzesinitiative zu, er hatte als Mandatsträger eigene Abgeordnete (die vielfach SED-Mitglieder waren) in allen ↑ Volksvertretungen, er verfügte über eigene Tageszeitungen, Illustrierte und Verlage.
W.: Der Lehrer macht den Kindern den Unterschied zwischen Partei, Staat und Gewerkschaft klar: „Das ist so wie in den meisten Familien: Der Vater ist die Partei, er sagt, was zu tun ist. Die Mutter ist der Staat, die macht die Dreckarbeit. Und die Gewerkschaft ist die Oma, keine Ahnung, aber überall reinreden."

FDGB- Bestimmungswort, das sich in Zusammensetzungen mit Substantiven auf Gremien, ↑ Funktionäre oder Einrichtungen des ↑ Freien Deutschen Gewerkschaftsbundes bezog. Gebräuchlich waren Zusammensetzungen wie: -Bezirksvorstand, -Bundesvorstand, -Feriendienst (↑ Feriendienst des FDGB), -Heim, -Kreisvorstand, -Kongreß, ↑ -Urlaub

FDGB-Urlaub Preiswerter, aber mit wenig Service verbundener Urlaub in einem der zahlreichen vom ↑ FDGB verwalteten Heime oder von ihm gemieteten Privatunterkünfte innerhalb der ↑ DDR. Angesichts der eingeschränkten Reisemöglichkeiten und der wenigen Urlaubsunterkünfte war jeder froh, wenn er auf diese Weise (oftmals nach mehrjährigem Warten) mit einem Quartier versorgt wurde. Da es in jedem Jahr wieder einen Ansturm auf die knappen Plätze gab, las man FDGB auch − **F**ür **D**ie **G**uten **B**ekannten.

FDJ /o. Pl.; Kurzf. für Freie Deutsche Jugend/ Am 7.3.1946 gegründete, einzige zugelassene ↑ Massenorganisation für die Jugend in der ↑ DDR. Mitglied wurde fast jeder Jugendliche ab 14 Jahren, oftmals auch, um sich durch eine Nichtmitgliedschaft seine berufliche Zukunft

nicht zu verbauen. Die Hauptaufgabe der FDJ bestand in der politischen Erziehung im Geiste des ↑ Marxismus-Leninismus und des ↑ proletarischen Internationalismus. Die ↑ SED bezeichnete die FDJ als '↑ Kampfreserve der Partei der Arbeiterklasse', zu deren Aufgaben es gehörte, Nachwuchs für die ↑ Partei heranzubilden. Die FDJ versuchte, durch jugendgerechte Veranstaltungen die jungen Leute für sich zu gewinnen (z. B. ↑ Jugend- und ↑ Singeklubs, Rockveranstaltungen). Sie bot in Jugendklubs, Ferienlagern oder auch nur in der Gemeinschaft der FDJ-Gruppe den Jugendlichen Gelegenheit zur gemeinsamen Freizeitgestaltung. Die Führung der FDJ bestand aus hauptamtlichen ↑ Funktionären, die oft die Altersgrenze gemäß Statut bereits überschritten hatten (↑ Berufsjugendlicher) und nach den für Parteifunktionäre geltenden Grundsätzen ausgewählt und weitergebildet wurden. Die Mitgliedschaft endete sehr oft mit Abschluß der Lehre oder des Studiums, weil dann von Seiten der Vorgesetzten kaum noch Druck diesbezüglich ausgeübt wurde. Die FDJ verfügte über einen eigenen ↑ Apparat mit ↑ Zentralrat, Bezirks- und Kreisleitungen, über eine eigene ↑ Hochschule (Bogensee bei Bernau), über einen Verlag und eine eigene Tageszeitung („JW").
Z.: „Die Freie Deutsche Jugend betrachtet es als ihre Hauptaufgabe, der Sozialistischen Einheitspartei Deutschlands zu helfen, standhafte Kämpfer für die Errichtung der kommunistischen Gesellschaft zu erziehen, die im Geiste des Marxismus-Leninismus handeln. Sie sorgt dafür, daß ihre Mitglieder und die gesamte Jugend sich als sozialistische Patrioten und proletarische Internationalisten bewähren, ihr sozialistisches Vaterland als untrennbaren Bestandteil der um die Sowjetunion gescharten sozialistischen Staatengemeinschaft

stärken und jederzeit zur Verteidigung des Friedens und des Sozialismus bereit sind." Statut der Freien Deutschen Jugend, S. 4

FDJ- Bestimmungswort, das sich in Zusammensetzungen mit Substantiven auf Gremien, ↑ Funktionäre, Einrichtungen oder Veranstaltungen der Freien Deutschen Jugend bezog. Gebräuchlich waren Zusammensetzungen wie: -Aufgebot, ↑ -Bluse, -Brigade, ↑-Grundorganisation, -Gruppe, ↑ -Hemd, -Initiative, -Jugendklub (↑ Jugendklub), ↑ -Kulturkonferenz, -Leistungsschau, -Leitung, -Liedersommer (↑ Liedersommer), ↑ -Ordnungsgruppe, -Sekretär, -Singegruppe (↑ Singegruppe), -Studentensommer (↑ Studentensommer), ↑ -Studienjahr, -Zentralrat (↑ Zentralrat); dazu auch Ableitungen wie: -ler(in)

FDJ-Bluse Blaue Bluse mit einem Emblem am Ärmel, das die aufgehende Sonne symbolisieren sollte, und die von den weiblichen FDJ-Mitgliedern zu Veranstaltungen der ↑ FDJ oder zu besonderen Anlässen (z. B. ↑ Fahnenappell) getragen wurde. S.: Blauhemd; vgl. auch: FDJ-Hemd
Z.: „In der Stadt der Weltfestspiele leisteten Mädchen in blauen FDJ-Blusen (links) einen freiwilligen Arbeitseinsatz im Park der Freiheit und spendeten den Erlös zu Solidaritätsaktionen für das kämpfende Vietnam." BZA 31.7.1968, 1

FDJ-Grundorganisation Grundlegende organisatorische Einheit der ↑ FDJ, die die FDJ-Mitglieder einer Schule, eines Betriebes, einer ↑ Sektion an einer ↑ Hochschule oder eines ↑ Wohngebietes umfaßte. Sie bestand aus mehreren FDJ-Gruppen, ihr höchstes Gremium war die Mitgliederversammlung, die die FDJ-Leitung, insb. den ↑ Sekretär der ↑ Grundorganisation wählte.
Z.: „Die Grundorganisationen sind das Fundament der Freien Deutschen Jugend. Sie werden dort ge-

bildet, wo die Mitglieder der Freien Deutschen Jugend arbeiten, lernen, studieren oder wohnen. Innerhalb der Grundorganisationen können Abteilungsorganisationen oder Gruppen gebildet werden." Statut der FDJ, S. 20/21

FDJ-Hemd Blaues Hemd, das von den männlichen FDJ-Mitgliedern getragen wurde. S.: Blauhemd; vgl. auch: FDJ-Bluse
Z.: „Wesentlichen Anteil am Wachsen und an der Festigung der FDJ hatte das blaue Hemd, die blaue Bluse. Die Idee dazu stammt von ↑ Genossen Erich Honecker, der sich unentwegt Gedanken darüber machte, wie die Kampfkraft der Organisation … gestärkt werden könnte. Solchen Überlegungen entsprang schließlich auch der Vorschlag, durch eine einheitliche FDJ-Kleidung das Zusammengehörigkeitsgefühl der jungen Menschen zu entwickeln und ihr kämpferisches Bewußtsein zu fördern …" Unter der blauen Fahne. Leseheft …, S. 24

FDJ-Kulturkonferenz In unregelmäßigen Abständen von der ↑ FDJ durchgeführte zentrale Veranstaltung, auf der die vielen auf unterschiedlichen Ebenen organisierten kulturellen Aktivitäten für die Jugend die von der ↑ SED vorgegebene politische Orientierung erhalten sollten.

FDJ-Ordnungsgruppe Unter Verantwortung der ↑ FDJ gebildete Gruppen von Ordnern (äußerlich erkennbar an ihren roten Armbinden) zur organisatorischen Absicherung von Veranstaltungen (wie ↑ Meetings, Diskos) und zur sofortigen Ausschaltung von Tumulten u. ä. Sie wurden beim ↑ Zentralrat oder örtlichen Leitungen der FDJ als ständige Arbeitsgruppen aus zumeist ehrenamtlichen Mitgliedern fest installiert und regelmäßig in ↑ Kulturhäusern und ↑ Jugendklubs, aber auch z. B. bei Demonstrationen eingesetzt. Insb. bei Anwesenheit von hohen Partei-

und ↑ Staatsfunktionären traten Einsatzgruppen des Ministeriums für ↑ Staatssicherheit getarnt als FDJ-Ordnungsgruppen auf.

FDJ-Studienjahr /o. Pl./ Während eines Schul-, Lehr-, Studienjahres durchgeführer Pflichtkurs in sozialistischer Politik für FDJ-Mitglieder. Z.: „..., daß es darauf ankommt, sich im FDJ-Studienjahr solide marxistisch-leninistische Kenntnisse anzueignen, um mit neuen gefestigten Argumenten das tägliche politische Gespräch zu führen." JW 18.9.80, 5

Fehlerdiskussion Schlagwort linientreuer ↑ Funktionäre, mit dessen Hilfe jede Kritik an Entscheidungen von Partei- oder ↑ Staatsorganen, die sich als falsch erwiesen hatten, schon im Ansatz vereitelt wurde. Die Wortprägung geht auf die SED-interne Argumentation zurück, jede Diskussion über eigene Fehler würde die ↑ Partei schwächen und den Gegner stärken.

Fehlschicht Offizell gebrauchtes Wort für ↑ Bummelschicht.

Feierabend- Bestimmungswort, das sich in Zusammensetzungen mit Substantiven bezog 1. auf eine Arbeit nach der Dienstzeit, d. h. auf den Feierabend im eigentlichen Sinne. Gebräuchlich waren Zusammensetzungen wie: ↑ -arbeit, -beschäftigung, ↑ -brigade, -tätigkeit oder 2. auf eine Einrichtung zur Betreuung alter Menschen, d. h. im Sinne von Lebensabend. Gebräuchlich waren Zusammensetzungen wie: ↑ -heim, -heimleiter

Feierabendarbeit Bezeichung für die nach Arbeitsschluß von vielen Arbeitern verrichteten bezahlten Tätigkeiten, die insbesondere in Mangelberufen des Handwerks zu enormen unversteuerten Nebeneinkünften führten. Nachdem der Staat Feierabendarbeit lange Zeit u. a. wegen der Steuerverluste bekämpfte, wurde sie später unter bestimmten Bedingungen legalisiert, um Versorgungsmängel zu beheben.

Z.: „'In der Vergangenheit', meinte Ursula Muth, 'haben wir uns zu sehr auf die Feierabendarbeit gestützt und nicht die ganze Vielfalt der örtlichen Reserven genutzt.'" ND 9. Juli 1970, 2

Feierabendbrigade Trupp von (Bau)handwerkern, der nach Feierabend bei Privatpersonen zu Schwarzmarktpreisen arbeitete und dabei häufig auch noch knappe Materialien einsetzte, die er von der Arbeitsstelle hatte „mitgehen lassen".

Feierabendheim Offiziell für ein staatliches oder kirchliches Altersheim, in dem nicht pflegebedürftige Senioren wohnten. Die Ausstattung dieser Heime (in der Regel Zweibettzimmer) war nicht so, daß sie für alte Menschen wirklich attraktiv waren, viele Gebäude und Ausstattungsgegenstände stammten aus der Vorkriegszeit oder sogar aus dem vorigen Jahrhundert. Mit der Verwendung von 'Feierabend' sollte eine positive Einstellung zu den Heimen geweckt werden. Pflegebedürftige alte Menschen wurden auf ärztliche Einweisung hin in einem Feierabend- und Pflegeheim untergebracht. Z.: „Dazu gehört selbstverständlich auch der Neubau von Polikliniken und Krankenhäusern, von Feierabend- und Pflegeheimen sowie von Kinderkrippen und die Errichtung ärztlicher und zahnärztlicher Arbeitsplätze." Neuer Weg 1/1975, 8

Feind des Sozialismus ↑ Parteifeind

Feinfrost- Bestimmungswort, das sich in Zusammensetzungen mit Substantiven auf Produkte der Warengruppe tiefgefrorener Lebensmittel bezog und markenähnlichen Charakter hatte. Gebräuchlich waren Zusammensetzungen wie: -angebot, -erzeugnis, -gemüse, -kost, -obst

Feldbaubrigade Meist aus Frauen bestehende ↑ Brigade, die die Aufgabe hatte, das für die ↑ Pflanzenproduktion einer ↑ LPG oder eines ↑ VEG genutzte Ackerland frei von Unkräu-

tern zu halten, Rüben zu verziehen
u. a.

Ferien- Bestimmungswort, das sich in
Zusammensetzungen mit Substantiven zumeist auf Veranstaltungen,
Einrichtungen, Mitwirkende der
Schulferiengestaltung der Kinder
oder des gewerkschaftlichen bzw. betrieblichen ↑ Feriendienstes bezog.
Anders als in der Bundesrepublik
gab es für alle Schüler einheitliche
Ferientermine. Gebräuchlich waren
Zusammensetzungen wie: ↑ -aktion,
↑ -dienst des FDGB, ↑ -helfer, ↑ -la-
ger, -platz, ↑ -scheck des FDGB,
↑ -spiele
Ferienaktion /o. Pl./ Gesamtheit der
für die Schulkinder in den Schulferien unter staatlicher Leitung bereit-
gestellten Aufenthalts- und Erlebnis-
möglichkeiten. Dazu gehörten neben
der Ganztagsbeschäftigung in den
Schulen (↑ Ferienspiele) auch kostenfrei zugängliche Veranstaltungen und
Kinovorführungen und v. a. die von
der ↑ FDJ und sehr vielen Betrieben
finanzierten und organisierten ↑ Ferienlager. Die Ferienaktion war, neben der unvermeidlichen Vermittlung politischer Argumentation, für
die Kinder ein schönes Erlebnis und
für viele Frauen eine Voraussetzung
für die Fortführung ihrer Berufstätigkeit.
Feriendienst des FDGB *auch* **FDGB-
Feriendienst** /o. Pl./ Zentrale Einrichtung des ↑ FDGB, deren Aufgabe es
war, preiswerte Urlaubsplätze in gewerkschaftlichen oder ↑ Vertragsheimen an ihre Mitglieder und deren
Angehörige zu vergeben. Die Vergabe der Plätze erfolgte auf Vorschlag
der ↑ Betriebsgewerkschaftsgruppe
des jeweiligen Mitgliedes durch die
Ferienkommission der ↑ BGL unter
Berücksichtigung der fachlichen Leistungen und des sonstigen Engage-
ments, aber auch aufgrund der sozialen Lage (Familien mit mehreren
Kindern wurden bevorzugt) oder des
Gesundheitszustandes des Antrags-

stellers. Die Aufenthaltsdauer betrug
im Durchschnitt 14 Tage, der
FDGB-Urlauber erhielt am Urlaubsort in der Regel eine vom ↑ FDGB
finanzierte Vollverpflegung, und es
wurden ihm kulturelle Angebote
(Tanzabende, Führungen durch den
Urlaubsort, kostenlose Ausleihe von
Sportgeräten oder Fahrrädern etc.)
unterbreitet.
Ferienhelfer Von den jeweiligen Betrieben zur personellen Absicherung ihrer ↑ Ferienlager zusätzlich einge-
stellte Personen (meist Studenten,
Schüler über 16 Jahre), die bei der
Durchführung und Gestaltung der
Ferienlager halfen. Dazu auch: Fe-
rienhelferin
Ferienlager Von den Betrieben, Institutionen, der ↑ FDJ bzw. der ↑ Pionierorganisation betriebene und finanzierte Einrichtung für einen erholsa-
men Aufenthalt der schulpflichtigen
Kinder während der Winter- und
Sommerferien. Der Preis für einen
Ferienlagerplatz betrug für die Eltern im Durchschnitt 12 Mark pro
Kind für zwei Wochen, alle anderen
Ausgaben wurden vom Träger übernommen. Dieser stellte auch die Be-
treuer, die für diese Zeit von ihrer eigentlichen Arbeit freigestellt wurden.
Feriencheck des FDGB /o. Pl./ Vom
↑ Feriendienst des FDGB an Gewerkschaftsmitglieder vergebener Be-
rechtigungsschein für einen preiswerten Urlaubsplatz.
Ferienspiele /Pl./ Allen Schülern in ihrer Schule angebotene Möglichkeit,
sich während der Ferien dort unter
Aufsicht der Lehrer, ↑ Horterzieher
und ↑ Pionierleiter aufzuhalten und
während dieser Zeit an besonders be-
treuten Veranstaltungen (Kino- oder
Theaterbesuche, Schwimmen, Bastelnachmittage, Wanderungen etc.)
teilzunehmen. Die Ferienspiele waren vorzugsweise für Schüler der ersten bis vierten Klasse gedacht, der
eher symbolische Preis für eine Wo-

che (einschließlich Mittagessen) betrug 1 Mark.

Fernseh- Bestimmungswort, das sich in Zusammensetzungen mit Substantiven auf Sendungen, Akteure oder Einrichtungen des Fernsehens der ↑ DDR bezog. Gebräuchlich waren Zusammensetzungen mit Substantiven wie: -akademie (↑ -akademie), ↑ -ballett, ↑ -diskussion, -funk, ↑ -grafik, ↑ -liebling, -schaffende (↑ -schaffende)

Fernsehballett Beim staatlichen Fernsehen fest angestellte Ballettgruppe für Showtanz, die in extra für das Fernsehen produzierten Unterhaltungssendungen auftrat und deren Leistungen international großen Anklang fanden.

Fernsehdiskussion Thematisch aufgebaute Sendereihe, in der Experten miteinander über ein bestimmtes Thema diskutierten, zu dem die Zuschauer während der Sendung anrufen und Fragen stellen konnten. Die Sendung war im gewissen Sinne vergleichbar mit den im Fernsehen der Bundesrepublik ausgestrahlten Talk-Shows, nur wählte man bewußt das Wort Diskussion, da man sich gegen zu viel englischen Wortschatz wehren und sich außerdem von der Bundesrepublik abgrenzen wollte.

Fernsehgrafik Ein mit elektronischen Mitteln erzeugtes, auf dem Fernsehbildschirm wiedergegebenes Bild, das einer Grafik in der Gestaltung ähnlich ist.

Fernsehliebling Jährlich in einem von der einzigen Programmillustrierten „FF dabei" veranstalteten Wettbewerb von den Lesern zum beliebtesten Vertreter eines Fernsehgenres gekürter Schauspieler, Sportmoderator, Nachrichtensprecher, Unterhaltungskünstler etc.

fernstudieren Umgangssprachlich für ein ↑ Fernstudium absolvieren.

Fernstudium Neben der beruflichen Tätigkeit, d. h. in der Freizeit, am Heimatort absolviertes Studium, das mit

einem Fach- oder Hochschulabschluß endete. Die Studenten fuhren nur zu bestimmten Praktika, Vorlesungen oder Seminaren an die Studieneinrichtung, an der sie immatrikuliert waren. Da sie grundsätzlich von ihrem Betrieb zum Studium ↑ delegiert worden waren, wurde ihnen für den Besuch der Lehrveranstaltungen eine Freistellung von der Arbeit bei vollem Lohnausgleich gewährt. Die Zeitdauer des Studiums betrug zwischen 4 und 7 Jahren und war damit etwas länger als die vorgeschriebene Zeit für ein ↑ Direktstudium; dazu auch: Fernstudent(in). Vgl. auch: postgratuales Studium

Fernwettkampf Von der FDJ-Tageszeitung „JW" veranstalteter einjähriger Wettkampfzyklus für Lehrlinge und andere berufstätige FDJ-Mitglieder. In nicht zu den Wettkampfsportarten gehörenden Disziplinen wie Bankdrücken oder Klimmziehen wurden bei diesem Leistungsvergleich, der meist zur gleichen Zeit an verschiedenen Orten (z. B. an Wochenenden in den Turnhallen der Berufsschulen) die DDR-Besten ermittelt.

Fertigungs- Offiziell gebrauchtes Bestimmungswort, das sich in Zusammensetzungen mit Substantiven auf Arbeitsgruppen, Arbeitsmethoden, ↑ Kennziffern oder Prinzipien in der materiellen ↑ Produktion bezog. Gebräuchlich waren Zusammensetzungen wie: -art, ↑ -brigade, -kapazität, -komplex, -kontrolle, ↑ -mittel, -prinzip

Fertigungsbrigade Offiziell gebrauchtes Wort für eine in der ↑ Produktion tätige ↑ Brigade.

Fertigungsmittel Sammelbezeichnung für die in der ↑ Produktion eingesetzten Werkzeuge und schnell verschleißende oder sich verbrauchende Hilfsmittel.

Festappell In der Schule zu besonderen Anlässen durchgeführter thematischer ↑ Fahnenappell, z. B. zu einem runden Geburtstag eines offiziell verehrten Arbeiterführers wie Thälmann oder Lenin, aber auch im Zusammenhang mit ↑ Parteitagen der ↑ SED oder Parlamenten der ↑ FDJ. Bei dieser Zeremonie mußten die Schüler auf dem Schulhof oder in der Schulaula antreten, neben einer ausführlichen Würdigung des feierlichen Ereignisses wurden ↑ Kampflieder gespielt und Gedichte proletarischer Schriftsteller vorgetragen.

festgeschrieben Im offiziellen Sprachgebrauch verwendet dafür, daß etwas in einem wichtigen Partei- oder staatlichen Dokument als Zielstellung, Absicht oder generelle Orientierung ausgewiesen und damit für den Normalbürger unabänderlich war. * im Staatsplan festgeschriebene Aufgabe

festigen Im offiziellen Sprachgebrauch verwendet, um die von der Partei- und Staatsführung gewünschte, angeblich durch nichts zu erschütternde Zusammengehörigkeit und Verbundenheit im Sinne der vollständigen Unterordnung unter den Willen der ↑ SED auszudrücken. Gefestigt werden sollte die Verbundenheit des Volkes mit seiner Regierung, der ↑ Arbeiterklasse mit der SED, der ↑ Blockparteien im ↑ Demokratischen Block. Auch andere Dogmen, wie das von der ewigen Freundschaft zwischen den kommunistischen Parteien oder den Armeen der sozialistischen Staaten, waren nach den Aussagen der Parteipropaganda zu festigen. * das Verhältnis von Elternhaus und Schule, zum Kollektiv, zur Partei der Arbeiterklasse, zum Klassenkollektiv muß gefestigt werden; einen gefestigten Klassenstandpunkt, eine gefestigte Einstellung zur SED haben Z.: „Indem wir unser Bündnis mit den sozialistischen Bruderländern ständig weiter festigen, sind wir bestrebt, auch die Zusammenarbeit mit Staaten der nichtsozialistischen Welt, entsprechend den Prinzipien der friedlichen Koexistenz, auszubauen."

E. Honecker, XI Parteitag der SED, S. 15

„Festival der Freundschaft" Staatlich organisiertes Treffen zwischen ausgewählten Jugendlichen der UdSSR und der ↑ DDR, die Mitglieder der ↑ Jugendorganisationen Komsomol und ↑ FDJ waren. Es sollte dem näheren Kennenlernen auf kulturellem, politischem und sportlichem Gebiet dienen und hatte auch propagandistische Bedeutung. Diese Veranstaltung fand 1970 das erste Mal in Dresden und dann alle zwei bis drei Jahre abwechselnd in Städten der UdSSR oder der DDR statt.

„Festival des politischen Liedes" Unter Verantwortung der ↑ FDJ organisierte Veranstaltung, bei der den bekanntesten ↑ Singeklubs der ↑ DDR und internationalen Ensembles mit einem musikalischen Programm, das nach Ansicht der ↑ SED fortschrittlich war, Gelegenheit zum Auftritt vor großem Publikum sowie im Fernsehen geboten wurde. Seit 1970 trafen sich jährlich im Februar in Ostberlin die eingeladenen internationalen Musikgruppen mit denen aus der DDR.

Festival- Bestimmungswort, das sich in Zusammensetzungen mit Substantiven neben seiner ursprünglichen Bedeutung auch auf die ↑ Weltfestspiele der Jugend und Studenten bezog, die für die kommunistische Jugend im Abstand von ungefähr 4 Jahren organisiert wurden und jeweils in einem anderen Land stattfanden. Die Festivalteilnehmer kamen zusammen, um sich auf kulturellem, politischem und sportlichem Gebiet auszutauschen. Die ↑ DDR war 1951 und 1973 Gastgeber des ↑ Festivals, was als besondere Ehre angesehen wurde. Das Festival genoß bei der SED-Führung höchste Priorität, in seinem Namen wurden ständig neue ↑ Initiativen gestartet, entsprechend viele neue Zusammensetzungen entstanden: -aufgebot, -elan, -initiative,

-komitee, -lied, -sonderschicht, -stimmung

Festpreis Bezeichnung für den Charakter der großen Mehrheit der in der ↑ DDR geltenden, staatlich festgelegten Preise für Lebensmittel und Industriewaren als für Käufer und Verkäufer unabänderlich.

sich einen Fetten machen /Phras./ Umgangssprachlich für: sich auf Kosten anderer ein bequemes Leben machen und sich um nichts kümmern.

etwas/jemand fetzt, fetzt ein Ursprünglich aus der Jugendsprache kommende und in den Allgemeinwortschatz der ↑ DDR eingedrungene Wendung, die soviel bedeutet wie jemand oder etwas ist sehr gut, wird von jemandem begeistert aufgenommen.

FFP ↑ Frauenförderungsplan

Figurenkarussell Offiziell gebrauchtes Wort für Weihnachtspyramide. Dieses Wort wurde in der Alltagskommunikation nur verwendet, wenn man sich über die offizielle Sprachgebung lustig machen wollte.

Filmschaffende ↑ -schaffende

Z: „Filmschaffende der DEFA waren am Montagabend auf einem Forum anläßlich der Sommerfilmtage herzlich begrüßte Gäste in Plate." ND 2.Juli 1970 (Jahrgang 25/Nr. 180) S. 5

Final- Bestimmungswort, das sich in Zusammensetzungen mit Substantiven auf ein fertiges, gebrauchsfähiges Endprodukt, das in enger Zusammenarbeit mit verschiedenen ↑ Zulieferbetrieben entstanden war, bezog. Gebräuchlich waren Zusammensetzungen wie: -produkt, -produzent

Finanzamt Umgangssprachlich für die Abteilung Finanzen beim ↑ Rat des Kreises, ↑ Rat der Stadt.

Finanzbeziehungen /Pl./ **1.** Sammelbezeichnung für die Geldbeziehungen in Wirtschaft und ↑ Gesellschaft, die vom sozialistischen Staat mit Hilfe von Plänen gelenkt und zum Zwecke der Organisierung der ↑ Produktion und der Verteilung der Ressourcen

genutzt wurden. Dazu gehörten die Zahlungs-, Geldabführungs- und Kreditbeziehungen zwischen den Betrieben und Banken untereinander sowie gegenüber den ↑ staatlichen Organen.

2. Die Geldbeziehungen, der Verrechnungsverkehr und die Kreditbeziehungen der ↑ DDR (bzw. ihrer ↑ Staatsorgane insb. der staatlichen Banken) zu anderen Staaten und ihren Organen.

Finanzbilanz des Staates Modell der gesamtwirtschaftlichen Finanzierung der ↑ Volkswirtschaftspläne und damit Instrument der ↑ Planung. Durch Gegenüberstellung der anhand der Pläne zu erwartenden Ausgaben und Einnahmen des Staates (einschließlich der volkseigenen Wirtschaft) sollte ermittelt werden, ob die Pläne wirtschaftlich realisierbar sind. Da aber die staatlichen Zielstellungen vielfach subjektive Wünsche der Parteiführung wiedergaben und die finanziellen Ausgangsgrößen durch die willkürliche staatliche Preis-, Zins- und Kreditfestsetzung sowie ebenso willkürliche Subventionsmechanismen beeinflußt wurden, war dieses Instrument ebensowenig wirksam für einen selbstregulierenden Wirtschaftsmechanismus wie das gesamte Wirtschaftssystem.

Finanzkaufmann Berufsbezeichnung für jemanden mit einer Ausbildung als Facharbeiter auf dem Gebiet des Finanz- oder Bankwesens.

Finanzminister Umgangssprachlich für Minister der Finanzen. Als Mitglied des Ministerrates, d. h. der Regierung, war er zuständig für alle staatlichen und betrieblichen Finanzbeziehungen. Durch die Unterordnung des Staates unter die ↑ Partei handelte er letztendlich als ausführendes ↑ Organ des Parteiapparates, insb. des für wirtschaftliche Fragen zuständigen ↑ ZK-Sekretärs und seines

Abteilungsleiters ↑ Planung und Finanzen.

Finanzökonom Berufsbezeichnung für jemanden mit ↑ Fachschulabschluß auf dem Gebiet der Finanzwirtschaft.

Finanzoligarchie Begriff des wissenschaftlichen Sozialismus zur Bezeichnung des engsten, abgeschlossenen Kreises der Hochfinanz, der durch seine finanzielle und wirtschaftliche Macht letztlich die Ziele und das Handeln des kapitalistischen Staates bestimmt.

Finanzorgan ↑ Staatliches Organ mit der Aufgabe, finanzielle Prozesse zu planen, durchzuführen oder zu kontrollieren. Dazu gehörten neben dem Ministerium für Finanzen insb. die Abteilungen Finanzen bei den ↑ Räten der Kreise und Bezirke sowie die staatliche Finanzinspektion, die Aufgaben der Wirtschaftsprüfung wahrnahm, die Banken und die ↑ staatliche Versicherung.

Finanzpolitik Gesamtheit der Grundsätze und Maßnahmen auf dem Gebiet der Finanzen, mit denen der Staat die ↑ Vorgaben und Zielstellungen der ↑ Partei zu realisieren versuchte. Da nach der offizell herrschenden Meinung finanzielle Prozesse nur von materiellen Prozessen abgeleitet waren, wurde der Finanzpolitik nur eine unterstützende Aufgabe bei der Wirtschaftspolitik zugebilligt. Mehr konnte sie wegen der willkürlich staatlich festgelegten Wechselkurse, Zinsen und Preise, Finanz- und Kreditzuweisungen u. ä. ohnehin nicht leisten.

Finanzsystem Die Gesamtheit der mit finanziellen Mitteln vorbereiteten und durchgeführten Beziehungen des Staates, der Betriebe und der Bürger, aber auch das Handeln der ↑ Finanzorgane. Durch willkürlich festgelegte Preise und Löhne, das Beharren auf einer reinen Binnenwährung sowie ebenso willkürliche Privilegierungen einzelner Verbraucher (z. B. Par-

teiapparat, Armee) war es letztlich auch nicht als autarkes System funktionsfähig. Die Bezeichnung entstand im Zusammenhang mit dem von W. Ulbricht vergeblich verfolgten Ziel, die gesamte ↑ Gesellschaft als Summe ineinandergreifender, sich selbst regulierender Teilsysteme (hier des ↑ ökonomischen Systems des Sozialismus) zu organisieren.

die Firma Vom Volke geprägte Bezeichnung für das ↑ Ministerium für Staatssicherheit.

Fischgrätenmelkstand Technische Standardbezeichnung für einen in der ↑ DDR hergestellten Melkstandtyp, der v. a. für die Modernisierung mittelgroßer Milchviehställe geeignet war und deshalb zum Synonym für die Modernisierung der Viehwirtschaft nach dem Debakel der ↑ Rinderoffenställe wurde. Die Bezeichnung knüpft an die Anordnung der Melkplätze im Melkstand an. An einen zentralen Versorgungskanal, der Schlauchleitungen und Betriebstechnik aufnahm, waren in einem Winkel von fast 90° die Melkplätze angeordnet.

Fischkombinat Einziger Großbetrieb der Hochseefischerei, der mit einer eigenen Fangflotte und den entsprechenden Einrichtungen für die sofortige Weiterverarbeitung des gefangenen Fisches ausgestattet war.

Flächennaturdenkmal Objekt des Naturschutzes, dessen Betreten nicht erlaubt war. Flächennaturdenkmale waren kleinere Grundstücksflächen, zumeist Teiche, Weiher mit umliegendem Feuchtland, Moore u. a., die selbst in dichtbesiedelten Städten vielen Tieren letzte Lebensräume boten.

Flachstrecke Standardisierte Kombination von anrichten- oder regalartigen Möbelstücken von weniger als 1 Meter Höhe, die im Möbelhandel als Alternative zur Schrankwand angeboten wurden und zeitweilig sehr begehrt waren.

Flaschenpfand Auf alle Flaschen für Bier, Milch und andere Getränke erhobene, staatlich festgesetzte Pfandgebühr, die dem Käufer bei Rückgabe der Flaschen zurückerstattet wurde. Da es in der ↑ DDR keine Getränke in Büchsen gab und die für Spirituosen verwendeten Einwegflaschen über ↑ SERO erfaßt und wiederverwendet wurden, fiel auf diesem Sektor wenig Müll an. W.: Auf einem FDJ-Meeting wird Egon Krenz (als er noch FDJ-Vorsitzender war) von den Jugendfreunden gefragt, wie denn er − als oberster, leitender FDJler − seinen Feierabend verbringt! Seine Antwort: „Genau, wie ihr, genau wie ihr, Jugendfreunde! Man kommt nach Hause, ißt Abendbrot, schaltet den Fernseher ein, macht eine Büchse Bier auf ..."

Fluchthelfer In der Bundesrepublik geprägtes und in die Umgangssprache der ↑ DDR übernommenes Wort, mit dem diejenigen Menschen bezeichnet wurden, die DDR-Bürgern eine Flucht in den ↑ Westen ermöglichten. Wurde der Fluchthelfer gefaßt, kam es zu einer Anklage und Verurteilung wegen „staatsfeindlichen Menschenhandels", der als Schwerverbrechen galt. Vgl. auch: Republikflucht

Fluktation Zumeist eingeengt verwendet für die durch Ausscheiden und Neueinstellungen von Mitarbeitern entstandene Arbeitskräftewanderung, die in den Betrieben generell Probleme verursachte. Weil wegen der uneffektiven Gestaltung vieler Arbeitsprozesse, technischer Ausrüstungsmängel und der aufgeblähten politische ↑ Apparate Arbeitskräfte allenthalben fehlten, wurde die Fluktation zu einer ernsthaften Belastung v. a. der Unternehmen, die (im Unterschied z. B. zum Parteiapparat, den ↑ bewaffneten Organen) ihren Mitarbeitern keine Vergünstigungen bieten durften.

Folgeeinrichtungen /vorw. Pl./ Sammelbezeichnung für Gebäude in einem Naubaugebiet, die für notwendige Einrichtungen der Infrastruktur und der Versorgung vorgesehen waren. In der Städtebauplanung verstand man darunter v. a. Schulen, ↑ Polikliniken, Krankenhäuser, Postämter, ↑ Kaufhallen, Restaurants und ↑ Dienstleistungswürfel. Das Wort beschreibt unfreiwillig die Baupraxis, nach der große ↑ Wohngebiete zunächst ohne jede ↑ Versorgungseinrichtung angelegt wurden (um der Öffentlichkeit die Erfüllung des ↑ Wohnungsbauprogramms zu präsentieren), die notwendige Infrastruktur jedoch erst Jahre später folgte.

Fonds /Pl.; in Zusammensetzungen auch Sg./ Allgemeine Kategorie der sozialistischen Ökonomie zur Bezeichnung der verfügbaren materiellen und finanziellen Mittel in einem Betrieb, ↑ Kombinat, einem Industriezweig oder in der gesamten ↑ Volkswirtschaft. Der Begriff wurde zunehmend auch Teil des allgemeinen Sprachgebrauchs in der Wirtschaft. Mit stärkerer Differenzierung der ↑ Planung und ↑ wirtschaftlichen Rechnungsführung entstanden immer mehr einzelne Fonds mit einer Vielzahl von Bildungs- und Verwendungsvorschriften, die tatsächlich verfügbaren Mittel sowohl im einzelnen Betrieb als auch in der ↑ Volkswirtschaft nahmen jedoch ständig ab.

Förderungsvertrag Vereinbarung zwischen dem Betrieb und einem Mitarbeiter, aber auch zwischen Betrieb und einer dort arbeitenden Arbeitsgruppe. Sie regelte, auf welche Weise der Betrieb für eine begrenzte Zeit den Mitarbeiter bzw. die Arbeitsgruppe bei einem förderungswürdigen Vorhaben unterstützte, z. B. die Volkstanzgruppe durch Bereitstellung von Räumen und Kleidung, aber auch einen zum Studium ↑ delegierten Mitarbeiter durch Fachliteratur und Praktikantenplätze.

Formalismus Im Sinne der Kulturtheorie der ↑ SED abwertend für diejenigen spätbürgerlichen Kunstströmungen, für die die Überbewertung der Form gegenüber der inhaltlichen Aussage in einem Kunstwerk charakteristisch war. Darunter wurden alle Richtungen gefaßt, die nicht dem Prinzip des ↑ Realismus verpflichtet waren. Der Vorwurf des Formalismus gegenüber einem Künstler in der ↑ DDR, der also nach Auffassung der offiziellen Kulturpolitik von dem erwünschten Prinzip des ↑ sozialistischen Realismus abgewichen war, führte in der Regel dazu, daß der Künstler seine Arbeiten weder öffentlich präsentieren noch mit ihnen seinen Lebensunterhalt bestreiten konnte.

Formgestalter Berufsbezeichnung für einen Fachmann auf dem Gebiet der Gestaltung von Gegenständen, die industriell hergestellt werden können, einen Designer. Hierfür wurde an der ↑ Hochschule für industrielle Formgestaltung Burg Giebichenstein ein besonderer Studiengang angeboten.

formierte Gesellschaft Aus soziologischen Diskussionen in Westdeutschland übernommene Bezeichnung für einen von Erstarrung geprägten Entwicklungsstand der gesellschaftlichen Strukturen in Westdeutschland. In der Agitation der sechziger Jahre im Sinne einer totalitären Gesellschaftsform, oft verbunden mit dem Hinweis z. B. auf die Notstandsgesetze, gebraucht.

Forschungs- Bestimmungswort, das sich in Zusammensetzungen mit Substantiven auf Personen, Vorgänge und Erscheinungen hinsichtlich der Erforschung von wissenschaftlichen Themen, Problemen etc. bezog. Gebräuchlich waren Zusammensetzungen mit Substantiven wie: -auftrag, -kollektiv (↑ Kollektiv), -koopera

tion, -potential, ↑ -student, ↑ -studium

Forschungsstudent Student, der ein dreijähriges ↑ Forschungsstudium absolviert. Dazu auch: Forschungsstudentin

Forschungsstudium /o. Pl./ Unmittelbar an ein mit sehr guten Ergebnissen absolviertes ↑ Hochschulstudium anschließendes dreijähriges weiterführendes Studium, das in der Regel mit einer Promotion beendet wurde. Der ↑ Forschungsstudent wurde in den Lehrkörper des Fachbereiches integriert und mit einfachen Lehraufgaben betraut, er sollte deshalb möglichst SED-Mitglied sein. Außerdem erhielt er eine spezielle Forschungsaufgabe, zu der die Dissertation zu erarbeiten war.

Fortschritt 1. Als gesellschaftlicher Fortschritt wurde jede Entwicklung bezeichnet, die in Übereinstimmung mit der Theorie des ↑ Marxismus-Leninismus und der aktuellen ↑ Linie der ↑ SED geeignet erschien, in einem kapitalistischen Land oder jungen Nationalstaat die kommunistischen Kräfte zu stärken, in den sozialistischen Ländern die Entwicklung zum ↑ Kommunismus voranzubringen. * bedeutender, beträchtlicher, gesellschaftlicher, großartiger, wissenschaftlich-technischer, ökonomischer Fortschritt; Frieden und Fortschritt; Fortschritt und Sozialismus
2. Der Name für Sportvereine in Betrieben der Leicht- und Textilindustrie. * die Fußballer der BSG Fortschritt steigen auf

fortschrittlich Im offiziellen Sprachgebrauch gleichbedeutend mit Engagement für den ↑ Sozialismus, in der Regel verbunden mit dem eindeutigen Bekenntnis zu den Lehren von Marx, Engels und Lenin. Der Theorie des dialektischen und historischen Materialismus folgend, war fortschrittlich nur derjenige, der für eine gesellschaftliche Weiterentwicklung im Sinne der Überwindung des kapitalistischen Gesellschaftssystems und somit für den Sieg des ↑ Sozialismus eintrat. Alle aus dem westlichen Ausland kommenden Theorien, Einstellungen oder Verhaltensweisen wurden sorgfältig daraufhin geprüft, ob sie letztendlich nicht doch im Kampf gegen den ↑ Kapitalismus helfen könnten und die sie tragenden Personen oder Staaten zur Zusammenarbeit mit den kommunistischen Kräften geeignet wären. * antifaschistische, demokratische, fortschrittliche Kräfte im In- und Ausland; die fortschrittliche Presse in der BRD; das fortschrittliche Denken und Handeln unserer Menschen

Forum-Scheck Umgangssprachlich für das von der „Forum-Außenhandelsgesellschaft mbH" ausgegebene banknotenähnliche Zahlungsmittel, das man bei der Staatsbank der ↑ DDR für westliche Währungen im Gegenwert eintauschen mußte, bevor man im ↑ Intershop einkaufen durfte. Auf diese Weise sollten DDR-Bürger daran gehindert werden, mit westlicher Währung als eigentlichem Zahlungsmittel umzugehen.
W.: Da in der ehemaligen DDR Handwerker immer sehr knapp waren, konnte man sie am besten mit westlicher Währung zu einer Arbeit bewegen. Kommt also ein geplagter Kunde, dessen Wasserrohr geplatzt war, zum Klempner und trägt sein Problem vor. Der Klempner: „Na klar kann ich helfen, aber Forum gehts denn?"

Foyergespräch Vor oder nach einer Veranstaltung im Vestibül eines Theaters geführte Diskussion von Theaterbesuchern mit den Schauspielern und dem Regisseur über die zu erwartende oder gerade gegebene Vorstellung, andere im Hause aufgeführte Stücke oder den Spielplan. Die Foyergespräche wurden vom ↑ Kulturbund der DDR veranstaltet.

Fraktion Bezeichnung für die Gesamtheit der Abgeordneten einer Partei oder einer anderen, mit eigenen Abgeordneten vertretenen Organisation (z. B. ↑ FDJ, ↑ Kulturbund) in der ↑ Volkskammer. Dieses Wort spielte nur in offiziellen Verlautbarungen eine Rolle, im politischen Leben waren die Abgeordneten und ihre Fraktionen ohne Entscheidungsmacht.

Fraktionsbildung Vom Parteistatut untersagtes Verhalten der Mitglieder der ↑ SED, innerhalb der ↑ Partei Gruppen zu bilden, die eine von der des Parteivorstandes abweichende politische Auffassung vertraten. Der von Lenin geprägte Begriff wurde unter Stalin als Vorwand für die Vernichtung hunderttausender ↑ innerparteilicher Gegner benutzt. Auch in der SED nutzte man diesen Vorwurf zur Ausschaltung persönlicher Konkurrenten und Vernichtung ↑ innerparteilicher Reformbewegungen.

Frauen-Sonderaspirantur Frauen, die ein abgeschlossenes Universitäts- oder Hochschulstudium absolviert und eine mehrjährige praktische Erfahrung in ihrem Fach hatten, konnten von ihrem Betrieb an eine Universität oder ↑ Hochschule delegiert werden, die eine Ausbildung speziell für diese Frauen in einem Sonderstudiengang anbot. Ziel der Ausbildung war es, die Frauen zur Promotion zu führen. Für ein notwendiges Selbststudium wurden sie vom Betrieb tageweise von der Arbeit befreit und durch materielle Zuwendungen, beispielsweise für den Kauf von Fachbüchern, unterstützt.

Frauen- Bestimmungswort, das sich in Zusammensetzungen mit Substantiven auf Einrichtungen, Gremien oder Förderinstrumente für die berufstätige Frau bezog. Gebräuchlich waren Zusammensetzungen mit Substantiven wie: ↑ -akademie, ↑ -ausschuß, ↑ -beschäftigungsgrad, ↑ -brigade, -förderung, ↑ -förderungsplan, -gruppe, -kollektiv (↑ Kollektiv),

-kommission, ↑ -ruheraum, -sonder-
aspirantur, ↑ -studium, -tag (↑ Internationaler Frauentag)

Frauenakademie /vorw. Sg./ Vom
↑ DFD veranstaltete Weiterbildungs-
kurse mit gesellschaftspolitischer
und familienorientierter Themenstel-
lung für Frauen.
Z.: „Wie in den neun Jahren zuvor
– das erste Studienjahr der Frauenakademie begann 1960 – werden
auch diesmal v. a. Referenten der
URANIA als Lektoren tätig sein."
ND 8.11.77, 8

Frauenausschuß Nur aus Frauen bestehende Kommission, die bei den
Gewerkschaftswahlen von den Frau-
en des jeweiligen Betriebes oder
auf dem Lande bei den Wahlen
zum ↑ LPG-Vorstand von den weiblichen ↑ Genossenschaftsmitgliedern
gewählt wurde. Ihre Aufgabe bestand darin, innerhalb des Betriebes
oder der ↑ LPG für die tatsächliche
Einhaltung der gesetzlich garantierten Gleichberechtigung der Frauen
zu sorgen, auf eine berufliche Förderung und Weiterbildung der Frauen
zu dringen, sich der spezifischen Probleme von berufstätigen Frauen an-
zunehmen und sie bei deren Lösung
zu unterstützen. S.: Frauenkommission

Frauenbeschäftigungsgrad Offiziell gebrauchtes Wort für die ↑ Kennziffer,
mit der die Nutzung des potentiellen
Arbeitsvermögens der weiblichen Bevölkerung im arbeitsfähigen Alter
(von 15 bis 60 Jahren) angegeben
wurde. Der Frauenbeschäftigungsgrad wurde nach verschiedenen Kriterien geordnet, beispielsweise nach
dem Qualifikationsgrad oder dem
Alter der Frauen, und er war abhängig von den bestehenden Arbeitsmöglichkeiten, der Alters- und Ge-
schlechterstruktur der Bevölkerung
und ebenso von den materiellen und
sozialen Voraussetzungen, die Frau-
enarbeit überhaupt ermöglichen. In
der ↑ DDR war der Anteil der im Ar-

beitsprozeß eingebundenen Frauen
sehr hoch, er betrug ungefähr 87%.

Frauenbrigade Nur aus Frauen bestehende Arbeitsgruppe in Industrie-
oder Landwirtschaftsbetrieben, deren Arbeit in der Regel zwar körperlich leichter war, aber auch entsprechend schlechter bezahlt wurde. S.:
Frauenkollektiv

Frauenbund /o. Pl./ Umgangssprachlich für ↑ DFD.

Frauenförderungsplan /Kurzf.: FFP/
Im ↑ Betriebskollektivvertrag verankerter ↑ Plan, in dem jährlich die
Richtlinien für die weitere Qualifizierung der weiblichen Mitarbeiter des
Betriebes auf fachlichem und gesell-
schaftlichem Gebiet festgelegt wurden. Außerdem waren Verpflichtungen der Betriebsleitung enthalten,
welche Maßnahmen zur Verbesserung der sozialen und gesundheitlichen Betreuung der berufstätigen
Frauen im Planjahr durchzuführen
sind.

Frauenkollektiv ↑ Frauenbrigade

Frauenkommission ↑ Frauenausschuß

Frauenruheraum Ab einer bestimmten
Anzahl im Unternehmen beschäftigter Frauen für Betriebe gesetzlich
vorgeschriebener Raum, der während der Arbeitszeit den Frauen zur
Verfügung stand, wenn sie wegen ge-
sundheitlicher Probleme eine kurze
Ruhezeit benötigten.

Frauensonderstudium Von ausgewählten Universitäten, ↑ Hoch- und
Fachschulen angebotener Studiengang für berufstätige Frauen. In ihm
wurden Frauen in besonderen Klassen bzw. ↑ Seminargruppen entsprechend ihren beruflichen Erfahrungen
und zeitlichen Möglichkeiten besonders gefördert, so daß sie trotz der
Belastung durch Beruf und Familie
einen Hoch- oder Fachschulabschluß
erwerben konnten. Diese Ausbildung
stand Frauen mit mehrjähriger Be-
rufserfahrung und abgeschlossener
Facharbeiterausbildung offen, die
vom Betrieb ↑ delegiert wurden. Die

Anzahl der zu delegierenden Mitarbeiterinnen sowie besondere unterstützende Maßnahmen wurden jährlich im ↑ Frauenförderungsplan festgelegt. Die Lehrveranstaltungen fanden oftmals an den Wochenenden statt, für Lehrveranstaltungen in der Woche sowie zeitlich begrenzte Selbststudien erhielten die Frauen tageweise eine bezahlte Freistellung von der Arbeit.

Freie Deutsche Jugend ↑ FDJ

Freier Deutscher Gewerkschaftsbund ↑ FDGB

Freiheit Philosophischer und ↑ ideologischer Grundbegriff, der offiziell im Leninschen Sinne als „Einsicht in die Notwendigkeit" definiert wurde. Unter Einsicht verstanden die ↑ Funktionäre die widerspruchslose Unterordnung und als Notwendigkeit galt jede noch so unsinnige Parteidoktrin und die daraus abgeleiteten willkürlichen Beschlüsse. Von den „normalen" Menschen mußte diese Art von Freiheit als Unfreiheit empfunden werden. Sie lebten mit den kleinen Freiheiten, d. h. dem bewußten Nutzen des verbliebenen individuellen Lebensraumes in den ↑ Nischen der Gesellschaft. Vgl. auch: Nische

freikaufen Umgangssprachlich für seitens der Bundesregierung durch die Zahlung eines erheblichen Geldbetrages in westlicher Währung an die DDR-Behörden erwirkte Genehmigung zur Übersiedlung bestimmter Personen in die Bundesrepublik. Oftmals waren dies wegen versuchter ↑ Republikflucht Inhaftierte. Wer dies als ↑ Menschenhandel bezeichnete, wurde in der ↑ DDR wegen ↑ Staatsverleumdung bestraft und hatte Glück, wenn er selbst freigekauft wurde.

freischaffend Ein ohne Arbeitsvertrag bzw. andere feste Anstellung tätiger Mensch, zumeist ein Künstler. Freischaffende Künstler waren im Grunde systemfremde Erscheinungen, denn sie verfügten über keine feste

Einbindung in ein Arbeitskollektiv und mußten staatlicherseits als kriminalitätsgefährdet erscheinen. Allein das oftmals überdurchschnittlich hohe versteuerte Einkommen vieler Künstler, womöglich gar in ↑ Devisen, bewahrte sie vor dem Vorwurf der ↑ Asozialität. Umgangssprachlich wurden manche Mitarbeiter in Betrieben, die nicht die eigentlich verlangte, sondern eine nach ihrem Gutdünken bemessene Arbeitsleistung erbrachten, ohne negative Folgen fürchten zu müssen, als „frei schaffend" bezeichnet.

freisetzen Versuch der Beseitigung des chronischen Arbeitskräftemangels durch Einsparung entbehrlicher Arbeitsplätze zugunsten der Besetzung anderer Arbeitsplätze, aber ohne den betroffenen Arbeitnehmer zu entlassen. Wegen der zunehmenden Bürokratisierung von Wirtschaft und Verwaltung wurde dieses Ziel in der Wirklichkeit zumeist verfehlt, in der ↑ Propaganda jedoch stets erreicht.

freiwillig Offiziell gebraucht für ein Verhalten, dem kein direkter Zwang, sehr wohl jedoch Einsicht dahingehend zu Grunde lag, ein ausreichendes Maß an Anpassung an die Wünsche der ↑ Partei gewähre die besten Möglichkeiten, im ↑ privaten Bereich nach eigenem Gutdünken zu leben. Es galt zwar als freiwillig, ob man in die ↑ Pionierorganisation, die ↑ FDJ, die ↑ DSF oder die ↑ Partei eintrat. Sich diesen Organisationen aber standhaft zu verweigern, kostete nicht nur Mut, es konnte auch v. a. berufliche Schwierigkeiten und Nachteile zur Folge haben.

freiwillige Selbstkontrolle 1. Inoffizielle Bezeichnung für das Verhalten derjenigen Menschen, die im öffentlichen Leben standen und trotz oftmals abweichender persönlicher Meinung das aus ihrer Sicht unvermeidliche Wohlverhalten gegenüber ↑ Partei und Staat in ihren Äußerungen und

Schriften demonstrierten. S.: Selbstzensur

2. Gremium der Film- und Fernseh-
produktion in der Bundesrepublik
mit der Aufgabe der moralischen und
ethischen Bewertung von Filmen.
Von Staats- und Parteiführung der
↑ DDR gern zitiertes Beispiel für die
Unfähigkeit bzw. für die Abhängigkeit kapitalistischer Staaten von
wirtschaftlichen Interessengruppen,
die nicht in der Lage sind, bestimmte
Bereiche des öffentlichen Lebens,
z. B. die Film- und Videoproduktion,
wirksam zu steuern und unmorali-
sche Produkte oder Praktiken zu unterbinden.

Freiwillige   Zusatzrentenversicherung
/Kurzf.: FZR, Zusatzrentenversiche-
rung/ Für alle Arbeiter und Angestellten mit einem monatlichen Brut-
toverdienst von mehr als 600 Mark
von der ↑ Sozialversicherung angebotene Versicherung. Gegen einen
Beitrag von 10% des über dieser Bemessungsgrenze liegenden Einkommens bis 1200 Mark (sowie eine
zweite wahlfreie Stufe) versprach die
Versicherung nicht nur eine lebens-
lange, mit dem Eintritt ins Rentenalter beginnende zusätzliche Zahlung,
sondern auch ein höheres Krankengeld nach Beginn der siebten Krankheitswoche (andernfalls maximal 300
Mark) in Abhängigkeit vom Netto-
verdienst und der Anzahl der im
Haushalt lebenden Kinder. Andere
Möglichkeiten zur freiwilligen Al-
tersvorsorge bestanden nur in Form
der Lebensversicherung. Die FZR
wurde ins Leben gerufen, als die Par-
tei- und Staatsführung wegen der
schleichenden Inflation Möglichkeiten suchte, Kaufkraft abzuschöpfen
und weil der allgemeine Verdienst die
600-Mark-Grenze allmählich recht
weit überschritten hatte, so daß die
Diskrepanz zwischen letztem Verdienst und einer nach 600-Mark be-
messenen Rente sehr groß geworden
wäre. Sie war deshalb von allen

staatlichen Leitern gegenüber den
Mitarbeitern ohne Sonderversor-
gung (wie Rente des Staatapparates)
zu propagieren, wurde von diesen
mangels Alternative auch großenteils
angenommen.

Freizügigkeitsverkehr Für alle DDR-
Bürger bestehende Möglichkeit, über
ihre in DDR-Mark geleisteten Einlagen auf ↑ privaten Spar- und Giro-
konten jederzeit bei allen Bankfilia-
len, Poststellen oder Sparkassen ohne Einschränkungen kostenfrei zu
verfügen. Durch das einheitliche
System von Kontonummern und die
zentrale Verrechnung war dies ein
außerordentlich vorteilhaftes Verfahren für Bürger und Finanzinsti-
tute, das nach der Währungsunion
von der Deutschen Bank als Nach-
folgerin der Staatsbank liquidiert
wurde.

Freßwürfel Umgangssprachlich scherzhaft für ein zumeist in Neubaugebieten zu findendes zweistöckiges Gebäude mit quadratischem Grundriß,
in dem u. a. Schulkinder und Mitarbeiter nahegelegener Betriebe zu
Mittag essen konnten.

Freunde /nur Pl./ **1.** Offizielle Bezeichnung für die (O-Ton:) ʻmit uns in enger Freundschaft verbundenen so-
wjetischen Menschenʼ. **2.** Umgangssprachlich gebraucht für
die in der ↑ DDR stationierte sowje-
tische Armee.

Freundschaft In der ↑ FDJ verwendeter offizieller Gruß. Ab der achten
Klasse sollte damit jede Unterrichtsstunde eingeleitet werden. Die Grußformel war von dem Anspruch der
FDJ abgeleitet, Freundschaft mit allen fortschrittlichen Kräften der Welt
zu halten.

Freundschafts- Bestimmungswort, das
sich in Zusammensetzungen mit
Substantiven auf das Verhältnis der
↑ DDR, der ↑ SED oder einer ↑ Massenorganisation zu einem anderen als
fortschrittlich bewerteten Staat, einem Volk oder einer Organisation

bzw. ↑ Partei bezog. Innerhalb der
↑ Pionierorganisation oder der
↑ FDJ bezog es sich in Zusammensetzungen auch auf Leitungsgremien,
Veranstaltungen oder symbolische
Gegenstände, die in einer Beziehung
zu dem o. g. Freundschaftsbegriff
stehen sollten. Gebräuchlich waren
Zusammensetzungen mit Substantiven wie: ↑ -bande, -beziehungen,
-fahne, ↑ -rat, ↑ -treffen, -zug
Freundschaftsbande /Pl./ Offizielle beschönigende Beschreibung der zu einem ↑ Brudervolk, einer ↑ Bruderpartei, einem ↑ Bruderstaat bestehenden Beziehungen, insb. auch der
von der ↑ SED erwünschten, vom
↑ proletarischen Internationalismus
geprägten Einstellung der Menschen.
Ganz im Gegensatz zur offiziellen
↑ Propaganda wurden die auf unterer dienstlicher oder ↑ privater Ebene
entstehenden persönlichen freund-
schaftlichen Kontakte zu den Bürgern sozialistischer Staaten mit staatlichem Argwohn verfolgt, mit Einschränkungen (z. B. jahrelang aus-
stehende Besuchsvisa oder Heirats-
genehmigungen) belegt. Soweit es
Bürger aus nichtsozialistischen Staaten betraf, wurden ↑ private Kontakte oftmals sogar untersagt, selbst
wenn es sich um Arbeiter oder KP-
Angehörige handelte. Die Abgren-
zungs- und Sicherheitspolitik der
SED kollidierte hier mit dem von ihr
verkündeten Dogma von Freundschaft und ↑ Internationalismus.
Freundschaftsrat Gewähltes oberstes
Leitungsorgan einer ↑ Pionierfreundschaft, d. h. der Gemeinschaft der
Mitglieder der ↑ Pionierorganisation
(in der Regel) einer Schule. Neben
von außen hineingetragenen politischen Aufgaben übte der Freundschaftsrat viele Elemente der Selbst-
verwaltung und der selbständigen
sinnvollen Freizeitgestaltung der
Kinder aus.
Freundschaftstreffen Treffen zwischen
den Jugendlichen (meist Mitgliedern

der ↑ FDJ) und den kommunistischen oder sozialistischen Jugendorganisationen befreundeter Länder. *
ein Freundschaftstreffen der Mitglieder der FDJ und des Komsomol
Frieden 1. In der Bevölkerung akzeptiertes Grundprinzip, das die Erfahrungen des zweiten Weltkrieges und
der Nachkriegszeit widerspiegelte,
indem es den Wunsch ausdrückte,
die Beziehungen zu den benachbar-
ten Völkern ohne Gewalt und auf
freundschaftlicher Grundlage zu gestalten. Für die ↑ SED-Propaganda
eignete sich dieses Wort besonders,
weil man über den Gedanken des
Friedens hinaus weitere Prinzipien
anfügen konnte, um so die kommunistische ↑ Ideologie zu vermitteln
(z. B. Frieden und Fortschritt, Frieden und ↑ Sozialismus). Es wurde
auf diese Weise suggeriert, daß der
Frieden vom Bestehen der ↑ DDR in
ihrer jeweiligen Verfassung abhängen
würde. Als angeblicher Leitgedanke
einer sozialistischen Außenpolitik
wurden auch die allein vom Macht-
streben der Sowjetunion ausgehen-
den aggressiven Handlungen (z. B.
Breschnew-Doktrin) zur Sicherung
und Erweiterung von Einflußsphä-
ren als friedliche Handlungen deklariert. In der Gesellschaftstheorie
wurde deshalb als Frieden nicht die
bloße Abwesenheit von Krieg, sondern das Bestehen von solchen staatlichen Beziehungen bezeichnet, die
die Existenz aller Staaten in ihrem
gegenwärtigen internationalen Umfeld (d. h. innerhalb des jeweiligen
Militärblocks) ohne Einflußnahme
nichtverbündeter Mächte garantierte. So wurden kriegerische Handlungen wie die Okkupation der ČSSR
als friedenserhaltend dargestellt,
fremde Verteidigungsbemühungen
z. B. der Alliierten in Westberlin als
kriegerische Handlungen. Das offizielle Verständnis von Frieden stand so
in einer erheblichen Distanz zu dem
der einfachen Menschen.

2. Leitwort und Leitgedanke der insb. von den Kirchen getragenen unabhängigen, später zunehmend oppositionellen Bewegung, die über ↑ ideologische Grenzen und Staatensysteme hinweg die Idee einer gewaltfreien Weltordnung mit aktivem ↑ Pazifismus verband. Die Losung ↑ „Schwerter zu Pflugscharen" der von der evangelischen Kirche in der DDR getragenen Friedensbewegung drückte dies aus.

Frieden und ... Als fester Bestandteil in schlagwortartig gebrauchten Wortgruppen, oft als Teil von offiziellen Losungen, in denen die allgemeine Akzeptanz des Friedensgedankens genutzt wurde, um ↑ ideologische Botschaften zu vermitteln. Gebräuchlich waren Wortgruppen wie: Frieden und Fortschritt; Frieden und ↑ Sozialismus; Frieden und Völkerfreundschaft

W.: Ein Genosse versucht, einen anderen von der Notwendigkeit des Eintritts in die Kampfgruppe zu überzeugen. Dazu wendet er folgende Argumentation an: „Du willst nicht in die Kampfgruppe eintreten? Wieso? Bist du denn nicht für den Frieden? Ja, du bist für den Frieden? Na, dann bist du auch für den Sozialismus, und wenn du für den Sozialismus bist, bist du auch für den Schutz des Vaterlands, und deshalb willst du auch in die Kampfgruppe!"

Friedens- Bestimmungswort, das sich in Zusammensetzungen mit Substantiven auf staatliche Einrichtungen, gesellschaftliche oder sportliche Aktivitäten, die nach offizieller Darstellung dem friedlichen Zusammenleben der Völker dienen würden, bezog. Auf diese Weise wurde der hohe und allgemein anerkannte moralische Wert des Begriffes „Frieden" zur Aufwertung des gesamten Wortes genutzt. Gebräuchlich waren Zusammensetzungen mit Substantiven wie: ↑ -fahrt, -grenze, -kampf, -kon-

ferenz, ↑ -schicht, ↑ -staat, ↑ stafette, ↑ -wacht

Friedensfahrt Hochklassiges internationales Amateurstraßenradrennen, das durch Polen, die ČSSR und die ↑ DDR in jeweils wechselnder Reihenfolge über mindestens 20 Etappen führte und außerordentlich große Popularität genoß. Es wurde von den drei ↑ Zentralorganen der kommunistischen Parteien der beteiligten Gastgeberländer organisiert. Wegen seiner sehr hohen sportlichen Qualität und des breit akzeptierten Friedensgedankens trug es zum Abbau gegenseitiger Vorbehalte in den Bevölkerungen der Veranstalterländer bei.

Friedensschicht Zu besonderen Anlässen wie ↑ Parteitagen speziell vorbereitete und in den Massenmedien hochgejubelte Schicht in ausgewählten Betrieben mit dem Ziel, ein Beispiel für hohe Produktivität zu setzen. Damit sollten die ↑ Werktätigen veranlaßt werden, durch hohe Arbeitsleistungen die ↑ DDR wirtschaftlich zu stärken, um auf diese Weise (O-Ton:) 'dem Frieden zu dienen'. In der Umgangssprache oftmals auch für Ausfallzeiten (z. B. wegen Materialmangels) oder Feiern (z. B. vor dem Urlaub) während der Arbeitszeit gebraucht. Vgl. auch: Initiativschicht

Friedensstaat, erster deutscher Formelhafte pathetische Beschreibung der ↑ DDR in offiziellen Texten in Abgrenzung zur Bundesrepublik, die in der Agitation der fünfziger Jahre als Separatstaat der Bonner Kriegstreiber bezeichnet wurde. Damit sollte der völlig neue, ↑ friedliebende Charakter des sozialistischen Staates DDR deutlich gemacht werden. Zeitweilig (1975−1989) wegen Kollision mit der eigenen Aufrüstung und der kirchlichen Friedensbewegung in der ↑ Propaganda weniger benutzt.

Friedensstafette Propagandistische Großaktion von ↑ FDJ und ↑ FDGB mit dem Ziel, durch in Tageszeitungen breit beschriebenen symbolischen Stafettenwechsel zwischen vorher ausgewählten Arbeits- und anderen ↑ Kollektiven (z. B. Kompanien der ↑ NVA), denen besonders gute Leistungen für den Staat und damit für den Frieden zugeschrieben wurden, die allgemeine Leistungsbereitschaft v. a. im Arbeitsleben zu erhöhen.

Friedenswacht Offizielle pathetische Bezeichnung für den Dienst insb. der Grenztruppen (aber auch anderer aktiver Einheiten wie der Luftverteidigung) bei der Sicherung der ↑ Staatsgrenze West.

friedlich Im offiziellen Sprachgebrauch für ohne kriegerische Absicht und dem politischen Charakter nach friedliebend, weil sozialistisch. *friedliches Nebeneinander von Staaten mit unterschiedlicher Gesellschaftsordnung; friedliche Koexistenz

friedliche Koexistenz Von Lenin begründetes Prinzip der Außenpolitik mit dem Ziel, durch Verzicht auf bewaffnete Auseinandersetzungen mit Staaten anderer Gesellschaftsordnung für den eigenen Staat Möglichkeiten der inneren Stärkung und der erforderlichen Auseinandersetzung auf anderen Gebieten (Wirtschaft, ↑ Ideologie) zu schaffen. Friedliche Koexistenz war ausdrücklich als taktisches Element des internationalen ↑ Klassenkampfes zu verstehen, das den gesetzmäßigen Sieg des Sozialismus fördern sollte.

friedliebend /vorw. attr./ Offiziell, v. a. propagandistisch gebrauchtes Wort, das den Charakter einer Menschengruppe, Organisation oder eines Staates als besonders auf die Bewahrung oder Herbeiführung des Friedens orientiert kennzeichnen sollte. Es wurde automatisch für jeden mit der ↑ DDR oder der ↑ SED befreundeten Staat, ein Volk oder eine Organisation benutzt. Im Unterschied zu ↑ friedlich ließ die Bezeichnung als

friedliebend auch die Möglichkeit zu, sich dennoch kriegerisch zu verhalten. So marschierte die friedliebende Sowjetunion in Afghanistan ein, die friedliebende MPLA in Angola führte Krieg gegen die UNITA und die FNLA. * friedliebende Arbeiterklasse; die friedliebenden Völker der Sowjetunion; die friedliebende Partei der Arbeiterklasse; ein sozialistischer Staat ist friedliebend

Fristenregelung Die in der ↑ DDR seit 1972 gültige gesetzliche Vorschrift, daß bis zur 12. Schwangerschaftswoche jede Frau eine kostenlose Unterbrechung der Schwangerschaft in staatlichen Krankenhäusern verlangen konnte. Als Bezeichnung erst später von der Bundesrepublik übernommen, wo sie als Alternative zu anderen Modellen, insb. zur Indikationsregelung, diskutiert wurde. Vgl. auch: Schwangerschaftsunterbrechung

FRÖSI Kinderzeitschrift der ↑ DDR, insb. für die Acht- bis Vierzehnjährigen, die in der Regel auch Mitglied der ↑ Pionierorganisation waren Der Name der Zeitschrift leitete sich ab von der ersten Zeile des Pionierliedes „Fröhlich sein und singen, stolz das blaue Halstuch tragen, andern Freude bringen, ja, das lieben wir". Die Redaktion wurde, über das unvermeidliche Maß an Agitation hinaus, diesem Motto durchaus gerecht. Bereits ein Jahr nach der Wende, inzwischen in „Tandem" umbenannt und ohne agitatorische Beiträge, wurde diese Zeitschrift mangels eines ↑ privaten Verlegers eingestellt.

Früh- und Spätverkaufsstelle Geschäft der Lebensmittelbranche, das morgens, abends und an Sonntagen über die normalen Öffnungszeiten hinaus geöffnet hatte.

Frühhort Eine Stunde vor Unterrichtsbeginn geöffnete Einrichtung an den Schulen, wo Kinder der 1. bis 4. Klassenstufe, deren Eltern einen zeitigen Arbeitsbeginn hatten und die ihre Kinder nicht allein zu Hause lassen wollten, von einer ↑ Horterzieherin betreut wurden. Z.: „Wenn sie ihre Tochter im Frühhort angemeldet haben, trägt die Schule die Verantwortung für die Fürsorge und Aufsicht." Wo 42/87, 31

Frühjahrsmesse Alljährlich im März in Leipzig stattfindende Messe, auf der vorwiegend Muster von Verbrauchs- oder Investitionsgütern einem internationalen Fachpublikum vorgestellt und Vertragsabschlüsse ausgehandelt wurden. Aufgrund der exponierten wirtschaftlichen und geographischen Lage Leipzigs entwickelten sich die dort stattfindenden Messen zu einer Drehscheibe des Ost-West-Handels. Der DDR-Bevölkerung wurde bei dieser Gelegenheit gezeigt, was die in- und ausländische Industrie herstellte, ohne daß sie hätte hoffen können, es jemals in ihren Läden zu kaufen. W.: Einen Tag nach Eröffnung der Leipziger Messe kommt ein Leipziger zum Bahnhof und verlangt eine Fahrkarte nach Bälde. Der Bahnbeamte sucht und antwortet, daß er diesen Ort in seinem Verzeichnis nicht finden könne. Der Leipziger besteht auf seiner Karte nach Bälde, worauf ihn der Beamte fragt, was er denn in Bälde wolle. Antwort des Leipzigers: „Im Leitartikel des heutigen ND hat gestanden, daß man Bananen, Apfelsinen und alles, was auf der Messe zu sehen ist, in Bälde kaufen kann."

führende Rolle /Kurzf. für führende Rolle der Arbeiterklasse/ Im offiziellen Sprachgebrauch formelhaft verwendete Wortgruppe, die sich auf die vom ↑ Marxismus-Leninismus begründete Theorie von der ↑ historischen Mission der Arbeiterklasse und der daraus erwachsenden Führungsrolle ihrer ↑ Partei bezieht. Über den Sinn oder Unsinn dieses

Dogmas durften keine öffentlichen Diskussionen geführt werden. Die führende Rolle der ↑ SED sollte in allen gesellschaftlichen Bereichen durchgesetzt werden, auch im Sportverein oder Kleingartenverband. Die vollständige Formel, die bei jeder Gelegenheit in den Medien zitiert und auf jedem ↑ Parteitag der SED bekräftigt wurde, lautete 'die führende Rolle der Arbeiterklasse und ihrer marxistisch-leninistischen Partei'. W.: Frage eines Zeitungslesers nach der Teilnahme Erich Honeckers an der Domeinweihung in Greifswald: „Warum nimmt der Parteichef an einem Gottesdienst teil?" Antwort: „Um die führende Rolle der Partei auch in der Kirche zu stärken."

Führungskader Sammelbezeichnung für exponierte Leiter in Parteien, Organisationen, im ↑ Staatsapparat und in Betrieben, die die Verantwortung für die Leitung größerer Betriebs- oder Verwaltungseinheiten trugen und deshalb nach Aufnahme in eine gesonderte ↑ Nomenklatur unter direkter Anleitung und Kontrolle höherer Parteiorgane standen.

Fünf-Tage-Woche Seit 1967 schrittweise eingeführter Arbeitszeitrhythmus, der nicht auf tatsächlicher Verkürzung der Arbeitszeit durch Streichung der Sonnabendarbeit, sondern auf der Verlängerung der Arbeitszeit an Wochentagen um 45 Minuten beruhte. Im Rahmen der ↑ sozialpolitischen Maßnahmen wurde später insbes. für Arbeiter im Schichtsystem und Mütter mit mindestens zwei Kindern die Arbeitszeit wieder auf täglich 8 Stunden reduziert. W.: Frage bei der Einführung der Fünf-Tage-Woche: "Was machst du an deinem arbeitsfreien Sonnabend?" Antwort:"Ich mache eine DDR-Rundfahrt." Rückfrage: „Und was machst du am Nachmittag?"

Fünfjahrplan Wesentliches Dokument im Planungssystem des Staates und der Wirtschaft, das für jeweils 5 Jahre durch Beschluß der ↑ Volkskammer verbindlich die Rahmendaten der wirtschaftlichen Entwicklung, insb. der ↑ Produktion und des gesamten gesellschaftlichen Verbrauchs festlegen sollte. Diese waren dann in den ↑ Jahresvolkswirtschaftsplänen für alle ↑ Staatsorgane und Betriebe zu konkretisieren. Aufgrund der Bürokratisierung der Wirtschaftsleitung und der trotz negativer Wirtschaftsentwicklung durch die politische Führung durchgesetzten Erfolgsdarstellungen wurde der Fünfjahrplan zunehmend zu einem wirklichkeitsfremden Propagandainstrument ohne wesentliche wirtschaftliche Bedeutung. Z.: „Von außerordentlicher Bedeutung ist für die Staatsorgane, die Erfüllung der im Fünfjahrplan festgelegten Aufgaben zu gewährleisten." Neuer Weg 1/1975, 8

fünfte Besatzungsmacht Ironische Bezeichnung der Urberliner für die vielen nach dem Krieg zugezogenen Sachsen. Über Jahrzehnte wurde der personelle Ausbau des Partei-, Sicherheits- und Staatsapparates mit Anwerbungen v. a. in Sachsen vorangetrieben, weil diese Mitarbeiter im Gegensatz zu den Berlinern als besonders linientreu galten. Gerade die politisch motivierten Zuzüge führten zu erheblichen sozialen Spannungen in Berlin, weil z. B. die Wohnraumversorgung der Berliner zeitweilig erst 16 bis 18 Jahre nach Antragstellung erfolgen konnte. W.: Anfrage an den Sender Jerewan: „Was steht im Jahre 2050 im Lexikon unter dem Stichwort ʻSachsenʼ?" – Antwort: „Der Eintrag lautet: ʻKleines zänkisches Bergvolk an der Westgrenze Chinasʼ."

Funktion Eine herausgehobene Stellung im Arbeitsprozeß oder in der politischen Führung oder ein Wahlamt in einer Partei bzw. ↑ Massenorganisation. Dies konnte sowohl eine unpolitische Durchführungsaufgabe (Kassierer des Kleingartenvereins) als auch eine mehr oder weniger politisch geprägte Leitungsaufgabe (↑ Parteisekretär, ↑ Gewerkschaftsvertrauensmann) sein, aber auch ein herausgehobenes staatliches Amt wie das des ↑ Bürgermeisters oder Ministers. * eine Funktion ausüben, innehaben, wahrnehmen; eine Funktion neu besetzen; die Funktion des Parteisekretärs, des FDJ-Sekretärs, des ↑ Freundschaftsratsvorsitzenden übernehmen

Funktionär Inhaber einer politisch geprägten Leitungsaufgabe, der Verantwortung im ↑ Staatsapparat, in der ↑ SED, den ↑ Blockparteien oder in einer gesellschaftlichen Organisation trug. In der Wirtschaft wurden die ↑ Leitungskader wegen der ihnen zugeordneten politischen Verantwortung auch als Wirtschaftsfunktionäre bezeichnet.

Funktionsplan Auf den jeweiligen Arbeitsplatz zugeschnittene, einen Arbeitsvertrag präzisierende betriebliche Festlegung, in der die Arbeitsaufgaben und der Verantwortungsbereich eines Mitarbeiters näher bestimmt waren. Funktionspläne gab es in allen gesellschaftlichen Bereichen, dabei spielte es keine Rolle, ob es sich um einen Wissenschaftler, einen Angestellten oder einen Arbeiter handelte.

Fürsorgerin Mitarbeiterin der Abteilung ↑ Jugendhilfe beim ↑ Rat der Stadt, des Kreises, die u. a. für die soziale Betreuung von Kindern in gestörten Familien oder von elternlosen Kindern zuständig war.

Fußballoberliga ↑ Oberliga

FZR ↑ Freiwillige Zusatzrentenversicherung

G

Galerie der Freundschaft Von der
↑ FDJ und der ↑ Pionierorganisation
betreute Ausstellung, bei der künstlerische Arbeiten von Schülern, die im
Unterricht oder in Arbeitsgemeinschaften angefertigt worden waren,
nach bestimmten Themen geordnet
meist in den Räumen eines ↑ Pionier-
hauses gezeigt wurden.

seinen **Gang gehen** *auch* seinen sozialistischen **Gang** gehen In der Umgangssprache meist scherzhaft ge-
sagt, wenn versichert werden sollte,
daß etwas in Ordnung ginge, wenn
es auch vielleicht nicht immer sofort
erledigt oder mit ganz legalen Mitteln erreicht werden konnte. Die
Wendung (O-Ton:) 'Das geht schon
(alles) seinen sozialistischen Gang'
wurde ironisch gebraucht für Vorgänge, die im sozialistischen Alltagsleben auf allen Ebenen des öffentlichen Lebens Probleme bereiteten
und dennoch für die Beteiligten ir-
gendwie zu einem befriedigenden
Abschluß kamen.

Garant /mit unbest. Art. + Genitivat-
tribut/ Im offiziellen Sprachgebrauch
für einen Staat, eine Herrschaftsform, Partei oder ein Bündnis, wenn
sie als Gewähr dafür angesehen wurden, gegebene politische Verhältnisse
unverändert zu erhalten. Es war
auch möglich, moralische Werte, wie
z. B. die ↑ Völkerfreundschaft oder
den Solidaritätsgedanken, als Garant zu bezeichnen.* das Bündnis der
demokratischen Kräfte ist ein Garant des Fortschritts; die Sowjetunion ist ein Garant der Sicherheit; Garant des Friedens, für den Frieden;
der Sozialismus ist ein Garant der
Völkerverständigung

Garant des Friedens, für den Frieden
Bezeichnung besonders für die ehe-
malige Sowjetunion als militärische
Großmacht, aber auch für die

↑ DDR, die ihrer Politik angesichts
der Lage an der Grenze zwischen den
Blöcken besondere Verdienste bei
der Erhaltung des Friedens in Europa zuschrieb. Dahinter stand gleichzeitig die Absicht, den Bau der
↑ Mauer und alle der Abschottung
dienenden Maßnahmen zu rechtfertigen. Die Bezeichnung war ebenfalls
gebräuchlich für einen sicherheitspo-
litisch bedeutsamen Vertrag, wenn
mindestens ein mit der DDR verbündeter Staat daran beteiligt war.

**gärtnerische Produktionsgenossen-
schaft** ↑ GPG

gastronomische Einrichtung Offiziell
für jede Gaststätte ungeachtet der
Art und des Niveaus.

Gaststättenwettbewerb Von Tageszeitungen organisierte Aktion, bei der
die Leser gebeten wurden, die von ihnen am meisten geschätzte(n) Gast-
stätte(n) mitzuteilen. In Kategorien
(nach der Art der Gaststätte) einge-
teilt, wurde dann die jeweils bestpla-
zierte Gaststätte ermittelt und prämiert. Damit sollte das Gaststätten-
niveau angehoben werden.

Geborgenheit ↑ soziale Geborgenheit

Geburtenbeihilfe Eine anläßlich der
Geburt eines Kindes in mehreren
Raten gezahlte staatliche Unterstüt-
zung in Höhe von insgesamt 1 000
Mark, die als eine der Maßnahmen
zur Geburtenförderung gedacht war.
Die Auszahlung war vom regelmäßi-
gen Besuch der ↑ Schwangeren- und
Mütterberatung abhängig.

geflügelte Jahresendfigur ↑ Jahresendflügelfigur

Gegenplan In der zweiten Hälfte der
siebziger Jahre jährlich auf Druck
der Parteileitung und des übergeordneten ↑ Staatsorgans von der ↑ Leitung eines Betriebes, ↑ Kombinates
aufzustellender ↑ Plan, mit dem die
staatliche ↑ Planauflage überboten

werden sollte. Die Aufstellung von Gegenplänen wurde nach wenigen Jahren eingestellt, weil deutlich wurde, daß keiner der Pläne eine solide Basis hatte oder zusätzliche Initiativen auslöste, sondern nur höhere Verwaltungskosten entstanden. Z.: „Diese Verpflichtungen werden zur Zeit im Gegenplan des Betriebes zusammengefaßt." Tribüne 21.3. 1973, 1

gegenseitige Hilfe ↑ Kasse der gegenseitigen Hilfe

Gegenstände des täglichen Bedarfs /Pl./ ↑ Waren täglicher Bedarf

Gehhilfe, mechanische Umgangssprachlich scherzhaft für den PKW ↑ Trabant.

gehobener Bedarf Offizielle Bezeichnung für all die Waren, die über den ↑ Grundbedarf besonders an Lebensmitteln und Bekleidung hinausgingen oder von höherer Qualität waren. Nach dem heutigen Verständnis entsprachen sie allerdings auch nur dem Durchschnittsniveau. Diese Waren wurden meist in ↑ Delikat- und ↑ Exquisitgeschäften unverhältnismäßig teuer angeboten, um Kaufkraft abzuschöpfen und die Subventionierung in den unteren Preisbereichen in etwa auszugleichen.

Geistesschaffende /vorw. Pl./ Wohlwollen ausdrückende offiziell verwendete Bezeichnung besonders für Schriftsteller, nicht aber für die Geisteswissenschaftler.

geistig-kulturell /Adj.; nur attr./ Zusammenfassende Bezeichnung für alles, was der Entwicklung zur ↑ sozialistischen Persönlichkeit dienlich bzw. ihr gemäß schien. Der Staat legte großen Wert darauf, allen Bürgern den Zugang zu (seinen weltanschaulichen Positionen entsprechender) Kultur und Bildung zu ermöglichen. * das geistig-kulturelle Leben; geistig-kulturelle Bedürfnisse (des Volkes); die ständige Verbesserung des materiellen und geistig-kulturellen Lebensniveaus des Volkes

Geldkarte Offizielle Bezeichnung für eine Bank-Karte, mit der bis zur Höhe des vorhandenen Guthabens an den wenigen Geldautomaten Geld abgehoben und in ausgewählten Geschäften (z. B. in ↑ Centrum-Warenhäusern) bezahlt werden konnte.

Gelenkbus Bus mit Überlänge und drei Achsen, der durch eine im mittleren Bereich eingebaute Drehscheibe und ziehharmonikaähnliche Seitenwände seine Rangierfähigkeit erhielt. S.: Schlenki

gelernter DDR-Bürger Nicht offiziell, scherzhaft bis ironisch verwendete Bezeichnung für den Bürger der ↑ DDR, der gelernt hatte, mit teilweise schwierigen Umständen zu leben und die DDR-spezifischen Probleme zu bewältigen. * als gelernter DDR-Bürger hat, weiß, muß man …

Gemeinschaftsarbeit ↑ sozialistische Zusammenarbeit

Gemeinschaftseinrichtung /vorw. Pl./ Sammelbezeichnung für die v. a. in den Neubaugebieten errichteten, allgemein zugänglichen Gebäude wie Schulen, Kindergärten, ↑ Kaufhallen, Krankenhäuser, Gaststätten, Sportanlagen.

Gemüseboutique ↑ Vitaminbar

Generalauftragnehmer Besonders ein Bau- und Montagekombinat, ein Betrieb des Anlagenbaus, dem als ausführendem Unternehmen ein Investitionsvorhaben in seiner Gesamtheit übertragen wurde und der die Arbeiten aller beteiligten Betriebe koordinierte.

Generaldirektor Oberster staatlicher Leiter eines ↑ Kombinats oder einer ↑ Vereinigung volkseigener Betriebe.

Generalsekretär Bezeichnung für den ranghöchsten ↑ Funktionär der ↑ SED, der vom ↑ ZK für fünf Jahre gewählt wurde. Der Titel ' des ZK der SED' wurde erst 1976 (anstelle der Bezeichnung 'Erster Sekretär des ZK der SED') durch Erich Honecker nach sowjetischem Vorbild eingeführt. Sein Name wurde offiziell ausschließlich in Verbindung mit diesem Titel genannt.

Generalstaatsanwalt /Kurzf. für Generalstaatsanwalt der DDR/ Höchster Vertreter der Anklage in der ↑ DDR, der von der ↑ Volkskammer auf Vorschlag des ↑ Staatsrates gewählt wurde. Der Generalstaatsanwalt der DDR war Leiter aller Staatsanwaltschaften. Der einem Bezirksstaatsanwalt gleichgestellte Leiter der Berliner Staatsanwaltschaft führte traditionell den Titel ´Generalstaatsanwalt von Berlin´.

Genex /o. Art./ Unternehmen im Verantwortungsbereich des Ministeriums für Außenhandel, das von der ↑ DDR mit dem Ziel gegründet wurde, neue Einnahmequellen für ↑ Devisen zu erschließen, indem zollfrei Geschenksendungen über Vertragsfirmen in Kopenhagen und Zürich vermittelt wurden. Bundesbürger bestellten per Katalog als Geschenksendung für einen DDR-Bürger solche ↑ Konsumgüter oder Dienstleistungen, die in der DDR gar nicht (z. B. elektrische Heizgeräte) oder nur mit langen Wartezeiten (z. B. Auto, kurzfristiger Termin für einen Fahrschullehrgang) zu bekommen waren. Diese Waren oder Dienstleistungen mußten in konvertierbaren Devisen bezahlt werden. DDR-Bürgern war der Katalog nicht zugänglich, um sie an einem Vergleich mit dem inländischen Angebot in bezug auf Vielfalt, Qualität und Preis zu hindern, denn der Katalog enthielt viele ausschließlich für den Export bestimmte DDR-Produkte.

Genosse 1. Mitglied der ↑ SED. In Verbindung mit Titel und/oder Namen zwischen SED-Mitgliedern auch als Anrede gebraucht. Mitglieder der ↑ Blockparteien ↑ CDU, ↑ LDPD und ↑ NDPD bezeichneten sich untereinander nicht als Genossen, sondern als ´Parteifreunde´. Die Mitglieder der ↑ DBD verwendeten die Anrede ´Parteikollege´. * Genossinnen

und Genossen!; der Genosse Parteisekretär; die Genossen Eltern; Wo ein Genosse ist, ist die Partei! **2.** Anrede für Angehörige der Polizei, der ↑ NVA, der ↑ Kampfgruppe ungeachtet ihrer Parteizugehörigkeit zur SED, auch als Anrede in Verbindung mit dem Dienstrang. * Genosse Unteroffizier (bei der NVA); Genosse Kämpfer (bei der Kampfgruppe)

Genossenelternversammlung Neben der eigentlichen Elternversammlung angesetzte Zusammenkunft zwischen ↑ Klassenlehrer und denjenigen Eltern von Schülern einer Klasse, die Mitglied der ↑ SED waren. Diese auf Nicht-Genossen konspirativ wirkende Versammlung fand oft unmittelbar vor dem eigentlichen Elternabend, meist im Vorfeld von Wahlen zum ↑ Elternaktiv und ↑ Elternbeirat statt. Sie hatte u. a. das Ziel, aus dem Kreis der SED-Mitglieder ausreichend viele Kandidaten für eines dieser Gremien auszuwählen, um den Anteil parteiloser Eltern möglichst gering zu halten.

Genossenschaft In Anknüpfung an die rechtliche Form des bereits seit Jahrzehnten in Deutschland existierenden Genossenschaftswesens wurden in der ↑ DDR für bestimmte Zwecke besondere Genossenschaften zugelassen und oftmals durch spezielle Gesetze geregelt. Mehr als eine Million Mitglieder zählten die ↑ Konsumgenossenschaften, in denen jedermann Mitglied werden konnte. Ebenfalls hunderttausende Mitglieder hatten die Arbeiterwohnungsbaugenossenschaften (↑ AWG), die ihre Mitglieder durch Wohnungsneubau mit Wohnungen versorgten. Produktionsgenossenschaften hatten das Ziel, die ehemals selbständigen Handwerker (in ↑ PGH), Bauern (in ↑ LPG), Gärtner (in ↑ GPG), Fischer (in FPG) in planwirtschaftlich lenkbare Betriebe einzugliedern. Handwerker und kleine Gewerbetreibende bedienten sich der Einkaufs-

und Liefergenossenschaften (ELG).
Landwirtschaftsbetriebe und Bauern
wurden Mitglied von bäuerlichen
Handelsgenossenschaften (↑ BHG),
↑ Meliorationsgenossenschaften,
Molkereigenossenschaften (MOG)
und Zwischengenossenschaftlichen
Bauorganisationen (ZGO), um be-
stimmte Produkte und Dienstleistun-
gen zu erhalten. Je nach Gesetz oder
Statut hatten die Mitglieder, die auf
Beschluß der Mitgliederversamm-
lung oder des Vorstandes aufgenom-
men wurden, finanzielle Einlagen,
Sacheinbringungen (z. B. Boden,
Vieh, Fischkutter) oder Arbeitslei-
stungen (v. a. für die ↑ AWG) zu er-
bringen.
Z.: „... gaben allen einen genauen
Überblick über den Stand der Planerfüllung in der Genossenschaft."
ND 1.7.1970, 1
Genossenschaftler Mitglied einer ↑ Genossenschaft.
Genossenschaftsbauer Mitglied einer
↑ LPG. Dazu auch: Genossenschafts-
bäuerin
Z.: „Bilanz über die Ergebnisse ihrer
Arbeit in den ersten sechs Monaten
dieses Jahres ziehen die Genossen-
schaftsbäuerinnen und -bauern unserer Republik." ND 1.7.1970, 1
Genossenschaftswohnung ↑ AWG-Wohnung
-geschosser Als Grundwort in Verbindung mit bestimmten Zahlwörtern
ab fünf zur Bezeichnung der auch
nach der Anzahl der Etagen standar-
disierten Plattenneubauten. Gebräuchlich waren Verbindungen wie:
Fünf-, Sechs-, ↑ Elf-, Zwanzig-
geschützt /Adj.; vorw. attr./ Für geistig
und/oder körperlich Behinderte eingerichtet und mit der Betreuung
durch geschultes Personal verbunden. * geschützte Arbeit; geschützter
Arbeitsplatz; geschützte Werkstätten; geschütztes Wohnen
Gesellschaft 1. ↑ Gesellschaftsformation

2. Nach marxistisch-leninistischer
Auffassung eine Gemeinschaft von
Menschen, zwischen denen bestimmte, durch den Charakter der ↑ Gesellschaftsformation geprägte soziale
Beziehungen bestehen, die die Menschen miteinander eingehen. Als die
grundlegenden Beziehungen werden
die materiellen bezeichnet, denen bestimmte Organisationsformen entsprechen. Letztlich verbarg sich dahinter der Staat, dessen Interessen
nach herrschender Auffassung mit
denen des einzelnen Bürgers objektiv
übereinstimmten. * die, unsere sozialistische Gesellschaft; der Aufbau,
die Entwicklung der sozialistischen
Gesellschaft
**Gesellschaft für deutsch-sowjetische
Freundschaft** ↑ DSF
Gesellschaft für Sport und Technik
/Kurzf.: GST/ ↑ Massenorganisation
für die ↑ vormilitärische und wehrsportliche Ausbildung der Jugendlichen, die auch Bestandteil des allgemeinen ↑ Lehrplanes war, denn
männliche Lehrlinge, Abiturienten
und Studenten waren gezwungen, einen mehrwöchigen vormilitärischen
Lehrgang (Mädchen einen für ↑ Zivilverteidigung) zu absolvieren. Eine
Mitgliedschaft in dieser Gesellschaft
war damit nicht verbunden. Mitglieder waren vor allem solche Jugendlichen, die sich zu einer längeren Lauf-
bahn bei der ↑ NVA verpflichten
wollten und hier eine vorbereitende
Ausbildung erhielten. Sie war inso-
fern einzigartig, als kostenlos der
Führerschein für Motorrad und
LKW erworben und überhaupt nur
hier Fallschirmspringen und Segel-
fliegen betrieben werden konnte.
gesellschaftlich Die Gesellschaft betreffend, im Dienste der ↑ Gesellschaft, was in der Regel bedeutete
den Staat betreffend, im Dienste des
Staates und seiner Organe. Adverbial
gebraucht in Verbindungen wie: * gesellschaftlich aktiv, tätig sein; gesellschaftlich nützliche Arbeit; attributiv

besonders in Verbindungen termino-
logischen Charakters, wie: ↑ gesellschaftliche Fonds, ↑ gesellschaftliche
Gerichte

gesellschaftliche Aktivitäten /Pl./ Sammelbezeichnung für alles, was sich
propagandistisch als Einsatz des
Bürgers für die ↑ Gesellschaft inter-
pretieren ließ. Das konnte die Mitgliedschaft in einer Partei, die Mitarbeit in einer Organisation im Betrieb,
in der Freizeit, die Beteiligung an den
„Wahlen", aber auch nur die Grün-
pflege vor dem Mietshaus sein. Gesellschaftliche Aktivitäten spielten
bei einer Beurteilung eine wichtige
Rolle und konnten den Ausschlag
geben bei der Vergabe eines Ausbil-
dungs- oder Arbeitsplatzes, denn an
ihnen wurde die Haltung zum Staat
gemessen.

gesellschaftliche Arbeit, Tätigkeit Arbeit, die in der Regel neben der eigentlichen Berufstätigkeit oft ehrenamtlich geleistet wurde. Sie galt von
offizieller Seite als (O-Ton:) ʻnützlich
für die sozialistische Gesellschaft',
betraf aber durchaus nicht nur poli-
tisch-propagandistische Aufgaben,
sondern Tätigkeiten in verschiedenen
Bereichen (wie z. B. Leitung einer
künstlerischen Arbeitsgemeinschaft,
Mitarbeit in einer Elternvertretung,
einer ↑ Schiedskommission), die
durch die Gewährung von Freistellungen während der Arbeitszeit und
eines gesetzlichen Unfallschutzes der
Berufstätigkeit faktisch gleichgestellt
wurden. Z.: „Der Schlüssel zur weiteren Verbesserung des materiellen und kulturellen Lebensniveaus ist die Steigerung der Effektivität der gesellschaftlichen Arbeit. Uns ist klar, daß wir
nur wachsen können, was wir
produzieren. (Erich Honnecker auf
der Festveranstaltung zum 25. Jahrestag der DDR)." Neuer Weg 1/
1975, 39

gesellschaftliche Fonds /Pl./ Alle finanziellen Mittel, die der Staat aufgrund

gesetzlicher Regelungen für soziale
und kulturelle Belange aufbrachte,
z. B. Subventionierung der Preise für
Grundnahrungsmittel, Mieten und
Tarife, Ausgaben für Bildung und
medizinische Betreuung, Renten, Stipendien, Kindergeld.

gesellschaftliche Gerichte /Pl./ Sammelbezeichnung für die große Anzahl
der Gerichte, die ausschließlich mit
gewählten, ehrenamtlich tätigen Lai-
en besetzt waren und die in Betrieben
und Institutionen als ↑ Konfliktkommission, in den ↑ Wohngebieten
sowie ↑ LPG, ↑ GPG und ↑ PGH
als ↑ Schiedskommission bezeichnet
wurden. Sie entschieden in Arbeitsrechtsstreitigkeiten sowie in geringfügigen Fällen des Zivil- und Strafrechts. Die gesellschaftlichen Gerichte bezogen sehr viele Menschen in die
aktive Rechtssprechung ein und ent-
lasteten vor allem die ↑ Kreisgerichte
erheblich.

gesellschaftliche Interessen /Pl./ Nach
marxistisch-leninistischer Auffassung
die Interessen von Klassen, die sich
voneinander dadurch unterscheiden,
ob sie Produktionsmittel besitzen
oder nicht. Da im ↑ Sozialismus das
Privateigentum an Produktionsmitteln fast völlig abgeschafft war, wurde daraus gefolgert, daß es keine
unterschiedlichen Klasseninteressen
mehr gäbe, sondern alle Menschen
die gleichen gesellschaftlichen Interessen hätten, die auf die Entwicklung
der sozialistischen ↑ Produktion gerichtet seien. Nur so könnte auch den
persönlichen Interessen der Menschen, die (O-Ton:) ʻimmer bessere
Befriedigung ihrer materiellen und
geistig-kulturellen Bedürfnisse', entsprochen werden.

gesellschaftlicher Ankläger Meist aus
dem Kollegenkreis eines Angeklagten stammende Person, die bei einem
Strafverfahren vor Gericht im Sinne
der Anklage eine im Kreis der Arbeitskollegen vorgenommene Charakterisierung der Persönlichkeit des

Angeklagten sowie eine Einschätzung seiner Tat im Auftrag des Arbeitskollektivs vortrug. Er galt als unabhängiger Prozeßbeteiligter und konnte selbst Fragen an Zeugen und Sachverständige richten sowie eigene Anträge zur Prozeßführung stellen.

gesellschaftlicher Bedarfsträger /vorw. Pl./ Jeder Abnehmer, der nicht für den ↑ privaten Verbrauch kaufte, wie z. B. ein Betrieb, eine Institution, eine Schule. Er durfte Waren nur in bestimmten Geschäften oder beim Großhandel kaufen, um die ohnehin bestehenden Sortimentslücken im Einzelhandel nicht noch weiter zu vergrößern. Diese Regelung wurde vielfach dadurch unterlaufen, daß eine Privatperson beauftragt wurde, die Ware (es handelte sich besonders um ↑ hochwertige ↑ Konsumgüter wie z. B. Möbel) im Einzelhandel zu kaufen und dann an den Betrieb weiterzuveräußern.

gesellschaftlicher Rat 1. Gremium, das sich aus Vertretern der Universität bzw. ↑ Hochschule, von Betrieben und des ↑ Staatsapparates zusammensetzte und die Aufgabe hatte, den Rektor einer Universität bzw. Hochschule in bezug auf eine effektive Verbindung zwischen Forschung und Praxis zu beraten. **2.** Nur bis 1971 in einer ↑ VVB tätiges Gremium, das sich aus Vertretern des ↑ Staatsapparates, des ↑ FDGB und aus wissenschaftlichen Einrichtungen zusammensetzte und die Aufgabe hatte, den ↑ Generaldirektor zu beraten.

gesellschaftlicher Verteidiger Meist aus dem Kollegenkreis eines Angeklagten stammende Person, die bei einem Strafverfahren vor Gericht im Sinne der Verteidigung eine im Kreis der Arbeitskollegen vorgenommene Charakterisierung der Persönlichkeit des Angeklagten sowie eine Einschätzung seiner Tat im Auftrag des ↑ Kollektivs vortrug. Wenn das Arbeitskollektiv die Übernahme einer ↑ Bürgschaft (1) anbot, konnte das zur Aussetzung der Strafe führen. Der gesellschaftliche Verteidiger galt als unabhängiger Prozeßbeteiligter und konnte selbst Fragen an Zeugen und Sachverständige richten sowie eigene Anträge zur Prozeßführung stellen.

gesellschaftliches Bewußtsein Nach marxistisch-leninistischer Auffassung die Gesamtheit des geistigen Lebens, der politischen, philosophischen, moralischen und juristischen Anschauungen und Auffassungen einer ↑ Gesellschaft, die gemäß der ↑ materialistischen Beantwortung der Grundfrage der ↑ Philosophie vom materiellen Sein, von den materiellen gesellschaftlichen Verhältnissen bestimmt wird. Laut Aussage der ↑ SED entwickelte sich in der ↑ DDR als Ausdruck der neuen gesellschaftlichen Verhältnisse ein sozialistisches Bewußtsein, dessen Ausbreitung die SED aber nicht sich selbst überlassen wollte, sondern massiv ↑ ideologisch zu beeinflussen suchte. Vgl. auch: Bewußtsein (2)

gesellschaftliches Eigentum Nach marxistisch-leninistischer Auffassung eine sozialökonomische Kategorie, die nur die Urgesellschaft und den ↑ Sozialismus/↑ Kommunismus betrifft, weil darunter das Eigentum an Produktionsmitteln verstanden wird, das der ↑ Gesellschaft, dem Volk insgesamt gehört, wodurch die Ausbeutung des Menschen durch den Menschen gegenstandslos wird. Das gesellschaftliche Eigentum existierte in der ↑ DDR unter der Bezeichnung ↑ Volkseigentum. Nach der großen Verstaatlichungswelle mittelständischer Betriebe im Jahre 1972 schrumpfte der Anteil ↑ privater Produktionsmittel auf wenige Prozent. Das Eigentum des einzelnen Bürgers an Geld, Grundbesitz, Konsumgütern und Wertsachen wurde offiziell als persönliches Eigentum und nur umgangssprachlich als Privateigentum bezeichnet, weil nach herrschender Auffassung der Begriff des Privateigentums mit dem Besitz an Produktionsmitteln (insb. im Feudalismus und ↑ Kapitalismus) besetzt war.

gesellschaftliches Gesamtprodukt Dem Bruttosozialprodukt nur sehr bedingt vergleichbare Gesamtheit der in einem bestimmten Zeitraum, meist einem Jahr, in der ↑ Volkswirtschaft produzierten materiellen Werte. Der gesamte Dienstleistungsbereich, der dem nichtmateriellen Bereich zugerechnet wurde (z. B. das Gesundheitswesen), fand dabei keine Berücksichtigung. Vgl. auch: Bruttoprodukt

Gesellschaftsbauten /Pl./ Offizielle Bezeichnung zu planender Gebäude, deren Herstellung öffentlichen Zwecken dienen sollte, wie Betriebe, Krankenhäuser, Verwaltungsbauten, Kaufhäuser, Theater, Schulen.

Gesellschaftsformation Termius der marxistisch-leninistischern ↑ Gesellschaftswissenschaften, der eine ↑ Gesellschaftsordnung charakterisieren sollte. Nach dieser Auffassung unterschieden sich gesellschaftliche Ordnungen durch den Charakter der ↑ Produktionsverhältnisse und dem ihnen entsprechenden Stand der ↑ Produktivkräfte.

Gesellschaftsordnung Sozial-politische Verhältnisse innerhalb einer ↑ Gesellschaftsformation.

Gesellschaftswissenschaften /Kurzf.: Gewi/ Wissenschaftsdisziplinen, die (O-Ton:) ʿdie verschiedenen Seiten des gesellschaftlichen Lebens untersuchenʾ. Dazu gehörten nicht nur Ökonomie, Rechtswissenschaft oder Soziologie, sondern auch z. B. Literatur-, Kunst- und Sprachwissenschaften. Die statt Geistes- und Sozialwissenschaften gebrauchte Bezeichnung wurde in der ↑ DDR nicht neu geprägt, sondern schon Anfang unseres Jahrhunderts in bezug auf die Kulturwissenschaften verwendet.

gesellschaftswissenschaftliches Grundstudium An allen Universitäten, ↑ Hoch- und Fachschulen drei Jahre neben dem eigentlichen Studium betriebenes obligatorisches Studium der Grundlagen des ↑ Marxismus-Leninismus, wobei in den drei, jeweils ein Jahr lang gelehrten Teilbereichen ʿDialektischer und historischer Materialismusʾ, ʿPolitische Ökonomie des Kapitalismus und Sozialismusʾ und ʿWissenschaftlicher Kommunismusʾ neben philosophischen und ökonomischen Fragen besonders auch die ʿGeschichte der Arbeiterbewegungʾ und aktuelle politische Fragen behandelt wurden.

Gesetzbuch der Arbeit 1961 in Kraft getretenes, mehrfach überarbeitetes und 1978 durch das ↑ Arbeitsgesetzbuch abgelöstes Gesetzeswerk, das für die Arbeitsrechtsverhältnisse aller Arbeiter und Angestellten Geltung hatte und von den vorhandenen Mitbestimmungsmöglichkeiten über Arbeitszeitfestlegungen, Urlaubszeitregelungen bis zu den besonderen Förderungsmaßnahmen für berufstätige Frauen und Jugendliche alle Fragen des Arbeitsrechts grundsätzlich behandelte. Ungeachtet vieler systematischer und gesetzestechnischer Schwächen war es das erste deutschsprachige Gesetzbuch, in dem speziell das Arbeitsrecht zusammenfassend und in verständlicher Sprache geregelt wurde.

Gestattungsproduktion Herstellung von Waren mit Hilfe westlicher Lizenzen, oftmals auf westlichen Maschinen mit westlichem Material in der ↑ DDR, die dann auch dort unter den entsprechenden Markennamen (z. B. Salamander) besonders in ↑ Exquisit-, ↑ Delikatgeschäften oder ↑ Intershops verkauft wurden. Die DDR konnte auf diese Weise ↑ Devisen für den ↑ Import von Konsumgütern sparen, denn sie bezahlte Lizenzen, Maschinen und Rohstoffe mit einem Teil der produzierten Ware.

Gesundheitshelfer Person, die durch eine Ausbildung beim Deutschen Roten Kreuz der ↑ DDR in der Lage war, nebenberuflich in Betrieben, ↑ Ferienlagern, auf großen Bahnhöfen und bei Großveranstaltungen Erste Hilfe zu leisten.

Getränkestützpunkt Geschäft, in dem ausschließlich Getränke verkauft wurden.

Gewerkschaft ↑ FDGB

Gewerkschaftsbibliothek Bibliothek in einem Betrieb, die vom ↑ FDGB unterhalten wurde. Das Ausleihangebot wurde oft durch einen Buchverkauf ergänzt.

Gewerkschaftsvertrauensmann /Pl.: -leute; Kurzf.: Vertrauensmann, -leute/ Von einer Gewerkschaftsgruppe gewählter ehrenamtlich tätiger Vertreter, der gegenüber der staatlichen Leitung und den übergeordneten FDGB-Gremien die Interessen der Arbeitskollegen vertrat und sich offiziell zu betrieblichen Festlegungen (z. B. Arbeitszeitregelungen) äußern konnte. Dazu auch: Gewerkschaftsvertrauensfrau /Kurzf.: Vertrauensfrau/

Gewi /Kurzf. für Gesellschaftswissenschaften/ Wurde nur umgangssprachlich gebraucht.

Globalstrategie Propagandistisches Schlagwort, besonders für die Politik der USA, deren Ziel es gewesen sei, ihren weltweiten Machtanspruch nach innen und nach außen durchzusetzen.

GO ↑ Grundorganisation

Goldbroiler ↑ Broiler

Goldene Eins /Sg.; mit best. Art./ Abzeichen, das jüngeren Schulkindern dafür verliehen wurde, daß sie gute Kenntnisse im Straßenverkehr in einem Quiz nachwiesen. * die Goldene Eins machen, haben

Goldene Hausnummer Ein neben der eigentlichen Hausnummer befestigtes Nummernschild aus geprägtem goldfarbenem Blech, das als Auszeichnung an die Bewohner eines Hauses vergeben wurde, die sich erfolgreich an einem Wettbewerb um ein schönes Wohnumfeld beteiligt hatten und z. B. ihre Vorgärten regelmäßig pflegten. Der Wettbewerb wurde vom örtlichen ↑ Rat der Stadt bzw. Gemeinde mit Unterstützung der ↑ Nationalen Front durchgeführt und in der lokalen Presse ausgewertet.

Gothaplast /Sg./ Handelsname für das in Gotha (Thüringen) hergestellte Wund- und Heftpflaster.

GPG /Kurzf. für Gärtnerische Produktionsgenossenschaft/ ↑ Genossenschaft, deren Mitglieder ursprünglich als selbständige Gärtner Obstbau betrieben, Blumen und Feingemüse anbauten und ihre Produkte − sofern diese nicht in Hotels und Gaststätten bzw. in den Export (besonders nach Westberlin) gingen − auch in eigenen Geschäften verkauften. Vgl. auch: Genossenschaft

die entscheidenden drei **Gramm** am Revers Vom Volke geprägte Bezeichnung für das ↑ Parteiabzeichen der ↑ SED.

Grenz- Offiziell gebrauchtes Bestimmungswort, das in Zusammensetzungen mit Substantiven die Grenzbefestigungen der ↑ DDR gegenüber der Bundesrepublik bzw. Westberlin betraf. Gebräuchlich waren Zusammensetzungen wie: ↑ -gebiet, ↑ -soldat, -sperranlagen /Pl./, ↑ -truppen der DDR /Pl./, ↑ -verletzer

Grenzer Umgangssprachlich für Grenzsoldat, Angehöriger der ↑ Grenztruppen der DDR.

Grenzgebiet Bis zu fünf Kilometer breiter Streifen entlang der Grenze zur Bundesrepublik und Westberlin. Es bestand aus einem bis zu fünfhundert Meter breiten abgeriegelten Sperrgebiet, das überhaupt nicht betreten werden durfte. Daran schloß sich ein relativ großes Gebiet an, in dem die Menschen zwar wohnen durften, aber starken Reglementierungen und Kontrollen unterworfen wurden. So mußte jeder Besucher, selbst der Hausarzt, eine vorher erteilte polizeiliche Aufenthaltsgenehmigung bei sich führen.

grenzmündig Umgangssprachlich für die Möglichkeit, die Staatsgrenze der DDR mit Genehmigung der zuständigen Behörden legal zu überschreiten. Die ↑ Ausreisegenehmigung bekamen DDR-Bürger zu familiären Feiern (z. B. achtzigster Geburtstag eines im ↑ Westen lebenden Verwandten), wenn sie ↑ Reisekader oder Rentner (Frauen ab sechzig, Männer ab fünfundsechzig Jahren) waren.

Grenzregime Offizielle Bezeichnung für alle die Grenzsicherung betreffenden Anordnungen und Maßnahmen.

Grenzsoldat Im offiziellen Sprachgebrauch für einen Soldaten oder Unteroffizier der ↑ Grenztruppen der DDR, der an der Staatsgrenze Dienst tat. Grenzsoldaten erhielten etwas mehr Sold und Urlaub als die Soldaten der ↑ NVA. An der Grenze wurden nur vorher überprüfte, als zuverlässig geltende Soldaten ohne ↑ private Westkontakte eingesetzt. Z.: „Die Delegation der Nationalversammlung der DRV besuchte am Donnerstagvormittag die Grenzsoldaten der DDR am Brandenburger Tor." ND 10.7.1970, S. 2

Grenztruppen der DDR /Pl./ Abteilung der Streitkräfte, die nach offizieller Lesart die Aufgabe hatte, die Staatsgrenze gegen alle Angriffe, vor allem (O-Ton:) ʼgegen imperialistische Anschlägeʼ, zu verteidigen und ↑ Ordnung und ↑ Sicherheit an der Grenze zu gewährleisten. Gemeint war dabei immer die Grenze zur Bundesrepublik bzw. rund um Westberlin.

Grenztruppenhelfer Im ↑ Grenzgebiet eingesetzte, häufig dort auch ansässige Person, die als Helfer der ↑ Grenztruppen der DDR mit der Überwa-

chung des grenznahen Raumes, der Kontrolle und Festnahme von sich dort befindenden verdächtigen Personen oder ↑ Grenzverletzern befaßt war. Die Grenztruppenhelfer trugen keine Uniform.

Grenzverletzer Im offiziellen Sprachgebrauch eine Person, die unerlaubt die Sperranlagen an der Staatsgrenze zu überwinden suchte. Die Flucht bzw. der Fluchtversuch durch DDR-Bürger wurde offiziell fast nie bekanntgemacht, eine Grenzverletzung von westlicher Seite war dagegen willkommener Anlaß für die Rechtfertigung der Grenze.

Grillette *auch* **Grilletta** Bezeichnung für den im ↑ Westen üblichen ʼHamburgerʼ, aber ohne Salatblatt, Tomate und Gurke.

Grisuten Handelsname für in der ↑ DDR hergestellte, Diolen und Trevira vergleichbare Polyesterfaserstoffe.

Große sozialistische Oktoberrevolution /nach russ. Vorbild/ Offizielle Bezeichnung für die Revolution, die 1917 in Rußland stattgefunden und nach Auffassung des ↑ Leninismus als erste erfolgreiche proletarische Revolution eine neue historische Epoche eingeleitet hatte. Z.: „Zum 71. Jahrestag der Großen Sozialistischen Oktoberrevolution übermitteln wir Ihnen, dem ZK der KPdSU, dem Präsidium des Obersten Sowjets, dem Ministerrat der UdSSR und dem Sowjetvolk herzliche Glückwünsche und brüderliche Grüße des ZK." JW 7.11.1988, 1 in **Größenordnungen** /der Bezugsgröße nachgestellt und damit diese betonend/ Im offiziellen Sprachgebrauch im Sinne von in sehr großer Zahl oder Menge.* Umstrukturierungen, Warenlieferungen, Erfolge, Schäden in Größenordnungen

großer Bruder Vom Volke geprägte Bezeichnung für die Sowjetunion.

Großhandelsgesellschaft Großhandelsbetrieb, der die Verbindung zwischen

Produzent und ↑ Einzelhandelsbetrieb herstellte, wobei Liefertermine und Art der gelieferten Waren nicht vom Bedarf der ↑ Verkaufsstelle, sondern von Hersteller- und Transportkapazitäten sowie zentralen ↑ Vorgaben (z. B. wurden zum ↑ Parteitag und zu Wahlen ↑ Bananen ausgeliefert) abhängig waren.

Grundbedarf ↑ Waren des Grundbedarfs

Grundeinheit ↑ Grundorganisation

Grundfonds /Pl./ In der Wirtschaft verwendetes Wort für die Gesamtheit des Wertes der Grundmittel, das heißt von Gebäuden, Maschinen und Anlagen.

Grundorganisation /Kurzf.: GO/ Kleinste organisatorische Einheit, besonders in ↑ SED, ↑ FDGB und ↑ FDJ, deren Entscheidungsgremium die Mitgliederversammlung war. Grundorganisation der SED war die ↑ Partcigruppe, die des FDGB die Gewerkschaftsgruppe, die der FDJ die FDJ-Gruppe.

Grundstudium ↑ gesellschaftswissenschaftliches Grundstudium

Grundversorgung Offiziell gebraucht für das Versorgungsniveau besonders auf allgemeinmedizinischem, aber auch auf kulturellem Gebiet, das jedem Bürger jederzeit zugestanden werden sollte.

Grundwiderspruch des Kapitalismus Nach marxistisch-leninistischer Auffassung der unlösbare und typische Widerspruch in der kapitalistischen ↑ Gesellschaft, daß zwar gesellschaftlich produziert wird, daß sich aber nur wenige, nämlich die Eigentümer

der Produktionsmittel, die Werte dieser Arbeit aneignen.

grüner Pfeil Für einen flüssigen Verkehrsablauf seitlich an der Ampel angebrachter (nicht aufleuchtender) grüner, nach rechts weisender Pfeil auf schwarzem Grund, der dem Autofahrer erlaubte, trotz roter Ampelregelung nach rechts abzubiegen, wenn keine bevorrechtigten Fahrzeuge und Fußgänger dabei behindert oder gefährdet wurden.

Gruppenrat Von den ↑ Pionieren einer Klasse gewählte Vertretung, die bestimmte, u. a. propagandistische Aufgaben hatte, z. B. die Gestaltung von ↑ Wandzeitungen, die Vorbereitung von Pioniernachmittagen.

Gruppenratsvorsitzender Vorsitzender des ↑ Gruppenrats, den die ↑ Pioniergruppe gewählt hatte, weil er ein guter Schüler und gesellschaftlich aktiv war.

Guck und Greif Vom Volke geprägte Bezeichnung für ↑ Ministerium für Staatssicherheit.

GST ↑ Gesellschaft für Sport und Technik

Gummiadler Umgangssprachlich scherzhaft für ↑ Broiler bzw. Brathähnchen, das gar nicht unbedingt zäh sein mußte.

Gütezeichen Signum, das auf Antrag des Herstellers nach Prüfung seines Produkts vom Amt für Standardisierung, Meßwesen und Warenprüfung verliehen werden konnte. Gütezeichen 1 wurde (bis 1983) guten Erzeugnissen, Gütezeichen Q für Erzeugnisse mit hervorragender Qualität, die nach der Einschätzung der ↑ DDR über dem Durchschnitt des Weltmarktes lagen, vergeben.

H

halbstaatlicher Betrieb Nicht offiziell für ↑ Betrieb mit staatlicher Beteiligung.

Halle Umgangssprachlich für ↑ Kaufhalle.

Ham wa nich! Berlinisch für häufige, lustlos erteilte Antwort auf die Standardfrage des Kunden: „Haben Sie ...?" ‚Ham wa nich' bedeutete soviel wie: Dieses Produkt ist leider nicht im Angebot. Wir wissen auch nicht, ob und wann es wieder geliefert wird. Galt als Inbegriff für landesweit schlechte Versorgung mit Waren aller Art und eine ebensolche Bedienung. W.: Ein etwa 75 jähriger fragt in einem Fleischerladen die Verkäuferin: „Haben Sie Rinderfilet?" – „Ham wa nich!" „Haben Sie ungarische Salami?" „Ham wa nich!" „Haben Sie Schinken?" „Ham wa nich!" Der ältere Herr verläßt den Laden, eine junge Frau, ebenfalls Kundin, schaut ihm hinterher und sagt zu der Verkäuferin: „Toll was, so alt, und noch so ein Gedächtnis!"

Handapparat Bücher, die in einer Bibliothek zur unmittelbaren Benutzung bereitstanden, aber nicht entliehen werden durften.

die zwei abgehackten Hände Vom Volke geprägte Bezeichnung für das ↑ Parteiabzeichen der SED.

Handelsorganisation ↑ HO

Hans-Beimler-Wettkämpfe /Pl./ Zu Ehren des im spanischen Bürgerkrieg gefallenen Kommunisten Hans Beimler seit 1967 im Rahmen des ↑ Wehrkundeunterrichts an den Schulen durchgeführter Wettkampf, an dem alle Mädchen und Jungen der Klassen 8 bis 10 teilnehmen mußten. Er wurde von der ↑ FDJ und der ↑ GST ausgerichtet und bestand z. B. aus einem 25-km-Geländemarsch und einem 3 000-m-Geländelauf, bei dem auch Schießübungen absolviert und Handgranatenattrappen geworfen wurden. Die ↑ ZV führte begleitend eine militärpolitische Schulung durch.

Hartbrandwichtel Offizielle Bezeichnung für Gartenzwerg. Vgl. auch: Jahresendflügelfigur

Hauptaufgabe /Pl. ungebr./ Seit dem VIII. ↑ Parteitag der SED im Jahr 1971 (Amtsantritt E. Honeckers) von offizieller Seite besonders strapaziertes Wort, das eine neue Wirtschaftspolitik ankündigen sollte. Mit der beabsichtigten Umstrukturierung zu einer effektiveren Wirtschaft wollte man gleichzeitig auch den Lebensstandard der Bevölkerung verbessern. Vgl. auch: Einheit von Wirtschafts- und Sozialpolitik Z.: „Gestützt auf wachsende ökonomische Leistungen, ist im Zeitraum bis 1985 die Hauptaufgabe in ihrer Einheit von Wirtschafts- und Sozialpolitik zielstrebig weiterzuführen." Direktive X. Parteitag, S. 14

Hauptkampffeld Im offiziellen Sprachgebrauch der Bereich, den die ↑ SED in ihrer Politik besonders betont wissen wollte, weil sie sich davon eine spezielle Wirkung auf die Bevölkerung versprach. Als Hauptkampffeld für alle Staatsbürger und vor allem die Parteimitglieder wurde die Stärkung der Wirtschaftskraft (O-Ton:) ‚im Ringen der Systeme, der weltweiten Klassenauseinandersetzung' definiert. Die SED ließ erkennen, daß sie den zunehmenden Unmut der Bevölkerung über die wirtschaftliche Entwicklung ernst nahm. Dies hinderte sie jedoch nicht, Investitionen vor allem im militärischen Bereich und der staatlichen Verwaltung vorzunehmen. Deshalb erlangte die These vom Hauptkampffeld nie Glaubwürdigkeit.

Z.: „Unser Hauptkampffeld ist die Einheit von Wirtschafts- und Sozialpolitik. Wir sind dafür, diesen Kurs fortzuführen." E. Honecker, XI. Parteitag 1986, S. 26

Hauptstadt /o. Pl.; mit best. Art./ Anders als die offiziell übliche Verbindung – Berlin, Hauptstadt der DDR – ist 'die Hauptstadt' von den DDR-Bürgern, außer den Ostberlinern, besonders aber von den Sachsen, mündlich als emotional negativ besetztes Synonym zu Ostberlin gebraucht worden. Zu dieser Haltung trug vor allem bei, daß Ostberlin als politisches Zentrum in vieler Hinsicht bevorzugt wurde, z. B. bei der Versorgung mit Obst und Gemüse, Autos oder Wohnungen. * „Ihr, in der Hauptstadt, könnt gar nicht mitreden!"; „Na, wie geht's denn der Hauptstadt?"

Hauptstadt der DDR *auch* **Berlin, (die) Hauptstadt der DDR** Offizielle Bezeichnung für Ostberlin.

Z.: „Die Hauptstadt der DDR, Berlin, ist als politisches, wirtschaftliches und geistig-kulturelles Zentrum der sozialistischen DDR weiter auszugestalten." X. Parteitag der SED, S. 16

Haus /o. Pl.; in Verbindung mit nachgestelltem Genitivattribut/ Zentrales öffentliches Gebäude mit unterschiedlichen Funktionen. Gebräuchlich waren Verbindungen wie: Haus der Dienste (Gebäude, in dem hauswirtschaftliche Dienstleistungen angeboten wurden und in dem sich ein Friseur, eine Post und ein Blumenladen befanden); Haus der Gesundheit (↑ Poliklinik); Haus des Kindes (Warenhaus für Kinderbekleidung); Haus der Kultur (Gebäude, in dem kulturelle Veranstaltungen stattfanden); Haus des Lehrers (Gebäude in einer Bezirksstadt, in dem Weiterbildungsveranstaltungen für Lehrer und Elternvertreter stattfanden und das eine öffentlich zugängliche Bibliothek und Gaststätte hatte).

Hausarbeitstag Offizielle Bezeichnung für einen bezahlten arbeitsfreien Tag im Monat, der jeder voll berufstätigen Frau, die eine Familie zu versorgen hatte oder mindestens 40 Jahre alt war, zur Erledigung häuslicher Arbeiten rechtlich zustand und der auch alleinstehenden Vätern mit Kindern – allerdings ohne Rechtsanspruch – gewährt wurde. S.: Haushaltstag

Hausbuch In jedem Haus mit mehreren Haushalten gemäß Meldeordnung von einem Hausbuchbeauftragten (meist dem ↑ Hausvertrauensmann) auf Weisung der Polizei geführtes Heft, in das die persönlichen Daten aller Bewohner (z. B. Geburtsdatum, Familienstand, Beruf) eingetragen wurden. Außerdem wurden auch die Daten aller übernachtenden ausländischen Gäste sowie inländischen Besucher, die sich mehr als drei Tage im Haus aufhielten, registriert.

Hausfrauenbrigade Gruppe von nicht berufstätigen Frauen, die freiwillig und nur gelegentlich in der Industrie oder bei der Ernte aushalfen. Die Bildung dieser ↑ Brigaden ging auf eine ↑ Initiative des ↑ DFD zurück, der auch dazu beitragen wollte, Frauen in die Berufstätigkeit zu führen.

Hausgemeinschaft Die Gemeinschaft der Bewohner eines Mietshauses, die nicht zuletzt wegen der politischen Beeinflussung auch im Freizeitbereich von staatlicher Seite als wichtige Form des Zusammenlebens der Bürger im ↑ Wohngebiet gefordert wurde. Besonders in den fünfziger und sechziger Jahren ist auf Hausversammlungen politisch agitiert worden, aber auch später wurde – mit abnehmender Tendenz – zu gemeinsamen Arbeitseinsätzen (↑ Subbotniks), zum gemeinsamen Gang zur Wahl oder Beflaggen aller Wohnungen zum 1. Mai und zum 7. Oktober aufgefordert. Tatsächlich bewiesen Hausgemeinschaften vielerorts Gemeinsinn, wenn sie − meist aus wirklicher Einsicht in die Notwendigkeit − unter der Leitung der ↑ HGL in Arbeitseinsätzen selbst Haus und Wohnumfeld verschönerten, wenn sie Nachbarschaftshilfe leisteten und Gesellichkeit pflegten. In den achtziger Jahren versuchte der Staat über die Presse und durch Wettbewerbe (z. B. Verleihung der ↑ Goldenen Hausnummer) die Aktivitäten der Hausgemeinschaften anzuregen.

Hausgemeinschaftsleitung ↑ HGL

Haushaltschemie Offizielle Bezeichnung für die im Haushalt verwendeten Reinigungs- und Pflegemittel sowie Kosmetika, die auch zur Kennzeichnung des betreffenden Sortiments im Einzelhandel gebräuchlich war.

Haushaltstag Umgangssprachlich für ↑ Hausarbeitstag.

Hausvertrauensmann /Pl.: -leute/ Offizielle Bezeichnung für einen Mieter oder eine Mieterin, der/die den Vorsitz der ↑ HGL im Haus übernommen hatte, sich deshalb um die Belange der Hausgemeinschaft kümmerte und in der Regel auch das ↑ Hausbuch führte. S.: HGLer, HGL-Vorsitzende(r)

Hauswirtschaft Von Genossenschaftsbauern als Nebenerwerb betriebene Landwirtschaft, besonders Tierzucht sowie Obst- und Gemüseanbau, die von staatlicher Seite sehr gefördert wurde, weil sie die Versorgungslage verbessern half. Die Größe der Anbaufläche und des Tierbestandes war (zumindest bis 1977) begrenzt, weil verhindert werden solte, daß die Bauern ihre Arbeit in der ↑ LPG vernachlässigten. Gebräuchlich waren die Verbindungen: ↑ individuelle Hauswirtschaft, ↑ persönliche Hauswirtschaft

Hauswirtschaftspflege /o. Pl./ Von der ↑ Volkssolidarität organisierte Hilfe im Haushalt für gebrechliche und behinderte Menschen. Eine Hauswirt-

schaftspflegerin war dabei in erster Linie für das Sauberhalten der Wohnung und das Einkaufen verantwortlich.

Havariedienst /o. Pl./ Von der ↑ KWV, ↑ AWG unterhaltener Service, der Störungen in der Wasser-, Strom- und Gasversorgung im Haus und in der Wohnung relativ kurzfristig, aber in der Regel nur notdürftig beseitigte.

Hebel ↑ ökonomischer Hebel

Hegemonie der Arbeiterklasse ↑ führende Rolle der Arbeiterklasse

Heil- und Hilfsmittel Leistungen der Sozialversicherung, die dem versicherten ↑ Werktätigen und seinen mitversicherten Angehörigen bei der medizinischen Behandlung kostenlos gewährt wurden. Dazu gehörten Medikamente (ohne Rezeptgebühr), Körper- und Zahnprothesen, Brillen (allerdings in der Standardform und mit eingeschränktem Gestellsortiment), Kuren, Krankentransporte und dgl. Bei orthopädischen Schuhen mußte der Patient einen Eigenanteil tragen, der weit unter den Kosten für normale Schuhe lag.

Held der Arbeit /vorw. o. Art.; nach russ. Vorbild/ Als hohe staatliche Auszeichnung seit 1950 verliehener Orden und Ehrentitel (O-Ton:) 'für besondere Verdienste um den Sozialismus sowie das Wachsen und Ansehen der DDR'. Mit ihm wurden besonders ↑ Arbeiterveteranen und ↑ Werktätige (Arbeiter, Ingenieure, Wissenschaftler) ausgezeichnet, deren Arbeitsleistungen als volkswirtschaftlich bedeutsam und damit vorbildlich eingestuft wurden. Er wurde pro Jahr etwa fünfzigmal in Verbindung mit einer hohen materiellen Zuwendung vergeben. * X wurde mit dem Ehrentitel 'Held der Arbeit' ausgezeichnet; Held der Arbeit, Bauingenieur Otto Krause

Held der DDR /nach russ. Vorbild/ Als höchste staatliche Auszeichnung seit 1975 verliehener Orden und Ehrentitel (O-Ton:) 'für Heldentaten durch außerordentliche Leistungen und Verdienste für die Entwicklung und allseitige Stärkung sowie den militärischen Schutz der DDR'. Er wurde nur an einen ganz kleinen Personenkreis vergeben, u. a. an Erich Honekker, Erich Mielke (den Stasi-Chef) und an Sigmund Jähn, den (O-Ton:) 'ersten Deutschen im All'.

Helfer der Volkspolizei /Kurzf.: VP-Helfer/ Offizielle Bezeichnung für jemanden, der ehrenamtlich unter dem Befehl der Polizei bei Massenveranstaltungen als Ordner eingesetzt war oder als Zivilstreife vor Feiertagen dafür sorgte, daß (O-Ton:) 'Ruhe und Ordnung' nicht gestört wurden.

Hennecke-Bewegung ↑ Aktivistenbewegung

Herabwürdigung Offiziell gebrauchte Bezeichnung für ein strafrechtlich verfolgtes Delikt, das dann gegeben war, wenn Staat oder ↑ staatliche Organe sich (schlimmstenfalls schon durch einen Witz) beleidigt sahen. Dies konnte mit Haft bis zu drei Jahren bestraft werden.

hervorragend 1. Typisches Attribut für Arbeitsleistungen oder wissenschaftliche Ergebnisse, die aus propagandistischen Gründen so bezeichnet wurden, selbst wenn sie nur durchschnittliches Niveau hatten.
2. Teil des Namens staatlicher Auszeichnungen, die dann verliehen wurden, wenn der zu Ehrende bereits eine Auszeichnung niedrigeren Ranges besaß. Da in der ↑ DDR 'hervorragende Leistungen' angeblich an der Tagesordnung waren, wurden diese Auszeichnungen in größerer Zahl vergeben.

Hervorragender Genossenschaftsbauer Als staatliche Auszeichnung seit 1953 verliehener Orden und Ehrentitel (O-Ton:) 'für hervorragenden Anteil an der Entwicklung der LPG'. Er wurde als Einzel- und Kollektivauszeichnung pro Jahr etwa zweihundertmal

in Verbindung mit einer Geldprämie vergeben.

Hervorragender Jungaktivist Als staatliche Auszeichnung seit 1960 verliehener Orden und Ehrentitel (O-Ton:) 'für besondere Leistungen Jugendlicher im sozialistischen Wettbewerb'. Er wurde pro Jahr etwa hundertmal vergeben.

Hervorragender Wissenschaftler des Volkes Als staatliche Auszeichnung seit 1951 verliehener Orden und Ehrentitel (O-Ton:) 'für Verdienste um die Weiterentwicklung der Wissenschaft im Dienste des Friedens'. Er wurde pro Jahr bis zu sechsmal in Verbindung mit einer Geldprämie vergeben.

Hervorragendes Jugendkollektiv Als staatliche Auszeichnung seit 1951 verliehener Orden und Ehrentitel (O-Ton:) 'für Verdienste Jugendlicher in der materiellen ↑ Produktion und für aktive Teilnahme am gesellschaftlichen Leben'. Er wurde pro Jahr bis zu sechzigmal in Verbindung mit einer Geldprämie vergeben.

HGL /Kurzf. für Hausgemeinschaftsleitung/ Gewählte Gruppe von Mietern eines Wohnhauses, die unter der Leitung eines ↑ HGL-Vorsitzenden die Interessen der Mieter wahrnahmen, den regelmäßigen Kontakt zum Vermieter bzw. der Verwaltung (↑ KWV, ↑ AWG) herstellten und sich oftmals engagiert um das Gemeinschaftsleben der Mieter und die Verbesserung ihres Wohnumfeldes bemühten.

HGL-ler *auch* **HGLer** Umgangssprachlich für Hausvertrauensmann.

HGL-Vorsitzender ↑ Hausvertrauensmann

historische Mission (der Arbeiterklasse) Im Sprachgebrauch der ↑ SED eine ständig wiederkehrende Formel, die die Aufgabe der ↑ Arbeiterklasse bezeichnet, den ↑ Kapitalismus durch eine Revolution zu beseitigen und den ↑ Sozialismus aufzubauen. Dieser der marxistisch-leninistischen Revolutionstheorie entlehnte Terminus wurde wegen seiner unentwegten Wiederholung von der Bevölkerung kaum zur Kenntnis genommen.

HO [ha|o] /Art.: die; o. Pl.; Kurzf. für die nicht sprachübliche Langform Handelsorganisation/ **1.** 1948 gegründetes zentrales volkseigenes und größtes staatliches Handelsunternehmen für den Einzelhandel, das Hotel- und Gaststättenwesen und die ↑ Centrum-Warenhäuser. Der Einzelhandel war in mehrere Bereiche (z. B. HO-Lebensmittel, HO-Haushaltstechnik, HO-Kaufhallen) untergliedert, die jeweils für den Vertrieb ihres gesamten Sortiments in einem landesweiten Netz von Einzelhandelsverkaufsstellen verantwortlich zeichneten. In den achtziger Jahren entstanden durch Zentralisierung zwei große Bereiche: HO-WtB (Waren täglicher Bedarf) und ↑ HO-Industriewaren. Die Versorgung vor Ort wurde durch Bezirks- und Kreisdirektionen koordiniert. **2.** Das einzelne Geschäft. * in der HO gibt es Bananen

HO- Als Bestimmungswort in Zusammensetzungen mit Substantiven, wie: -Bekleidungshaus, -Betriebsverkaufstelle, -Bezirksdirektion, -Gastronomie, -Gaststätte, ↑ -Industriewaren, -Kaufhalle, -Laden, -Verkaufsstelle, -Warenhaus

HO-Industriewaren /Pl./ Läden, der staatlichen Handelsorganisation (↑ HO), die mit Ausnahme von Lebensmitteln alle Waren (von der Schraube bis zum Pelz) des Einzelhandelssortiments anbieten sollten. In den achtziger Jahren wurde der Gesamtbereich aufgegliedert in Haushaltswaren, Textilwaren (z. B. Stoffe, Kurzwaren) sowie die Konfektion. Analog gab es auch ↑ Konsum-Industriewaren.

Hoch- und Fachschulkader /Pl./ Offizielle Bezeichnung für die Gesamtheit der Berufstätigen mit abgeschlosse-

nem Hoch- oder Fachschul- bzw. Universitätsstudium.

hochproduktiv /vorw. attr./ In bezug auf den Maschinenpark propagandistisch häufig gebrauchtes Wort, mit dem ein sehr hoher technischer ↑ Standard der Produktionsanlagen bezeichnet werden sollte. Da die maschinelle Ausstattung vieler Betriebe überaltert und deshalb die Arbeitsproduktivität nicht sehr hoch war, gab es immer wieder Appelle, die wenigen moderne Ausrüstungen effektiv zu nutzen. Um die Leistungsfähigkeit des ↑ Sozialismus zu belegen, wurden nicht selten neuentwickelte Maschinen und Ausrüstungen aus DDR-Produktion als hochproduktiv bezeichnet, obwohl sie technisch nicht dem neusten internationalen ↑ Standard entsprachen. * hochproduktive Anlagen sind mehrschichtig auszulasten; hochproduktive Arbeitsplätze, Erntemaschinen, Rechner; eine hochproduktive Fertigung

Hochschule In die Struktur des ↑ einheitlichen sozialistischen Bildungssystems integrierte Studieneinrichtung mit speziellen Ausbildungsgängen, für deren Besuch die Hochschulreife Voraussetzung war. Sie wurde unter der Sammelbezeichnung 'Universitäten und Hochschulen' erfaßt. Es existierten mehrere Technische Hochschulen, ↑ Ingenieurhochschulen, medizinische (die sog. Medizinischen Akademien), pädagogische, künstlerische und landwirtschaftliche Hochschulen sowie je eine für Architektur, Handel, Ökonomie, Sport und Verkehrswesen. Als Universitäten wurden nur sieben Hochschulen bezeichnet, die im wesentlichen alle Ausbildungsrichtungen anboten.

Hochschulferienkurs Kurs an ↑ Hochschulen oder Universitäten, der vorwiegend zur Weiterbildung ausländischer Germanisten in den Sommerferien stattfand. Mit diesen sehr preiswerten Angeboten wurde versucht, das internationale Ansehen der ↑ DDR zu heben.

Höchstleistungsschicht Offizielle Bezeichnung für eine zu Propagandazwecken benutzte, zusätzlich angeordnete Schicht, in der aus einem bestimmten politischen Anlaß (in den achtziger Jahren besonders das Thema Frieden) außergewöhnlich hohe Arbeitsergebnisse erzielt werden sollten. Damit wollte man beweisen, daß solche Leistungen ständig erreichbar wären. Weil aber für die Höchstleistungsschichten zweckgebunden Material und Werkzeuge in ausreichender Menge zur Verfügung standen, auch besondere technologische Vorbereitungen durch die Betriebsleitungen getroffen wurden, hatten sie in der Praxis keine beispielgebende Wirkung.

hochwertig /vorw. attr./ Im offiziellen Sprachgebrauch von besonders guter Qualität, besonders modisch bzw. technisch auf höchstem Niveau. Als hochwertig galten Waren des (O-Ton:) 'oberen Preisniveaus', besonders die Sortimente in ↑ Exquisit und ↑ Delikat sowie die von Haushaltstechnik und Heimelektronik. Diese Waren, die im internationalen Vergleich oftmals nur durchschnittliche Qualität aufwiesen, wurden stark überteuert angeboten, um die hohen Subventionen bei Waren des ↑ Grundbedarfs auszugleichen.

hochziehen Umgangssprachlich für 1. ↑ organisieren (2) **2.** Jemanden wegen eines Vergehens zur Verantwortung ziehen.

Hockauf-Bewegung Eine der zahlreichen zentral initiierten und propagandistisch entsprechend hochgespielten Wettbewerbsbewegungen, die Auslöser für höhere Arbeitsleistungen sein sollten. Nach offizieller Darstellung ging die Hockauf-Bewegung auf die Weberin Frida Hockauf zurück, deren Leistung 1953 darin bestand, mit ausgesucht guten Garnen 200 m Stoff über das Plansoll

hinaus hergestellt zu haben. Daraus wurde nun die Forderung abgeleitet, daß sich jeder ↑ Werktätige anhand von Monatsplänen verpflichten sollte, mehr, besser und billiger zu produzieren.

Höhepunkt Offiziell gebrauchte Bezeichnung für ein bestimmtes Ereignis, das von den Regierenden für würdig befunden wurde, im großen Stil und mit viel Aufwand gefeiert zu werden, um einheitlichen Volkswillen zu demonstrieren, z. B. beim ↑ Nationalfeiertag, bei Pionier- und FDJ-Treffen. Weil die ↑ Funktionäre in den ↑ Kreisen und ↑ Bezirken auch kleine propagandistisch verwertbare Ereignisse als Höhepunkt bezeichneten, kam es zu einer Inflation der Höhepunkte.
W.: Wir haben keine Zeit, denn im Sozialismus eilen wir von Höhepunkt zu Höhepunkt.

Honni *auch* **Honny** /ohne Artikel/ Mündlich gebrauchte, scherzhafte, durchaus wohlwollend gemeinte Bezeichnung für Erich Honecker. S.: Erich

Honnywood /ohne Artikel/ Nicht offizielle, aus ↑ Honny und Hollywood gebildete Bezeichnung für die nördlich von Berlin bei Wandlitz gelegene, nach dem Ungarn-Aufstand 1956 erbaute Wohnsiedlung der SED-Prominenz. S.: Waldsiedlung Wandlitz, Kleinspitzbartshausen

Horch und Guck *auch* **Horch und Guck und Greif** Vom Volke geprägte Bezeichnung für ↑ Ministerium für Staatssicherheit. Vgl. auch: VEB Horch und Guck

Hort Der Schule angeschlossene Einrichtung, in der die Schüler der Klassen 1 bis 4, deren Eltern berufstätig waren, vor und nach der Schule unter Anleitung einer ausgebildeten Erzieherin, meist einer Unterstufenlehrerin, Hausaufgaben erledigen und ihre Freizeit verbringen konnten.

(nicht) aus der **Hüfte** kommen /Phras./ ↑ Knete

Hühner-KZ ↑ KIM
Hutschachtel Vom Volke geprägte Bezeichnung für ↑ Trabant.
Hygiene-Inspektion 1. staatliche Einrichtung, die für die Einhaltung der hygienischen Vorschriften in allen Lebensbereichen zu sorgen hatte. Ihr oblag insb. die Kontrolle von Lebensmitteln sowie von Küchen und Backstuben und (vor Einrichtung der selbständigen staatlichen Umweltinspektionen) die Überwachung der Schadstoffkonzentration in der Umwelt. Sie konnte unter Strafandrohung die Herstellung ordnungsgemäßer hygienischer Zustände verlangen und zur Abwehr von Krankheitserregern zwingende ↑ Auflagen erteilen. Auf allen Verwaltungsebenen arbeitete sie mit jeweils spezieller Aufgabenstellung. Wegen des allgemeinen Mangels an geeigneten Baulichkeiten und moderner Küchentechnik konnten viele Auflagen der Hygiene-Inspektion nicht verwirklicht werden. * die Hygiene-Inspektion läßt die Fleischerei schließen
2. Inspektion, bei der die Einhaltung der hygienischen Vorschriften überprüft wurde. * eine Hygiene-Inspektion wird angeordnet

I

I-Rente ↑ Intelligenzrente

Idealismus Nach Auffassung des ↑ Marxismus-Leninismus Sammelbezeichnung für alle philosophischen Anschauungen, die das Bewußtsein gegenüber der Materie als primär, d. h. bestimmend betrachten. In der die Dinge oftmals vereinfachenden Parteiagitation war Idealismus das Synonym für wirklichkeitsfremde und fortschrittsfeindliche philosophische Spinnerei.

Ideen- Offiziell gebrauchtes Bestimmungswort, das sich in Zusammensetzungen mit Substantiven auf Vorschläge, die zu irgendwelchen Verbesserungen im Arbeitsprozeß in den Betrieben oder Institutionen führen sollten, bezog. Es wurde ein erheblicher propagandistischer Aufwand betrieben, um die ↑ Werktätigen zu veranlassen, wirtschaftlich nutzbare und medienwirksame Ideen zu entwickeln. Gebräuchlich waren Zusammensetzungen wie: ↑ -buch, ↑ konferenz, -wettbewerb

Ideenbuch In den sozialistischen Betrieben zu führendes Buch, in das die Mitarbeiter ihre Vorschläge zur Erleichterung von Arbeitsabläufen, Einsparung von Kosten, aber auch zur besseren Koordinierung der Arbeit verschiedener Betriebsabteilungen schreiben konnten. Diese Vorschläge sollten nach Möglichkeit realisiert werden, sie galten auch als Diskussionsgrundlage für die ↑ Ideenkonferenzen. Wegen der Konkurrenz zum gesetzlich geregelten ↑ Neuererwesen mit lukrativen Vergütungen blieben die Ideenbücher in der Praxis weitgehend wirkungslos. S.: Initiativbuch

Ideenkonferenz Aufgrund zentraler Weisung in Betrieben und staatlichen Institutionen durchgeführte Tagung, an der die Betriebsleitung und die Belegschaft teilnahmen. Anhand von Beispielen sollten alle Mitarbeiter veranlaßt werden, durch Vorschläge (Ideen) zur Verbesserung und Erleichterung der gesamten betrieblichen Arbeit beizutragen.

Ideologie Terminus des ↑ Marxismus-Leninismus zur umfassenden Bezeichnung des Systems der gesellschaftlichen Ideen, die durch die materiellen Lebensverhältnisse, v. a. die Eigentumsverhältnisse bestimmt und in der Klassengesellschaft von den Interessen der herrschenden Klasse dominiert seien. Die Ideologie des ↑ Sozialismus galt als wissenschaftlich begründet und den Interessen der ↑ Arbeiterklasse nützend. Alle anderen Ideologien wurden als volksfeindlich abgewertet. Umgangssprachlich wurde Ideologie oftmals nur als Bezeichnung propagandistischer Leitgedanken verwendet.

ideologierelevant Im Hinblick auf die ↑ Ideologie wichtig, beachtenswert.

ideologisch /verwendet mit Substantiven, die gesellschaftspolitische Aktivitäten oder Sachverhalte bezeichnen/ **1.** Im Sinne des ↑ Marxismus-Leninismus 'die Gedanken und Interessen einer Klasse vertretend'. Etwas (O-Ton:) 'ideologisch zu betrachten' hieß, es aus der Sicht der ↑ SED zu bewerten. Deshalb wurden bürgerliche Denkweisen, aber auch Publikationen aus dem westlichen Ausland pauschal als ideologisch negativ, die von der SED vertretene Weltsicht hingegen als ausschließlich positiv im Sinne der ↑ Arbeiterklasse dargestellt. Gebräuchlich waren Verbindungen wie: * ideologische Arbeit leisten; ideologische Fragen lösen; ideologische Fehleinschätzungen bekämpfen; ideologische Diversion verhindern; auf ideologischem Gebiet gibt es keine friedliche Koexistenz

2. In der Umgangssprache zunehmend von der Bevölkerung ablehnend gebraucht für die massive psychologische Einflußnahme durch die SED und die von ihr beherrschten Organisationen und Medien.

IFA /Art. ungebr.; Kurzf. für Industrieverband Fahrzeugbau der DDR/

1. Verband, dem alle Kraftfahrzeughersteller der ↑ DDR sowie das Handelsunternehmen VEB IFA-Vertrieb angehörten. Der Industrieverband koordinierte die Tätigkeit der beteiligten Unternehmen z. B. hinsichtlich der Normung von Fahrzeugen und Fahrzeugteilen. Er war Inhaber des gemeinsam genutzten Warenzeichens IFA.

2. Umgangssprachlich für die ↑ Verkaufsstellen des VEB IFA-Vertrieb. Dieses Handelsunternehmen verkaufte als einziges Kraftfahrzeuge an die Bevölkerung, es hatte außerdem das Monopol für den Im- und Export von Kraftfahrzeugen und Ersatzteilen. Wer in den Besitz eines neuen Pkw kommen wollte, mußte sich bei IFA auf die Warteliste setzen lassen. Bis zur Auslieferung an den Kunden konnten bis zu sechzehn Jahre vergehen. Für den Kauf von Ersatzteilen bei IFA waren Glück, Geduld beim Anstehen und hin und wieder kleine (Geld)geschenke erforderlich.

W.: Frühmorgens steht eine riesige Schlange bei IFA nach Ersatzteilen an. Als der Verkäufer öffnet, fragt er: „Wer hat Westverwandte?" Es melden sich 15 Leute. Der Verkäufer zu ihnen: „Ihr könnt euch die Ersatzteile über Genex schicken lassen. Und wer hat Westgeld?" Zögernd melden sich 3 Leute. Der Verkäufer: „Gut, ihr könnt euch die Ersatzteile im Intershop kaufen. Und wer ist in der Partei?" Betreten schauen sich die Leute an, dann meldet sich schließlich einer. „So", sagt der Verkäufer,

„du erklärst jetzt den anderen hier, warum wir keine Ersatzteile haben."

IGA *auch* **iga** /Art.: die; o. Pl.; Kurzf. für Internationale Gartenbau-Ausstellung/ Seit 1961 alljährlich im September in Erfurt durchgeführte und von den sozialistischen Ländern organisierte Lehr- und Leistungsschau für Obst-, Gemüse- und Pflanzenbau.

IML /Kurzf. für Institut für Marxismus-Leninismus/ Nachgeordnete Einrichtung des ↑ ZK der SED, die für die Marx-Engels-Forschung und die Herausgabe der Schriften der ↑ Klassiker des ↑ Marxismus-Leninismus Marx, Engels, Lenin (und bis 1956 Stalin) verantwortlich war. Das IML verwaltete die Nachlässe führender ↑ Funktionäre von KPD und ↑ SED, gab deren Biographien und Memoiren heraus und erforschte die Geschichte der Arbeiterbewegung.

immer + Komparativ (immer schneller, besser, vollständiger, planmäßiger, hundertprozentiger ...) Von den ↑ Funktionären und in den Medien verwendetes sprachliches Muster, das die Aufforderung zur beständigen Zunahme zum aktiven Handeln im Sinne der ↑ SED und (O-Ton:) ´zum Wohle der DDR` ausdrücken sollte. Wegen der an sich schon unsinnigen und gar nicht mehr steigerungsfähigen Forderungen (immer optimalere Planerfüllung) sowie der ständigen Wiederholung dieser Appelle wurden sie von der Bevölkerung kaum noch wahrgenommen und brachten somit nicht den gewünschten Erfolg. * immer planmäßigere Steigerung der Arbeitsproduktivität; immer weitere Entwicklung von Wissenschaft und Technik; immer lückenlose Erfolge auf dem Sektor des Bauwesens

Imperialismus In der von Lenin für die marxistisch-leninistische Gesellschaftswissenschaft geprägten Bedeutung das höchste und letzte Stadium in der Entwicklung der kapitalistischen ↑ Gesellschaftsordnung, der Monopolkapitalismus. Obwohl der Imperialismus als aggressiv, parasitär, absterbend charakterisiert wurde, sollten sich nach der Meinung der herrschenden marxistisch-leninistischen ↑ Gesellschaftswissenschaften bereits innerhalb dieser Ordnung viele Voraussetzungen der höheren sozialistischen entwickeln.

Impfpflicht Vom Gesundheitswesen v. a. in Krippen, Kindergärten und Schulen erfolgreich realisierte staatliche ↑ Auflage, bestimmte Impfungen (z. B. gegen Kinderlähmung, Diphterie, Keuchhusten, Tetanus) zu Zeiten, die für den medizinischen Erfolg am günstigsten waren, bei Kindern, aber auch Erwachsenen, vornehmen zu lassen.

Import Umgangssprachlich für aus dem ↑ Westen eingeführte Waren, die als qualitativ besonders hochwertig galten und deshalb begehrt, aber nur selten zu kaufen waren. Bemerkungen wie: „Das ist echt Import" oder Angebote in Annoncen wie: „Verkaufe Fernseher, Import!" machten das deutlich.

Importablösung Wirtschaftspolitisches Schlagwort für den Versuch, wirtschaftlich von ↑ Importen unabhängig zu werden, die als Mittel der westlichen Einflußnahme betrachtet wurden. Der durch ↑ staatliche Auflagen zur Materialsubstitution sowie ein ganzes System bürokratischer Einfuhrrestriktionen erzwungene Verzicht auf viele notwendige Materialien und Maschinen verursachte auf Dauer schwerste volkswirtschaftliche Schäden durch einen riesigen Aufwand, der für die Entwicklung und Realisierung hausgemachter ineffektiver Ersatzlösungen betrieben wurde.

Individualismus Geistige Grundhaltung und Lebenspraxis, die nach marxistisch-leninistischer Auffassung zu bekämpfen war, weil sie die persönlichen Interessen und Bedürf-nisse über die der ↑ Gesellschaft stellen und damit auch Egoismus und Profitstreben rechtfertigen würde. Dies war unvereinbar mit der ↑ sozialistischen Moral, die uneigennütziges Verhalten einforderte und allein das ↑ Kollektiv für geeignet hielt, die ↑ schöpferischen Kräfte des Individuums freizusetzen. Diese Auffassung schränkte den persönlichen Freiraum stark ein und förderte dadurch die Verarmung des geistigen und wissenschaftlichen Lebens der ↑ DDR.

Individualreise Auslandsreise, die ausnahmsweise vom staatlichen Reisebüro, im Unterschied zu den staatlich erwünschten, gut kontrollierbaren Gruppenreisen, entsprechend den individuellen Wünschen des Reisenden organisiert wurde. Dies erfolgte zumeist gegen Bezahlung in konvertierbaren ↑ Devisen.

individuelle Hauswirtschaft Einem LPG-Bauern gestattete landwirtschaftliche Kleinproduktion auf eigenem Hof, die aber seine Leistungen für die ↑ LPG in keiner Weise beeinträchtigen durfte. S.: individuelle Nebenwirtschaft

individuelle Nebenwirtschaft ↑ individuelle Hauswirtschaft

individuelle Viehbestände /vorw. Pl./ Nutztierbestände, die nicht in einer ↑ LPG, einem ↑ VEG gehalten wurden, sondern zumeist Teil einer ↑ individuellen Hauswirtschaft waren.

individueller Wohnungsbau Staatlich geförderter Eigenheimbau, bei dem der Anteil an ↑ Eigenleistungen der künftigen Bewohner wegen des Mangels an Handwerkern und Geld sehr hoch war. Dieser vorwiegend auf dem Lande betriebene Wohnungsbau erreichte nie mehr als fünf Prozent des Gesamtzuwachses an Wohnungen.

Industrie- Offiziell häufig gebrauchtes Bestimmungswort, das sich in Zusammensetzungen mit Substantiven auf die Gesamtheit der Betriebe bezog, die für die Produktion von ↑ Konsumgütern, das Herstellen von Produktionsmitteln und die Gewinnung von Rohstoffen verantwortlich waren. Gebräuchlich waren Zusammensetzungen wie: -anlagenbau, -forschung, -kader, -kombinat, ↑ -laden, ↑ -ministerium, ↑ -nebel, ↑ -preis, ↑ -roboter, ↑ -vertrieb

Industrieladen Seit 1955 von ↑ volkseigenen Betrieben in den Großstädten geführte Läden, die vom Werk direkt beliefert wurden und in denen die Verbraucher das gesamte Produktionssortiment einschließlich der sonst nirgends im Inland erhältlichen Exportwaren beziehen sollten. Wegen der zunehmenden Verknappung exportfähiger Waren (z. B. Plauener Spitzen, Jenaer Glas) konnten die Industrieläden ihre Aufgabe seit Mitte der siebziger Jahre nur noch begrenzt erfüllen. Vgl. auch: Zweiradsalon

Industrieministerium Für einen Industriezweig verantwortliches Ministerium. Die große Anzahl der Industrieministerien, die ab 1966 das einheitliche Wirtschaftsministerium ersetzt hatten, erschwerte eine klare Wirtschaftspolitik der Regierung und begünstigte die Durchsetzung von Brancheninteressen in der Gesetzgebung. Die fehlende Entscheidungsfähigkeit der Regierung führte zu einer Verlagerung wirtschaftlicher Entscheidungsmacht in den ↑ Apparat des ↑ ZK der SED, dessen Abteilungsleiter direkt Weisungen an die Industrieminister erteilten.

Industrienebel ↑ Smog

Industriepreis Sammelbegriff für Industrieabgabepreise (staatlich festgelegte Preise für Verkäufe an Betriebe) und Betriebspreise (in betrieblichen Unterlagen ausgewiesene Preise entsprechend dem tatsächlichen Produktionsaufwand).

Industrieroboter Technische Anlage, die mehrere Arbeitsschritte mittels elektronischer Steuerung selbstregu-

lierend ausführte. Die Wirtschaft der ↑ DDR sollte mit den sog. Industrierobotern leistungsfähiger gemacht werden, deshalb erhielten die Betriebe ohne Berücksichtigung des Zustandes ihrer Maschinenausrüstungen sowie ihrer personellen Besetzung mit Entwicklungsingenieuren staatliche ↑ Auflagen zur Entwicklung und Benutzung von Industrierobotern. Notgedrungen bezeichneten die Betriebe alles, was nach Mechanisierung aussah, schon als Industrieroboter und rechneten entsprechenden Nutzen ab. Dieser Abrechnung scheinbarer Erfolge stand die tatsächliche Verschwendung volkswirtschaftlicher Leistungskraft durch Zersplitterung technischer Entwicklungskapazitäten und die Ausrüstung überalterter Anlagen mit Elektronik gegenüber.

Industrieverband Fahrzeugbau der DDR ↑ IFA

Industrievertrieb Abteilung eines ↑ volkseigenen Betriebes oder Vertriebsunternehmen eines ↑ Kombinates oder Industriezweiges mit der Aufgabe, die dazugehörenden ↑ Industrieläden zu bewirtschaften und die Verbraucher ohne zwischengeschaltetes Groß- und Einzelhandelsunternehmen direkt zu versorgen.

Infiltration Von offizieller Seite gern gebrauchtes Wort für das Eindringen, Einsickern, Verbreiten von den ↑ Sozialismus schädigenden Einflüssen aus dem ↑ Westen, vor denen permanent eindringlich gewarnt wurde.

Ingenieur- Bestimmungswort, das sich in Zusammensetzungen mit Substantiven auf die Berufsgruppe der Techniker mit Hoch- oder Fachschulabschluß bezog. Gebräuchlich waren Zusammensetzungen wie: -abschluß, ↑ -hochschule, ↑ -ökonomie, ↑ -schule

Ingenieurhochschule Typ der technischen ↑ Hochschule mit branchenbezogener Spezialisierung, der 1969 im

Zuge der dritten Hochschulreform geschaffen wurde. Dort bildete man Studenten mit einer geeigneten Facharbeiterausbildung und Abitur oder einem Ingenieurabschluß zu Diplomingenieuren oder Diplomingenieurökonomen aus. Das Studium war praxisorientierter als in vergleichbaren Fachrichtungen an Universitäten und ↑ Hochschulen.

Ingenieurökonomie /o. Pl./ Fachrichtung, in der neben dem Wissen auf wirtschaftlichem Gebiet auch Wissen über den Ablauf von technischen Prozessen eines Industriezweiges vermittelt wurde. Die Ausbildung litt unter den durch politische Tabus verstümmelten volks- und betriebswirtschaftlichen Defiziten. So mußten die Studenten z. B. anstelle zeitgemäßer Controllingmethoden die Theorie und Praxis der zentralistischen staatlichen ↑ Planung sowie den Umgang mit staatlich festgelegten, nicht am Markt orientierten Preisbildungsmethoden erlernen.

Ingenieurschule ↑ Fachschule für die Ausbildung von mittleren technischen Fachkräften mit branchenbezogener Spezialisierung.

Initiativ- Bestimmungswort, das sich in Zusammensetzungen mit Substantiven auf eine Art von vorgeblich freiwilligem Unternehmungsgeist und Entschlußkraft bezog, die von staatlicher Seite angeordnet und gelenkt wurden. Gebräuchlich waren Zusammensetzungen wie: ↑ -bau, -buch (↑ Ideenbuch), -einsatz, -forschung, -gruppe, ↑ -prämie, -programm, ↑ -schicht

Initiativbau Schönfärbende Bezeichnung für gesetzwidrig durchgeführte Baumaßnahmen, weil z. B. keine Standort- oder Baugenehmigung vorlag oder die eingesetzten Materialien und Arbeitskräfte nach dem staatlichen ↑ Plan für andere Bauten vorgesehen waren. Die Verantwortlichen wurden oftmals nur deshalb nicht bestraft, weil das Bauwerk

wichtig für die örtliche Bevölkerung (Zentralwasserleitung, Feuerwache) oder den Betrieb (Heizwerk) war.

Initiativbuch ↑ Ideenbuch

Initiative 1. Von der ↑ SED bzw. dem Staat oftmals in Verbindung mit einem aktuellen politischen Anlaß oder einem Gedenktag organisiertes Handeln von Arbeitskollektiven oder Gruppen in ↑ Wohngebieten, die nach offizieller Darstellung aus Überzeugung, d. h. aus eigenem Antrieb, freiwillig und uneigennützig tätig wurden. Initiativen waren darauf gerichtet, durch zusätzliche Arbeit gesellschaftlichen Nutzen zu erreichen. Als Initiativen galten v. a. der ↑ sozialistische Wettbewerb, die ↑ volkswirtschaftliche Masseninitiative, der ↑ Mach-mit-Wettbewerb, der ↑ Subbotnik und die ↑ Initiativschicht. Nach den noch vom Aufbauwillen getragenen Einsätzen der fünfziger Jahre erbrachten die Initiativen nur noch scheinbare wirtschaftliche Erfolge, sie waren vielmehr Effekthaschereien, die, wie beim Erdgasleitungsbau in der Sowjetunion, mit massiven Lohnzugeständnissen und anderen Privilegien erkauft werden mußten.

2. Umgangssprachlich spöttische Bezeichnung der lebensnotwendigen Eigenschaft der DDR-Bürger, durch Findigkeit, Zähigkeit und Ausdauer die alltäglichen Schwierigkeiten, z. B. Mangelwaren zu beschaffen, zu meistern. * wenn du das haben willst, mußt du schon ein bißchen mehr Initiative zeigen, entfalten

Initiativprämie Sofort ausgezahlte Geld- oder Sachprämie an einen Mitarbeiter für außerordentliche und erfolgreiche Arbeit, die im konkreten Fall die übliche Arbeitsleistung erheblich übertraf. Die jährlich in jedem Betrieb begrenzt verfügbaren Mittel für Initiativprämien wurden von den Leitern mit Zustimmung der jeweiligen Gewerkschaftsleitung vergeben und sollten auch neue Initiativen anregen.

Initiativschicht 1. Offiziell seit Mitte der siebziger Jahre gebräuchliche Bezeichnung für eine im Rahmen des ↑ sozialistischen Wettbewerbs von staatlicher und Parteiseite zu Propagandazwecken hochstilisierte, besonders intensiv vorbereitete Arbeitsschicht, für die z. B. wochenlang Material und Werkzeuge aufgespart wurden. Nur wegen dieser guten Vorbereitung erbrachte sie überdurchschnittliche Arbeitsergebnisse. Diese Schicht sollte beispielgebend für die gesamte sozialistische ↑ Volkswirtschaft sein und überall bessere Arbeitsergebnisse auslösen. Solche Aktionen wurden auch aus politischen Gründen gestartet, um durch hohe Arbeitsproduktivität, wie es propagandistisch hieß, den Frieden auf der Welt zu stärken. Vgl. auch: Friedensschicht

2. Umgangssprachlich spöttisch für eine der außerhalb der normalen Arbeitszeit anberaumten „Hau-Ruck-Aktionen", die in der Produktion häufig notwendig waren, um z. B. durch fehlendes Material verursachten Rückstand wieder aufzuholen.

Inlands- Von Staats- und Parteiführung gern benutztes und von den Medien aufgegriffenes Bestimmungswort, das sich in Zusammensetzungen mit Substantiven wegen der stark eingeschränkten internationalen Kontakte nur auf die ↑ DDR und ihre Belange bezog. Die Verwendung dieses Kompositums sollte auch die staatlich gewünschte Abgrenzung von ausländischen Einflüssen zeigen. Gebräuchlich waren Zusammensetzungen wie: ↑ -export, -markt, ↑ -preis, ↑ -reise, -verkehr

Inlandsexport Inoffizielle Bezeichnung für sog. Valuta-Gegenwert-Geschäfte. Dies waren Lieferungen von Mangelwaren aus DDR-Produktion an andere inländische Abnehmer, die mit staatlicher Genehmigung entge-

gen der gesetzlichen Regelung in harter Währung bezahlt wurden. Solche Lieferungen wurden beim Lieferanten als Export ausgewiesen, sie verfälschten die offizielle Außenhandelsbilanz der ↑ DDR und waren Teil des staatlich geduldeten grauen Marktes. Derartige Geschäfte konnten nur Besteller abwickeln, die durch ausländische Partner über ↑ Devisen verfügten (z. B. die Kirchen) oder die aufgrund politischer Privilegierung Deviseneinnahmen nicht vollständig an den Staat abführen mußten (z. B. Betriebe des Außenhandelsbereichs Kommerzielle Koordinierung und von ZK-Mitgliedern geleitete Kombinate).

Inlandspreis Umgangssprachliche Bezeichnung für den nur innerhalb der ↑ DDR gültigen (für Neuwaren) oder üblichen (für Gebrauchtwaren) Preis.

Inlandsreise Urlaubsreise innerhalb der ↑ DDR. Unter den besonderen Bedingungen der DDR war diese Form der Reise die häufigste, da nur sehr wenige Reisen ins ↑ sozialistische Ausland und so gut wie gar keine in andere Länder angeboten wurden.

Innentoilette ↑ IWC

innerdeutsch Offiziell von Staats- und Parteiführung für alle Kontakte zwischen den beiden deutschen Staaten verwendet, solange die ↑ DDR die Wiedervereinigung als Staatsziel propagierte (bis ca. 1965). Später als staatsfeindlich betrachtet, weil die DDR dann alle Beziehungen zur Bundesrepublik und zu Westberlin als international und zwischenstaatlich ansah und die Bezeichnung als ʼinnerdeutschʼ ihrer Meinung nach die drohende Annexion der DDR begünstigte.

innerparteilich Vor allem in der Zusammensetzung ʼinnerparteiliche Demokratieʼ gebräuchlich, die als einer der von Lenin formulierten Grundsätze der ↑ Partei neuen Typus formelhaften Charakter hatte. Dagegen wurden alle Vorgänge innerhalb der ↑ Partei mit dem Wort 'parteiintern' bezeichnet.

Institut für Marxismus-Leninismus ↑ IML

Integration /Kurzf. für sozialistische ökonomische Integration/ Im offiziellen Sprachgebrauch Bezeichnung für den innerhalb der ↑ RGW-Länder angestrebten Prozeß der Vertiefung der wirtschaftlichen und wissenschaftlich-technischen Zusammenarbeit auf allen Gebieten. Ziel war dabei eine internationale Arbeitsteilung der sozialistischen Länder, die zur Schaffung eines gemeinsamen Wirtschaftspotentials führen sollte.

Integrationsplan Teil des ↑ Volkswirtschaftsplans und der Jahrespläne der Ministerien und ↑ Kombinate, der diejenigen Aufgaben auswies, die zur Erfüllung internationaler Vereinbarungen der ↑ RGW-Länder über die gegenseitige wirtschaftliche Integration erforderlich waren. Dabei handelte es sich u. a. um Großprojekte wie die gemeinsame Erschließung von Rohstoffquellen (z. B. Erdgasleitungsbau) oder auch die Verlagerung der ↑ Produktion in ein bestimmtes Land (z. B. die Einstellung der Straßenbahnproduktion in der ↑ DDR zugunsten der ČSSR). Durch die rein administrative Verbindung sehr unterschiedlich entwickelter ↑ Volkswirtschaften und die häufigen Vertragsverletzungen einzelner Staaten blieb der erwünschte Effekt der Integrationspläne oftmals aus.

Integrationsprogramm Zwischen den Regierungen oder Fachministerien mehrerer ↑ RGW-Staaten für eine mittlere Frist (ca. 5 Jahre) vereinbarter Katalog von Maßnahmen zur gegenseitigen Integration, den die beteiligten Unternehmen im Rahmen von Verträgen erfüllen sollten. Da diese Programme häufig mit den Jahresplänen der Betriebe nicht übereinstimmten und die wirt-

schaftsleitenden Ministerien zumeist keine Möglichkeit der Anpassung fanden, wurden die Programme oft nicht erfüllt.

Intelligenz Nach offizieller Auffassung die soziale Schicht der (O-Ton:) 'berufsmäßig Geistesschaffenden' wie Ärzte, Lehrer, Wissenschaftler, Künstler oder Ingenieure (soweit sie nicht direkt in der ↑ Produktion tätig waren). Nicht zur Intelligenz zählten hingegen Offiziere sowie Staats- und Parteifunktionäre, die der ↑ Arbeiterklasse als der führenden Klasse zugerechnet wurden. Mit einem ausgeklügelten System von Privilegien wollte sich die Partei- und Staatsführung der Loyalität dieser sozialen Schicht versichern, solange die Westgrenzen geöffnet waren. Nach dem Mauerbau (1961) wurden Angehörige der Intelligenz und ihre Familien zunehmend sozial diskriminiert, sie wurden z. B. bei der Vergabe von Wohnungen oder Zuweisung von Oberschul- oder Studienplätzen für ihre Kinder, aber auch bei der Entlohnung und Besteuerung stark benachteiligt. Vielfach wurden die Ergebnisse ihrer Arbeit totgeschwiegen oder verfälscht, wenn sie nicht in die Staats- und Parteiideologie paßten. Mit dem System eng verbundene Angehörige der Intelligenz erhielten hingegen besondere Vergünstigungen, sie wurden ↑ Reisekader oder man schloß mit ihnen sog. ↑ Einzelverträge ab. Ziel der ↑ SED war es letztendlich, eine eigene ↑ sozialistische Intelligenz aus der Arbeiterschaft heraus zu entwickeln, die ihr absolut ergeben war.

Intelligenzler Spöttisch abwertende, nicht offiziell gebrauchte Bezeichnung insb. im Partei- und Staatsapparat für einen Angehörigen der ↑ Intelligenz.

Intelligenzrente /Kurzf.: I-Rente/ Vergleichsweise günstige Rente für einzelne Gruppen oder Angehörige der ↑ Intelligenz. Die Intelligenzrente wurde in den fünfziger Jahren eingeführt, um der Abwanderung von Fachkräften in den ↑ Westen entgegenzuwirken. Nach dem Mauerbau schränkte man die Gewährung dieser Sonderrente schrittweise wieder ein und versuchte, politisch besonders engagierte Mitarbeiter in wissenschaftlich-technischen und ökonomischen Berufen zu privilegieren. Daneben gab es andere besondere Rentensysteme, z. B. für Offiziere.

Intensivierung ↑ sozialistische Intensivierung

Intensivierungs- Bestimmungswort, das sich in Zusammensetzungen mit Substantiven auf die Theorie von der ↑ sozialistischen Intensivierung bezog, mit deren Hilfe eine Steigerung der Arbeitsproduktivität besonders im industriellen und landwirtschaftlichen Bereich erreicht werden sollte. Gebräuchlich waren Zusammensetzungen wie: -effekt, -faktor, -konferenz, -konzeption, -maßnahme, -programm, -prozeß, -vorhaben

Inter- 1. Als Kurzform von ʿinternationalʾ entstandenes Bestimmungswort, das sich in Zusammensetzungen mit Substantiven auf nur in der ↑ DDR tätige Einrichtungen mit gehobenem ↑ Standard bezog, die vorzugsweise ausländischen Touristen offenstanden. Ausländer und DDR-Bürger hatten deren Leistungen in konvertierbaren ↑ Devisen zu bezahlen. Gebräuchlich waren Zusammensetzungen wie: -camp, -campingplatz, ↑ -hotel, ↑ -shop, ↑ -tank **2.** Als Kurzform von ʿinternationalʾ entstandenes Bestimmungswort, das in Zusammensetzungen v. a. mit Substantiven Eigennamen von Organisationen oder Firmen bildete, die grenzüberschreitend tätig waren und dem Staat DDR ganz oder teilweise gehörten. Gebräuchlich waren Zusammensetzungen wie: ↑ -atomergo, ↑ -chim, ↑ -control, ↑ -flug, ↑ -kosmos, ↑ -metall, ↑ -sputnik

interatomergo Organisation des ↑ RGW, die für die Leitung der friedlichen Nutzung der Atomenergie in den Mitgliedsstaaten zuständig war.

interchim Organisation des ↑ RGW mit der Aufgabe, die sog. Kleinchemie in den Mitgliedsstaaten zu koordinieren.

intercontrol Kommerzielles Warenkontrollunternehmen, zuständig für die Ausführung aller Kontrollaufträge (z. B. Reklamationsprüfungen), die Warenlieferungen aus Verträgen mit ausländischer Beteiligung betrafen.

Interessiertheit ↑ materielle Interessiertheit

Interflug 1958 gegründetes staatseigenes einziges Luftfahrtunternehmen der ↑ DDR, das den gesamten zivilen Luftverkehr einschließlich ↑ Agrarflug abwickelte und auch im Besitz aller Zivilflughäfen war.

Interhotel Vorwiegend für ausländische Gäste eingerichtete, sehr gut ausgestattete Hotelkette, deren Hotels in Berlin und in allen ↑ Bezirksstädten sowie in den Touristenzentren anzutreffen waren. Die Übernachtungen mußten von Ausländern in konvertierbaren ↑ Devisen bezahlt werden, DDR-Bürgern standen nur ausnahmsweise freie Kapazitäten offen. Um den Unmut in der Bevölkerung zu dämpfen, wurde in den siebziger Jahren ein begrenztes Kontingent dem ↑ FDGB-Feriendienst zur Verfügung gestellt, der dies für sehr preisgünstige Urlaubsreisen (O-Ton:) ʿverdienter Werktätigerʾ nutzte.

Interkosmonaut Raumfahrer, der im Rahmen der Programme von ↑ Interkosmos (1) an sowjetischen Weltraumflügen teilnehmen durfte. Der Interkosmonaut Siegmund Jähn aus der ↑ DDR war 1978 erster deutscher Raumfahrer.

Interkosmos /o. Pl./ **1.** /Kurzf. für Internationale Kosmos-Kooperation/ Organisation des ↑ RGW, die die Zusammenarbeit zwischen den Mit-

gliedsstaaten auf dem Gebiet der Raumfahrtforschung koordinierte und leitete.
2. /Art.: der/ Name für die innerhalb der Internationalen Kosmos-Kooperation entwickelten und zu Forschungszwecken gestarteten Satelliten.
Interkosmos- Bestimmungswort zu ↑ Interkosmos 1 und 2. Gebräuchlich waren Zusammensetzungen mit Substantiven wie (zu 1): -forschung, -programm, -zusammenarbeit *und* zu (2): -satellit, -serie
Intermetall Organisation des ↑ RGW zur Koordinierung der Entwicklung der Schwarzmetallurgie in den Mitgliedsländern.
Internationale Gartenbauausstellung ↑ IGA
Internationaler Frauentag /Kurzf.: Frauentag/ Der dem Kampf der Frauen um eine gleichberechtigte Stellung in Beruf und Familie gewidmete internationale Gedenktag am 8. März. Er wurde von der Partei- und Staatsführung propagandistisch dazu benutzt, die Emanzipation der Frau als schon verwirklicht darzustellen. Neben der tatsächlich erreichten wirtschaftlichen Unabhängigkeit der Frauen durch weitgehende Berufstätigkeit wurde v. a. die gleichberechtigte Stellung der Frauen in der politischen und gesellschaftlichen Führung des Landes hervorgehoben. Am 8. März fanden überall in den Betrieben und Einrichtungen Feiern zu Ehren der dort arbeitenden Frauen und Mädchen statt. Meist waren diese verbunden mit der Übergabe von ↑ Prämien, besonders verdienstvolle Frauen wurden mit der Clara-Zetkin-Medaille geehrt. In der Bevölkerung wurde dieser Tag zum größten Teil akzeptiert. In den meisten Familien wurde dieser Tag genutzt, um den berufstätigen Frauen und Müttern durch eine kleine Aufmerksamkeit eine Freude zu machen. Viele sahen in ihm einen

Ersatz für den in der Bundesrepublik begangenen Muttertag, der in der ↑ DDR offiziell nicht erwünscht war.
Internationalismus ↑ proletarischer Internationalimus
Intershop 1. 1962 gegründetes Handelsunternehmen, das in seinen Filialen westliche Waren oder DDR-Waren aus ↑ Gestattungsproduktion gegen frei konvertierbare Währung oder Forumschecks vertrieb. Anfangs befanden sich die für Touristen aus dem westlichen Ausland konzipierten Intershops nur an großen Bahnhöfen, an Grenzübergängen und in ↑ Interhotels. Ab Mitte der siebziger Jahre wurde ihre Zahl stark erweitert (bis auf 250 Geschäfte) damit auch DDR-Bürger, die nach Inkrafttreten des neuen Devisengesetzes (1974) legal konvertierbare Währung (z. B. durch Geschenke von Verwandten oder Einnahmen aus Publikationen) besitzen durften, dieses Geld innerhalb der ↑ DDR ausgeben konnten. Die Warenpalette von ursprünglich v. a. Textilien, Süßwaren, Zigaretten, Spirituosen und Kosmetika erweiterte man im Laufe der Zeit besonders um solche Waren, die in der DDR nicht oder nicht in vergleichbarer Qualität erhältlich waren (z. B. Unterhaltungselektronik oder Sanitärkeramik). Die Preise orientierten sich an den bundesdeutschen, sie lagen, ausgenommen Zigaretten und Spirituosen, aber zumeist etwas höher.
2. ↑ Verkaufsstelle des Handelsunternehmens Intershop.
Intersputnik /o. Pl./ Organisation des ↑ RGW, die für die Mitgliedsstaaten die gemeinsame Entwicklung und Nutzung besonders von Nachrichtensatelliten betrieb.
Intertank Durch das Handelsunternehmen MINOL betriebenes Netz von Tankstellen, die Kraftstoffe und Waren des Reisebedarfs auch gegen konvertierbare ↑ Devisen verkauften.

Intervention Offizielle Bezeichnung für das bewaffnete Eingreifen eines Staates in die Angelegenheiten eines anderen. Im Gegensatz zum Begriff ↑ Aggression enthielt das Wort Intervention keine negativ wertende Komponente.

Intervision /Kurzf. aus international + Television/ Zusammenschluß von Fernsehstationen der sozialistischen Länder, der den Austausch von Programmen organisierte und unter dessen Dach gemeinsame Fernsehsendungen produziert wurden.

Interzonen- Zunächst offiziell gebrauchtes Bestimmungswort, das sich in Zusammensetzungen mit Substantiven auf den Wirtschafts-, Geld- oder Reiseverkehr zwischen den Besatzungszonen der Siegermächte des zweiten Weltkrieges bezog. Die Bezeichnung wurde auch nach der Gründung der beiden deutschen Staaten für die Beziehungen zwischen ihnen v. a. auf wirtschaftlichem Gebiet benutzt. Mit der Entwicklung der Konzeption zweier unabhängig voneinander existierender deutscher Staaten und eines eigenen Nationalbewußtseins der ↑ DDR wurde diese Bezeichnung jedoch als revanchistisch eingestuft und offiziell nicht mehr verwendet. Gebräuchlich waren Zusammensetzungen wie: -grenze, -handel, -zug

Invalidenrente Staatliche Rente für Personen, die wegen eines Körperschadens und daraus resultierender stark eingeschränkter Erwerbsfähigkeit (mindestens zwei Drittel) bereits vor Erreichen des Rentenalters berentet wurden. Außerdem konnten auch Behinderte, die nie erwerbsfähig waren und daher nie ↑ SV-Beiträge gezahlt hatten, ab dem 18. Lebensjahr eine solche Rente beziehen. Diese Rente war jedoch auch im Vergleich zu einer nicht üppigen Altersrente sehr niedrig bemessen und sicherte lediglich ein bescheidenes Auskommen.

Investitions- Bestimmungswort, das sich in Zusammensetzungen mit Substantiven darauf bezog, daß neue Gebäude, Industrie- und Umschlagsanlagen, Verkehrs- oder Infrastruktureinrichtungen sowie andere wirtschaftlich nutzbare Objekte errichtet wurden. Je nach der aktuellen Variante der Wirtschaftsdoktrin der ↑ DDR wurden bestimmte Gruppen von Leistungen (z. B. Reparaturen an Anlagen, Importmaterialien, Entwicklungsaufwendungen für Technologien) auch den Investitionen zugerechnet, um nach außen hin Investitionskraft zu demonstrieren. Gebräuchlich waren Zusammensetzungen wie: -auftrag, -beitrag, -fonds, -güter, -kredit, -haushalt, -mittel, -plan, -programm

IWC /Kurzf. für Innentoilette/ Verwaltungssprachliche Bezeichnung für eine innerhalb der Wohnung gelegene Toilette. Da es um die Wohnbedingungen in der ↑ DDR nicht sehr gut bestellt war, waren Wohnungen mit IWC sehr begehrt, denn bei Altbauwohnungen war AWC (Toilette, die außerhalb der Wohnung lag) durchaus nicht selten.

J

Jagdkollektiv Offizielle Bezeichnung für eine Gruppe von Jägern, die gemeinsam zur Jagd gingen. Mit der staatlichen Zulassung als Jagdkollektiv übernahmen sie auch die Verpflichtung, den Wildbestand in ihrem Jagdrevier zu hegen. Die jedermann zugängliche Mitgliedschaft in einem Jagdkollektiv war Voraussetzung für die Ausübung der Jagd. Das galt sowohl für Hobbyjäger als auch für die Beschäftigten der staatlichen Forstwirtschaftsbetriebe. Diejenigen Jagdkollektive, in denen sich privilegierte Personen (Parteifunktionäre, Offiziere etc.) zusammenschlossen, erhielten durch die staatliche Forstverwaltung besonders günstige Jagdgebiete zugewiesen. Eine Gruppe sehr erfolgreicher Jäger konnte es zu dem Titel „Sozialistisches Jagdkollektiv" bringen.

Jahresendflügelfigur Offizielle sprachliche Version für Weihnachtsengel, die man deshalb prägte, weil diese Figur ein gutgehender Exportartikel war, mit dem sich ↑ Devisen verdienen ließen. Es mußte also eine Produktbezeichnung geschaffen werden, die sprachlich dem Charakter sozialistischer Pläne entsprach. Von der Bevölkerung wurde die Wortschöpfung abgelehnt und höchstens als das bewertet, was sie war, nämlich der lächerliche Versuch, einen christlichen Begriff mit einer neuen, dem ↑ Sozialismus sprachlich angeblich angemesseneren Hülle zu versehen. S.: geflügelte Jahresendfigur

Jahresendmann Vom Volk geprägte Bezeichnung für Weihnachtsmann, mit der staatliche Wortschöpfungen vom Typ ↑ Jahresendflügelfigur lächerlich gemacht wurden.

Jahresendprämie Bei Erfüllung des (zumeist mehrfach korrigierten) Jahresplanes hatten die Mitarbeiter

↑ volkseigener Betriebe einen Rechtsanspruch darauf, ein zusätzliches Monatsgehalt zu erhalten. Die irreführende Bezeichnung als 'Prämie' erfolgte, um den in der Bundesrepublik bereits gebräuchlichen Begriff „13. Monatsgehalt" nicht in der Gesetzgebung der ↑ DDR verwenden zu müssen. Die Jahresendprämie konnte bei Pflichtverletzungen eines Mitarbeiters reduziert oder gestrichen werden, diese betrieblichen Entscheidungen waren gerichtlich überprüfbar. Beschäftigte außerhalb der ↑ Volkswirtschaft, z. B. in der Wissenschaft oder im Bildungswesen, erhielten ähnliche Zuwendungen, die aber anders (z. B. als Jahresleistung) bezeichnet wurden.
Z.: „Hinsichtlich der Orientierung, daß die Betriebe bei erfolgter Inhaftierung die Zahlung der Jahresendprämie aussetzen und abwarten sollten, wie das Strafverfahren abgeschlossen wird, machten die Leser auf anderslautende Entscheidungen der staatlichen Gerichte aufmerksam." Tribüne 6.3.1973, 7

Jahresvolkswirtschaftsplan Von der ↑ Volkskammer auf Vorschlag der ↑ SED jährlich beschlossene Zielstellung für die volkswirtschaftliche Entwicklung eines Kalenderjahres. Diese Volkskammerbeschlüsse standen in einem eklatanten Mißverhältnis zur tatsächlichen wirtschaftlichen Lage und Leistungskraft, sie wurden deshalb von der Bevölkerung als (O-Ton:) 'Wunschkatalog der SED' betrachtet.

Jeansprogramm /o. Pl./ Um sich das Wohlwollen der DDR-Jugend zu sichern, beschlossen Partei- und Staatsführung, dem starken Bedürfnis der DDR-Jugend nach modischer westlicher Kleidung nachzugeben. Deshalb verabschiedete die

DDR-Regierung nach dem VIII. ↑ Parteitag (1971) ein Programm über den ↑ Import und die Eigenproduktion von Jeansmode. Damit wurde die zuvor vertretene Position der ↑ SED, die in Jeans den Inbegriff westlicher Dekadenz und antisozialistischer Haltung sah, vollständig aufgegeben.

JP ↑ Junger Pionier

Jugend- Bestimmungswort, das sich in Zusammensetzungen mit Substantiven auf die in der ↑ DDR genau definierte Gruppe der 14- bis 25jährigen bezog. Die Bildung und Verwendung auffällig vieler Komposita mit dem Bestimmungswort ʹJugendʹ war Ausdruck des Wunsches der politischen Führung, sich als besonders jugendfreundlich darzustellen. Gebräuchlich waren Zusammensetzungen wie: -aktiv (↑ Aktiv), ↑ -anrecht, ↑ -arbeit, ↑ -ausschuß (der Volkskammer), -austausch, -brigade (↑ Brigade), -fernsehen, -festival, ↑ -förderung, -forum, ↑ -freund(in), ↑ -gesetz, ↑ -klub, -kollektiv (↑ Kollektiv), -kongreß, ↑ -leben, ↑ -objekt, ↑ -organisation, ↑ -politik, ↑ -radio, -spartakiade (↑ Spartakiade), ↑ -stunde, ↑ -tourist, ↑ -treffen, ↑ -verband, ↑ -weihe, ↑ -weihling, ↑ -werkhof

Jugendanrecht ↑ Anrecht, das Jugendlichen zu außerordentlich günstigen Bedingungen angeboten wurde, um sie für einen regelmäßigen Theater- und Konzertbesuch zu gewinnen.

Jugendarbeit /o. Pl./ **1.** Gesamtheit der betrieblichen und staatlichen Aktivitäten zur Erziehung der Jugend. Dies umfaßte sowohl die politische und ↑ ideologische Beeinflussung (durch Schule, Betrieb und Medien) wie auch den Versuch, durch organisierte Freizeitgestaltung in ↑ Jugendklubs, ↑ Sportgemeinschaften oder durch Angebote von Veranstaltungen aller Art (Rockkonzerte etc.) die Jugend für die ↑ DDR zu gewinnen. **2.** Mitarbeit der Jugendlichen in den verschiedenen vorhandenen ↑ Mas-

senorganisationen wie ↑ FDJ, ↑ Gewerkschaft oder ↑ Pionierorganisation.

Jugendausschuß (der Volkskammer) Ständiger Ausschuß der ↑ Volkskammer mit der Aufgabe, die Interessen der Jugend bei der Gesetzgebung wahrzunehmen und die Einhaltung der diesbezüglichen Gesetze zu überprüfen. Der Jugendausschuß mußte das der Volkskammer insgesamt beschiedene Schicksal der praktischen Machtlosigkeit teilen.

Jugendförderung /o. Pl./ Gesamtheit der vom Staat veranlaßten und von den Betrieben und staatlichen Organen realisierten Maßnahmen, die dazu dienen sollten, den Jugendlichen besonders in seiner beruflichen Entwicklung zu unterstützen. Zu diesem Zwecke wurde in allen Betrieben und Einrichtungen als Anlage zum ↑ Betriebskollektivvertrag ein Jugendförderungsplan zwischen Betriebsleitung, Gewerkschaftsleitung und FDJ-Leitung vereinbart. Geregelt wurde darin z. B. die Beteiligung der Jugendlichen an speziellen Formen des ↑ sozialistischen Wettbewerbs wie z. B. das Mitwirken an besonders geförderten ↑ Jugendobjekten, die Eingliederung in eine Jugendbrigade oder die Teilnahme an der ↑ MMM.

Jugendforum Von FDJ- und SED-Funktionären aufgrund zentraler ↑ Vorgaben zu einem aktuellen Anlaß in Schulen, Betrieben und ↑ Wohnbezirken einberufene öffentliche Aussprache, auf der den Jugendlichen Gelegenheit zur Diskussion über (O-Ton:) ʹsie interessierende Fragenʹ gegeben werden sollte. Die Jugendlichen wurden überwiegend durch ihre Lehrer bzw. beruflichen Vorgesetzten zur Teilnahme an einer solchen Veranstaltung veranlaßt. Da ihnen aber von vornherein die Absicht bekannt war, sie auf eine verbindliche politische ↑ Linie einzuschwören, gab es kaum spontane aktive Mitwirkung an der Diskussion.

Jugendfreund Offizielle Bezeichnung und Anrede für ein Mitglied der ↑ FDJ. Dazu auch: Jugendfreundin

Jugendfunk /o. Pl./ Bei Fernseh- und Hörfunk speziell für Jugendliche konzipierte Produktionen, z. B. „HE – DU" oder „Jugendradio DT 64".

Jugendgesetz Gesetzliche Regelung mit dem Ziel, die Jugendlichen, d. h. Bürger bis zum 25. Lebensjahr, zu fördern. Das Jugendgesetz legte dazu allgemeine Pflichten der ↑ Staatsorgane und der Betriebe zur Jugendförderung fest. Weiterhin enthielt es grundsätzliche Regelungen zum ↑ Jugendschutz. Das in der Presse mit großem Aufwand zur öffentlichen Diskussion gestellte Gesetzeswerk hatte wegen der wirtschaftlichen Schwäche der ↑ DDR und der Unbeweglichkeit der Partei- und Regierungsbürokratie wenig praktische Wirkung.

Jugendhaft /o. Pl./ Zu Jugendhaft wurden Jugendliche verurteilt, wenn sie nach Auffassung des Gerichts durch Freiheitsentzug kurzfristig diszipliniert werden konnten. Jugendhaft wurde für mindestens eine Woche, aber höchstens drei Monate ausgesprochen. Sie mußte in ↑ Jugendhäusern oder nur Jugendlichen vorbehaltenen Bereichen einer Strafvollzugsanstalt verbüßt werden.

Jugendhaus In ein Jugendhaus wurden straffällige Jugendliche mit erheblicher sozialer Fehlentwicklung gerichtlich eingewiesen. Während der Verbüßung ihrer Freiheitsstrafe sollten sie durch besondere sozialpädagogische Betreuung resozialisiert werden.

Jugendhilfe Bezeichnung für ein ↑ staatliches Organ beim ↑ Rat des Kreises bzw. ↑ Stadtbezirks. Die Mitarbeiter der Jugendhilfe waren zuständig für die Betreuung elternloser Kinder und ↑ Jugendlicher, die Umerziehung straffällig gewordener oder verhaltensgestörter Kinder und schritten bei vernachlässigter Aufsicht und Erziehung durch die Eltern ein. Die hauptamtlichen Mitarbeiter der Jugendhilfe wurden durch eine große Anzahl ehrenamtlicher Helfer in den Gemeinden und Betrieben unterstützt.

Jugendklub Staatlich finanzierte, der ↑ FDJ-Kreisleitung unterstehende Freizeiteinrichtung, die zumeist von einem ausgebildeten ↑ Kulturwissenschaftler geleitet wurde. Sie bot Jugendlichen nicht nur Diskobesuche, sondern auch die Mitarbeit in künstlerischen, sportlichen oder naturwissenschaftlich-technischen Arbeitsgemeinschaften an. S.: Jugendtreff

Jugendleben /o. Pl./ 1. Im Sprachgebrauch der Partei- und Staatsführung Bezeichnung für eine in ihrem Sinne niveauvolle, jugendgemäße Freizeitgestaltung, in der stets das Bewußtsein politischer Verantwortung für die ↑ DDR präsent sein sollte. 2. Im Sprachgebrauch der Bevölkerung v. a. in der Verbindung 'frohes Jugendleben' Bezeichnung für Vergnügungen, die nicht von der ↑ FDJ zwangsweise organisiert wurden. * ein frohes Jugendleben entfalten, gestalten

Jugendlicher Nach dem Recht der ↑ DDR (↑ Jugendgesetz) Staatsbürger von vierzehn bis fünfundzwanzig Jahren. Die Jugendlichen unterlagen besonderen, nach dem Lebensalter differenzierten Schutz- und Förderungsbestimmungen. Während im Alter von vierzehn bis achtzehn Jahren v. a. Einschränkungen bestanden (z. B. beschränkte Geschäftsfähigkeit, kein aktives und passives Wahlrecht, eingeschränkte Strafmündigkeit), wurde die Gruppe der achtzehn- bis fünfundzwanzigjährigen Jugendlichen besonders im Beruf und bei der Familiengründung staatlich gefördert (z. B. ↑ Ehekredit, Nachwuchskader).

Jugendmode Name einer Reihe von ↑ Verkaufsstellen, die zu den Handelsketten ↑ HO und ↑ Konsum gehörten und ein Sortiment anboten, das besonders die Jugend ansprechen sollte.

Jugendobjekt Von der ↑ FDJ gemeinsam mit den Betriebsleitungen oder Ministerien vergebene größere, zeitlich begrenzte Arbeitsaufgabe, die jeweils einem ↑ Kollektiv junger Mitarbeiter in der Industrie oder der Landwirtschaft in eigene Verantwortung übertragen wurde. Das Engagement der Jugend sollte damit gezielt für betriebliche Aufgaben, besonders aber auch für die Realisierung volkswirtschaftlich bedeutender nationaler und internationaler Großvorhaben genutzt werden. Die zentralen Jugendobjekte, an denen dann ↑ FDJler aus der gesamten ↑ DDR beteiligt waren, wurden propagandistisch mit großem Aufwand vorbereitet und verwertet. V. a. in den fünfziger und sechziger Jahren beteiligten sich viele FDJler aus Überzeugung an solchen bekannten Jugendobjekten wie dem Wasserleitungsbau für die Maxhütte Unterwellenborn (1949), dem Bau der Talsperre Sosa (1949 bis 1951), der Trockenlegung des Moorgebietes Friedländer Große Wiese (1958 bis 1963), dem Bau des Kraftwerks Trattendorf (1954 bis 1955) oder dem Bau des Erdölverarbeitungswerkes Schwedt (1959 bis 1963). In den siebziger und achtziger Jahren wurde die Beteiligung junger Menschen an den zentralen Jugendobjekten durch besonders gute Bezahlung und andere Vergünstigungen (z. B. schnellere Versorgung mit Wohnraum) erreicht. Das letzte große Jugendobjekt war die unter dem Namen „FDJ-Initiative-Berlin" (1976) bekannte Aktion, die unter anderem für den Bau der in Berlin befindlichen Leipziger Straße verantwortlich war und sich an anderen Baustandorten in Berlin bis 1989 fortsetzte.

Z.: „Die Mädchen und Jungen dieses größten Betriebes im Bezirk Erfurt, die an 192 Jugendobjekten täglich ihr Können beweisen, haben ..." JW 4.8.1975, 1

Jugendorganisation ↑ FDJ

Jugendpolitik /o. Pl./ Teil der Gesellschaftspolitik der ↑ SED und des von ihr beherrschten Staates mit dem Ziel, die Jugend durch ständige agitatorische Beeinflussung verbunden mit einer ausgeklügelten Mischung von Förderung (↑ Jugendförderungsplan, ↑ Ehekredit) und Forderung (↑ Jugendobjekt) für sich zu gewinnen. Gegenstand der Jugendpolitik war z. B. auch der Bau von ↑ Jugendklubs oder die Förderung deutschsprachiger Rockmusik. Als Ergebnis der Jugendpolitik erwartete die SED eine bedingungslose Unterstützung ihrer Politik durch die Jugend.

W.: In der DDR gibt es nur noch drei Sorten von Kuchen: Hundekuchen für die Werktätigen, Zuckerkuchen für die Jugend und Pustekuchen für die Rentner.

Jugendschutz /o. Pl./ Gesamtheit gesetzlicher Regelungen und staatlichen Handelns zum Schutz von Kindern und Jugendlichen vor Beeinflussungen und Handlungen, die deren geistige, soziale und körperliche Entwicklung gefährden könnten.

Jugendstrafe ↑ Jugendhaft

Jugendstunde Eine von 10 Veranstaltungen, die die Teilnehmer an der ↑ Jugendweihe zur Vorbereitung besuchten. Sie sollten den Jugendlichen Einblick in verschiedene Lebensbereiche gewähren und ihrer staatsbürgerlichen Erziehung dienen. Jede Jugendstunde stand unter einem bestimmten, vom „Zentralen Ausschuß für Jugendweihe" vorgegebenen Motto (z. B. 'Freundschaft mit dem Lande Lenins − Herzenssache unseres Volkes'). Die Veranstaltungen wurden durch Ausflüge, Führungen durch Betriebe und kulturelle Einrichtungen oder auch den Besuch einer Gerichtsverhandlung altersgerecht interessant gestaltet. Obligatorisch waren der Besuch eines KZ und ein Gespräch mit einem Antifaschisten.

Jugendtourist /o. Artikel; o. Pl./ Name für das Jugendreisebüro der ↑ DDR, das vom ↑ Zentralrat der FDJ unterhalten wurde. Über Jugendtourist konnten Jugendliche (bevorzugt FDJler) und junge Familien unter 30 Jahren zu vergleichsweise niedrigen Preisen Urlaubsfahrten und Unterkünfte im Inland und sozialistischen Ausland bekommen. Seit 1974 unterhielt Jugendtourist auch eigene Hotels, die großenteils mit Gästen vergleichbarer Jugendreisebüros anderer sozialistischer Länder im Austausch belegt wurden.

Jugendtreff ↑ Jugendklub

Jugendtreffen ↑ Freundschaftstreffen

Jugendweihe Festliche Veranstaltung, bei der Schüler der achten Klasse in die Gemeinschaft der Erwachsenen aufgenommen wurden. Die Jugendweihe war verbunden mit einem Gelöbnis der Teilnehmer, das die staatsbürgerliche Verpflichtung jedes Erwachsenen gegenüber der ↑ DDR betonte. Dem eigentlichen Festakt, der regelmäßig im Frühjahr durchgeführt wurde, gingen mehrere ↑ Jugendstunden voraus. Die 1954 auf Betreiben der ↑ SED mit starker staatlicher Unterstützung wiederbelebte Tradition der atheistischen Arbeiterbewegung, Jugendweihen als Äquivalent zu vergleichbaren kirchlichen Zeremonien (insb. zur Konfirmation) durchzuführen, wurde nicht nur durch das staatliche Fördern populär. Da sehr große Teile der Bevölkerung nicht kirchlich gebunden oder aktiv waren, bestand ein Bedürfnis, gerade für die Heranwachsenden das Verlassen des Kindesalters festlich zu gestalten. Natürlich

waren auch die (oftmals reichlichen) Geschenke aus dem Familien- und Freundeskreis gern gesehen. Die Teilnahme an der Jugendweihe war offiziell freiwillig, jedoch wurde Nichtteilnehmern und ihren Familien oft mangelnde Staatstreue unterstellt, dies konnte den weiteren Bildungsweg erheblich erschweren. So sahen sich auch viele christliche Familien veranlaßt, neben der Konfirmation bzw. Kommunion ihre Kinder an der Jugendweihe teilnehmen zu lassen. Aber auch in der Kirche gab es Pfarrer, die einem Jugendweiheteilnehmer die Konfirmation aus diesem Grund verweigerten. Z.: „Wer in diesem Jahr seine Jugendweihe feiert, ist natürlich interessiert an den Modellen, die der Handel aus diesem Anlaß für Mädchen und Jungen bereithält." JW 22.2.1980, 1 (Beilage Mode)

Jugendweihling Scherzhaft für einen Vierzehnjährigen, der kurz vor der ↑ Jugendweihe und damit vor der Aufnahme in den Kreis der Erwachsenen stand.

Jugendwerkhof Staatliche Einrichtung für schwererziehbare Jugendliche, die unter der Verantwortung der ↑ Jugendhilfe stand. Die Einweisung in den Jugendwerkhof erfolgte wegen leichter Straftaten durch Gerichtsurteil. Auch bei anderen erheblichen Rechtsverletzungen (z. B. mehrfache Verletzung der Schulpflicht) außerhalb des Strafrechts konnte ein staatliches Verwaltungsorgan (z. B. Abteilung ↑ Jugendhilfe) die Einweisung in den Jugendwerkhof anordnen.

Juice Ausschließlich in der Gaststätte gebräuchliche Bezeichnung für Orangensaft, meist mit Fruchtfleisch. Die Ursache für den eingeschränkten Gebrauch lag wahrscheinlich darin, daß dieser Saft nicht im Handel erhältlich war.

Juice Shop Pseudolehnübersetzung von deutsch 'Saftladen' ins Englische. Juice Shop wurde ironisch verwendet für ein schlecht geführtes Geschäft oder einen nicht funktionierenden Betrieb, eben einen Saftladen.

Jumo Umgangssprachlich für ↑ Jugendmode.

Jungaktivist Ehrentitel, mit dem ein ↑ Jugendlicher, der als hervorragend geltende Leistungen im Rahmen des ↑ sozialistischen Wettbewerbs erbracht hatte, ausgezeichnet wurde. Vgl. auch: Aktivist

Junge Talente /Pl./ Auf dem V. SED-Parteitag (1958) und vom 6. ↑ Parlament der FDJ (1959) ins Leben gerufene Bewegung. Diese verfolgte das Ziel, künstlerisch begabte Kinder und Jugendliche zu fördern, indem ihnen eine kostenlose künstlerische Ausbildung und öffentliche Auftritte ermöglicht wurden. Die alle zwei Jahre auf verschiedenen Ebenen durchgeführten „Feste der Jungen Talente" dienten dem Leistungsvergleich und gehörten offiziell zur ↑ volkskünstlerischen Masseninitiative.

Jungehe Offizelle Bezeichnung für eine Ehe, in der beide Ehepartner noch nicht das 26. Lebensjahr erreicht hatten. 80% der Ehen wurden zwischen 18 und 25 Jahren geschlossen, v. a. deshalb, weil man nur als Ehepaar mit Kind Aussicht auf eine Wohnung hatte und weil dann auch ein günstiger ↑ Ehekredit in Anspruch genommen werden konnte.

Junger Pionier /Kurzf.: JP/ Bezeichnung für einen Schüler, der Mitglied der ↑ Pionierorganisation „Ernst Thälmann" war. Die Jungen Pioniere der ersten bis dritten Klasse bezeichnete man als ↑ Jungpioniere, die der

vierten bis siebenten Klasse als ↑ Thälmannpioniere. * bei den Jungen Pionieren sein; den Jungen Pionieren beitreten, angehören

Jungfacharbeiter Offiziell für einen ↑ Facharbeiter, der gerade ausgelernt hatte.

Jungpionier ↑ Junger Pionier im ersten bis dritten Schuljahr.

Jungwähler Erstmals nach Erreichen des aktiven Wahlrechtsalters an einer Wahl zu einer ↑ Volksvertretung teilnehmender Bürger. Die Jungwähler wurden bei den Wahlvorbereitungen besonders angesprochen, um sie politisch zu aktivieren und ihnen die Überzeugung zu vermitteln, daß das Einheitslistenwahlrecht tatsächlich demokratischen Charakter hätte. So bekam der erste Jungwähler, der in einem Wahllokal erschien, einen Blumenstrauß überreicht.

Jungwählerforum In jedem Wahlkreis mit ↑ Jungwählern vor einer Wahl durchgeführte Veranstaltung, die das Ziel hatte, diese Personengruppe für eine Beteiligung an der Wahl zu gewinnen und sie darüber hinaus politisch zu aktivieren.

Justitiar Leitender Mitarbeiter mit der Aufgabe, den Betriebsleiter und die Mitarbeiter des Betriebes in allen Rechtsfragen zu beraten. Er war befugt, seinen Betrieb (anstelle eines Rechtsanwalts) in Rechtsstreitigkeiten aller Art und vor allen Gerichten und anderen Streitentscheidungsorganen (z. B. ↑ staatliches Vertragsgericht, Außenhandelsschiedsgerichte, Beschwerdekommission der ↑ Sozialversicherung) zu vertreten.

Justizorgan Oberbegriff für alle Gerichte, staatlichen Notariate sowie Dienststellen der Staatsanwaltschaften und des Ministeriums der Justiz.

K

K /o. Pl.; Art.: die; Kurzf. für VP/K/
Bezeichnung des selbständigen Bereiches Kriminalpolizei innerhalb der
↑ Volkspolizei. * ein Offizier der K.,
die K. benachrichtigen, informieren,
da kommt ein Genosse von der K.
(ein Kriminalbeamter)

Kabelwerker ↑ -werker

Kabinett /mit best. Adj. od. Genitivobj./ Speziell ausgestatteter Raum,
der für die Lehre, für die Beratung
oder Diskussion von Problemen eines bestimmten Fachgebietes eingerichtet worden war. Gebräuchlich
waren Zusammensetzungen mit attributiv gebrauchten Adjektiven wie:
↑ militärpolitisches, pädagogisches,
↑ polytechnisches, ↑ technisches Kabinett; oder mit Genitivobj. wie:
↑ Kabinett junger Neuerer, ↑ Kabinett Neue Technik; vgl. auch: Fachkabinett

-kabinett Grundwort, das sich in Zusammensetzungen mit Substantiven
auf besonders an Schulen und Universitäten für das jeweilige Fachgebiet speziell eingerichtete Unter-
richtsräumen, in denen vorwiegend
audiovisuelle Lehrmittel (beim
Sprachunterricht) oder bestimmte la-
bortechnische Geräte (in den Fächern Biologie, Physik, Chemie) zur
Lernunterstützung benutzt wurden,
bezog. Gebräuchlich waren Zusammensetzungen wie: ↑ Fach-, ↑ Lehr-,
Musik-, ↑ Sprach-, Traditions-. Obwohl es Kabinette für die einzelnen
Unterrichtsfächer wie z. B. Russisch,
Englisch, Französisch, Biologie,
Physik oder Chemie gab, war es
nicht üblich, vom z. B. Russisch-
oder Chemiekabinett zu sprechen.
Wenn überhaupt, sprach man vom
Fachkabinett für Englisch, Biologie
usw.

(nicht) aus der **Kacke** kommen /Phras./
↑ Knete

Kader /vorw. Pl.; nach russ. Vorbild/
Personen, die für Aufgaben der Führung oder für solche ↑ Funktionen,
die spezielles Wissen erforderten, geeignet waren und deshalb nach besonderen Kriterien und Plänen ausgewählt, gefördert, politisch geschult
und eingesetzt wurden. Die Bedeutung geht auf die von Lenin für die
Sowjetunion entwickelte Revolu-
tions- und Staatstheorie zurück und
wurde dort zunächst nur für diejenigen Menschen angewendet, die eine
führende Position innerhalb der
↑ Partei der Arbeiterklasse einnahmen, sie wurde aber sehr schnell auf
den sowjetischen ↑ Staatsapparat
und die staatliche Wirtschaft übertragen. Von der ↑ SED wurde das
Wort mit dieser Bedeutungserweite-
rung übernommen und für diejenigen Personen oder Personengruppen
in Wirtschaft, ↑ Staatsapparat oder
Kultur verwendet, von denen wegen
ihrer exponierten Position eine marxistisch-leninistische Einstellung zu
Staat und Partei verlangt wurde.
Dies galt auch für besonders hochqualifizierte Fachleute. Die Partei-
und Staatsführung erwartete von den
Kadern die Einheit von politischer
Ergebenheit und fachlichem Können. Die Verwendung des Wortes
Kader beschränkte sich zunehmend
nicht nur auf die Führungskräfte, als
Kader wurden offiziell auch die Arbeiter oder Angestellten der sozialistischen Betriebe und staatlichen Institutionen bezeichnet. * leitende,
mittlere, wissenschaftlich-technische
Kader; Kader heranbilden, einsetzen, planmäßig ausbilden
Z.: „Es wurde eine Vielzahl von Kadern geformt und erprobt, die mit
großen Erfahrungen und ideenreich
um die Durchführung der Beschlüsse

113

der Partei ringen." Neuer Weg 1/
1975, 21

-kader Im offiziellen Sprachgebrauch
verwendet als Grundwort, das sich in
Zusammensetzungen mit Substantiven auf Einrichtungen oder Personengruppen bezog, die unter besonderer
politischer Führung und Planung
standen und als solche eingesetzt wurden. Gebräuchlich waren Zusammensetzungen wie: ↑ Fachschul-, ↑ Füh-
rungs-, ↑ Hochschul-, Nachwuchs-,
↑ Nomenklatur-, Partei-, ↑ Reise-,
Wirtschafts-

Kader- Im offiziellen Sprachgebrauch
verwendet als Bestimmungswort, das
sich in Zusammensetzungen mit
Substantiven oder Adjektiven auf
Personen, Gegenstände oder Vorgänge bezog, die im Zusammenhang
mit der Planung und politischen
Führung des Personaleinsatzes standen. Gebräuchlich waren Zusammensetzungen mit Substantiven
wie: ↑ -abteilung, -arbeit, ↑ -akte, -be-
darf, -entwicklung, -entwicklungs-
programm, ↑ -gespräch, ↑ -leiter, -lei-
tung, -nachwuchs, -politik /o. Pl./,
↑ -reserve, ↑ -schmiede, -situation,
↑ -spiegel, -unterlagen /Pl./; dazu Adjektive wie: -politisch, -mäßig, -tak-
tisch

Kaderabteilung Für die Einstellung,
Entlassung, Qualifizierung und die
politische Weiterbildung des Perso-
nals zuständige Stelle in Betrieben,
Verwaltungen, Parteien und ↑ Massenorganisationen. Mitarbeiter der
Kaderabteilung durften nur SED-
Mitglieder sein, die vom ↑ MfS si-
cherheitspolitisch geprüft worden
waren und den Kontakt dorthin auf-
rechterhielten.

Kaderakte Synonym für das in der
Bundesrepublik gebräuchliche Wort
'Personalakte'.

Kadergespräch In den Betrieben, Verwaltungen und Institutionen regelmäßig (einmal pro Jahr) oder wegen
eines besonderen Anlasses (z. B.
Kündigungsabsicht des Mitarbeiters)

durchzuführendes Gespräch des Vorgesetzten, eines Vertreters der ↑ Kaderabteilung und der ↑ Gewerkschaftsleitung mit dem dort beschäftigten Mitarbeiter über seine berufliche und gesellschaftliche Entwicklung.

Kaderleiter Leiter einer ↑ Kaderabteilung.

Kaderreserve Innerhalb jedes Betriebes, jedes ↑ staatlichen Organs planmäßig zu entwickelndes Potential geeigneter Mitarbeiter für den Einsatz
in künftig freiwerdenden Führungs-
positionen. Dies sollten politisch
überzeugte, möglichst der ↑ SED angehörende und gut ausgebildete jüngere Mitarbeiter sein, die neben Füh-
rungsqualität auch Ehrgeiz besitzen
sollten.

Kaderschmiede Offiziell von Staats-
und Parteiführung geprägtes Wort
für Orte oder Tätigkeitsbereiche, an
denen für Führungsaufgaben geeignete junge Menschen fachlich und
politisch ausgebildet und erprobt
werden konnten. Neben den ↑ Hochschulen der ↑ Partei und der ↑ FDJ
galten v. a. die ↑ FDJ-Jugendobjekte
(z. B. ↑ BAM, ↑ Trasse) in den
Augen der Parteiführung als Gelegenheit, unter schwierigsten Bedingungen besondere persönliche Qualitäten zu beweisen.

Kaderspiegel Von der ↑ Kaderabteilung für die jeweils übergeordnete
Kader- und Parteileitung angefertig-
te Übersicht über den Personalbe-
stand eines Betriebes, einer Verwaltung oder Institution. Diese Übersicht gestattete eine schnelle und lük-
kenlose Einsicht und damit eine wie
auch immer geartete Auswertung
aller vorhandenen ↑ Kaderakten.

Kaderwelsch Vom Volk geprägte und
von Kauderwelsch abgeleitete Bezeichnung für den überall zu hören-
den, aber in der Privatsphäre möglichst von allen vermiedenen Funk-
tionärsjargon.

kalendertäglich Im offiziellen Sprachgebrauch benutzt für an jedem Tag im Monat, also auch an Sonn- und Feiertagen stattfindend.
Z.: „Die uns zur Verfügung stehenden hochproduktiven Anlagen werden ... in der Großwäscherei 21 Stunden kalendertäglich ausgelastet." BZ 154/84, 3

Kamerad Offizielle Anrede für die Mitglieder der ↑ Gesellschaft für Sport und Technik.

Kammer der Technik /Kurzf.: KdT/ Berufsorganisation der Ingenieure und anderer Techniker mit freiwilliger Mitgliedschaft, die den Mitgliedern u. a. Fachzeitschriften sowie fachliche Qualifizierungsmöglichkeiten zu niedrigen Preisen bot. Wie in allen gesellschaftlichen Organisationen bestand eine tiefe Kluft zwischen den politisch ausgerichteten Berufsfunktionären und der fachorientierten Mitgliedschaft. Die KdT wurde zunehmend auch für sachfremde Zwecke wie die Förderung der ↑ Neuererbewegung eingespannt.

Kampf- *auch* ◆**Kampfes-** Bestimmungswort, das sich in Zusammensetzungen mit Substantiven in offiziellen Texten auf Menschengruppen oder gesellschaftliche Erscheinungen bezog. Durch die Bezugnahme auf den ↑ Klassenkampf sollte die politische Verbundenheit mit der ↑ Arbeiterklasse, der Staats- und Parteiführung oder den anderen sozialistischen Ländern ausgedrückt werden, was das falsche Pathos, das in solchen Äußerungen zu spüren war, noch unterstrich. Gebräuchlich waren Zusammensetzungen mit Substantiven wie: -bündnis, -genosse, ↑ -gruppe /o. Pl./, -◆grüße, ↑ -programm, ↑ -reserve, -tag, -◆wille

Kampfgruppe /Kurzf. für Kampfgruppen der Arbeiterklasse/ Seit 1959 offizielle Bezeichnung für die in den meisten Großbetrieben, aber auch in größeren staatlichen Institutionen oder den ↑ landwirtschaftlichen Produktionsgenossenschaften gebildeten paramilitärischen Einheiten, die außerhalb ihrer Arbeitszeit von Verantwortlichen der ↑ Volkspolizei oder der ↑ NVA ausgebildet wurden. Richtlinien und Anweisungen für die Ausbildung der Kampfgruppen kamen direkt vom ↑ Zentralkomitee der SED. So bestanden ihre Aufgaben im Schutz ihres Betriebes sowie der Wahrung der inneren ↑ Ordnung und Sicherheit der ↑ DDR im Krisenfall und in der Unterstützung der ↑ Volksarmee im Kriegsfall. Die Mitglieder der Kampfgruppe wurden offiziell mit ʹGenosse Kämpferʹ angesprochen, selbst dann, wenn sie nicht Mitglied der ↑ SED waren. Viele traten nach Werbungsgesprächen durch die betrieblichen Parteifunktionäre bewußt in die Kampfgruppe ein, um sich Nachteile zu ersparen und den Vorteil zu nutzen, von den bis zum 40. Lebensjahr stattfindenden mehrmonatigen Reservistenübungen der NVA befreit zu werden.
Z.: „Mit der Ausbildungsperiode 1973 – 1976 wurde eine qualitativ neue Etappe der Entwicklung der Kampfgruppen der Arbeiterklasse eingeleitet... Es gilt, ständig bereit und in der Lage zu sein, gemeinsam mit den anderen Kräften der DDR und fest an der Seite der sowjetischen Waffenbrüder, zu jeder Zeit und unter allen Bedingungen unser sozialistisches Aufbauwerk zu schützen und zu verteidigen." Neuer Weg 1/ 1975, 15

Kampflied Zu offiziellen Anlässen gesungenes politisches Lied, um den kämpferischen, alles besiegenden Geist des ↑ Sozialismus heraufzubeschwören und dadurch seinen wie auch immer gearteten Feinden Paroli zu bieten.
W.: Die Tagesordnungspunkte des letzten SED-Parteitag waren: 1. Hereintragen der Mitglieder des Politbüros 2. Einschalten der Herzschrittmacher 3. Gemeinsames Singen des

Kampfliedes „Wir sind die junge Garde"

Kampfprogramm Besonders von Vertretern der ↑ Partei- oder den ↑ Massenorganisationen offiziell gebrauchtes Wort für den jährlichen Arbeitsplan eines ↑ Kollektivs, einer ↑ Gewerkschafts- oder Parteigruppe oder einer anderen Organisationseinheit des ↑ FDGB, der ↑ SED oder der ↑ FDJ. Mit dieser Bezeichnung sollte der revolutionäre, dynamische Charakter der von ↑ Selbstverpflichtung geprägten Programme deutlich gemacht werden.

Kampfreserve /o. Pl.; Kurzf. für Kampfreserve der Partei/ Im offiziellen Sprachgebrauch für die ↑ FDJ mit all ihren Mitgliedern, die nach dem Wunsch der SED-Führung das Nachwuchsreservoire sein sollte, aus dem die ↑ Partei Mitglieder bei Bedarf auswählen konnte. Mit dieser pathetischen Bezeichnung sollte die erhoffte Treue zur ↑ SED ausgedrückt werden, deren Beschlüsse mitgetragen und unter allen Jugendlichen verbreitet werden sollten. Z.: „Die Freie Deutsche Jugend arbeitet unter der Führung der Sozialistischen Einheitspartei Deutschlands und betrachtet sich als deren aktiver Helfer und Kampfreserve." Statut der FDJ, S. 3

Kandidat /Kurzf. für Kandidat der SED/ Bewerber um die Mitgliedschaft in der ↑ SED, dessen Antrag von zwei ↑ Bürgen unterstützt werden mußte und der eine Probezeit zu absolvieren hatte, in der ein ↑ Parteiauftrag zu erfüllen war. Als ↑ Kandidaten wurden aber auch diejenigen Mitglieder in den höheren Parteileitungen der SED (↑ Zentralkomitee, ↑ Kreis- und Bezirksleitung, ↑ Revisionskommissionen, ↑ Parteikontrollkommissionen) bezeichnet, die nicht stimmberechtigt waren, sondern nur eine beratende ↑ Funktion innehatten. * er ist Kandidat

(mit beratender Stimme) des Politbüros des ↑ Zentralkomitees der SED

Kandidatenkarte Mitgliedsausweis eines ↑ Kandidaten der ↑ SED. Vgl. auch: Parteidokument

Kandidatenzeit /o. Pl./ Probezeit von einem Jahr (nur für Antragsteller aus der ↑ Arbeiterklasse) bzw. zwei Jahren für alle Bewerber um die Mitgliedschaft in der ↑ SED. In dieser Zeit sollten sie durch Erfüllung von ↑ Parteiaufträgen, aktive Parteiarbeit und Einhaltung aller Parteibeschlüsse nachweisen, ein würdiges SED-Mitglied sein zu können. Die ↑ Kandidaten hatten alle Pflichten eines Parteimitglieds zu erfüllen, waren jedoch bei Abstimmungen nicht stimmberechtigt und nicht in Parteifunktionen wählbar.

Kannibalenabzeichen Vom Volke geprägte Bezeichnung für das ↑ Parteiabzeichen der SED.

KAP /Kurzf. für Kooperative Abteilung Pflanzenproduktion/ Form der Konzentration landwirtschaftlicher Produktion, bei der mehrere, historisch bedingt unterschiedlich große ↑ LPG einer Region ihre Feldarbeit zusammenfaßten und gemeinsame ↑ Arbeitskollektive bildeten, ohne daß die Rechtspersönlichkeit der einzelnen LPG oder die Genossenschaftsmitgliedschaft der Beschäftigten aufgehoben worden wäre. Durch die staatlicherseits angeordnete Spezialisierung wurde die traditionelle Einheit von Tier- und ↑ Pflanzenproduktion in der Landwirtschaft zerstört. Vgl. auch: KAT Z.: „Die Kooperativen Abteilungen Pflanzenproduktion haben sich in Durchführung der Beschlüsse des VIII. Parteitages der SED gefestigt und gut entwickelt." Neuer Weg 1/ 1975, 22

Kapazität Insbesonders in ↑ Produktion, Umschlag und Transport Bezeichnung für den zahlenmäßigen Ausweis des größtmöglichen Produktions-, Umschlags- oder Transportvolumens eines Betriebes oder eines betrieblichen Bereiches in Naturaleinheiten.

Kapazitätsplanung Verfahren zur Bestimmung der verfügbaren ↑ Kapazität eines Betriebes oder Betriebsteiles zum Zwecke der daraus abgeleiteten Produktions-, Materialbedarfs- und Absatzplanung.

Kapazitätsreserve Nicht ausgenutzte ↑ Kapazitäten, z. B. infolge von Maschinenstillstand, ungünstiger Technologie oder ungeeignetem Material. Die Erschließung von Kapazitätsreserven scheiterte zumeist daran, daß fehlende Motivation der Mitarbeiter und Auswirkungen genereller Mangelwirtschaft nicht beseitigt werden konnten.

Kapital Terminus der Marx'schen politischen Ökonomie zur Bezeichnung des durch die Ausbeutung von Lohnarbeit geschaffenen Wertes. In diesem Sinne wurde Kapital als gesellschaftliches ↑ Produktionsverhältnis betrachtet, das mit der es umgebenden Klassengesellschaft zum Absterben verurteilt war. Nur vereinzelt räumten Wirtschaftswissenschaftler und ↑ Funktionäre die aktivierende Wirkung ↑ privaten Kapitals auf ↑ Produktion und Handel ein.

W.: Als das deutsche Reich starb, erhielten die beiden deutschen Brüder ihr Erbteil. Der ostdeutsche Bruder wurde Erbe des (kommunistischen) Manifests, der westdeutsche Bruder dagegen Erbe des Kapitals.

Kapitalismus Terminus des Marxismus zur Bezeichnung einer ökonomischen ↑ Gesellschaftsformation, die auf dem Privateigentum insb. an den Produktionsmitteln und der ↑ privaten Aneignung der durch Lohnarbeit geschaffenen Werte beruht. Nach Auffassung des ↑ Marxismus-Leninismus war der Kapitalismus wegen sich zuspitzender innerer Widersprüche durch den ↑ Sozialismus gesetzmäßig abzulösen.

kapitalistisches Ausland Ausländische Staaten, die nach Einschätzung der DDR-Staatsführung eine kapitalistische Gesellschaftsform hatten. Das kapitalistische Ausland war aus politischen Gründen von den als „Junge Nationalstaaten" bezeichneten Dritte-Welt-Ländern abzugrenzen, um deren Sympathie die ↑ DDR ungeachtet der dort oft herrschenden frühkapitalistischen Verhältnisse warb. In der ↑ Propaganda von Partei- und Staatsführung war das kapitalistische Ausland durch Ausbeutung und Unterdrückung v. a. der Arbeiter gekennzeichnet, in der Phantasie vieler DDR-Bürger hingegen waren es die Länder, in denen es alles zu kaufen gab, woran es in der DDR mangelte.

W.: Über dem tiefen Urwald von Afrika stürzt ein Flugzeug ab und ein Amerikaner, ein Russe und ein DDR-Bürger geraten in die Hände von Kannibalen. Der Häuptling bestimmt, daß alle drei für das Abendessen in den Suppentopf kommen sollen. Die drei bitten um Gnade und der Häuptling sagt: „Erzählt, wo ihr herkommt, wenn ich das Land kenne, bleibt derjenige am Leben!" Der Amerikaner sagt: „Ich komme aus den USA. Das ist das reichste und mächtigste Land auf der Erde!" „Kenne ich nicht", sagt der Häuptling, „ab in den Kessel!" Der Russe sagt: „Ich komme aus der Sowjetunion, das ist das erste kommunistische Land der Welt." „Kenne ich nicht", sagt der Häuptling, „ab in den Kessel!" Zitternd sagt der DDR-Bürger: „Ich komme aus einem ganz kleinen Land in Europa, aus der DDR." Brüllt der ganze Kannibalenstamm im Rhythmus: „Frieden, Freundschaft, Solidarität!" „Was denn", sagt ungläubig der DDR-Bürger, „ihr kennt die DDR?" „Klar Kumpel", sagt der Häuptling und haut ihm auf die Schulter, „von euch haben wir doch den Kessel!"

Karl-Marx-Orden Höchste staatliche Auszeichnung der ↑ DDR, die fast ausschließlich der politischen Führungsspitze (↑ Politbüro der SED) sowie einigen herausgehobenen politischen Freunden (↑ Generalsekretäre kommunistischer Parteien, z. B. der Sowjetunion) verliehen wurde, in der Regel zum 1. Mai oder 7. Oktober (↑ Nationalfeiertag der DDR). Z.: „Den Karl-Marx-Orden erhielt in Anerkennung überragender Verdienste in der Arbeiterbewegung der Arbeiter-Veteran Max Frenzel, Mitglied der Bezirksrevisionskommission Berlin der SED." Tribüne 6.3.1973, 1

Karlex Expreßzug der ↑ Deutschen Reichsbahn, der zwischen den Städten Berlin (Ost) und Karlovy Vary (Karlsbad) verkehrte und der im Gegensatz zu anderen Zügen mit etwas mehr Komfort ausgestattet war. S.: Zigarre

Karpatenschreck Ironische Bezeichnung für einen aus Rumänien eingeführten Kleinlastwagen, der sehr oft ausfiel und dem es ständig an Ersatzteilen mangelte.

Kartoffelaktion Ursprünglich in den fünfziger Jahren entstandene Aktion, bei der die Schulkinder in den Herbstferien den Bauern halfen, gegen ein kleines Entgelt Kartoffeln zu lesen. Später war diese Aktion auch als in den Studienplan integrierte Pflichtwoche für Studenten enthalten, die dann aber nicht immer Kartoffeln lasen, sondern z. B. auch Äpfel oder Kohl ernteten. S.: Kartoffeleinsatz

Kartoffeleinsatz ↑ Kartoffelaktion

Kartoffelferien /Pl./ Umgangssprachlich für die im Herbst stattfindenden Schulferien.

Kartoffelvollerntemaschine Landwirtschaftliche Maschine, die zum Symbol der Leistungsfähigkeit des DDR-Landmaschinenbaus und der DDR-Landwirtschaft wurde.

Karton de Blamage Vom Volke geprägte Bezeichnung für ↑ Trabant.

Kassation Gerichtliches Verfahren, bei dem bereits rechtskräftige Entscheidungen eines unteren Gerichts (↑ Kreis- bzw. ↑ Bezirksgericht) von einem übergeordneten (Bezirks- bzw. ↑ Oberstes Gericht) aufgehoben und neu verhandelt wurden. Anträge auf Kassation konnten nur der Bezirks- bzw. ↑ Generalstaatsanwalt sowie die Direktoren der Bezirksgerichte und der Präsident des Obersten Gerichts stellen. Ein solches Verfahren war notwendig, weil das Prozeßrecht der ↑ DDR nur eine Rechtsmittelinstanz kannte und deshalb Fehlurteile nicht auszuschließen waren. Die Kassation wendete man auch an, wenn nachträglich in einem Fall neue Fakten gefunden wurden. Durch das Antragsverfahren waren die Bürger gehindert, selbst solche Verfahren in Gang zu setzen, sie konnten nur bei den Antragsberechtigten entsprechende Bitten vorbringen (Rechtsbehelf).

Kasse der gegenseitigen Hilfe /o. Pl.; Kurzf.: KdgH/ Vom ↑ FDGB organisierte innerbetriebliche Unterstützungseinrichtung, die ihren beitragszahlenden Mitgliedern in Notlagen zinslose Darlehen gewährte. Beim Ausscheiden eines Mitgliedes erfolgte die Zurückzahlung seiner eingezahlten Beiträge.

Kasse des (gegenseitigen) Vertrauens Am Eingang besonders von Einrichtungen wie z. B. Aussichtstürmen, Schwimmbädern, kleineren Tiergärten angebrachte Kasse, in die die Besucher ohne jede Kontrolle ihr Eintrittsgeld stecken sollten.

KAT /Kurzf. für kooperative Abteilung Tierproduktion/ Form der Konzentration landwirtschaftlicher Produktion durch gemeinsame Haltung von Tieren mehrerer selbständiger ↑ LPG, um damit die ↑ Tierproduktion effektiver durchzuführen. Die Mitarbeiter blieben unverändert

Mitglieder der sie entsendenden LPG. Durch die staatlicherseits angeordnete Spezialisierung wurde die traditionelle Einheit von ↑ Tier- und Pflanzenproduktion in der Landwirtschaft zerstört. Vgl. auch: KAP

Kauffonds der Bevölkerung Planungstechnische Kategorie zur Bezeichnung des Teiles der Geldeinnahmen der Bevölkerung, der für den Kauf von ↑ Konsumgütern verfügbar war. Die mit staatlichen Mitteln gelenkte Entwicklung des Kauffonds, z. B. durch Senkung bestimmter Steuern oder durch Anhebung von Renten, sollte v. a. Arbeiter finanziell besser stellen als andere Bevölkerungsgruppen. Die ↑ Kennziffer Kauffonds der Bevölkerung blieb als Merkmal des Lebensstandards und der Wirtschaftskraft wertlos, weil die Kaufkraft der Bevölkerung v. a. durch die willkürlich vom Staat festgesetzten Mieten, Pachten und Preise für Verbrauchsguter bestimmt wurde.

Kaufhalle Von der ↑ HO oder vom ↑ Konsum geführte große supermarktähnliche Selbstbedienungseinrichtung.

Kaufhallenbäckerei Zur ↑ Kaufhalle gehörende Backstube, die das Angebot der Bäckereigroßbetriebe durch ofenfrische Backwaren ergänzte.

KdgH ↑ Kasse der gegenseitigen Hilfe jemandem auf den **Keks** gehen /Phras./ Salopp für jemandem mit seinem Gerede auf die Nerven gehen, jemandem lästig sein. * Geh' mir bloß nicht auf den Keks mit deinem Gemecker!; S.: jemandem auf die Ketten, den Senkel gehen

Kellerfilm Filme, die wegen Einflußnahme der ↑ Partei nicht in den öffentlichen Filmtheatern, sondern nur in (zumeist) nicht staatlich erlaubten Privatvorführungen gezeigt wurden.

Kennziffer 1. Ökonomische Kennziffer – das zahlenmäßige Ausweisen bestimmter wirtschaftlicher Leistungen anhand isolierter Fakten. Ökonomische Kennziffern spielten als statisti-scher Ausdruck der Wunschvorstellungen der Parteiführung v. a. in der ↑ Planung und in der ↑ Agitation eine wichtige, die Wirklichkeit verfremdende Rolle. Um die gewünschten Ergebnisse darstellen zu können, wurden die Verfahren der Bemessung der ökonomischen Kennziffern in Rechtsvorschriften jährlich neu festgelegt. Es wurden ↑ qualitative und ↑ quantitative Kennziffern vorgegeben und abgerechnet, synthetische Kennziffern in Analogie zum „Gewinn" in einer Wettbewerbswirtschaft wurden nicht entwickelt.
2. Quantitative Kennziffer – speziell von der Sowjetunion übernommene Kennziffern, die allein Mengen- und Aufwandsergebnisse darstellten, die Qualität und Verwendbarkeit aber außer acht ließen. Diese Kennziffern (z. B. industrielle Warenproduktion) bescheinigten z. B. denjenigen Betrieben die beste Leistung, die das teuerste Material mit dem größten Aufwand verarbeiteten. Dies verursachte mittelbar riesige Schäden durch Fehlorientierung der Betriebe.
3. ↑ Qualitative Kennziffer – Versuch, in den achtziger Jahren Alternativen zu den quantitativen Kennziffern zu finden. Da der Binnenmarkt abgeschottet war, blieben Kennziffern wie „Absatzgröße" oder „Erneuerungsrate der Produktion" ohne Aussage, sie wurden zudem wegen des geringen propagandistischen Wertes von der Parteiführung wenig geschätzt.

jemandem auf die **Ketten** gehen /Phras./ ↑ Keks

Ketwurst In den achtziger Jahren an Imbißständen eingeführtes Angebot bestehend aus einer durch ein längliches Brötchen gesteckten und mit scharfer Ketchupsoße übergossenen Bock- oder Bratwurst. Man wollte mit dieser sprachlichen Version den in der Bundesrepublik üblichen Begriff ´Hot dog' umgehen.

Z.: „Ketwurst ist seit einiger Zeit der Renner im ambulanten Handel. Eine gegrillte Wurst, eine lange Schrippe (Ketling sagen die Fachleute) und Teufelssoße obendrauf." BZ 241/85, 11

KGD Konzert- und Gastspieldirektion

KHV ↑ Kommissionshandelsvertrag

KiKo ↑ Kinderkombination

KiKri ↑ Kinderkrippe

KIM /Kurzf. für Kombinat industrielle Mast; o. Art./ Landwirtschaftlicher Großbetrieb, dessen Aufgabe in der ↑ Produktion von Frischeiern, der Geflügelaufzucht und der Geflügelmast bestand. Die Produkte wurden mit diesem Namen bezeichnet, z. B. KIM-Eier. S.: Hühner-KZ

Kinder- Bestimmungswort, das sich in Zusammensetzungen mit Substantiven auf Einrichtungen oder Veranstaltungen, die speziell für Kinder vorgesehen waren, bezog. Gebräuchlich waren Zusammensetzungen wie: ↑ -und Jugendaustausch, ↑ -und Jugendspartakiade, ↑ -einrichtung, -ferienlager (↑ Ferienlager), -fernsehen, ↑ -garten, -hort (↑ Hort), ↑ -kaufhaus, ↑ -kombination, ↑ -krippe, -tag (↑ Internationaler Kindertag)

Kinder- und Jugendaustausch /o. Pl./ Abmachung zwischen befreundeten sozialistischen Staaten, Kindern und Jugendlichen während der Sommerferien im jeweils anderen Partnerland einen Ferienaufenthalt zu ermöglichen.

Kinder- und Jugendspartakiade /vorw. Sg./ Seit 1966 jährlich in den Winter- und Sommerferien organisierte Sportwettkämpfe mit Olympiadecharakter, an denen Kinder und Jugendliche aus der gesamten ↑ Republik teilnahmen, die sich in Kreis- und Bezirksspartakiaden für das Finale qualifiziert hatten. Die ↑ Spartakiade sollte als Anreiz für die sportliche Betätigung aller Kinder und Jugendlichen dienen und ihnen eine zusätzliche Wettkampfmöglichkeit eröffnen. Vgl. auch: Spartakiade

Kindereinrichtung Offiziell gebrauchtes Wort für die Vorschuleinrichtungen ↑ Krippe und ↑ Kindergarten.

Kindergarten /offizielle Kurzf.: KiGa/ Staatliche oder betriebliche Einrichtung unter Leitung bzw. Aufsicht der Abteilung ↑ Volksbildung des ↑ Rates des Kreises, in der die Kinder berufstätiger Mütter vom dritten Lebensjahr an bis zum Schuleintritt ganztägig betreut wurden. Die Versorgung mit einem Kindergartenplatz war für berufstätige Frauen gesetzlich garantiert. Die Eltern hatten nur einen Kostenbeitrag von 0,90 Mark je Tag für das Essen zu leisten. In der ↑ DDR gab es außerdem noch einige wenige kirchliche Kindergärten.

Kinderkaufhaus /o. Pl./ In Ostberlin speziell für Kunden mit Kindern eingerichtetes Kaufhaus, das für Kinder benötigte Waren wie Kinderbekleidung, Kinderschuhe, Spielzeug, Schulbedarf u. ä. mit besonders gutem Angebot führte. Es verfügte außerdem über ein Restaurant, in dem die kleinen Kunden nach dem Einkauf mit ihren Eltern verweilen konnten.

Kinderkombination /offizielle Kurzf.: KiKo/ Besonders in Neubaugebieten errichteter, meist dreistöckiger Flachbau mit zwei separaten Eingängen, in dem sowohl ↑ Kindergarten als auch ↑ Kinderkrippe mit ihren ↑ Versorgungseinrichtungen (Küche) untergebracht waren und zu dem auch Spielplätze gehörten.

Kinderkrippe /offizielle Kurzf.: KiKri; Kurzf.: Krippe/ Staatliche oder betriebliche Einrichtung für die ganztägige Betreuung von Kindern im Alter von sechs Monaten bis zur Vollendung des dritten Lebensjahres, deren Mütter berufstätig waren. Im Unterschied zu dem der Abteilung ↑ Volksbildung des ↑ Rates des Kreises unterstellten ↑ Kindergarten gehörten die Kinderkrippen zur Abteilung Gesundheitswesen.

Kinosommer Jährlich während der Sommermonate häufig in Freiluftkinos durchgeführte Veranstaltungsreihe, bei der Filme meist des Unterhaltungsgenres erstmalig gezeigt wurden.

Klasse 1. zentraler Begriff des ↑ Marxismus-Leninismus, der große, historisch zu bestimmende Menschengruppen bezeichnet, die sich (nach Lenin) voneinander u. a. durch ihren Platz im System der gesellschaftlichen ↑ Produktion, ihre Stellung zu den Produktionsmitteln und daraus folgend ihren Anteil am gesellschaftlichen Reichtum unterscheiden. Diese im wesentlichen sozial-ökonomische Betrachtungsweise wurde in der Praxis der ↑ SED zunehmend von pragmatischen Gesichtspunkten überdeckt, es wurden (trotz z. B. anderer Stellung im System der gesellschaftlichen Produktion) ganze Bevölkerungsgruppen zu „Mitgliedern der Arbeiterklasse gemacht". Offiziere, akademisch ausgebildete Berufsfunktionäre, selbst leitende Ingenieure wurden so als der ↑ Arbeiterklasse zugehörig eingeordnet, um deren ↑ führende Rolle und zahlenmäßige Stärke demonstrieren zu können. **2.** In der Sprache der ↑ Partei und der Massenmedien stets synonym für Arbeiterklasse als führende Klasse gebraucht, da alle anderen Klassen als marginal und absterbend angesehen wurden. * im Dienste der Klasse stehend

Klassen- 1. Offiziell benutztes Bestimmungswort, das sich in Zusammensetzungen mit Substantiven oder Adjektiven auf den Klassenbegriff des ↑ Marxismus-Leninismus bezog. Gebräuchlich waren Zusammensetzungen wie: -auseinandersetzung, ↑ -bewußtsein, -bruder (↑ Bruder), -bündnis, ↑ -charakter, ↑ -feind, ↑ -frage, -gegner, -gesellschaft, -ideologie, ↑ -kampf, ↑ -standpunkt; dazu Adjektive wie: -bewußt, -gebunden

2. Bestimmungswort, das sich in Zusammensetzungen mit Substantiven auf Gremien, Personen oder organisatorische Mittel bezog, die im Zusammenhang mit Schulklassen standen. Gebräuchlich waren Zusammensetzungen wie: -elternaktiv (↑ Elternaktiv), -leiter, ↑ -leiterplan

Klassenbewußtsein Ursprünglich im Sinne des ↑ Marxismus-Leninismus subjektive Eigenschaft der Angehörigen einer ökonomisch bestimmten Klasse, sich ihrer sozialen Stellung, ihrer daraus resultierenden Interessen und der davon abgeleiteten gemeinsamen Haltung gegenüber anderen Klassen bewußt zu sein und entsprechend zu handeln. In der ↑ DDR wurde daraus die in ↑ Agitation und Propaganda unentwegt vorgetragene Aufforderung an alle Bürger, unabhängig von der tatsächlichen Klassen- oder Schichtenzugehörigkeit bedingungslos bereit zu sein, alle Auffassungen und Forderungen der ↑ SED zu vertreten. Solches Klassenbewußtsein (angeblich im Sinne der Arbeiterklasse) war Voraussetzung für den Aufstieg in alle höheren Partei-, Staats- und Wirtschaftsfunktionen.

W.: Politunterricht in der NVA. Der Politoffizier stellt fest: „Alle Soldaten müssen, um dem Feind überlegen zu sein, das feste Klassenbewußtsein der Arbeiterklasse besitzen." Frage eines Soldaten: „Ich bin Ingenieur, was mache ich mit dem Bewußtsein der Intelligenz?" Antwort des Politoffiziers: „Quatsch, bei uns wird das Klassenbewußtsein befohlen."

Klassencharakter Insbesondere aus dem ↑ Leninismus abgeleitete Bewertung eines Staates, zunehmend aber auch des gesamten gesellschaftlichen Lebens (bis hin zum Sport oder der Mode) danach, ob sie den Interessen der ↑ Arbeiterklasse oder einer anderen Klasse entsprachen oder nicht.

Klassenfeind Zunächst v. a. in der Parteipropaganda geprägtes Bild eines fanatisch gegen die ↑ Arbeiterklasse und die ↑ DDR arbeitenden Gegners. Später auf diejenigen Menschen übertragen, die v. a. politische Opposition organisierten. Auch im politischen Strafrecht war die häufig benutzte Begründung für harte Urteile, daß jemand (O-Ton:) 'dem Klassenfeind in die Hände gearbeitet' habe.

Klassenfrage /vorw. Sg./ In der politischen Theorie und ↑ Propaganda häufig benutzte Methode, um alle (auch komplizierte) politischen Fragen auf den einfachen Nenner von Gut und Böse zu bringen. Zu diesem Zweck wurden politische Fragen darauf reduziert, ob die ↑ Arbeiterklasse von einem Vorgang Nutzen oder Schaden zu erwarten habe. Damit konnte Staatspolitik begründet werden, selbst wenn sie die Menschen veranlaßte, in vielen Einzelfragen gegen den gesunden Menschenverstand zu handeln.

Klassenkampf Theoretische Grundposition des ↑ Marxismus-Leninismus, nach der alle gesellschaftspolitische Entwicklung bis zum Erreichen des ↑ Kommunismus vom Kampf der ↑ Klassen ausgeht. Die von der ↑ SED betriebene Reduzierung der Gesellschaftstheorie auf subjektiven Klassenkampf statt (wie noch bei Marx) auf ökonomisch determinierte Sachverhalte machte ihre Bemühungen lebensfremd und zunehmend erfolglos.

Klassenleiterplan Vom Klassenleiter zu Beginn des Schuljahres aufgestellter ↑ Plan, der die staatlich vorgegebenen Unterrichts- und Erziehungsziele für das jeweilige Schuljahr enthielt.

Klassenstandpunkt Bezeichnung für die von der ↑ SED bewertete politische Haltung eines Menschen, v. a. hinsichtlich der Bereitschaft, von den Interessen der ↑ Arbeiterklasse ausgehend (die allein von der SED bestimmt wurden) sein gesamtes Denken und Handeln absolut der jeweils vorherrschenden ↑ ideologischen Li-

nie unterzuordnen. Ein „fester Klassenstandpunkt", d. h. die völlige Kritiklosigkeit und die Bereitschaft, persönliche Interessen zurückzustellen, war Voraussetzung für beruflichen und politischen Aufstieg. Die Dogmatisierung dieses Begriffs brachte es mit sich, daß der Standpunkt der Arbeiterklasse schließlich auch von Angehörigen anderer sozialer Schichten (↑ Intelligenz, Bauern) verlangt wurde. Die Einschätzung des Klassenstandpunktes durfte in keinem Zeugnis bzw. keiner Beurteilung fehlen.

Klassiker /vorw. Pl./ Im offiziellen Sprachgebrauch Bezeichnung für die drei Gesellschaftswissenschaftler Marx, Engels und Lenin, die mit ihren Werken die Theorie des ↑ Sozialismus prägten. Bis Anfang der sechziger Jahre wurde auch Stalin zu den Klassikern gerechnet.

Kleinspitzbartshausen Vom Volke geprägte Bezeichnung für die nördlich von Berlin bei Wandlitz gelegene Wohnsiedlung der SED-Prominenz. So genannt wegen des Wohnsitzes von Walter Ulbricht, der einen Spitzbart trug. S.: Honnywood

Klub /mit Genitivobj./ Anstelle des Vereins benutzte Organisationsform ohne Rechtscharakter, die es den Anhängern bestimmter Interessengebiete im Rahmen vorhandener ↑ Massenorganisationen wie der Klub der Techniker oder des ↑ Kulturbundes, aber auch innerhalb der Betriebe ermöglichte, sich besonders auf sportlichem und ↑ geistig-kulturellem Gebiet zusammenzufinden. * Klub Junger Talente, Techniker; Klub Junger Neuerer; Klub der Internationalen Freundschaft; Klub der Werktätigen Z.: „Gute Freundschaft verbindet den Klub der Volkssolidarität Manetstraße 75 in Weißensee mit vier Hohenschönhausener Kindergärten, für die Klubmitglieder unentgeltlich Näharbeiten ausführen." BZA 26.7.1968, 5

Klub- Bestimmungswort, das sich in Zusammensetzungen mit Substantiven auf die überall in den Städten und auf dem Land existierenden ↑ Klubs bezog. Gebräuchlich waren Zusammensetzungen wie: ↑ -aktiv, -arbeit, -beirat, ↑ -gaststätte, -haus, -hausleiter

Klubaktiv Ehrenamtlich tätige Mitglieder eines ↑ Klubs, die Veranstaltungen vorbereiteten und dafür sorgten, daß sie wie geplant ablaufen konnten. V. a. in den ↑ FDJ-Jugendklubs unterstützte das Klubaktiv den hauptamtlichen Klubleiter bei der Arbeitsplanung, brachte aber auch die Interessen der Mitglieder und anderer Besucher zur Geltung.

Klubgaststätte In die großen Neubaugebiete integrierter eingeschossiger Gebäudekomplex, in dem sich mehrere Gaststätten (Restaurant, Café, Nachtbar), eine Bowlingbahn sowie ein Saal, der für größere Veranstaltungen, aber auch für die ↑ Schulspeisung genutzt wurde, befanden.

(nicht) aus der **Knete** kommen /Phras./ In der Jugendsprache für eine deutliche Aufforderung an jemanden, der lahmarschig ist, nicht aus den Startlöchern kommt, zu langsam ist. *Komm endlich aus der Knete, wie lange soll ich denn noch auf dich warten? S.: (nicht) aus der Kacke, dem Knick, der Hüfte kommen

(nicht) aus dem **Knick** kommen /Phras./ ↑ Knete

Koexistenz ↑ friedliche Koexistenz

Kolchos ['kolֈos] /Art. der: *auch* das/ **Kolchose** [kol'ֈoze] /Art.: die; nach russ. Vorbild/ **1.** Offizielle Bezeichnung für die landwirtschaftlichen Kollektivbetriebe in der UdSSR. **2.** Scherzhafte Bezeichnung für eine ↑ LPG oder einen (Klein)garten. *ich fahre heute Nachmittag auf meine Kolchose

Kolchosnik /Art.: der; nach russ. Vorbild/ Scherzhafte Bezeichnung für einen Bauern, meist den Genossenschaftsbauern einer ↑ LPG.

Kollege kommt gleich Üblicher Ausspruch des mit Arbeit überlasteten Gaststättenpersonals, das dem Ansturm der Gäste nicht gewachsen war. Für den Gast bedeutete das, daß er sich auf eine längere Wartezeit einstellen mußte, ehe er bedient wurde.

Kollektiv /nach russ. Vorbild/ Gruppe von Menschen, die innerhalb der sozialistischen ↑ Gesellschaftsordnung und in Übereinstimmung mit deren politischen Zielen zu einem bestimmten Zweck gemeinsam tätig wurde. Das Wort Kollektiv diente als sprachideologisch motiviertes Gegenstück zu „Team", es fand dennoch generelle Akzeptanz bei der Bevölkerung. In jedem Kollektiv sollte die Führungsrolle der ↑ SED durch die beteiligten SED-Mitglieder wahrgenommen werden. Kollektive gab es in allen Lebensbereichen, v. a. am Arbeitsplatz, aber auch im Sport, im Freizeitbereich (Kleingärtnerkollektive, ↑ Jagdkollektive o. ä.), im politischen Leben (z. B. unter den Mitgliedern der ↑ DSF), im Urlaub (z. B. eine Auslandsreisegruppe). Da fast jeder Mensch zwangsläufig einem oder mehreren Kollektiven angehörte, unterlag er auch diesbezüglich einer politischen Lenkung. Unter dem Mantel des Kollektivs konnte auch viel Gemeinschaftliches unternommen werden (z. B. Theaterbesuche, Weihnachtsfeiern). Viele Arbeitskollektive gaben ihren Mitgliedern Geborgenheit in der Gemeinschaft. Das ↑ sozialistische Kollektiv war eine Arbeits- oder Studiengruppe, die staatlich vorgegebene Anforderungen zumindest formal erfüllte (Planerfüllung, einige gemeinsame Unternehmungen) und dafür finanzielle Zuwendungen für gemeinsame Unternehmungen (Ausflüge, Feiern etc.) erhielt.

Kollektiv der deutsch-sowjetischen Freundschaft Titel für ein Arbeitskollektiv, dessen Mitglieder überwie-

gend der ↑ Gesellschaft für deutsch-
sowjetische Freundschaft (↑ DSF)
angehörten und die eine Reihe von
↑ Selbstverpflichtungen zu erfüllen
bzw. abzurechnen hatten, die sich
v. a. auf das Kennenlernen der sowjetischen Kunst und Kultur (z. B.
der Kinofilme) und auf ↑ Freundschaftstreffen mit Sowjetbürgern bezogen. Oftmals diente die Erfüllung
der Verpflichtungen als Vorwand für
ein geselliges Beisammensein (z. B.
Samowarabend).

Kollektiv der sozialistischen Arbeit In
Betrieben, Instituten und Einrichtungen an Abteilungen, ↑ Brigaden
oder andere Arbeitsgruppen vergebener staatlicher Ehrentitel, der im
Rahmen des ↑ sozialistischen Wettbewerbs erkämpft werden mußte.
Die ↑ Kollektive übernahmen im
Rahmen staatlicher ↑ Vorgaben
↑ Selbstverpflichtungen, die sich v. a.
auf höhere Arbeitsergebnisse und gemeinsame (kulturelle) Freizeitgestaltung bezogen. Nach erfolgreichem
↑ Titelkampf und der Verteidigung
der erreichten Ergebnisse vor den
Vertretern der ↑ Partei-, Gewerk-
schafts- und staatlichen Leitung wurde der Titel „Kollektiv der sozialistischen Arbeit" vom Leiter des Betriebes, der Dienststelle verliehen. Der
↑ Titelkampf wurde oftmals nur formal geführt, die Arbeitsgruppen
rechneten als erfüllt ab, was sie ohnehin an beruflichen Leistungen und
gemeinsamen Unternehmungen hatten. Da fast alle ↑ Kollektive im ↑ Titelkampf standen, glaubte die Partei-
bürokratie an daraus resultierende
zusätzliche Leistungen und machte
dies zum Gegenstand unglaubwürdi-
ger ↑ Propaganda.

-kollektiv Grundwort, das sich in Zusammensetzungen mit Substantiven
auf in einem bestimmten Bereich tätige Menschengruppen innerhalb einer sozialistischen ↑ Gesellschaftsordnung bezog. Gebräuchlich waren
Zusammensetzungen wie: Arbeits-,

Arbeiter-, Erfinder-, Forschungs-,
↑ Jagd-

Kollektiv- Bestimmungswort, das sich
in Zusammensetzungen mit Substantiven auf Vorgänge, Erscheinungen,
Personen bezog, die im Zusammenhang mit der Tätigkeit von Menschengruppen innerhalb einer sozialistischen ↑ Gesellschaftsordnung
standen. Gebräuchlich waren Zusammensetzungen, denen meistens
auch noch das Attribut sozialistisch
hinzugefügt wurde, wie: -arbeit, -be-
wußtsein (↑ sozialistisches Bewußtsein), -eigentum (↑ sozialistisches Eigentum), -entwicklung, -erziehung,
-geist, -leistung, -mitglied, ↑ -prämie,
↑ -vertreter; oder mit Genitivobjekt
Fügungen/Phrasen wie: ↑ Kollektiv
der deutsch-sowjetischen Freundschaft, ↑ Kollektiv der sozialistischen
Arbeit

Kollektivprämie Einem ↑ Kollektiv zu-
erkannte, zumeist finanzielle ↑ Prämie für eine gemeinsam erbrachte
Arbeitsleistung, die gemeinsam zu
verwenden war.

Kollektivvertreter 1. Beauftragter Sprecher eines ↑ Kollektivs zu einem bestimmten Anlaß. − **2.** Bei einem
Strafverfahren als Prozeßbeteiligter
auftretender Sprecher des Kollektivs,
in dem der Angeklagte beruflich tätig
war. Er war bevollmächtigt, im Interesse des Angeklagten gegenüber
dem Gericht die Übernahme einer
↑ Bürgschaft des Kollektivs für den
Fall einer Bewährungsverurteilung
anzubieten.

Kombinat /nach russ. Vorbild; Kurzf.
für Kombinierte Wirtschaftseinheit/
Aus mehreren relativ selbständigen
Betrieben und einem diesen übergeordneten Stammbetrieb oder ↑ Leitungsorgan bestehendes konzernähn-
liches Großunternehmen. Die Kombinate sollten, in Umsetzung sowjetischer Theorien, sowohl wirtschafts-
leitende als auch Produktionsaufga-
ben für eine ganze Branche (z. B.
Kombinat für Schienenfahrzeuge,

Kombinat für Rohrleitungen und Isolierungen) wahrnehmen. Da sie selbst die staatlichen Preise und Qualitätsvorschriften ausarbeiteten und gegenüber den Abnehmern die Produkte (Bilanzierung) verteilten, wurden sie als Monopolunternehmen wirtschaftlich kaum effektiv. Wegen der starken Bürokratisierung der Wirtschaft konnten sie auch die Vorzüge der Konzentration kaum nutzbar machen. In der Parteipropaganda wurden sie als die modernste Wirtschaftsform gefeiert. Nachdem in den achtziger Jahren die Kombinatsform zu einem Dogma der Wirtschaftsstruktur geworden war, mußten die ↑ Räte der Bezirke und Kreise auch die ihnen unterstellten kleinen Betriebe mit sehr unterschiedlichen Aufgaben formal in örtlich geleitete Kombinate (z. B. ↑ Dienstleistungskombinate) eingliedern. Kombinat wurde aber auch in Verbindung mit ↑ VEB den Betriebsbezeichnungen vorangestellt: VEB Kombinat Glühlampe, VEB Kombinat Minol.
W · Anfrage an den Sender Jerewan: Was sind Kombinate? Antwort: Kombinate sind Günter Mittags V2 der DDR-Wirtschaft: Sehr teuer, nur in der Zeitung wirksam und insgesamt erfolglos.

-kombinat Grundwort, das sich in Zusammensetzungen mit Substantiven auf die konzernähnlichen, aus mehreren relativ selbständigen Betrieben bestehenden, eine Wirtschaftsbranche umfassenden Großunternehmen oder die von ihnen hergestellten Produkte bzw. erbrachten Leistungen bezog. Gebräuchlich waren Zusammensetzungen wie: Backwaren-, Braunkohlen-, Chemie-, Dienstleistungs-, Gartenbau-, Industrie-, Landwirtschafts-
Kombinat industrielle Mast ↑ KIM
Kombinats- Bestimmungswort, das sich in Zusammensetzungen auf Gremien, Verantwortliche, Unternehmen oder Einrichtungen der kon-

zernähnlichen, aus mehreren relativ selbständigen Betrieben bestehenden, eine Wirtschaftsbranche umfassenden Großunternehmen bezog. Gebräuchlich waren Zusammensetzungen mit Substantiven wie: -betrieb(e), -direktor, -leitung, -parteileitung; dazu Adjektive wie: -eigen, -intern oder Partizipien wie: -geleitet.
Kombine [...'bain] /nach russ. Vorbild/ Landwirtschaftliche Maschine, die gleichzeitig verschiedene Arbeitsgänge ausführen konnte. Ursprünglich wurde die Bezeichnung nur auf Mähdrescher bezogen, später aber auch z. B. auf die ↑ Vollerntemaschinen für Kartoffeln oder Rüben übertragen.
Kombinefahrer Fahrer einer ↑ Kombine. S.: Erntekapitän
Komme gleich wieder Meist auf Zetteln an Geschäften zu lesen, wenn sich der Angestellte zur Erledigung einer Privatangelegenheit vom Laden entfernt hatte.
Kommissonsgaststätte Gaststätte, die ein ↑ privater Gewerbetreibender auf Grundlage eines ↑ Kommissionshandelsvertrages mit der ↑ HO oder dem ↑ Konsum betrieb. Die zumeist kleinen und in älteren Gebäuden liegenden Kommissionsgaststätten wurden durch das private Engagement der Kommissionäre oft wesentlich besser und wirtschaftlicher geführt als HO- oder Konsumgaststätten.
Kommissionshandel Gesetzlich geregelte Möglichkeit, ↑ Verkaufsstellen oder Gaststätten von ↑ HO oder ↑ Konsum in ↑ private Bewirtschaftung aufgrund eines ↑ Kommissionshandelsvertrages zu geben. Die so bewirtschafteten zumeist alten oder kleinen Objekte wurden durch die ↑ privaten Betreiber wirtschaftlich geführt. Die staatliche Handelspolitik nutzte diese Möglichkeit, um Lücken im Handelsnetz zu schließen und den staatlichen Handel zu entlasten, sie begrenzte aber gleichzeitig die Anzahl und den Tätigkeitsbereich der Kommissionshändler.

Kommissionshandelsvertrag /Kurzf.: KHV/ Rechtliche Grundlage zum Betreiben einer Gaststätte oder eines Einzelhandelsgeschäftes als Kommissionär von ↑ HO oder ↑ Konsum. Der KHV ermöglichte die Verbindung von staatlicher Handelspolitik, z. B. in Preis- und Sortimentsgestaltung, mit ↑ privater Verkaufsinitiative, die v. a. kleinen Orten und ungünstigen Objekten zugute kamen. Zur rechtlichen Absicherung erließ der Ministerrat als Ausdruck der ↑ Bündnispolitik der ↑ SED die Kommissionshandelsverordnung (KHVO).

Kommunismus 1. Zentraler Begriff des ↑ Marxismus-Leninismus, der allerdings mehrere Abwandlungen erfuhr. Unter Kommunismus wurde zunächst die dem ↑ Kapitalismus folgende klassenlose ↑ Gesellschaftsordnung politisch und v. a. wirtschaftlich völlig gleichgestellter Menschen verstanden. Als dies in der Praxis der Sowjetunion und später auch der anderen Ostblockstaaten auf unüberwindbare Schwierigkeiten stieß, wurde als Zwischenstufe eine gesonderte selbständige ↑ Gesellschaftsformation konstituiert, der ↑ Sozialismus, der den Kommunismus vorbereiten sollte. Das Erreichen des Kommunismus als der ↑ Gesellschaftsordnung völliger Freiheit und wirtschaftlicher Sicherheit wurde damit auf unabsehbare Zeit verschoben, der Kommunismus wieder statt eines konkreten Ziels zur Utopie. **2.** Bezeichnung für das ↑ ideologische Denk- und Überzeugungssystem der Kommunisten. Diese Bedeutung knüpfte an Lenins Formulierung von der Entwicklung des Kommunismus von der Utopie zur Wissenschaft an, die das Denken und Handeln der Menschen bestimme. Je weiter sich die praktische Politik der DDR-Führung von den Theorien des Kommunismus entfernte und allein auf den Machterhalt einer kleinen Funktionärskaste konzentrierte, je deutlicher aber auch die praktischen Probleme bei der Umsetzung kommunistischer Ideen wurden, desto mehr wurde der Kommunismus von der wissenschaftlichen Idee zu einem politischen Dogma.

Komplex Im offiziellen Sprachgebrauch Schlagwort für das Prinzip, durch den miteinander verbundenen, d. h. komplexen Einsatz von Technik und geistigem Handeln zu effektivsten Ergebnissen zu gelangen. Auf diese Weise sollte die nur im ↑ Sozialismus mögliche planmäßige, vielseitige und strukturierte Entwicklung v. a. der ↑ Volkswirtschaft im Ausgleich wirtschaftlicher wie auch gesellschaftlicher Interessen bewirkt werden. Diese Überlegungen entsprangen insb. dem von Walter Ulbricht in den sechziger Jahren eingeführten „Systemgedanken", der die gesamte ↑ Gesellschaft als funktionierende Einheit selbstregulierender Einzelsysteme betrachtete. * im Komplex (zusammen)arbeiten, tätig sein (bedeutete, daß man Menschen aus den unterschiedlichsten Berufsgruppen mit einer Aufgabe betraute, die sie von der Planung bis zur ↑ Produktion dann gemeinsam bewältigten sollten); im Komplex ernten; die vorhandene Technik muß im Komplex (gleichzeitig und aufeinander abgestimmt) eingesetzt werden; der sozialistische Wettbewerb wird im Komplex geführt (von allen auf allen Ebenen)

komplex Im Sinne von umfassend, ↑ allseitig, übergreifend als Attribut in Verbindungen wie: komplexe Planung, Modernisierung; komplexe ökonomische und gesellschaftliche Analyse; komplexe Entwicklung der ↑ Volkswirtschaft; als Adv.: (Technik) komplex einsetzen

Komplex- Bestimmungswort, das sich in Zusammensetzungen mit Substantiven auf Einrichtungen, Angebote,

Vorgänge oder wirtschaftliche Regeln bezog und deren umfassenden, allseitigen Charakter bzw. Zweck ausdrücken sollte. Gebräuchlich waren Zusammensetzungen wie: ↑ -annahmestelle, -bauten, ↑ -brigade -ernte, -filiale, -lehrgang, -planung, ↑ -programm, -vereinbarung, -vertrag, -wirtschaft

Komplexannahmestelle Besonders in den Neubaugebieten eingerichtetes zentrales Ladengeschäft (zumeist eines ↑ Dienstleistungskombinates), das Reparatur- (z. B. Schuh-, Uhren- oder Schirmreparatur) und Dienstleistungsaufträge (z. B. Bettfedern-, Teppichreinigung) unterschiedlichster Art entgegennahm, zur Bearbeitung an die verschiedenen Werkstätten und Dienstleistungsunternehmen weiterleitete und nach Erledigung an die Kunden aushändigte.

Komplexbrigade Aus Arbeitern verschiedener Gewerke zusammengesetzte Arbeitsgruppe zur Erfüllung von Aufgaben mit vielseitigen Anforderungen in der ↑ Produktion, besonders aber im Reparaturbereich (↑ KWV).

Komplexprogramm /Pl. ungebr.; Kurzf. für Komplexprogramm für die weitere Vertiefung und Vervollkommnung der Zusammenarbeit und Entwicklung der sozialistischen ökonomischen Integration der Mitgliedsländer des RGW/ 1971 auf der XXV. Tagung des ↑ RGW in Budapest beschlossenes Grundsatz- und Arbeitsdokument. Es sollte die weitere Zusammenarbeit innerhalb des sozialistischen Lagers auf den Gebieten der Wirtschaft, der Wissenschaft und der Technik in den nächsten 15 bis 20 Jahren vorantreiben und damit ein Gegengewicht zur Europäischen Gemeinschaft schaffen. Da die wirtschaftlichen Interessen einzelne Mitgliedsländer ständig veranlaßten, ihre Verpflichtungen aus dem Komplexprogramm nicht einzuhalten, in anderen Punkten die von dem Programm favorisierte Konzentration bestimmter Produktions- oder Entwicklungsaufgaben in nur einem Land aber zu starken ↑ Disproportionen führte, verursachte es mehr Schaden als Nutzen.

Konfliktkommission Aus Laienrichtern in Betrieben gebildetes Schiedsgericht (gesellschaftliches Gericht), dem gesetzlich die erstinstanzliche Entscheidung aller Arbeitsrechtsstreitigkeiten sowie einfacher Straf-, Zivil- und Neuererrechtssachen, an denen ein Betriebsangehöriger beteiligt war, übertragen wurde. Die Mitglieder der Konfliktkommissionen wurden unter Verantwortung der Gewerkschaften durch die Belegschaft gewählt, ihre Beschlüsse waren, wenn sie nicht durch Rechtsmittel angefochten wurden, vollstreckungsfähig. Die Konfliktkommissionen entschieden 95% aller Arbeitsrechtsverfahren unangefochten und sorgten neben der Entlastung der Gerichte für die Einbeziehung vieler einfacher Mitarbeiter in die Rechtspflege.

Konsultation Gespräch zwischen Hochschullehrer und Studenten über inhaltliche und organisatorische Probleme des Studiums. Im Bereich des ↑ Fernstudiums gab es Pflichtkonsultationen, die den Charakter einer Prüfung trugen.

Konsum /o. Pl./ 1. Umgangssprachlich für ↑ Konsumgenossenschaft. * dem Konsum beitreten; ich bin Mitglied im Konsum
2. ↑ Verkaufsstelle einer ↑ Konsumgenossenschaft. * in jedem Dorf gibt es einen Konsum; ich muß noch schnell vor Ladenschluß in den Konsum gehen
3. Umgangssprachlich für ↑ Staatssicherheit.
Z.: „Verträge mit der HO und dem Konsum sicherten die Einrichtung einer Kantine, die mit ihrem Angebot jetzt alle Wünsche der Bauarbeiter befriedigt." Tribüne 9.3.1973, 3

127

W.: Was bedeutet der Name Konsum? Kaufe ohne nachzudenken schnell unsern Mist.

Konsum- Bestimmungswort, das sich in Zusammensetzungen mit Substantiven auf Einrichtungen der Konsumgenossenschaften bezog. Gebräuchlich waren Zusammensetzungen wie: ↑ -genossenschaft, -kaufhalle, -kaufhaus, -laden, -verkaufsstelle dumm wie ein **Konsumbrot** /Phras./ in der Jugendsprache für jemand ist besonders dumm und begriffsstutzig.

Konsument /o. Art./ Name eines zentralen Handelsunternehmens der Konsumgenossenschaften der ↑DDR, das insbesondere die gleichnamigen Warenhäuser betrieb.

Konsumgenossenschaft In jedem ↑ Kreis bestehende und für jedermann offene Handelsgenossenschaft. Die regional tätigen Handelsunternehmen hatten insgesamt mehrere Millionen Mitglieder und bestritten etwa ein Drittel des gesamten Einzelhandels. Die Konsumgenossenschaften betrieben die Mehrzahl der Lebensmittelverkaufsstellen (mit Schwerpunkt in Kleinstädten und Landgemeinden) sowie eine größere Anzahl von Industriewarenverkaufsstellen aller Art. Sie verfügten über eigene und verpachtete Gaststätten, Großhandels- und Transportunternehmen, aber auch Produktionsbetriebe für Lebensmittel (z. B. Molkereien) und Verbrauchsgüter (z. B. Seifenwerk). Die Konsumgenossenschaften waren in einem DDR-übergreifenden Dachverband zusammengeschlossen (Verband der Konsumgenossenschaften), der vorwiegend für administrative Aufgaben als verlängerter Arm des Ministeriums für Handel und Versorgung tätig wurde und die Vorstände der örtlichen Genossenschaften durch Weisungen leitete. Ihm unterstand auch die gemeinsame Kaufhauskette ↑ Konsument. Die Mitglieder erhielten beim Einkauf Rabattmarken (↑ Konsummar-

ken), die am Jahresende zur Gewährung eines Umsatzrabattes bei der ↑ Genossenschaft eingereicht wurden.

Konsumgüter Waren, die nicht dem unmittelbarem Verbrauch unterworfen waren. Als industrielle Konsumgüter wurden die von der Industrie hergestellten Waren für den individuellen Gebrauch bezeichnet. Diese auch technische Konsumgüter genannten Produkte befriedigten die Bedürfnisse der Menschen durch die Nutzung technischen Wissens, sie waren im Gegensatz z. B. zu Nahrungsmitteln oder einfachen Verbrauchsgütern (z. B. Papier, Waschmittel) in der Regel langlebig.

Z.: „Konsumgüter sind in der Regel Erzeugnisse, die in großen Stückzahlen produziert werden. Bei solch großen Serien lohnt es sich besonders, jede Minute Arbeitsaufwand und jedes Gramm verarbeitetes Material genau zu durchleuchten." Neuer Weg 1/1975, 3

Konsummarke An Mitglieder der Konsumgenossenschaften abgegebene Marke, die den Wert eines Einkaufes dokumentierte, wobei man für den Kauf von Kaffee, der im Verhältnis zum Weltmarkt zu einem sehr hohen Preis verkauft wurde, keine Konsummarken bekam. Die Konsummarken wurden von den Mitgliedern gesammelt, in ein dafür ausgegebenes Heft eingeklebt und einmal im Jahr der Geschäftsstelle zur Abrechnung vorgelegt, die eine Rückvergütung in Höhe von 1,6% des Markenwertes veranlaßte.

Konsumtionsfonds Der Teil des im Inland verwendeten ↑ Nationaleinkommens, der für die Befriedigung der persönlichen Lebensbedürfnisse der Bürger (individuelle Konsumtion) oder für allgemeine nicht produktive Bedürfnisse (gesellschaftliche Konsumtion, z. B. Gesundheitswesen, Kultur, Altenbetreuung, Sport) aufgewandt wurde. Wegen der schlei-

chenden Inflation und relativ sinken-
der Wirtschaftskraft mußten in den
jährlichen Volkswirtschaftsplänen
die Aufwendungen v. a. für die gesellschaftliche Konsumtion zunehmend reduziert werden.

Kontroll- Offiziell gebrauchtes Bestimmungswort, das sich in Zusammensetzungen mit Substantiven auf die
von staatlicher oder Parteiseite
durchgeführten Maßnahmen zur
Überprüfung von angeordneten Aufgaben, Vorschriften und deren strik-
ter Einhaltung bezog. Gebräuchlich
waren Zusammensetzungen wie:
-kommission, -maßnahme, ↑ -organ,
-pflicht /o. Pl./, ↑ -posten der FDJ,
-system

Kontrollorgan Meist ↑ staatliches Organ mit kontrollierender Funktion.
In der Endzeit der ↑ DDR, als wegen
zu geringer Wirtschaftskraft erhebliche Störungen in der ↑ Volkswirtschaft und der Versorgung der Bevölkerung auftraten, versuchte die Parteiführung, dem durch eine Vielzahl
neuer ↑ Kontrollorgane entgegenzuwirken, erhöhte damit natürlich aber
v. a. die unproduktiven Aufwendungen.

Kontrollposten der FDJ Auf Veranlassung der ↑ SED ins Leben gerufene
↑ Funktion für zuverlässige ↑ FDJ-
Mitglieder, die als sog. „gesellschaftliche Kraft" Mängel in den Betrieben
entdecken oder Kritiken entgegen-
nehmen und diese den örtlichen Parteileitungen melden sollten.

Konzert- und Gastspieldirektion /o. Pl.;
Kurzf.: KGD/ Staatliches Unternehmen für die Vermittlung von Künstlern aller Branchen innerhalb des
Landes, das in jedem ↑ Bezirk bestand. Da keine anderen Künstler-
agenturen für das Inland zugelassen
waren, fungierten ihre Veranstal-
tungsbüros als zentrale Einsatzstelle
für freiberufliche Künstler. Sie waren
z. B. den örtlichen Kulturhäusern bei
der Organisierung von Veranstaltungen und der Gestaltung von Pro-

grammen behilflich. Für den Einsatz
der Künstler im internationalen
Rahmen war die ↑ Künstler-Agentur
der DDR zuständig. Über die KGD
oder die Künstleragentur bestimmte
das Ministerium für Kultur, wer
reichlich und gut bezahlte Engage-
ments erhielt oder, bei Unbotmäßig-
keit, kein ausreichendes Einkommen
erzielte.

Konzil Vom Rektor einer Universität
oder ↑ Hochschule mindestens einmal jährlich einberufene Versammlung aller Beschäftigten zur Rechenschaftslegung und Beratung über die
Hauptaufgaben in Forschung, Aus-
und Weiterbildung.

Kooperation ↑ sozialistische Zusammenarbeit

Kooperations- Bestimmungswort, das
sich in Zusammensetzungen mit
Substantiven auf Organisationen
oder Vorgänge bezog die die Art des
Zusammenwirkens der Menschen
charakterisierte. Gebräuchlich waren
Zusammensetzungen wie: -bezie-
hung /vorw. Pl./, ↑ -gemeinschaft,
-partner, ↑ -verband; vgl. auch: sozialistische Zusammenarbeit

Kooperationsgemeinschaft Rechtliche
Form des dauernden Zusammenwirkens von Betrieben oder Genossenschaften zu einem gemeinsamen
wirtschaftlichen Zweck auf vertragli-
cher Grundlage und in ihrer Struktur
den Gesellschaften bürgerlichen
Rechts nachempfunden war. Mit ihrer Hilfe wurden oftmals Aufgaben
erfüllt, die sonst wegen der Unbeweglichkeit unterschiedlicher übergeordneter Organe nicht lösbar waren,
z. B. die gemeinsame Betriebsführung einer Großkantine für die an einem Standort gleichzeitig arbeitenden zentralgeleiteten Bau- und ortsansässigen Kleinbetriebe.

Kooperationsverband Rechtlich unselb-
ständiges Gremium, in dem zumeist
auf Veranlassung des ↑ örtlichen
Staatsorgans Betriebe unterschiedlicher Unterstellung zusammenarbei-

teten, z. B. die in einem ↑ Naherholungsgebiet tätigen Betriebe der Forstwirtschaft, Gastronomie, des Verkehrswesens etc.

Kooperative /Art.: die; nach russ. Vorbild/ Landwirtschaftliche Genossenschaft. * eine Kooperative bilden
Kooperative Abteilung Pflanzenproduktion ↑ KAP
kooperative Abteilung Tierproduktion ↑ KAT
(sich) einen **Kopf** machen /Phras./ Umgangssprachlich für jemand macht sich wegen etwas große Sorgen, denkt ernsthaft über eine bestimmte Sache nach, die er zu ändern beabsichtigt. * er macht sich einen Kopf, weil seine Mutter schon zwei Wochen im Krankenhaus liegt; wegen des neuen Projekts mache ich mir einen ziemlichen Kopf, da muß es doch eine vernünftige Lösung geben

Kopfnote Auf dem Schulzeugnis vor den Fachnoten erscheinende Zensuren für Ordnung, Betragen, Fleiß und Mitarbeit, die bei der Leistungsbewertung eines Schülers eine besondere Rolle spielten. S.: Verhaltensnote

den **Kopp** zumachen In der Jugendsprache für jemandem wird absolutes Sprechverbot erteilt, er soll schweigen. * mach den Kopp zu − sonst kracht's; mach endlich den Kopp zu, du gehst mir auf den Docht

Kosmonaut /nach russ. Vorbild/ Bezeichnung für einen mit einem Raumschiff der Sowjetunion ins All geschickten Weltraumfahrer.

Krankenschein Vom Arzt ausgestellte Bescheinigung, die die Art der Krankheit und die Dauer der Arbeitsunfähigkeit des Mitarbeiters auswies. Sie war innerhalb von drei Tagen über den ↑ Sozialbevollmächtigten dem Betrieb vorzulegen und löste die Krankengeldzahlung aus.

Kreditkaufbrief Einen bargeldlosen Kredit ausweisendes Dokument, das aus einem Deckblatt, auf dem die Kredithöhe und der Name des Kre-

ditnehmers vermerkt waren, und mehreren einzelnen Schecks bestand, mit denen v. a. Einrichtungsgegenstände gekauft werden konnten.

Kreis Im System der ↑ territorialen und politisch-administrativen Gliederung der ↑ DDR die untere, den Kommunen (Gemeinden, kreisangehörigen Städten) übergeordnete Verwaltungseinheit. Seit der Verwaltungsneugliederung von 1952 gab es 218 Kreise, die sich wiederum in Stadtkreise (27) und in Landkreise (218) gliederten. Oberstes Beschlußgremium im Kreis war der ↑ Kreistag, der zur Ausübung der exekutiven Verwaltungstätigkeit die Mitglieder des ↑ Rates des Kreises wählte.

Kreis- Bestimmungswort, das sich in Zusammensetzungen mit Substantiven auf Gremien, Einrichtungen oder Funktionsträger der unteren Verwaltungsgliederung (↑ Kreis) bezog. Gebräuchlich waren Zusammensetzungen wie: ↑ -aktivtagung, -ausschuß, -betrieb, ↑ -gericht, -gewerkschaftsaktiv, -kabinett, ↑ -kulturhaus, ↑ -leitung (der FDJ, der SED), ↑ -lichtspielbetrieb, ↑ -parteiaktiv, -parteiaktivtagung, ↑ -parteischule, ↑ -plankommission, -politik, ↑ -revisionskommission der SED, ↑ -schulrat, ↑ -sekretär, ↑ -staatsanwalt, ↑ -tag, -tagsabgeordneter, -vorstand

Kreisaktivtagung Veranstaltung der ↑ SED oder der ↑ FDJ mit allen ihren in einem ↑ Kreis tätigen ↑ Funktionären, die einberufen wurde, um besondere politische Ereignisse vorzubereiten oder auszuwerten.

Kreisgericht Für die Rechtsprechung in erster Instanz, die Vollstreckung rechtskräftiger Urteile sowie die Überprüfung von Entscheidungen ↑ gesellschaftlicher Gerichte zuständiges staatliches Gericht in einem ↑ Kreis.

Kreiskulturhaus Im Zusammenhang mit der unter dem Schlagwort vom ↑ Bitterfelder Weg neuorientierten Kulturpolitik in den ↑ Kreisen geschaffene Einrichtung, durch die vielfältige kulturelle Aktivitäten v. a. der einfachen ↑ Werktätigen gefördert werden sollten. In den Kreiskulturhäusern standen den verschiedenen Interessengemeinschaften Räume, Materialien und ausgebildete Fachleute zur Verfügung. Darüber hinaus wurden auch Veranstaltungen der leichten und der ernsten Muse durchgeführt und oftmals auch Bibliotheken unterhalten. Viele Kreiskulturhäuser beherbergten auch die einzige niveauvolle Gaststätte der Kreisstadt. Umgangssprachlich wurde nur vom ↑ Kulturhaus gesprochen. Vgl. auch: Kulturhaus

Kreisleitung Oberstes politisches und administratives Leitungsorgan der ↑ SED oder der ↑ FDJ in einem ↑ Kreis. Sie bestand aus festangestellten und alle wichtigen Entscheidungen bestimmenden Berufsfunktionären und einflußlosen ehrenamtlichen Mitgliedern.

Kreislichtspielbetrieb Für die Betriebsführung der Kinos und den Spielbetrieb des Landfilmes in einem ↑ Kreis zuständiger Betrieb, der dem Ministerium für Kultur unterstellt war.

Kreisparteischule /Kurzf. für Kreisschule für Marxismus-Leninismus/ Bildungseinrichtung für die Mitglieder der ↑ SED in einem ↑ Kreis. Jedes SED-Mitglied wurde durch Beschluß der ↑ Kreisleitung innerhalb größerer Abstände verpflichtet, für ein Jahr regelmäßig einmal in der Woche an einer ausschließlich ↑ ideologisch orientierten Schulung teilzunehmen.

Kreisplankommission Maßgebliche Abteilung des ↑ Rates des Kreises mit der Aufgabe, die zentralen und bezirklichen Planaufgaben auf die dem ↑ Rat des Kreises unterstehenden Betriebe aufzuschlüsseln sowie die Planung bestimmter Querschnittskennziffern (z. B. Arbeitskräftebestand) für den ↑ Kreis zu koordinieren.

Kreisrevisionskommission In der ↑ SED und in verschiedenen gesellschaftlichen Organisationen gewähltes Gremium mit der Aufgabe, die Erfüllung der Beschlüsse innerhalb der Kreisorganisation zu kontrollieren und insb. die Ordnung in der Verwaltung der Mitgliedsbeiträge zu prüfen.

Kreisschulrat Mitglied des ↑ Rates des Kreises und Dienstvorgesetzter der Mitarbeiter der Abteilung ↑ Volksbildung des Rates des Kreises und aller Schuldirektoren sowie Leiter der Kindergärten im Kreis.

Kreissekretär Berufsfunktionär in einer Partei oder gesellschaftlichen Organisation mit der Aufgabe der Organisation der Arbeit des Kreisverbandes.

Kreisstaatsanwalt Für die Verfolgung von Straftaten sowie die Kontrolle der Gesetzlichkeit zuständiger oberster Staatsanwalt eines ↑ Kreises, der dem Bezirksstaatsanwalt unterstellt war.

Kreistag Oberste ↑ Volksvertretung eines ↑ Kreises, bestehend aus gewählten Abgeordneten (auf der Basis der ↑ Einheitsliste der Nationalen Front). Der Kreistag übte formal die oberste staatliche Gewalt im Kreise aus, tatsächlich faßte er in seinen Sitzungen regelmäßig die von der SED-Kreisleitung gewünschten Beschlüsse. Einzelne Abgeordnete der Kreistage waren bemüht, die ihnen gesetzlich zugestandenen Auskunftsrechte gegenüber dem ↑ Rat des Kreises zur Beseitigung von Mängeln im Alltagsleben zu nutzen, oft nur mit mäßigem Erfolg.

Krippen- Bestimmungswort, das sich in Zusammensetzungen mit Substantiven auf Personen, Bedingungen oder Umstände im Zusammenhang mit den Kinderbetreuungseinrichtungen für die bis zu dreijährigen Kinder bezog. Gebräuchlich waren Zusammensetzungen wie: -alter, -arzt, -erzieherin, ↑ -tauglichkeit

Krippentauglichkeit Die von einem Arzt bestätigte Eignung eines Kindes für den Besuch einer ↑ Kinderkrippe, ohne die ein Kind nicht aufgenommen wurde und die nach jeder Erkrankung erneut vorliegen mußte.

Kritik ↑ Prinzip von Kritik und Selbstkritik

Kuchenbasar ↑ -basar

Kultur 1. Begriff der marxistisch-leninistischen ↑ Philosophie zur Bezeichnung aller praktischen, intellektuellen und ästhetischen Kenntnisse, Fähigkeiten und Fertigkeiten der Menschen und der materiellen, geistigen und sittlichen Resultate menschlicher Tätigkeit. Kultur kennzeichnet in diesem Sinne den Entwicklungsgrad des Menschen und seines gesellschaftlichen Zusammenlebens. Dem folgend bringen ↑ Sozialismus und ↑ Kommunismus eine eigene Kultur höherer Qualität hervor, die alle wertvollen ↑ schöpferischen Leistungen früherer Epochen aufnimmt. Die ↑ DDR sah sich deshalb als legitimer Erbe der gesamten deutschen Kultur an. **2.** Bezeichnung für die ↑ schöpferischen, insb. die künstlerischen und intellektuellen Leistungen der Menschen einer ↑ Gesellschaft sowie die Art des gegenseitigen Umgangs miteinander. Dieser weniger abstrakte Kulturbegriff bestimmte das allgemeine Verständnis von Kultur.

Kultur- und Bildungsplan Als Teil der betrieblichen ↑ Planung und des ↑ Betriebskollektivvertrages zwischen Betriebsleitung und ↑ Betriebsgewerkschaftsleitung für jeweils ein Jahr zu vereinbarender ↑ Plan, der die im Betrieb und mit betrieblichen Mitteln für Mitarbeiter vorgesehenen Bildungsmaßnahmen und kulturellen Möglichkeiten auswies. Er setzte den Rahmen, innerhalb dessen jede Gewerkschaftsgruppe einen eigenen Kultur- und Bildungsplan als Teil des jährlichen Arbeitsprogramms aufstellte.

Kultur- und Sozialfonds /Kurzf.: KuS-Fonds/ Als Teil der zulässigen Kosten des Betriebes anhand von staatlichen ↑ Normativen für jedes Planjahr festzulegendes Finanzvolumen, das für den ↑ Kultur- und Bildungsplan sowie weitere gesetzlich zugelassene Zwecke (z. B. die Ausstattung von Kinderferienlagern mit Büchern) einzusetzen war. Über die Mittel des Kultur- und Sozialfonds durfte nur von Betriebs- und Gewerkschaftsleitung gemeinsam verfügt werden.

Kultur- Bestimmungswort, das sich in Zusammensetzungen mit Substantiven auf Einrichtungen, Organisationsformen, Regelungen oder Gremien im Zusammenhang mit Organisierung und Förderung v. a. künstlerischer Leistungen bezog. Gebräuchlich waren Zusammensetzungen wie: ↑ -abgabe, ↑ -bund, ↑ -ensemble, ↑ -erbe, ↑ -fonds, ↑ -funktionär, ↑ -gruppe, ↑ -haus, -kommission, ↑ -obmann, -politik /o. Pl./, ↑ -raum, -revolution (↑ sozialistische Kulturrevolution), -schaffende (↑ -schaffende), ↑ -und Sozialfonds, -wissenschaft

Kulturabgabe Zusammen mit dem Kauf einer Eintrittskarte für kulturelle Veranstaltungen, dem Kauf von Schallplatten und bei der Zahlung von Rundfunk- und Fernsehgebühren erhobener Aufpreis (von 0,05 bis 0,10 Mark der DDR), der zur Förderung und Finanzierung kultureller Projekte verwendet wurde.

Kulturbund /o. Pl.; Kurzf. für Kulturbund der Deutschen Demokratischen Republik/ 1945 gegründete Organisation zur Förderung und Pflege der nationalen Kultur mit dem Ziel, möglichst viele kulturell interessierte oder tätige Bürger zu erreichen und sie zu eigenen Aktivitäten zu ermutigen. Innerhalb des Bundes bestanden viele Einzelverbände und Fachgesellschaften, Orts- und Hochschulgruppen, Arbeitsgemeinschaften und Freundeskreise. Sie befaßten sich nicht allein mit künstlerischer Freizeitbeschäftigung, sondern boten auch Briefmarken- und Mineraliensammlern, Kakteenzüchtern oder Modelleisenbahnern Räume und finanzielle Unterstützung für ihr Hobby. Die fast dreihunderttausend Mitglieder zählende Organisation war als Mandatsträger innerhalb der ↑ Nationalen Front mit eigenen Abgeordneten (die allerdings oftmals zugleich SED-Mitglied waren) in allen ↑ Kreis- und Bezirkstagen sowie der ↑ Volkskammer vertreten.

kulturelle Massenarbeit Propagandistisches Schlagwort zur Kennzeichnung des Wunsches der Partei- und Staatsführung, ihr Volk möge sich ohne Inanspruchnahme staatlicher Gelder mit Kultur, möglichst politisch beeinflußt, befassen und dabei über die Widrigkeiten des Alltags hinwegsehen.

Kulturensemble Gruppe von Berufs- oder Laienkünstlern, die gemeinsam auftraten und deren bevorzugtes Genre der Volkstanz oder die Volksmusik waren.

Kulturerbe Gesamtheit der überlieferten materiellen und geistigen Kulturgüter, die in die ↑ Kultur der ↑ DDR als der einzig fortschrittlichen auf deutschem Boden eingingen und von ihr weiterentwickelt werden sollten. Nach diesem Kulturverständnis entwickelte die ↑ DDR einen Alleinvertretungsanspruch für alle kulturellen Leistungen, die von ihr (z. T. wechselnd) als progressiv betrachtet wurden, während die BRD allein auf das bürgerlich-konservative Kulturgut verwiesen wurde.

Kulturfonds Geplante finanzielle Mittel in den Haushalten der ↑ Kreise und ↑ Bezirke zur Verwendung für kulturelle Zwecke.

Kulturfonds der DDR Dienststelle des Ministeriums für Kultur mit der Aufgabe, bestimmte repräsentative kulturelle Veranstaltungen durchzuführen sowie exponiertes Kulturgut zu verwalten. Der Kulturfonds wurde

gebildet, um auch mit solchen Staaten oder Institutionen kulturellen Austausch zu organisieren, die aus politischen Gründen eine Zusammenarbeit mit dem Kulturministerium ablehnten.

Kulturfunktionär Berufsfunktionär oder exponierter ehrenamtlicher Wahlfunktionär eines Kulturverbandes (z. B. Schriftstellerverbandes) oder leitender Mitarbeiter des Kulturministeriums bzw. einer anderen kulturellen staatlichen Dienststelle oder eines Betriebes mit kulturellen Aufgaben (z. B. ↑ Kreislichtspielbetrieb). Von Kulturfunktionären wurde keineswegs besonderes kulturelles Wissen oder künstlerische Fähigkeit erwartet, sondern vielmehr die bedingungslose Unterordnung aller Aufgaben der Kulturverwaltung unter die herrschende kulturelle Doktrin.

Kulturgruppe Offizielle Bezeichnung für eine Gruppe von Laienkünstlern.

Kulturhaus Für kulturelle Veranstaltungen und zur Freizeitbeschäftigung den Bürgern offenstehendes Gebäude, das meist mit einer Theaterbühne, einem Filmvorführraum, einer Bibliothek und Sportstätten ausgestattet war. Auch verfügten die Kulturhäuser über Räume für verschiedene ↑ Zirkel und ↑ Klubs. Finanziert wurden sie vom ↑ FDGB, staatlichen bzw. ↑ bewaffneten Organen oder von Großbetrieben, denen diese Kulturhäuser gehörten. Für besonders repräsentative Bauten wurde auch der Begriff Kulturpalast verwendet. Vgl. auch: Kreiskulturhaus

Kulturobmann /Pl.: Kulturobleute/ Von seinen Kollegen gewählter ehrenamtlicher ↑ Funktionär, der für die kulturellen Belange in seiner Gewerkschaftsgruppe verantwortlich war. Dazu gehörte u. a. die Organisation von kleinen Festlichkeiten oder Ausflügen sowie die Beschaffung von Theaterkarten.

Kulturraum Großer Raum in einem Betrieb, in dem kulturelle Veranstaltungen stattfanden. S.: Kultursaal

Kulturrevolution ↑ sozialistische Kulturrevolution

Kultursaal ↑ Kulturraum

Kulturschaffende /vorw.Pl./ ↑ -schaffende

Kultursechser Berlinisch für umgangssprachlich ↑ Kulturabgabe.

Kundenbeirat In ↑ Kaufhallen oder größeren Einzelhandelsgeschäften auf freiwilliger Basis tätige Bürger, die die Geschäftsleitung bei ihrer Arbeit unterstützten, indem sie die Wünsche oder Beschwerden der Kunden und eigene Beobachtungen an diese weitergaben.

Kundenbuch In den Geschäften und Gaststätten sichtbar auszulegendes Buch, in dem die Kunden oder Gäste ihre Wünsche, Beschwerden oder Verbesserungsvorschläge äußern konnten. Die Kundenbücher waren von den Geschäfts- oder Gaststättenleitern auszuwerten, der Kunde hatte Anspruch auf eine schriftliche Antwort innerhalb von vier Wochen.

Kundschafter Offizielle Bezeichnung für einen im Auftrag der DDR-Sicherheitsorgane agierenden Agenten, Spion.

Künstler-Agentur der DDR Dem Ministerium für Kultur direkt unterstehendes Monopolunternehmen, das als einziges berechtigt war, die Auftritte von DDR-Künstlern im Ausland und von ausländischen Künstlern in der ↑ DDR zu vermitteln. Es schloß mit den sozialistischen Staaten jährliche Kooperationsabkommen und stimmte die Einsätze der Künstler mit den für die inländische Vermittlung der Künstler zuständigen ↑ Konzert- und Gastspieldirektionen sowie mit den staatlichen Komitees für Rundfunk und für Fernsehen ab. Da die Ausreise von Künstlern immer auch als wichtige Frage der Sicherheitspolitik betrachtet wurde, war die Zusammenarbeit mit dem ↑ MfS sehr eng.

künstlerisches Volksschaffen Offizielle Bezeichnung für die v. a. in ↑ Kulturhäusern bestehende Möglichkeit für jedermann, kulturell (z. B. in Chören, Tanzgruppen, Keramikzirkeln) selbst aktiv zu werden.

Kunstschaffende /vorw. Pl./ ↑ -schaffende

KuS-Fonds ↑ Kultur- und Sozialfonds

KWV /Kurzf. für Kommunale Wohnungsverwaltung/ In jeder Stadt bestehender Betrieb mit der Aufgabe, die Wohngebäude in einem ↑ Kreis bzw. einer Stadt zu verwalten, soweit sie staatliches Eigentum waren und keiner Sonderverwaltung (z. B. den finanziell besser ausgestatteten Wohnungsverwaltungen der ↑ NVA oder des ↑ MfS) unterstanden oder für die Treuhandaufträge (bei Eigentümern in westlichen Staaten) bestanden.

L

Ladenwohnung Wohnung, die durch
Um- und Ausbau eines ehemaligen,
oft schon lange leerstehenden Ge-
schäfts – meist durch den künftigen
Mieter selbst – gewonnen wurde.
Seit den siebziger Jahren wurde diese
Möglichkeit aufgrund der vielen un-
genutzten Läden und des akuten
Wohnraummangels verstärkt propa-
giert und genutzt.

Lagerleiter Jemand, der in den Schulferien ein Kinderferienlager leitete.
Die meisten ↑ Ferienlager gehörten
Betrieben, die geeignete Mitarbeiter
als Leiter einsetzten und für diese
Zeit von der Arbeit bezahlt freistell-
ten. Sie wurden für diese Tätigkeit
speziell geschult.

Lampenladen Mitte Scherzhaft für den
↑ Palast der Republik vor dem
Marx-Engels-Platz in Ostberlin, dessen weitläufiges Treppenhaus auch
nachts durch zahllose Lampen beleuchtet wurde. Die Bezeichnung
entstand in Anlehnung an das (aus
der Werbung bekannte) Lichthaus
Mösch in Westberlin. S.: Erichs
Lampenladen

Landeskulturgesetz 1970 in Kraft getretenes „Gesetz über die planmäßige Gestaltung der sozialistischen
Landeskultur in der DDR", das wesentliche Bestimmungen zum Schutz
von Natur und Umwelt enthielt. Die
im Landeskulturgesetz vorgegebenen
strengen Grundsätze zur Vermei-
dung von Umweltbelastungen, zur
staatlichen Kontrolle der Einhaltung
der Umweltschutzbestimmungen
und zur Bestrafung von Umweltsün-
dern wurden in einer Vielzahl spezieller gesetzlicher Vorschriften kon-
kretisiert. Da aber die wirtschaftlichen Vorausetzungen für die Einhaltung der Bestimmungen nicht gegeben waren (z. B. fehlende Kläranla-
gen, Einsatz schwefelhaltiger Braun-

kohle) und für die politisch Verantwortlichen die Planerfüllung immer
Vorrang vor dem Umweltschutz hatte, blieb das Gesetz im wesentlichen
wirkungslos.

landesverräterischer Treuebruch Tätigkeit, die jemand zum Nachteil der Interessen der ↑ DDR ausübte. Sie
drückte sich aus in Form von Nach-
richtenübermittlung, Spionage und
Agententätigkeit für eine fremde
Macht. Im Strafrecht der DDR als
schwere Straftat geahndet.

**landwirtschaftliche Produktionsgenos-
senschaft** ↑ LPG

Längerdienender In der ↑ Nationalen
Volksarmee offiziell gebräuchliche
Bezeichnung für die Soldaten, die
nicht nur 18 Monate Grundwehrdienst absolvierten, sondern als Be-
rufsunteroffiziere oder Soldaten auf
Zeit (Unteroffizier für drei Jahre)
dienten.

Lauf-dich-gesund-Bewegung Vom ↑ DTSB
ins Leben gerufene, der westlichen
Trimm-dich-Bewegung vergleichbare
Aktion, bei der durch das organisierte Angebot attraktiver Läufe v. a.
nicht regelmäßig Sport treibende
Menschen zum Laufen animiert werden sollten.

LDPD /Kurzf. für Liberal-Demokratische Partei Deutschlands/ In der
Nachfolge der im Dritten Reich ver-
botenen liberalen Deutschen Volks-
partei 1945 in der sowjetischen Besatzungszone gegründete bürgerlich-
liberale Partei, die zunächst in Kon-
frontation zur ↑ SED stand. Nachdem sich unter dem Druck der sowjetischen Besatzungsmacht und der
von der SED dominierten staatlichen
Verwaltung die personelle Führung
mit ihrem Programm auf die Gefolg-
schaft zur SED eingestellt hatte,
wurde die LDPD eine der mit der
SED verbündeten Parteien des ↑ De-

mokratischen Blocks, der eine begrenzte Anzahl an Sitzen in allen Gemeinde-, Kreis- und Bezirksparlamenten sowie der ↑ Volkskammer zustanden. Sie erhielt darüber hinaus in allen Kreisen, Bezirken und in der Regierung Mandate (z. B. das Amt des Justizministers). Die LDPD war die mitgliederstärkste Blockpartei, sie rekrutierte sich v. a. aus Angehörigen der ↑ Intelligenz (die so einer SED-Mitgliedschaft ausweichen konnten) sowie des noch verbliebenen gewerblichen Mittelstandes. Politische Macht übte die LDPD nicht aus, vielmehr sollte sie zur politischen Beeinflussung bürgerlicher Kräfte im Sinne der SED wirksam werden und nach außen als Aushängeschild demokratischer Verhältnisse in der ↑ DDR dienen. Durch ihre soziale Struktur und die ausgeprägte Anpassungsfähigkeit ihrer Mitglieder konnte die LDPD nach der Wende sehr schnell den Anschluß an die FDP vollziehen.
Z.: „25 Jahre LDPD − das sind 25 Jahre des Werdens und Wachsens einer Partei." ND 3.7.1970, 5
etwas mit Leben erfüllen Offiziell gebrauchte Wendung, um etwas, das einfach nur zu realisieren, umzusetzen war, als besonderen Vorgang öffentlich herauszustellen. * einen Plan, ein Gesetz mit Leben erfüllen
Lebensniveau Im offiziellen Sprachgebrauch das Niveau der Lebensbedingungen aller DDR-Bürger, der Lebensstandard. Bemerkenswert war, daß dem nichtmateriellen Bereich, v. a. der Kultur, dabei ein besonders hohes Gewicht beigemessen wurde, denn Kultur war − finanziell gesehen − jedem zugänglich. Gebräuchlich war die Verbindung mit den Attributen *materiell* und *kulturell* oder *materiell und geistig* in Kontexten mit formelhaftem Charakter, in denen die ständigen Erfolgsmeldungen schon dadurch relativiert wurden, daß sie die Menschen auf die Zu-

kunft vertrösteten. * die ständige, immer weitere Erhöhung, Steigerung, Verbesserung des materiellen und kulturellen, materiellen und geistigen Lebensniveaus des Volkes auf der Grundlage eines hohen Wirtschaftswachstums
Z.: „Die vom VIII. Parteitag beschlossene Hauptaufgabe, die als Ziel die Erhöhung des materiellen und kulturellen Lebensniveaus des Volkes nennt, ist im Leben der Bürger spürbarer denn je." Neuer Weg 1/1975, 8
Lebensweise ↑ sozialistische Lebensweise
Lehr- und Versuchsgut Landwirtschaftlicher Betrieb, der einer Universität oder der Akademie der Landwirtschaftswissenschaften angeschlossen war und in deren Auftrag Forschungsaufgaben erfüllte. Diese waren besonders auf die Ertragssteigerung bei einheimischen Obst- und Gemüsesorten sowie die Züchtung neuer Pflanzen- und Tierarten für industriemäßige Produktionsmethoden gerichtet.
Lehrerkollektiv Offiziell gebraucht für die Gesamtheit der Lehrer an einer Schule.
Lehrerstudent Student, der an einer Universität oder Pädagogischen ↑ Hochschule ein Studium mit dem Ziel absolvierte, die Lehrbefähigung in zwei Fächern zu erwerben. Studenten im Hauptfach erhielten diese für die Klassenstufen 5−12, im Nebenfach für die Klassenstufen 5−10.
Lehrjahr /vorw. Sg./ Umgangssprachlich für ↑ Parteilehrjahr.
Lehrkabinett Spezielle Einrichtung in einem Betrieb, in der die Lehrlinge einen Teil ihrer praktischen Ausbildung insb. an Modellen und Sondermaschinen erhielten.
Lehrplan ↑ Plan, in dem verbindlich und detailliert vom Ministerium für ↑ Volksbildung für alle Klassen einer Klassenstufe ein Bildungs- und Erziehungsziel vorgegeben war. Der

Lehrplan schrieb dem Lehrer für jede Unterrichtsstunde den Verlauf und das Ergebnis im einzelnen vor.

Lehrplanwerk Gesamtheit der ↑ Lehrpläne aller Klassenstufen.

Leistungs- Bestimmungswort, das sich in Zusammensetzungen mit Substantiven auf erzielte Arbeitsergebnisse bezog. Bei der Beurteilung von Leistungen wurde stets auch das Verhalten bzw. die Einstellung gegenüber der ↑ Partei oder dem Staat bewertet. Gebräuchlich waren Zusammensetzungen wie: -einschätzung, ↑ -fonds, ↑ -lohn,   -prämie,   ↑ -prinzip, ↑ -stipendium

Leistungsfonds Gesetzlich festgelegter Teil des Gewinns eines ↑ volkseigenen Industrie- oder Baubetriebes, der nicht an den Staat abgeführt wurde, sondern zweckgebunden für die Verbesserung der Arbeitsbedingungen (z. B. Lärmschutz) oder für soziale Belange (z. B. Betriebskinderkrippe) mit dem Ziel verwendet werden sollte, die Motivation der Mitarbeiter zu erhöhen. Tatsächlich war der Leistungsfonds aber vielen Mitarbeitern überhaupt nicht bekannt, seine Größe wurde durch die staatliche Plan- und damit Gewinnfestlegung willkürlich (zumeist sehr niedrig) von der Planungsbürokratie bestimmt. Außerdem waren die Materialien, die ein Betrieb zur Verbesserung der Mitarbeiterversorgung benötigte (z. B. Fliesen oder Armaturen für Waschräume), für Geld (d. h. DDR-Mark) in der Regel nicht zu bekommen.

Leistungslohn Lohn, der zusätzlich zu einem garantierten Basislohn nach der Arbeitsleistung berechnet wurde. Es handelte sich dabei aber nicht um einen Akkordlohn im eigentlichen Sinne, sondern die Bewertung erfolgte nach Leistungszielen, die pauschal durch den jeweiligen Leiter festgelegt wurden. Zu einer Verringerung des Leistungslohns kam es dabei nur in Extremfällen, da wegen der Arbeits-

kräfteknappheit gerade Arbeiter nicht verärgert werden sollten.

Leistungsprinzip Gesellschaftspolitisches Prinzip, mit dem die auf den ersten Blick selbstverständliche Tatsache betont wurde, daß die Arbeitsleistung des einzelnen nach ihrem Wert für die ↑ Gesellschaft bemessen und entsprechend vergütet werden sollte. Dies drückte sich in dem Motto (O-Ton) 'Jeder nach seinen Fähigkeiten, jedem nach seiner Leistung' aus. Dahinter verbarg sich die Vorstellung, daß der Mensch in der sozialistischen Gesellschaft zunehmend auch ohne finanziellen Anreiz beste Arbeitsleistungen zu erbringen bereit ist und daß dem durch eine gerechte Verteilung der vorhandenen Mittel entsprochen werden kann. Am Ende dieser Entwicklung hätte sich im ↑ Kommunismus das Leistungsprinzip durch Verteilung nach dem Grundsatz 'Jedem nach seinen Bedürfnissen' aufgehoben.

Leistungsstipendium Stipendium, das einem Studenten auf Vorschlag seiner ↑ Seminargruppe für gute fachliche Leistungen unter Berücksichtigung seiner gesellschaftlichen Aktivitäten, z. B. in der ↑ FDJ, in Höhe von 40, 60 oder 80 Mark monatlich für jeweils ein Jahr bewilligt werden konnte. Da das gesamte Stipendium lange Zeit nur 190 Mark (in Ostberlin 200 Mark) betrug, fiel ein derartiger Zuschlag durchaus schon ins Gewicht.

Leiteinrichtung Staatliche, auch wissenschaftliche Institution, die für andere Einrichtungen und Betriebe auf bestimmten Fachgebieten richtungsweisende Aufgaben zu erfüllen hatte.

Leiter Jemand, der eine leitende Funktion hatte, eine Gruppe von Menschen im Berufsleben führte. Offiziell häufig in den Verbindungen: der staatliche Leiter (Leiter einer Institution, eines ↑ volkseigenen Betriebes bzw. einer seiner Abteilungen, Arbeitsgruppen); der sozialistische

Leiter (Leiter kraft seiner politisch-moralischen Vorbildfunktion); umgangssprachlich meist für Chef gebraucht: unser Leiter

Leiterpersönlichkeit /o. Pl./ **1.** Im offiziellen Sprachgebrauch für einen ↑ Leiter, der die von der ↑ SED geforderten besonderen politischen und moralischen Qualitäten eines sozialistischen ↑ Leiters besaß. **2.** Nichtoffiziell, ironisch gebraucht für einen Leiter, der fachlich oder/und moralisch nicht überzeugen konnte.

Leitung Führung, die sich im theoretischen Verständnis der ↑ SED nicht als Management darstellte, sondern versuchte, die Menschen vom Wirken bestimmter gesellschaftlicher Gesetze, wie z. B. dem 'Gesetz von der proportionalen Entwicklung der ↑ Volkswirtschaft', zu überzeugen und sie zu bewußtem Handeln zu bewegen. Offiziell waren besonders folgende Verbindungen gebräuchlich: * kollektive Leitung (Leitung durch mehrere gleichberechtigte Personen); sozialistische Leitung (jedwede Leitung in einem ↑ volkseigenen Betrieb, in einer Institution); Leitung und Planung (↑ sozialistische Leitung und Planung); ↑ staatliche Leitung (die Leitung eines Betriebes, einer Institution; besonders auch dann gebraucht, wenn es um die Abgrenzung der Verantwortungsbereiche gegenüber der gewerkschaftlichen Leitung ging); gewerkschaftliche Leitung (leitende ↑ Funktionäre des ↑ FDGB meist auf Betriebsebene)

Leitungs- Offiziell gebrauchtes Bestimmungswort, das in Zusammensetzungen mit Substantiven Führungstätigkeit im Sinne der ↑ SED bezeichnete. Gebräuchlich waren Zusammensetzungen wie: ↑ -ebene, -funktion, ↑ -instrument, ↑ -kader, -kollektiv, -methode, -organ (↑ Organ), -tätigkeit

Leitungsebene Das gesamte politische und wirtschaftliche Leben wurde nach dem Prinzip des ↑ demokratischen Zentralismus geleitet, d. h. die zentrale Führung erteilte ↑ Vorgaben, die über mehrere einander untergeordnete Leitungsorgane in einzelne Leitungsentscheidungen für praktisch jeden politischen oder ökonomischen Vorgang umgewandelt wurden. Die hierarchisch geordneten Leitungsorgane einer Stufe wurden als einer Leitungsebene zugehörig bezeichnet. Man unterschied untere, mittlere und zentrale Leitungsebenen. * auf zentraler Leitungsebene entscheiden; auf der mittleren Leitungsebene haben die zuständigen ↑ Staatsorgane die Arbeit straff zu organisieren

Leitungsinstrument Von der ↑ SED vorgegebene Methode der Leitungstätigkeit. Je nach der aktuellen ↑ ideologischen Linie wurden Mittel der materiellen (↑ Prämien u. ä.) oder der politischen (psychologische Beeinflussung, ↑ Agitation) Einflußnahme stärker betont.

Leitungskader Jemand, der eine leitende ↑ Funktion innehatte, auf die er auch entsprechend vorbereitet worden war.

Leninismus ↑ Marxismus-Leninismus

Lernkonferenz Vom Ministerium für ↑ Volksbildung angeordnete, jährlich einmal durchgeführte Pflichtveranstaltung außerhalb der normalen Unterrichtszeit, an der neben allen Schülern einer Klasse und dem Klassenlehrer auch Eltern, insb. die Mitglieder des ↑ Elternaktivs, teilnahmen. Ziel der Lernkonferenz war die Verbesserung der Lernatmosphäre und dadurch die Steigerung des Lernerfolges. Zu diesem Zweck sollten gute Schüler über ihre Erfolgsrezepte, weniger gute Schüler über die Gründe für ihre schlechten Leistungen öffentlich berichten. Aus der Diskussion sollten letztere Anregungen für eine Verbesserung ihrer Leistungen erhalten.

Lernpatenschaft Von einem leistungs-
starken Schüler mehr oder weniger
freiwillig (oftmals durch moralischen
Druck innerhalb der ↑ Pioniergruppe) übernommene Verpflichtung, einem leistungsschwächeren Klassen-
kameraden regelmäßig durch gemeinsames Üben und Erledigen der
Hausaufgaben zu helfen.

Leukoplastbomber Vom Volke geprägte Bezeichnung für ↑ Trabant.

**Liberal-Demokratische Partei Deutsch-
land** ↑ LDPD

Liedersommer Seit 1983 von der ↑ FDJ
organisierte Veranstaltungsreihe, bei
der Pop- und Rockgruppen mit vorwiegend deutschsprachigen Texten in
den Sommermonaten im Freien auftraten.

Liga für Völkerfreundschaft 1954 von
Staats- und Parteifunktionären sowie Vertretern gesellschaftlicher Organisationen gegründete Vereinigung, die dort außenpolitische Interessen der ↑ DDR wahrnehmen sollte,
wo der Staat dies selbst nicht direkt
konnte. Sie war z. B. Mitglied in der
Liga der Rot-Kreuz-Gesellschaften.
Mitglieder konnten sowohl gesellschaftliche Organisationen als auch
Bürger werden. Die Tätigkeit der Liga stand nominell unter Leitung eines Exekutivkomitees, tatsächlich
wurde sie von der Abteilung Außenpolitik im ↑ ZK der SED geführt.

Limette Kleine grünliche dünnschalige
Zitrusfrucht, die als Ersatz für die
nicht immer angebotenen Zitronen
diente.

Linie Bezeichnung für die von der
↑ SED vorgegebene und vertretene
Richtung der politischen Entwicklung sowie für die Argumentation
einschließlich der entsprechenden
mitgelieferten ↑ ideologischen Begründung. Die strategische ↑ Linie
wurde im Parteiprogramm, die jeweiligen taktischen Varianten wurden in den Parteitagsbeschlüssen
festgelegt. Ihre Einhaltung war für
SED-Mitglieder verbindlich, wurde

grundsätzlich aber auch von allen
Nichtgenossen erwartet. Die SED
richtete bis zum Beginn der Perestroika ihre Auffassungen und Verhaltensweisen an denen der KPdSU
aus, vollzog jede taktische Wendung
sofort nach. Später änderte sie jedoch aus pragmatischen Gründen
oftmals plötzlich ihre Auffassungen
oder Argumentationen, wenn dies ihren eigenen Interessen besser entsprach. Deshalb mußten linientreue
Partei- und ↑ Staatsfunktionäre morgens den Leitartikel der Parteizei-
tung ↑ „ND" lesen. Dort erfuhren
sie, was Linie war, d. h. was man
nach dem Willen der Parteiführung
zu denken und wie man zu ↑ diskutieren hatte. Auch spöttisch in den
Verbindungen gebraucht: auf (der)
Linie sein; (nicht) die richtige Linie
haben; jemanden auf (die) Linie bringen

Lohnfonds Für die Gesamtwirtschaft,
die einzelnen Wirtschaftszweige und
für jeden einzelnen Betrieb jährlich
genau festgelegte Bruttolohnsumme,
in deren Höhe Mittel zur Bezahlung
der Löhne und Gehälter der Arbeiter
und Angestellten zur Verfügung
standen. Der Lohnfonds wurde aus
den Einnahmen der Betriebe bzw. bei
haushaltsfinanzierten Einrichtungen
und staatlichen Organen aus Zufüh-
rungen des Staates gespeist. Obwohl
die Betriebsleiter zur Einhaltung des
Lohnfonds verpflichtet waren, wurde er häufig überzogen. Das war
zwar den wirtschaftlichen Verhältnissen nicht angemessen, wurde aber
von den politisch Verantwortlichen
toleriert, um den Arbeitsfrieden zu
sichern. Die kontinuierliche Erhöhung des Lohnfonds durch die Par-
tei- und ↑ Staatsorgane trotz stagnie-
render Wirtschaftsleistung war eine
Hauptursache der schleichenden Inflation in der ↑ DDR.

Lotto ↑ Zahlenlotto

LPG /Pl.: LPG auch LPGs; Kurzf. für
landwirtschaftliche Produktionsge-

nossenschaft/ Nach dem Beschluß
der II. ↑ Parteikonferenz der ↑ SED
1952 zunächst freiwilliger, vom Staat
begünstigter Zusammenschluß vorwiegend kleiner Bauern, mit dessen
Hilfe der Aufbau des ↑ Sozialismus
auf dem Lande vorangebracht werden sollte. Ende 1952 arbeitete eine
Kommission, bestehend aus LPG-
Vorsitzenden und Mitgliedern der
Regierung und des ↑ ZK der SED,
Musterstatuten für drei Typen von
LPGs aus. Die beitretenden Bauern
konnten wählen, ob sie wie im Typ I
vorgesehen nur Ackerland, im Typ II
Ackerland, Maschinen, Zugmaschi-
nen und Zugkräfte oder ob sie im
Typ III außerdem auch ihre Viehbestände einbringen und genossenschaftlich nutzen wollten, so daß ihnen dann nur noch die Möglichkeit
zur ↑ individuellen Hauswirtschaft
blieb. Der Typ II spielte keine große
praktische Rolle, da er selten gewählt
wurde. In den Jahren 1959/60 sahen
sich unter starkem wirtschaftlichen,
politischen und auch physischen
Druck fast alle Bauern gezwungen,
den LPG beizutreten (Zwangskollek-
tivierung). Die aus den eingebrach-
ten Boden- und Tierbeständen
entstandenen landwirtschaftlichen

Großbetriebe erhielten staatliche Investitionsmittel zur Anschaffung
neuer Maschinen und zum Bau großer Ställe, wodurch sich die Arbeits-
und Lebensbedingungen auf dem
Lande stark verbesserten. Da Produktivität und Einkommen (bedingt
auch durch die individuelle Hauswirtschaft) stärker stiegen als in der
Industrie, wurde die LPG-Mitglied-
schaft auch zu einer attraktiven
Alternative für Ingenieure und qualifizierte Arbeiter. Zugleich führte aber
die Eingliederung der LPG in die
zentrale ↑ Planwirtschaft und eine
Vielzahl willkürlicher staatlicher
Eingriffe (z. B. die zwangsweise Nutzung klimatisch ungeeigneter ↑ Rinderoffenställe) zu vielen Behinderun-
gen der landwirtschaftlichen Arbeit
und der Verlust der Eigentümerver-
antwortung der Bauern zu Unzufriedenheit bei einem Teil der LPG-Mit-
glieder. Der allgemeine Niedergang
der DDR-Wirtschaft in den achtziger Jahren, die Verknappung von
Saatgut, Dünger, Maschinen und Investitionen schädigte auch die LPGs.
Luftdusche Fachsprachlich für Fön.
westsächsischer **Lumpenpreßling** Vom
Volke geprägte Bezeichnung für
↑ Trabant.

M

M ↑ **Mark der Deutschen Demokratischen Republik**

Mach-mit- *auch* **Mach mit** Im offiziellen Sprachgebrauch Wortgruppe, die sich als erster Bestandteil von Zusammensetzungen mit Substantiven auf eine Kampagne bezog, die in jedem Jahr wieder unter dem Motto: 'Schöner unsere Städte und Gemeinden — Mach mit!' die Bürger dazu bewegen sollte, freiwillig und unentgeltlich etwas für die Verbesserung ihrer Wohnverhältnisse zu tun, z. B. durch Fensterstreichen, Grünanlagen- und Vorgartenpflege sowie Wohnungsausbau. Gebräuchlich waren Zusammensetzungen mit Substantiven wie: -Bewegung, -Einsatz, -Initiative, ↑ -Stützpunkt, -Vorhaben, -Wettbewerb
Z.: „Diese technische Hilfe im 'Mach-mit'-Wettbewerb will die HO bis Anfang November für zwölf Gemeinden ohne Farben-Fachgeschäfte aufrechterhalten." BZ am Abend 30.7.1968, 2

Mach-mit-Stützpunkt Einrichtung, in der für Mach-mit-Einsätze erforderliche Werkzeuge und Materialien (z. B. Farbe, Saatgut) unentgeltlich an die teilnehmenden Bürger ausgegeben wurden.

die **Machtfrage stellen** Im offiziellen Sprachgebrauch Wortgruppe, die bedeutete, alles kompromißlos dem einen Ziel, dem Sieg des ↑ Sozialismus über den ↑ Kapitalismus, unterzuordnen und jede aus dieser Sicht abweichende Tendenz zu bekämpfen. Anstatt Probleme zu bewältigen, wurde die Unterstützung auch unsinniger Parteientscheidungen als Machtfrage betrachtet und jede abweichende Meinung als Angriff auf die ↑ Partei behandelt, indem man jedem Zweifler die konkrete Frage stellte: „Bist du für oder gegen uns?"

machtvolles Bekenntnis Von offizieller Seite gebrauchte Wortverbindung, die die Zustimmung aller Bürger zum Staat und zu seiner Politik ausdrücken sollte, z. B. anläßlich von Wahlen oder bei Demonstrationen zum 1. Mai.

Magistrale Offizielle Bezeichnung für eine Hauptverkehrsstraße. * die Magistralen der Hauptstadt

Mahn- und Gedenkstätte 1. In Verbindung mit dem nachgestellten Eigennamen gebrauchte Bezeichnung für eines der ehemaligen Konzentrationslager, auf dessen Gelände zum Gedenken an die Opfer des Nationalsozialismus eine Gedenkstätte eingerichtet worden war (z. B. Mahn- und Gedenkstätte Buchenwald). **2.** Sammelbegriff für Stätten, an denen der Opfer des Nationalsozialismus, dem Kampf der ↑ Roten Armee oder der ermordeten Führer der Arbeiterbewegung gedacht wurde.

Maiparade Militärparade am 1. Mai in Ostberlin, bei der alle Waffengattungen der ↑ NVA durch Auffahren ihrer Waffentechnik Stärke demonstrierten. Seit Ende der siebziger Jahre fand sie nicht mehr statt.

Maleweibi /o. Art.; Kurzf. für marxistisch-leninistische Weiterbildung/ Umgangssprachlich für regelmäßig (z. B. monatlich) stattfindende Veranstaltungen zur Vermittlung von Kenntnissen des ↑ Marxismus-Leninismus. Teilzunehmen hatten daran leitende Mitarbeiter in der ↑ Volkswirtschaft, den Verwaltungen und wissenschaftlichen Einrichtungen, außerdem waren sie obligatorischer Bestandteil jeder akademischen Weiterbildung.

Malimo /o. Pl.; Kunstw. aus Mauersberger (Name des Erfinders) + Limbach-Oberfrohna (Produktionsort)/ **1.** /Art.: das, aber ungebr./ Seit den fünfziger Jahren hergestelltes Gewebe, bei dem die Fäden nicht miteinander verwebt, sondern bei dem zwei Fadenbündel um 90° versetzt aufeinander gelegt und durch Übernähen zu einer relativ lockeren Textilie verbunden wurden, die v. a. zu Frottier- und Dekostoffen verarbeitet und auch exportiert wurde. **2.** /Art.: die/ Speziell umgerüstete Maschine, auf der das Malimogewebe hergestellt wurde.

Mängelschein Liste der von der Polizei bei einer Fahrzeugkontrolle festgestellten Mängel, deren Beseitigung der Fahrzeugbesitzer innerhalb einer bestimmten Frist nachweisen mußte, weil er sonst eine Ordnungsstrafe zu zahlen hatte und die Kraftfahrzeugzulassung ungültig wurde.

Manifestation Überhöhend gebrauchte Bezeichnung, v. a. in der ↑ Propaganda, für eine Kundgebung oder Demonstration zu einem speziellen Anlaß (z. B. 1. Mai, 7. Oktober), die aus Sicht der ↑ SED ein (O-Ton:) ‚einmütiges Bekenntnis‘ des Volkes zur ↑ DDR und zum Frieden war.

Märchenauge Vom Volke geprägte Bezeichnung für das ↑ Parteiabzeichen der SED.

Mark der Deutschen Demokratischen Republik /Kurzf.: Mark *und* M/ Von 1968 bis Juni 1990 gültige Währungseinheit.

Mark der Deutschen Notenbank /Kurzf.: MDN/ Von 1964 bis 1967 gültige Währungseinheit.

Marxismus-Leninismus Die von Marx und Engels begründete und von Lenin weitergeführte Lehre, die mit ihren drei Teilen ↑ Philosophie, Politische Ökonomie und Wissenschaftlicher Kommunismus als (O-Ton:) ‚die wissenschaftliche Weltanschauung der ↑ Arbeiterklasse und ihrer Partei‘ galt und die von der ↑ SED zu ihrer theoretischen Handlungsgrundlage erklärt wurde. S.: scherzh. Maximus-Lenimus; vgl. auch: M/L

marxistisch-leninistische Weiterbildung ↑ Maleweibi

marxistisch-leninistische Weltanschauung ↑ mlWA

MDN ↑ Mark der Deutschen Notenbank

MR ↑ Medizinalrat

MAS /Kurzf. für Maschinen-Ausleih-Station/ Seit 1946 in Schwerpunktgebieten der Landwirtschaft gegründete ↑ Stützpunkte, die an ↑ Neubauern und andere kleine Bauern Traktoren und landwirtschaftliche Maschinen ausliehen. Die MAS hatten auch den politischen Auftrag, als ↑ Stützpunkte der ↑ SED auf dem Lande zu wirken; sie wurden mit Arbeitern und Ingenieuren besetzt, die großenteils in Erfüllung eines ↑ Parteiauftrages diese Aufgabe übernahmen. Vgl. auch:

Maschinen-Ausleih-Station ↑ MAS

Maschinen-Traktoren-Station ↑ MTS

Maschinen-Traktoren-Station ↑ MTS

Massenarbeit, kulturelle ↑ kulturelle Massenarbeit

Masseninitiative Von offizieller Seite propagierte, besonders vom ↑ FDGB vorbereitete Aktion, die möglichst alle ↑ Werktätigen einbeziehen sollte. Sprachüblich war das Wort v. a. in der Verbindung ↑ volkswirtschaftliche Masseninitiative (VMI), mit der die freiwillig geleisteten Arbeitseinsätze u. a. zur Pflege des Wohnumfeldes im Rahmen des ↑ Nationalen Aufbauwerkes fortgeführt wurden. Andere bekannte Formen der Masseninitiative waren der ↑ sozialistische Wettbewerb, die ↑ Neuererbewegung und − besonders in den sechziger Jahren − die Kampagne ↑ „sozialistisch arbeiten, lernen, leben“.

Massenorganisation Vereinigung, die sich als Interessenvertreter großer Bevölkerungsgruppen verstand, dabei aber ausdrücklich die Führung durch die ↑ SED anerkannte. Sie half, deren Ziele durchzusetzen. Dabei versuchte sie, möglichst viele Bürger dadurch zu erreichen, daß sie auf ihre spezifischen Interessen, Aktivitäten und ihre soziale Situation Bezug nahm. Massenorganisationen waren z. B. ↑ FDGB, ↑ FDJ, ↑ DSF, ↑ DFD, der ↑ Kulturbund der DDR, der Verband der Kleingärtner, Siedler und Kleintierzüchter (VKSK). Die relativ hohen Mitgliederzahlen resultierten einerseits daraus, daß viele Interessen (z. B. gewerkschaftliche) tatsächlich nur in einer solchen Vereinigung wahrgenommen werden konnten, andererseits daraus, daß die formelle Mitgliedschaft in Massenorganisationen eine Mindestvoraussetzung für das berufliche Fortkommen war. Massenorganisationen konnten ihre Interessen gegenüber jedem ↑ Staatsorgan oder Betrieb vertreten. Sie entsandten Abgeordnete in die ↑ örtlichen Volksvertretungen sowie die ↑ Volkskammer, die eigene ↑ Fraktionen bildeten. Da aber ihre Mandatsträger zum großen Teil gleichzeitig Mitglieder der SED waren, war die Dominanz dieser ↑ Partei immer gesichert.

massenpolitische Arbeit Unter Einbeziehung von Parteien und ↑ Massenorganisationen, besonders dem ↑ FDGB, geleistete politisch-agitatorische Arbeit, die möglichst viele Bürger erreichen und entsprechend beeinflussen sollte.

Materialbörse Veranstaltung, bei der ein ↑ Kombinat oder Betrieb nicht mehr benötigtes Material, Maschinen, Ersatzteile, die z. B. aus ↑ Überplanbeständen oder Fehleinkäufen stammten, ausstellte und an andere Betriebe und Institutionen verkaufte.

materialistisch Infolge der starken ↑ ideologischen Beeinflussung gab es neben der Bedeutung 'vornehmlich auf materielle Werte orientiert' auch die durch die vorherrschende philosophische Grundauffassung geprägte Bedeutung 'bestimmend gegenüber dem Geist, dem Bewußtsein'.

Materialökonomie Verringerung des Aufwandes an Material und Energie

für die Herstellung eines Produkts. Dieser v. a. seit der Verteuerung wichtiger Rohstoffe in den siebziger Jahren ständig von offizieller Seite erhobenen Forderung standen objektive (z. B. fehlende ↑ Devisen für den Einkauf optimaler Rohstoffe) und subjektive (z. B. das politische Ziel der Importunabhängigkeit bei strategischen Materialien) Schwierigkeiten entgegen.

Materialwirtschaft Auf allen staatlichen und wirtschaftlichen Ebenen (vom Ministerium bis zum Betrieb) bürokratisch geregelte Verwaltung und Verteilung des Materials, d. h. eine Verwaltung des Mangels. Die sich aus den Produktionsplänen der Betriebe ergebenden Materialforderungen wurden von vielen Instanzen geprüft, genehmigt und nach Dringlichkeit eingestuft (Bilanzsystem), jedoch oft nicht oder nur durch die Zuteilung wenig geeigneter, dafür aber vorhandener Materialien erfüllt. Die permanente Materialknappheit wurde durch den zu hohen Verbrauch bei veralteten Maschinen, aber auch durch Verantwortungslosigkeit in den Betrieben verschärft. Diese Probleme versuchte man erfolglos durch Propagierung der ↑ Materialökonomie sowie die Wiederverwendung von Material in großem Stil zu bewältigen. Vgl. auch: SERO

W.: Anfrage an den Sender Jerewan: „Was passiert, wenn in der Sahara der Sozialismus eingeführt wird?" Antwort: „In den ersten 5 − 10 Jahren passiert überhaupt nichts, danach wird allmählich der Sand knapp."

materiell-technische Basis /o. Pl./ Offiziell die in einem Land vorhandene Gesamtheit der Produktionsbedingungen, die wesentlich vom Niveau der vorhandenen Anlagen und Ausrüstungen, der Verarbeitungstechnologie, der Organisation der ↑ Produktion sowie der Qualifikation der

↑ Werktätigen bestimmt war. * die materiell-technische Basis des Sozialismus schaffen

materielle Anerkennung Im offizellen Sprachgebrauch die Zuwendungen in Form von ↑ Prämien und Sachleistungen für besondere Leistungen in der beruflichen und ↑ gesellschaftlichen Arbeit. * als materielle Anerkennung wurde ihm ein Ferienscheck überreicht

materielle Interessiertheit Im offiziellen Sprachgebrauch das als ↑ Leitungsinstrument genutzte Interesse, die Bereitschaft des einzelnen, für die Verbesserung seiner Einkommensverhältnisse auch mehr zu leisten. Materielle Interessiertheit galt als einer der ↑ ökonomischen Hebel, der eingesetzt wurde, um die Arbeitsleistungen zu erhöhen, denn es wurde erkannt, daß Appelle allein nicht dazu ausreichten, die Menschen zu besserer Arbeit zu bewegen.

materielle Verantwortlichkeit Gesetzlich geregelte Pflicht, daß ein ↑ Werktätiger für einen Schaden, den er in seinem Betrieb schuldhaft verursachte, einzustehen hatte. Bei Fahrlässigkeit war die Haftung auf maximal 3 Tariflöhne (weniger als 3 Monatslöhne) begrenzt, bei Vorsatz und bei Handeln unter Alkoholeinfluß wurde auf Wiedergutmachung in voller Höhe erkannt, die der ↑ Werktätige allerdings durch Ratenzahlung sowie teilweise durch unentgeltliche Arbeit ableisten konnte.

materieller Anreiz ↑ materielle Interessierheit

Mathematikolympiade Jährlich in allen Klassenstufen stattfindender mathematischer Schülerwettbewerb, der auf Schulebene begonnen und über den Stadt-, Kreis-, Bezirks- und DDR-Ausscheid bis zum internationalen Wettbewerb (innerhalb der sozialistischen Länder) geführt wurde.

Mauer Umgangssprachlich zuerst nur für die am 13. August 1961 quer durch Berlin errichtete militärisch gesicherte Sperranlage (in der Bundesrepublik meist Berliner Mauer genannt), später dann auch gebraucht für die Grenzanlagen zwischen Westberlin und dem Umland sowie die Grenzbefestigungen der ↑ DDR zur Bundesrepublik. Im offiziellen Sprachgebrauch wurde das Wort zunächst nicht verwendet (statt dessen ↑ antifaschistischer Schutzwall), seine Benutzung galt als DDR-feindlich. Erst nachdem Honecker im Januar 1989 erklärt hatte, die 'Mauer' werde auch in fünfzig und in hundert Jahren noch stehen, wurde dieses Wort vereinzelt auch in offiziellen Texten gebraucht. S.: antifaschistischer Schutzwall, Staatsgrenze (West)

Maximus-Lenimus ↑ Marxismus-Leninismus

Medizinalrat /Kurzf.: MR/ Keine Dienstrangbezeichung, sondern Ehrentitel, der einem Arzt für Verdienste um das Gesundheitswesen verliehen wurde.

Meeting Zentral veranstaltete Versammlung, Kundgebung, die meist aus aktuellem Anlaß mit Teilnehmern verschiedener Länder, die auch unterschiedliche politische Richtungen repräsentieren konnten, stattfand. Z.: „Ansprache Erich Honeckers auf dem Meeting anläßlich der Übergabe der dreimillionsten Wohnung." JW 13.10.1988, 3

-meeting Grundwort, das in Zusammensetzungen mit Substantiven verschiedene Arten von ↑ Meetings bezeichnet. Gebräuchlich waren Zusammensetzungen wie: Abschluß-, Freundschafts-, Kampf-, Solidaritäts-

Mehrgeschosser In ↑ Plattenbauweise errichteter Neubaublock mit mindestens 4 Etagen.

mehrschichtig In mehreren Arbeitsschichten betriebene Produktionsstätte. * die mehrschichtige Auslastung hochproduktiver Anlagen (in der Produktionspropaganda besonders in dieser Verbindung gebräuchlich)

Mehrschichtsystem Form der Arbeitsorganisation, bei der in mindestens zwei einander ablösenden Schichten gearbeitet wurde.

Mehrzweckgaststätte /Kurzf.: MZG/ Umgangssprachlich für einen im Erdgeschoß eines meist zweistöckigen Gebäudes genormter Bauart untergebrachten Gaststättenkomplex, der aus mehreren verschiedenen Gaststätten (Speiserestaurant, Bar, Cafe, Bierlokal) bestand, die bei großen Veranstaltungen gemeinsam genutzt werden konnten und tagsüber teilweise für die Schülerspeisung, für Versammlungen und Kinovorführungen zur Verfügung standen. Die Mehrzweckgaststätte war eines der gesellschaftlichen Zentren in den großen Neubaugebieten.

Meile /o. Pl./ Eine 1973 anläßlich der ↑ Weltfestspiele der Jugend und Studenten in Berlin propagierte Strecke, deren Länge dem jeweiligen Jahr in Metern entsprach, also 1973 eintausendneunhundertdreiundsiebzig Meter lang war, und als volkssportlicher Wettkampf schwimmend, laufend oder radfahrend bewältigt werden sollte.

Meister der volkseigenen Industrie /Kurzf.: Industriemeister/ Jemand, der seinen Meisterabschluß an der Betriebsschule eines staatlichen Industriebetriebes abgelegt hatte und in einem solchen Betrieb als Meister eingesetzt werden konnte, der aber im Unterschied zum Handwerksmeister nicht die Qualifikation und Befugnis besaß, einen Handwerksbetrieb selbständig zu führen.

Meister des Sports Staatlicher Ehrentitel, der einem Sportler (zusammen mit einer Medaille) für große sportliche Erfolge oder für seine Lebensleistung als Sportler verliehen wurde.

Meisterbereich Gebräuchlich für einen von einem Meister geleiteten Produktionsbereich in einem ↑ volkseigenen Betrieb.

Meldestelle Abteilung der ↑ Volkspolizei, die An- und Abmeldungen bei Wohnungswechsel oder beim ↑ privaten DDR-Besuch von Ausländern vornahm und auf Antrag Personalausweise und Pässe (soweit die besonderen Voraussetzungen vorlagen) ausstellte. Die Mitarbeiter in den Meldestellen hatten keine eigenen Entscheidungsbefugnisse, vielmehr war zentral vorgeschrieben, wer z. B. einen Paß oder ein Ausreisevisum erhalten durfte oder wer aus anderen Gründen das Privileg einer Westreisegenehmigung erhielt.

Meliorationsgenossenschaft Von mehreren ↑ LPGs oder ↑ GPGs gebildete Wirtschaftsvereinigung mit der Aufgabe, Be- und Entwässerungsarbeiten im großen Maßstab auf den Böden der Genossenschaften durchzuführen.

Memfis Vom Volke geprägte Bezeichnung für das ↑ Ministerium für Staatssicherheit, dessen offizielle Abkürzung MfS war.

Menschenführung ↑ sozialistische Menschenführung

Menschengemeinschaft ↑ sozialistische Menschengemeinschaft

Menschenhandel Im offiziellen Sprachgebrauch meist in der Verbindung 'staatsfeindlicher Menschenhandel' für die Unterstützung, die einem DDR-Bürger bei der Flucht oder bei einem Fluchtversuch in den ↑ Westen gewährt und die als Verbrechen mit hohen Gefängnisstrafen (bis zu 15 Jahren) geahndet wurde. Von offizieller Seite wurde versucht, jede dieser Aktionen dadurch zu diskreditieren, daß sie mit Fluchthilfeorganisationen, die nur für Geld arbeiteten, in Verbindung gebracht wurde.

Menschenrecht /vorw. Pl./ Grundrecht, unter dem, abhängig von den Interessen der jeweils Herrschenden, in der ↑ DDR z. T. etwas anderes verstanden wurde als in der BRD. Immer dann, wenn das Menschenrecht eingefordert wurde, hielt die DDR garantierte soziale Rechte, z. B. das ↑ Recht auf Arbeit (Verfassung Artikel 24) oder das Recht auf Wohnraum (Artikel 37), dagegen. Das in der DDR-Verfassung garantierte Recht auf Freizügigkeit war unter Verletzung der KSZE-Verpflichtungen auf das Staatsgebiet der DDR beschränkt und durch Gesetz weiter begrenzt (Artikel 32).

Messe der Meister von morgen /Kurzf.: MMM/ Von der ↑ FDJ betreute, propagandistisch stark aufgewertete Leistungsschau, bei der Lehrlinge, Schüler, Studenten und junge Arbeiter ihre Erfindungen sowie Verbesserungsvorschläge besonders technischer und ökonomischer Art vorstellten, die dann ggf. prämiert wurden. Die Messe der Meister von morgen wurde einmal jährlich in den Betrieben durchgeführt und dann auf ↑ Kreis- und Bezirksebene fortgesetzt. Die zentrale Messe fand in Leipzig statt. Ziel war es, bei den Jugendlichen die Bereitschaft zu stärkerem beruflichen Engagement zu fördern. Da die Betriebe häufig ihre staatliche Auflage in bezug auf die Zahl der Exponate mit Hilfe der Jugendlichen allein nicht erfüllen konnten, setzten sie oft auch ältere Mitarbeiter ein. Viele Exponate hatten Alibicharakter und nur geringen wirtschaftlichen Wert.
Z.: „... haben unter anderem bisher allein in der Messe der Meister von morgen einen ökonomischen Nutzen von über 1,4 Millionen Mark erzielt." JW 4.8.1975, 1

MfS ↑ Ministerium für Staatssicherheit

Mieterhotel Wohnhaus mit mehreren abgeschlossenen Wohnungen, in dem Mieter, die ihre Wohnungen wegen Sanierung oder Havarie zeitweilig räumen mußten, mit all ihren Möbeln vorübergehend untergebracht wurden.

Mietermitverwaltung Verwaltung eines zum Wohnungsbestand der ↑ AWG und der ↑ KWV gehörenden Mehrfamilienhauses durch die Mieter, indem sie selbst alle Außenanlagen pflegten, über die Reihenfolge der notwendigen Reparaturen (sofern das zugewiesene Geld reichte und Handwerker zu bekommen waren) entschieden und diese auch veranlaßten.

Milchtüte 1. Schlauchartiges, an der oberen und unteren Kante verschweißtes Behältnis aus Plastik, in dem Milch zum Verkauf angeboten wurde. Allerdings waren die Schweißnähte manchmal so wenig haltbar, daß die Milch auslief. **2.** Tüte mit Milch. S.: Schlauchmilch

militärpolitisches Kabinett Einrichtung, die dem ↑ Wehrkreiskommando der ↑ NVA unterstand und die v. a. die Aufgabe hatte, mit Hilfe militärpropagandistischer Veranstaltungen Schüler, Lehrlinge und Studenten als Soldaten auf Zeit oder für einen Beruf bei der NVA zu gewinnen.

Mindestlohn Per Gesetz festgelegte Untergrenze des monatlich zu zahlenden Bruttolohns für Vollbeschäftigte. Die in größeren Zeitabständen vorgenommenen Erhöhungen wurden in der ↑ Propaganda als Ergebnis der gestiegenen wirtschaftlichen Leistungskraft bezeichnet, konnten jedoch nur die schleichende Inflation ausgleichen.

Mindestrente Per Gesetz festgelegte Untergrenze der monatlichen Rentenbezüge für Altersrentner. Die Mindestrente wurde dann gezahlt, wenn keine durch Versicherungszeiten begründeten oder nur niedrige Rentenansprüche bestanden und wenn keine Versorgung durch einen Ehepartner gewährleistet war. Sie war sehr gering, wurde jedoch in größeren Abständen dem Anstieg der Lebenshaltungskosten angepaßt.

Mindestumtausch Offiziell gebraucht für die gesetzliche Regelung, nach der alle Besucher aus Staaten mit konvertierbaren Währungen verpflichtet waren, pro Aufenthaltstag in der ↑ DDR einen festgelegten Devisenbetrag in Mark der DDR umzutauschen. Damit sollten die Kosten des Lebensunterhaltes während des Besuches bestritten werden. Da Besucher oft von ihren Gastgebern verpflegt wurden, viele Waren an Ausländer nicht gegen DDR-Mark verkauft werden durften oder von der Ausfuhr ausgeschlossen waren, konnte das eingetauschte Geld kaum ausgegeben werden. Durch den ↑ Pflichtumtausch sollte verhindert werden, daß in großem Umfang ↑ privat (und damit illegal) ↑ Devisen gegen DDR-Mark getauscht wurden. Diese sollten zu staatlich festgelegten (keineswegs marktgerechten) Umtauschkursen von der DDR eingenommen werden können. S.: Eintrittsgeld, Zwangsumtausch

Mindesturlaub Per Gesetz festgelegter Urlaubsanspruch, der jedem Vollbeschäftigten mindestens zustand.

Ministerium für Staatssicherheit /Kurzf.: MfS/. Umfangreicher Sicherheitsdienst der ↑ DDR, dessen Hauptfunktion in der Sicherung der politischen Macht der ↑ SED bestand. Das MfS durchdrang alle Bereiche des gesellschaftlichen Lebens. Wichtige Funktionen nach außen waren Spionage, Spionageabwehr und Wirtschaftsspionage. S.: der lange Arm, die Firma, Guck und Greif, Horch und Guck, Memfis, VEB Horch und Guck und Greif, VEB Paul Greifzu

Ministerrat der DDR Im offiziellen Sprachgebrauch die durch die ↑ Volkskammer gewählte Regierung der ↑ DDR. Während die Volkskammer die Legislative darstellte, war der Ministerrat das direkt unterstellte, höchste Exekutivorgan. Zusammen mit dem ↑ Staatsrat, der eine Präsidialfunktion innehatte, bildete er die oberste Spitze des ↑ Staatsapparates. Unter der Führung der ↑ SED arbeitete er die Grundsätze der staatlichen Innen- und Außenpolitik aus und leitete und überwachte die gesamte staatliche Arbeit. Die von der Volkskammer gewählten Mitglieder des Ministerrates bestanden aus dem Vorsitzenden, den Stellvertretern und den Ministern (1989 waren es 31). Da die SED die stärkste Fraktion in der Volkskammer stellte, fiel dieser auch das Recht zu, den Vorsitzenden des Ministerrates vorzuschlagen.

Mit sozialistischem Gruß Grußformel in Briefen im offiziellen Schriftverkehr, die auch von Privatpersonen bei Schreiben an staatliche Einrichtungen oder Betriebe gebraucht wurde.

MITROPA /Kurzf. für Mitteleuropäische Schlafwagen- und Speisewagen-AG/ **1.** Dem Ministerium für Verkehrswesen zugeordnetes Unternehmen, das als Monopol die Bewirtschaftung aller Schlaf- und Speisewagen, Bahnhofsgaststätten, Autobahnraststätten u. ä. gastronomischer Einrichtungen auf Flughäfen, Fährschiffen oder in Häfen innehatte. Das bereits seit 1917 bestehende Unternehmen wurde durch mangelhaften Service bald zum Synonym für unfreundliche Bedienung und schlechte Versorgung. **2.** Gesetzlich geschützte Handelsmarke der Mitteleuropäischen Schlafwagen- und Speisewagen-AG.

M/L /o. Art.; Kurzf. für Marxismus-Leninismus/ **1.** Umgangssprachlich für das marxistisch-leninistische ↑ Grundstudium, das obligatorischer Bestandteil aller Studiengänge war. * ML haben, er hat zwei Stunden wöchentlich ML; ohne M/L läuft überhaupt nichts − **2.** Gesellschaftswissenschaftliche Lehre von Marx, Engels und Lenin. Vgl. auch: Marxismus-Leninismus

Z.: „Top-John war in M/L immer gut. Muß man ihm lassen." NL 31(1983)1, 45

mlWA /Kurzf. für marxistisch-leninistische Weltanschauung/ Wurde besonders in Heiratsanzeigen zur Charakterisierung der eigenen politischen Einstellung bzw. der des gesuchten Partners gebraucht und trat damit neben die bekannten Kurzformen ῾ev.᾿ und ῾kath.᾿ oder an deren Stelle.

MMM ↑ Messe der Meister von morgen

Möbelfolie Folie (meist mit Holzmaserung), mit der Spanplatten für die Möbelherstellung anstelle von Furnieren beklebt wurden. Auch Hobbyhandwerker verwendeten solche Folien.

Moral ↑ sozialistische Moral

moralischer Verschleiß Kategorie der Politischen Ökonomie des ↑ Marxismus-Leninismus zur Bezeichnung des Wertverlustes vorhandener Arbeitsmittel dadurch, daß neue und billigere Maschinen und Anlagen mit besserer Leistungsfähigkeit auf dem Weltmarkt vorhanden waren. Der moralische Verschleiß trat ein, ohne daß bereits physischer Verschleiß vorlag.

MTS /Kurzf. für Maschinen-Traktoren-Station/ Aus den ↑ MAS hervorgegangene ↑ Stützpunkte auf dem Lande, bei denen Neubauern, später Genossenschaftsbauern, dem Staat gehörende Landmaschinen und Traktoren (einschließlich Betreiberpersonal) zu niedrigsten Gebühren entleihen konnten. Ziel war es, die Kollektivierung voranzutreiben und die Unterstützung der Genossenschaftsbauern durch die ↑ Arbeiterklasse zu demonstrieren. Anfang der sechziger Jahre wurden die Maschinenbestände der MTS den ↑ LPGs übergeben. Vgl. auch: MAS

Mumienexpreß Umgangssprachlich gebrauchte Bezeichnung für einen zwischen der ↑ DDR und der Bundesrepublik verkehrenden D-Zug, der fast ausschließlich mit DDR-Bürgern im westreisefähigen Alter, d. h. im Rentenalter, besetzt war. Nachdem seit der Mitte der achtziger Jahre auch für jüngere Menschen die Möglichkeit bestand, in bestimmten Fällen zu Verwandten in die Bundesrepublik zu reisen, ging der Gebrauch des Wortes zurück.

Münzreinigung Besonders ausgerüstete Filiale eines Textilreinigungsbetriebes, in der die Kunden ihre Oberbekleidung selbst reinigen konnten. Dazu setzten sie durch Einwurf eines Chips (Münze) ein großes, einer Trommelwaschmaschine ähnliches Gerät in Gang. Diese Reinigungsart war wegen ihres niedrigen Preises sehr beliebt. Allerdings blieb die gereinigte Kleidung ungebügelt.

Mütterberatung /o. Pl./ Einrichtungen des staatlichen Gesundheitswesens für die medizinische und soziale Betreuung von Müttern (bzw. Vätern) und ihren Kleinkindern, solange diese tagsüber zu Hause betreut wurden. Der regelmäßige Besuch der Mütterberatung durch Mutter und Kind war während des ersten Lebensjahres Pflicht. Die Kinder wurden ärztlich untersucht und geimpft, ihr soziales Umfeld beobachtet und in diesem Zusammenhang z. B. auch unangemeldete Hausbesuche durchgeführt. Die Mütterberatung hatte dadurch gerade für Kinder aus sozialen Problemfamilien eine wichtige Funktion.

Mütterjahr ↑ Babyjahr

Mütterunterstützung /o. Pl./ Finanzielle Leistung des Staates, die während der gesetzlich garantierten Freistellung der Mutter von der Arbeit ab Ende des Wochenurlaubs bis mindestens zum 1. Geburtstag des Kindes gewährt wurde. Die Höhe der Mütterunterstützung entsprach dem Krankengeld, das ab der 7. Krankheitswoche gezahlt wurde. Anspruchsberechtigt waren anstelle der Mutter ab Mitte der achtziger Jahre auch der Vater oder die Großmutter des Kindes. Vgl. auch: Babyjahr

N

nachnutzen Aus der ↑ Neuererbewegung hervorgegangene wissenschaftlich-technische Ergebnisse von einem anderen Betrieb übernehmen und in der Praxis anwenden. Für die Überlassung der ↑ Neuerung erhielten der Ursprungsbetrieb und der/die ↑ Neuerer eine Vergütung. Dazu auch: Nachnutzung

Naherholungsgebiet /Kurzf.: NEG/ Landschaftsraum, meist in der Nähe von industriellen Ballungszentren oder Großstädten, der der Bevölkerung zur Erholung und Entspannung dienen sollte. Diese durch den ↑ Rat des Kreises oder Bezirkes festgelegten Gebiete erhielten bevorzugt Investitionskapazitäten für den Bau von Gaststätten, Sport- und Freizeitanlagen.

Naherholungsobjekt In einer landschaftlich schönen Umgebung in der Nähe von Großstädten oder industriellen Ballungszentren gelegenes Gebäude, das allein oder zusammen mit weiteren Funktionsgebäuden v. a. der Erholung am Wochenende diente. Neben den ↑ örtlichen Räten stellten auch viele Großbetriebe ihren Mitarbeitern solche Einrichtungen preiswert zur Verfügung. Die dort vorhandenen Gaststätten, Sportanlagen u. ä. waren nur begrenzt der Öffentlichkeit zugänglich.

Nahrungssuche Umgangssprachlich für den oft mühsamen Einkauf von Lebensmitteln besonders an den Wochenenden. Zwar war die ↑ Grundversorgung in der ↑ DDR immer gesichert, jedoch waren viele Lebensmittel, besonders bestimmte Fleisch- und Wurstsorten oder auch Gemüse und Obst häufig nicht zu haben. Der allwöchentliche Versuch, gerade solche Waren einzukaufen, wurde deshalb spöttisch als (O-Ton:) ʿauf Nahrungssuche gehenʾ bezeichnet.

Namensgebung ↑ sozialistische Namensgebung

Namensweihe Synonym für ↑ sozialistische Namensgebung, aber seltener gebraucht.

NARVA /o. Art.; o. Pl.; Kunstw. aus Nitrogenium + Argon + Vakuum/ **1.** Warenzeichen für alle in der ↑ DDR hergestellten Glühlampen und Leuchtstoffröhren.
2. Name des für die Produktion von Glühlampen und Leuchtstoffröhren zuständigen Kombinats. Auch alle Kombinatsbetriebe führten diesen Namen als Zusatz zu ihrem Betriebsnamen (z. B. VEB NARVA Plauener Glühlampenwerk).

Naßzelle In einem Plattenwerk vollständig vormontiertes, kleines, fensterloses Badezimmer, das mit einem Tieflader zur Baustelle gefahren und dort direkt in einen Wohnblock eingesetzt wurde. Auf diese Weise konnte der Bau von Wohnungen in ↑ Plattenbauweise erheblich beschleunigt werden. Ausstattung und Komfort allerdings waren wenig zufriedenstellend. Vgl. auch: Badzelle

Nation ↑ sozialistische deutsche Nation

national Bedeutung und Gebrauch des Wortes waren stark von der sich verändernden Deutschlandpolitik der Sowjetunion und der ihr in den Grundpositionen stets folgenden, jedoch auch die eigenen Überlebensinteressen berücksichtigenden ↑ SED bestimmt. Zunächst bis zu Beginn der sechziger Jahre wurde national im Sinne von ʿdie Eigenschaften und Interessen der ganzen (deutschen) Nation betreffendʾ verwendet, der ethnische Aspekt dominierte. Nach dem Mauerbau (1961) bis zum Beginn der siebziger Jahre wurde das Wort in die Nähe des Chauvinismus gerückt, seine Verwendung galt offiziell als unerwünscht. Nachdem 1971

Erich Honecker die These von der (O-Ton:) ‘selbständigen sozialistischen Nation DDR auf deutschem Boden’ verkündet hatte, wurde national nur noch im Hinblick auf einen Staat und das durch ihn vertretene Gesellschaftssystem gebraucht. Damit wurde generell zwischen sozialistischen und bürgerlichen Nationen unterschieden. Vgl. auch: Einheit (2)

Nationaldemokratische Partei Deutschlands ↑ NDPD

Nationale Front /Kurzf. für Nationale Front des demokratischen Deutschlands/ Nach offizieller Darstellung die (O-Ton:) ‘sozialistische Volksbewegung, die alle Klassen und Schichten der DDR unter Führung der Arbeiterklasse und ihrer Partei vereinte’. In der Nachfolge der Volkskongreßbewegung, die 1948/49 von der sowjetischen Besatzungszone aus für ein einheitliches Deutschland mit einer sozialistischen Führung eintrat, versuchte die ↑ SED, diese verschiedenen, teils auch bürgerlich-liberalen Kräfte für ihre Ziele zu gewinnen. Die lose Form der Zusammenarbeit in der Nationalen Front hatte im ↑ Demokratischen Block, der alle zugelassenen Parteien und ↑ Massenorganisationen vereinte und als einziger bei Wahlen kandidieren durfte, eine konkrete Organisationsform. Die Nationale Front wurde als politisches Aushängeschild am Leben erhalten, um die angebliche Einheit aller politischen Kräfte vom ↑ Wohngebiet bis zur Regierung nach außen zu demonstrieren. Vgl. auch: Demokratischer Block

Nationale Volksarmee /Kurzf.: Volksarmee, NVA/ Reguläre Militärmacht der ↑ DDR, bestehend aus Land-, Luft- und Seestreitkräften. Die Nationale Volksarmee wurde 1956 als Freiwilligenarmee gegründet, seit 1962 bestand allgemeine Wehrpflicht. Die Grenztruppen waren der NVA nur vorübergehend unterstellt,

weil die Übernahme von Polizeiaufgaben durch reguläre Militäreinheiten zu Friedenszeiten gegen das Völkerrecht verstieß. Der Oberbefehl über die Nationale Volksarmee oblag dem Minister für nationale Verteidigung, der seinerseits dem ↑ Nationalen Verteidigungsrat unterstand. Z.: „Die Angehörigen der Nationalen Volksarmee begingen am Sonnabend gemeinsam mit der Bevölkerung und den Waffenbrüdern ihren Ehrentag.“ JW 3.3.1980, 1

Nationale Mahn- und Gedenkstätte Staatliche Einrichtung, die das Gedenken an die fortschrittlichen Traditionen der ↑ Arbeiterklasse pflegte und am Beispiel der Geschichte vor reaktionären und faschistischen Aktivitäten warnen sollte. Als solche Gedenkstätten waren v. a. ehemalige Konzentrationslager aus der Zeit des Dritten Reiches so gestaltet worden, daß die Besucher durch umfangreiche Ausstellungen, sachkundige Führungen und durch Vorträge von Historikern und Zeitzeugen einen Einblick in diesen Teil der deutschen Geschichte erhielten.

Nationaleinkommen Terminus der Politischen Ökonomie des Sozialismus, der den Teil des gesellschaftlichen Gesamtprodukts bezeichnete, der nach Ersetzen der verbrauchten Produktionsmittel verblieb. Damit sollte das durch die aufgewendete Arbeit geschaffene Neuprodukt (↑ Nettoprodukt) gemessen werden, das zum Verbrauch (Konsumtion) oder für die Anschaffung neuer zusätzlicher Produktionsmittel (Akkumulation) zur Verfügung stand. Dieses im Grunde plausible Verfahren führte jedoch in der DDR-Volkswirtschaft nicht zu brauchbaren Ergebnissen, weil die Werte bzw. die Preise für neue Waren vom Staat willkürlich hoch festgesetzt wurden, damit die ↑ Propaganda trotz schwacher Wirtschaftsleistung auf ein zahlenmäßig hohes Nationaleinkommen verweisen konnte. Z.: „Unter Nationaleinkommen verstehen wir das volkswirtschaftliche Nettoprodukt oder, wertmäßig ausgedrückt, den jährlichen Neuwert der Gesellschaft". JW 27.2.1980, 3

Nationaler Verteidigungsrat Von der ↑ Volkskammer berufenes hohes ↑ Staatsorgan, dem die Ausarbeitung und Festlegung der Verteidigungs- und Sicherheitspolitik, die Anordnung umfassender Verteidigungsmaßnahmen (z. B. das Ausrufen des Verteidigungszustandes) sowie die Erteilung wesentlicher Befehle an die Verteidigungs- und Sicherheitsorgane (z. B. Einsatzbefehl an die ↑ NVA) oblag. Dem Nationalen Verteidigungsrat gehörten die mächtigsten Politiker des Staates an, so der ↑ Staatsratsvorsitzende, die Minister für Verteidigung, für Inneres und für ↑ Staatssicherheit sowie der Sicherheitschef des ↑ Zentralkomitees der SED. In diesem Gremium wurde u. a. über die Errichtung von Grenzsicherungsanlagen, den Schußwaffengebrauch an der Grenze und die Beteiligung an der Invasion in die ČSSR entschieden. Seine Sitzungen waren streng geheim, als Protokollant fungierte der Generalstabschef der NVA.

Nationales Aufbauwerk /Kurzf.: NAW/ Von der ↑ SED 1951 ins Leben gerufene und von der ↑ Nationalen Front organisierte Bewegung, deren Ziel es war, alle Bürger zu veranlassen, in ihrer Freizeit freiwillig und unbezahlt für die Allgemeinheit nützliche Bauwerke, Sportstätten, Kultureinrichtungen, Tiergärten und Parks zu errichten und zu pflegen. Das Nationale Aufbauwerk fand in der Zeit des Wiederaufbaus nach dem Krieg große Resonanz in der Bevölkerung, nicht zuletzt dadurch, daß für eine bestimmte Anzahl von Arbeitsstunden Neubauwohnungen verlost wurden. Als trotz zunehmenden Drucks durch Partei- und Gewerkschaftsfunktionäre die Bereitschaft der Bevölkerung stark nachließ, wurde das Nationale Aufbauwerk durch andere Bewegungen wie z. B. die ↑ Machmit-Bewegung abgelöst. Die Abkürzung NAW wurde im Hinblick auf die wenigen aus Ergebenheit gegenüber der ↑ Partei noch Tätigen umgedeutet in 'Narren am Werk'.

Nationalfeiertag Erst seit den siebziger Jahren gebrauchte Bezeichnung für den 7. Oktober, an dem im Jahre 1949 in der sowjetischen Besatzungszone Deutschlands die ↑ DDR als Anwort auf die Gründung der Bundesrepublik in den Westzonen gegründet worden war. Er wurde alljährlich als Feiertag begangen. Vgl. auch: Tag der Republik

Nationalhymne Hymne der ↑ DDR, deren dreistrophigen Text Johannes R. Becher 1949 schrieb, den Hanns Eisler vertonte. Aufgrund des klaren Bezuges zur Einheit Deutschlands durfte der Text seit Anfang der siebziger Jahre, als die ↑ SED die These von der 'selbständigen sozialistischen Nation DDR' aufstellte, nicht mehr gesungen werden.

Nationalpreis Höchste staatliche Auszeichnung für wissenschaftliche, technische oder künstlerische Leistungen. Der Preis wurde als Medaille vergeben und war mit einer finanziellen Zuwendung verbunden. Während in den Anfangsjahren der ↑ DDR nur international anerkannte Leistungen (z. B. die Erfindung des ↑ Malimo) mit dem Nationalpreis gewürdigt wurden, setzte später eine Preisverleihungsschwemme ein. Er wurde als Nationalpreis für Wissenschaft und Technik oder für Kunst und Literatur in drei Klassen an Einzelpersonen oder ↑ Kollektive jeweils anläßlich des ↑ Nationalfeiertages und des 1. Mai verliehen und sollte allein durch die hohe Zahl der Ausgezeichneten deutlich machen, daß sehr viele (O-Ton:) 'herausragende

Leistungen' in der DDR vollbracht
wurden.

Nationalpreisträger Mit dem ↑ Nationalpreis ausgezeichneter Wissenschaftler, Techniker, Künstler oder
Schriftsteller.

Nationalstaat 1. Ausschließlich historisch gebrauchter Begriff für die im
18. und 19. Jahrhundert entstandenen europäischen Staaten, soweit sie
nicht mehrere Nationen (wie Österreich-Ungarn) umfaßten. Für die
Zeitgeschichte wurde von offizieller
Seite nach der Aufgabe der deutschen Einheit als Staatsziel (1961)
dieses Wort gemieden. **2.** Nur in der Verbindung 'Junger
Nationalstaat' im offiziellen Sprachgebrauch Bezeichnung für einen der
neuen, aus den Kolonialreichen hervorgegangenen Staaten der Dritten
Welt. Dabei wurde bewußt ignoriert,
daß die Staatengründungen wegen
der von den Kolonialmächten übernommenen willkürlichen Staatsgrenzen in vielen Fällen keineswegs eine
Nation ganz bzw. oft mehrere Nationalitäten umfaßten. Die Bezeichnung
'Junger Nationalstaat' sollte eine positive Wertung zum Ausdruck bringen, denn die DDR-Führung hoffte,
daß sich diese Staaten dem ↑ sozialistischen Lager anschließen würden.

Natschalnik /aus dem Russ./ Spöttisch
gebraucht für einen Vorgesetzten, besonders bei der ↑ NVA.

NAW ↑ Nationales Aufbauwerk

Neues Deutschland ↑ ND

ND /Kurzf. für Neues Deutschland/
Überregionale Zeitung, Zentralorgan des ↑ ZK der SED. Das ND unterstand direkt dem ↑ Zentralkomitee, sein Chefredakteur war nicht nur
Mitglied des ZK, sondern auch des
↑ Politbüros, des eigentlichen Machtzentrums. Das ND gab in seinen
Kommentaren die Auffassung der
Parteiführung unmittelbar wieder
und war deshalb für alle ↑ Funktionäre die tägliche, verbindliche politische Orientierung. Um die besondere

Stellung des ND gegenüber allen anderen Zeitungen und Zeitschriften zu
dokumentieren, wurden viele Meldungen zuerst im ND veröffentlicht
und durften erst am nächsten Tag in
anderen Medien verbreitet werden.
Oft wurden die Zeitungen (auch die
der Blockparteien) verpflichtet, Artikel und Kommentare des ND nachzudrucken.

NDPD /Kurzf. für Nationaldemokratische Partei Deutschlands/ 1948 gegründete und von Anfang an unter
dem unmittelbaren Einfluß der
↑ SED stehende Partei des ↑ Demokratischen Blocks. Die NDPD versuchte zunächst, v. a. ehemalige Offiziere der Wehrmacht und Mitglieder
der NSDAP in die politischen Aktivitäten im Sinne der SED einzubeziehen. Später traten ihr dann auch
Handwerker und Einzelhändler sowie Angehörige der Intelligenz bei,
die auf diesem Wege dem Beitritt zur
SED ausweichen wollten. Die
NDPD konnte nie ein von der SED
oder der ↑ LDPD klar abgegrenztes
Programm entwickeln, sie fand bei
der Bevölkerung kaum Aufmerksamkeit und Akzeptanz. Wie alle anderen Blockparteien auch erhielt sie
automatisch eine bestimmte Anzahl
von Sitzen in allen ↑ Volksvertretungen und in der ↑ Volkskammer sowie
in den ↑ örtlichen Räten und in der
Regierung. Sie übte dennoch nie
wirkliche politische Macht aus. Nach
der Wende trat die NDPD Anfang
1990 der LDPD bei, die ihrerseits in
der FDP aufging.

NEG ↑ Naherholungsgebiet

Nettoprodukt Kategorie der Politischen Ökonomie des Sozialismus zur
Bezeichnung des Teils des in einem
Betrieb erzeugten Produkts (↑ Bruttoprodukt), der nach Abzug des Verbrauchs an Arbeitsgegenständen und
Arbeitsmitteln verblieb. Dieser in
Geld ausgedrückte Wert bildete als
Summe des Nettoprodukts aller Betriebe das ↑ Nationaleinkommen.

Netzplantechnik Spezielle Methode der Operationsforschung, die zeitweilig von der ↑ SED als wesentliches Instrument propagiert wurde, um die Leistungsfähigkeit der ↑ Volkswirtschaft zu verbessern. Die 1958 in den USA entwickelte kybernetische Methode, zur komplexen Planung umfangreicher Vorhaben oder Arbeitsabläufe in Teilprogramme gegliederte und aufeinander bezogene Ablaufpläne aufzustellen und regelmäßig zu kontrollieren, entsprach den Denkgewohnheiten v. a. der Planungsbürokratie. Sie wurde deshalb 1967 (VII. ↑ Parteitag der SED) aufgegriffen und als (O-Ton:) 'wirksames Instrument zur Qualifizierung von Leitungs- und Planungstätigkeiten' für die allgemeine Anwendung bestimmt. Die Netzplantechnik erlitt das Schicksal vieler anderer aus dem Zusammenhang gerissener Methoden, die der Sanierung der ↑ Volkswirtschaft dienen sollten. Sie wurden unterschiedslos in wirtschaftlichen Prozessen angewendet, gleichgültig, ob diese dafür geeignet waren oder nicht. Somit konnten die versprochenen Effekte nicht erreicht werden, die SED suchte bald nach einem neuen propagandistisch verwertbaren Konzept für die Wirtschaftsführung.

Neu-Deli Spöttische Bezeichnung für die vielen neuen Geschäfte, die die DDR-Führung im Zusammenhang mit der 750-Jahrfeier Ostberlins (1987) im Stadtgebiet rund um den Alexanderplatz errichten ließ. 'Deli' steht dabei für die sehr teuren ↑ Delikatläden, außerdem ist die Zusammensetzung eine Anspielung auf die Hauptstadt eines der ärmsten Länder der Welt.

Neubauer Bauer, der 1945 durch die ↑ Bodenreform erstmals eigenes Land erhielt und einen landwirtschaftlichen Betrieb gründete. Die meisten Neubauern, die so eine neue Existenzgrundlage erhielten, waren ehemalige Tagelöhner und Knechte

oder Übersiedler aus den ehemaligen deutschen Ostgebieten. Nach der Überführung aller ↑ privaten Bauernwirtschaften in die ↑ LPG (1959/60) wurde das Wort nur noch benutzt, wenn der historische Sachverhalt bezeichnet werden sollte.

Neuer Kurs Von der ↑ SED am 9. Juni 1953 beschlossener veränderter wirtschaftspolitischer Kurs als Reaktion auf die im Frühjahr desselben Jahres stark zunehmenden sozialen Spannungen in der ↑ DDR. Es sollten die durch einseitige Investitionen in die Grundstoffindustrie verursachten Engpässe in der Lebensmittel- und Wohnraumversorgung gemildert und v. a. die Arbeiter wieder stärker motiviert werden. Man wollte aber auch politischen Forderungen nach mehr Rechtssicherheit und wahrheitsgemäßer Presseberichterstattung entgegenkommen. Die halbherzigen Absichtserklärungen der Parteiführung konnten jedoch den Aufstand vom 17. Juni 1953 nicht verhindern. Nach der militärischen Unterdrückung der Unruhen erwies sich der Neue Kurs in der Folgezeit als taktisches Manöver im Rahmen einer unveränderten Strategie. Von 1955 an wurde er von der SED nicht mehr weiter verfolgt.

Neuerer Mitarbeiter eines Betriebes oder ein Außenstehender, der einen ↑ Neuerervorschlag unterbreitet oder an einer neuen betrieblichen Lösung im Rahmen eines Vertrages außerhalb seiner Arbeitszeit (↑ Neuerervereinbarung) mitgearbeitet hatte. Der Neuerer hatte einen gesetzlichen Anspruch auf die Prüfung seiner Vorschläge durch den Betrieb innerhalb bestimmter Fristen. Für praktisch angewendete Lösungen erhielt der Neuerer eine entsprechende Vergütung, die gerichtlich durchsetzbar war. Die Neuerer wurden gefördert, da jeder Betrieb ↑ staatliche Planauflagen zu erfüllen hatte, die ihm die Anzahl der Neuerer, eine bestimmte soziale Zusammensetzung (die Beteiligung von Frauen, Jugendlichen, Arbeitern betreffend), die Anzahl der ↑ Neuerungen sowie den zu erreichenden Nutzen vorgaben. Wegen dieser ↑ Vorgaben unterstützte der Betrieb auch solche Neuerer, die wirtschaftlich wenig sinnvolle Vorschläge unterbreiteten oder die, ohne selbst zum Erfolg beizutragen, allein zur Verbesserung der sozialen Zusammensetzung in ein ↑ Neuererkollektiv aufgenommen wurden. Z.: „Im VEB Waggonbau Ammendorf betätigten sich beispielsweise vor fünf Jahren 27,3 Prozent der Betriebsangehörigen als Neuerer." ND 10.7.1970, 3

Neuererbewegung Von der ↑ SED initiierte, vom Staat durch eine Vielzahl von Gesetzen geregelte und von der ↑ Gewerkschaft geförderte Bewegung, die ↑ Werktätige veranlassen sollte, in ihrer Freizeit und über ihre Arbeitsaufgabe hinaus Lösungen für die Verbesserung von Arbeitsabläufen, Maschinen und Werkzeugen sowie zur Erhöhung der Arbeitssicherheit zu unterbreiten. Entgegen den Hoffnungen der SED entwickelte sich das staatlich bürokratisierte ↑ Neuererwesen sehr bald zu einer kostenaufwendigen und für die Betriebe wirtschaftlich wenig nützlichen Einrichtung. Für findige Ingenieure und Arbeiter war die Neuererbewegung eine lukrative Einnahmequelle. Allerdings rechtfertigten die erbrachten Leistungen häufig die steuerfreien Nebeneinnahmen nicht. In der ↑ Propaganda hingegen wurde die Neuererbewegung als Ausdruck (O-Ton:) ´der vielfältigen Initiativen der Arbeiter zur Stärkung der DDR und zur Entwicklung sozialistischer Persönlichkeiten` charakterisiert.

Neuererbrigade Beratendes Gremium in den sozialistischen Betrieben und Einrichtungen, das die ↑ Leiter und die ↑ Neuerer im Rahmen der ↑ Neuererbewegung unterstützen sollte. Die aus Mitarbeitern und Gewerk-

schaftsvertretern gebildeten Neuererbrigaden konnten nur wenig Einfluß ausüben, da sie auf Informationen aus dem betrieblichen ↑ BfN angewiesen waren und kaum eigene Rechte besaßen.

Neuererkollektiv Gruppe von Mitarbeitern eines Betriebes, die auf der Grundlage eines mit dem Betrieb abgeschlossenen Vertrages die Lösung einer konkreten wissenschaftlichtechnischen oder organisatorischen Aufgabe übernommen hatte. Auf diesem Wege konnten die Betriebe u. a. Forschungs-, Konstruktions- und Projektierungsarbeiten zur Erledigung außerhalb der Arbeitszeit an Mitarbeiter vergeben, ohne den ↑ Lohnfonds zu überschreiten. Die an die ↑ Neuerer zu zahlende Vergütung für ihre planmäßige Neuerertätigkeit blieb ebenso wie eine Entschädigung für den Aufwand (Arbeitsmittel u. ä.) steuerfrei. Da Neuererkollektive nach dem Gesetz mehrheitlich mit Arbeitern besetzt werden mußten, wurden in die entsprechenden Arbeitsgruppen gegen eine kleinere Beteiligung an der Vergütung formal auch Arbeiter aufgenommen.

Neuerermethode Von den Massenmedien mit großem propagandistischen Aufwand verbreitete Methode zur Verbesserung von Arbeitsabläufen in den Betrieben, die stark verallgemeinerbar war und auf die Idee eines (möglichst sowjetischen) Neuerers zurückgeführt wurde. Viele Neuerermethoden enthielten sehr einfache, abstrakte Vorschläge zur Gestaltung der betrieblichen Abläufe, z. B. daß bei jeder technologischen Entwicklung auch die Arbeitssicherheit berücksichtigt werden soll (Methode von Lydia Korabelnikowa).

Neuerervereinbarung Vertrag zwischen einem ↑ Neuererkollektiv und einem sozialistischen Betrieb über die Erbringung einer planmäßigen Neuererleistung. Die Betriebe nahmen Aufgaben im Bereich Forschung und

Entwicklung, Technologie oder Konstruktion, die zu neuen betrieblichen Lösungen führen sollten und für die Ingenieurkapazität fehlte, als Neuereraufgaben in die Pläne Wissenschaft und Technik auf, um sie an Neuererkollektive zu vergeben. Diese entwickelten außerhalb ihrer Arbeitszeit eine Lösung und erhielten nach erfolgreicher Verteidigung vor dem Betriebsleiter die vereinbarte Vergütung sowie eine Aufwandsentschädigung. Neuerervereinbarungen mußten (wegen bestehender Mißbrauchsgefahr) von der zuständigen Gewerkschaftsleitung bestätigt werden. Dennoch wurden sie zur lukrativen Nebenerwerbsquelle v. a. für Ingenieure.

Neuerervergütung Die dem ↑ Neuerer oder dem ↑ Neuererkollektiv zu gewährende Vergütung, wenn ihr ↑ Neuerervorschlag oder ihre vereinbarte Neuererleistung zur Benutzung angenommen und ein Jahr benutzt wurde. Die Vergütung wurde in der Regel in zwei Teilbeträgen gezahlt. Der erste Betrag wurde nach der Annahme (gemäß gesetzlicher Tabelle oder Festlegung in der Neuerervereinbarung) fällig, der zweite in Abhängigkeit vom erzielten Nutzen nach Ablauf des ersten Benutzungsjahres. Für Vorschläge zur Verbesserung der Arbeitssicherheit oder -kultur wurde nach gesetzlicher Tabelle ein fiktiver Nutzen festgesetzt und eine einmalige Vergütung gezahlt.

Neuerervorschlag Vorschlag eines Mitarbeiters oder Außenstehenden, der dazu diente, die betrieblichen Arbeitsabläufe, Erzeugnisse oder die Arbeitssicherheit zu verbessern. Als Neuerervorschläge mit Vergütungspflicht konnten nur solche anerkannt werden, die über die Arbeitsaufgabe des Einreichenden hinausgingen und die im Betrieb auch tatsächlich angewendet wurden.

Neuererwesen Oberbegriff für alle mit der Aktivität von ↑ Neuerern in Ver-

bindung stehenden Gremien, gesetzlichen Regelungen und Organisationsabläufe.
Z.: „Gedanken über das Neuererwesen in der DDR und über die Situation im Vorschlags- und Verbesserungswesen westdeutscher Betriebe." ND 10.7.1970, 3

Neuerung Zentraler Begriff des Neuererwesens und Oberbegriff für ↑ Neuerervorschläge und vereinbarte Neuererleistungen. Jedes wirtschaftlich nutzbare Ergebnis der Neuerertätigkeit wurde als ↑ Neuerung registriert, im Ursprungsbetrieb vergütet und zur überbetrieblichen Nutzung angeboten.

Neues ökonomisches System /Kurzf. für Neues ökonomisches System der Planung und Leitung der Volkswirtschaft; *auch* Kurzf.: n.ö.S oder NÖSPL/ Von der ↑ SED 1963 verkündete neue Richtung der Wirtschaftspolitik. Die zu diesem Zeitpunkt in einer Krise steckende ↑ Volkswirtschaft sollte durch stärkere Hinwendung zu materieller Stimulierung (↑ ökonomischer Hebel), durch Anwendung marktwirtschaftlicher Instrumente wie differenzierter ↑ Preisbildung und (beschränkt) selbständige Verfügung der Betriebe über Gewinne und Investitionsmittel stabilisiert werden. Dabei berief man sich auf Lenins Politik zur Belebung der durch den Bürgerkrieg angeschlagenen sowjetischen ↑ Volkswirtschaft. Ebenso wie das historische Vorbild scheiterte 1967 auch das NÖSPL an der fehlenden Bereitschaft der Partei- und Planungsbürokratie, den Betrieben mehr Selbständigkeit zu gewähren und die Praxis der kapitalistischen Wirtschaft zumindest teilweise für den Binnenmarkt zu übernehmen. Der prominenteste Vertreter dieses Versuches einer begrenzten Wirtschaftsreform Erich Apel beging Selbstmord und wurde durch den Vertrauensmann des Parteiapparates Günter Mittag ersetzt.

Neulehrer Jemand, der in den Jahren 1945 bis 1947 aufgrund seiner unbelasteten Vergangenheit als ↑ fortschrittlich (im Sinne der ↑ SED und der sowjetischen Besatzungsbehörden) eingeschätzt wurde und den man deshalb für geeignet hielt, nach Besuch eines kurzen Vorbereitungskurses als Lehrer zu arbeiten. Mit dieser Maßnahme sollte der Fehlbestand an Lehrern beseitigt werden, der dadurch entstanden war, daß 75% der ehemaligen Lehrer wegen ihrer früheren NSDAP-Mitgliedschaft entlassen wurden. Die Neulehrer wurden dann erst während ihres Schuldienstes weiter fachlich fortgebildet.

nichtarbeitende Bevölkerung In Zeitungsanzeigen und auf Anschlägen am Betriebstor verwendete Bezeichnung für den Teil der Bevölkerung, der nicht in einem festen Arbeitsverhältnis stand und den die Betriebe bei der Suche nach Arbeitskräften öffentlich ansprechen durften. Die Abwerbung von Mitarbeitern anderer Betriebe war (von wenigen Ausnahmen für staatlich besonders geförderte Tätigkeiten wie den Erdgasleitungsbau in der ↑ UdSSR oder einen Beruf bei der ↑ NVA abgesehen) verboten. Damit beschränkte sich der ansprechbare Personenkreis im wesentlichen auf die wenigen Hausfrauen sowie die Rentner. Dennoch nutzten die Unternehmen diese Möglichkeit, weil sie damit rechneten, daß sich auch einige andere Interessenten bewerben würden.

Nichteinmischung Völkerrechtlicher Grundsatz, der es jedem Staat verbot, Einfluß auf die inneren Angelegenheiten eines anderen Staates zu nehmen. Nach allgemeiner Auffassung fand dies dort seine Grenze, wo elementare ↑ Menschenrechte verletzt werden. In der ↑ DDR galt die Freizügigkeit über Ländergrenzen hinweg nicht als elementares Menschenrecht und wurde deshalb auch nicht in der Verfassung von 1968 genannt. Nach ihrer Ansicht hatte jeder Staat das Recht, im eigenen Interesse die Freizügigkeit einzuschränken (z. B. durch militärische Sperrzonen) und das Grenzregime zu regeln. Offiziell wurde der Grundsatz der Nichteinmischung nach sowjetischem Vorbild zur (O-Ton:) 'Hauptbedingung des friedlichen Nebeneinanderlebens und der Zusammenarbeit von Staaten' erklärt, weil er die Möglichkeit eröffnete, jede unerwünschte Äußerung oder Kritik aus dem Ausland als Verletzung dieses Gebots zurückzuweisen.

nichterfaßt Nicht der staatlichen Zwangsbewirtschaftung von Wohnraum unterliegend. Grundsätzlich wurde der gesamte Wohnraum unabhängig von der Eigentumsform staatlich bewirtschaftet, d. h. die Wohnungsämter konnten jederzeit in (nach staatlichem ↑ Normativ) unterbelegten Wohnraum Wohnungssuchende einweisen. Dies geschah durch die (O-Ton:) 'Erfassung von Wohnraum'. Ausnahmen davon gab es für Rentner, bei denen kein Wohnraum erfaßt werden durfte und die deshalb durch Untervermietung ihre Rente aufbessern konnten. Auch Langzeitdienstreisende durften ihre zeitweilig leerstehenden Wohnungen untervermieteten. Besonders in den fünfziger und sechziger Jahren erfaßten die Behörden Wohnraum dann, wenn eine Wohnung im Verhältnis zur Zahl der Bewohner als zu groß galt (für vier Personen war eine ↑ Dreiraumwohnung vorgesehen). In den siebziger und achtziger Jahren versuchte man, anstelle der Erfassung unterbelegten Wohnraums v. a. bei der Vergabe jeder freiwerdenden oder neuen Wohnung die Einhaltung der entsprechenden Belegungsnorm zu sichern. Die Zeitungen waren staatlicherseits angewiesen, nur Wohnungsanzeigen (ausgenommen

Tausch) für 'nichterfaßten Wohnraum' zu veröffentlichen.

nichtpaktgebunden Als Staat keinem multilateralen Militärbündnis angehörend. Dieser Status geht auf eine durch ↑ Initiative des jugoslawischen Staatschefs Tito entstandene Bewegung zurück, in der sich die Staaten engagierten, die zwischen den Militärblöcken standen und nur durch einen Zusammenschluß politisches Gewicht erlangen konnten.

Nichtrauchergaststätte Gaststätte, in der generelles Rauchverbot bestand. Solche Einrichtungen gab es relativ häufig, das Rauchverbot erwies sich als werbewirksam.

nichtsozialistisches   Wirtschaftsgebiet ↑ NSW

Nische In der offiziellen Sprache nicht verwendetes Wort für Lebensbereiche, in die der Einfluß von ↑ Partei und Staat nicht hineinreichte. Das Leben in der ↑ DDR war für die meisten Menschen damit verbunden, daß sie ↑ privat und beruflich solche Bereiche suchten. Diese Nischen waren jedem DDR-Bürger bewußt, sie wurden jedoch allenfalls im vertrauten Kreise benannt.

niveauvoll Nicht nur den geistigen, künstlerischen oder wissenschaftlichen, sondern auch den hohen materiellen Wert von Gütern aller Art bezeichnend. Es wurde v. a. in dem Sinne verwendet, daß einem bestimmten gesellschaftlichen Maßstab entsprochen wurde, etwas nützlich oder von guter Qualität zu sein hatte. * niveauvolle Arbeiterversorgung; niveauvolles Ferienobjekt; ein neues, niveauvolles Erzeugnis auf den Markt bringen

noch + Komparativ (noch schneller, besser, vollständiger ...) Von den ↑ Funktionären und in den Medien verwendetes sprachliches Muster, das zu aktivem Handeln im Sinne der ↑ SED aufforderte. Im Anschluß an (oft nicht glaubwürdige) Erfolgsmeldungen wurde suggeriert, daß eine bereits schon positive Situation weiter verbessert würde. Tatsächlich aber, und dies wurde von der Bevölkerung auch so verstanden, sollte zumeist eine schlechte Ausgangslage verbessert werden. Wegen der ständigen Wiederholung dieser Appelle wurden sie von der Bevölkerung kaum noch wahrgenommen und brachten somit nicht die erwünschte Motivation. * die Werktätigen des Betriebes X haben den Plan übererfüllt und ringen um noch größere Produktionserfolge; wir bestimmen im Maschinenbau das Weltniveau mit, werden durch Anwendung der Schlüsseltechnologien noch erfolgreicher für den Export produzieren; der Minister überzeugte sich vom hohen Ausbildungsstand des Regiments und rief die Soldaten auf, noch entschlossener ihre Kampfkraft zu stärken

Nomenklatur 1. Für die Zwecke der zentralen staatlichen ↑ Planung geordnete Auflistung von Erzeugnissen und Leistungen sowie der Zuständigkeiten im Planungsprozeß. * Nomenklatur Wissenschaft und Technik; Nomenklatur der bilanzierten Erzeugnisse und Leistungen; Nomenklatur der überwachungspflichtigen Anlagen
2. Auflistung überprüfter und geeigneter Personen für den Zweck, nur zuverlässige, (O-Ton:) 'der Partei der Arbeiterklasse treu ergebene Mitarbeiter in führende Positionen der Partei, des Staates und der Wirtschaft' einzusetzen. Die Nomenklatur war entsprechend der politischen Bedeutung der ↑ Funktionen in mehrere Kategorien (nach Ebenen und Verantwortungsbereichen) gegliedert. Für die Besetzung jeder führenden Position war es Voraussetzung, daß die dafür vorgesehene Person zuvor durch eine Entscheidung der zuständigen Parteileitung (↑ ZK, ↑ Bezirksleitung oder ↑ Kreisleitung der SED) in die entsprechende Kate-

gorie der Nomenklatur aufgenommen worden war. Die Streichung aus der Nomenklatur hatte für den Betroffenen den Verlust der entsprechenden Position zur Folge.

Nomenklaturkader Führender Mitarbeiter in ↑ Partei, Staat oder Wirtschaft, der in eine ↑ Nomenklatur (2) aufgenommen worden war. Für die ↑ Kader der obersten Nomenklaturen galten eine Reihe von Privilegien. Sie erhielten spezielle Vergütungen, konnten besondere Ferienheime nutzen, und ihnen wurden u. a. bevorzugt Kuren angeboten. Vgl. auch: Einzelvertrag, Versorgungseinrichtung

Normativ Staatliche ↑ Vorgabe, die für alle Betriebe bindend eine bestimmte zu erbringende Leistung (z. B. Arbeitszeit pro Werteinheit) oder den höchstzulässigen Verbrauch (z. B. an Material und Energie) festlegte. V. a. die Verbrauchsnormative entsprachen den Wunschvorstellungen der Parteiführung und berücksichtigten oft nicht die veraltete maschinentechnische Ausrüstung der Betriebe. Da die DDR-Volkswirtschaft zunehmend unter dem Mangel an geeigneten Materialien und Ausrüstungen litt, die ↑ SED jedoch am Kurs der Importreduzierungen festhielt, gerieten die meisten Normative in immer stärkeren Gegensatz zu den realen Produktionsbedingungen.

NÖSPL *auch* **n.ö.S** ↑ Neues ökonomisches System

Notizen zum Plan 1974 ins Leben gerufene, propagandistisch unterstützte Aktion der Gewerkschaften, mit der die Beschäftigten aller Wirtschaftszweige veranlaßt werden sollten, aus eigener Initiative Vorschläge zur Verbesserung der Arbeit in den Betrieben zu machen. In jedem Arbeitsbereich sollte als 'Notiz zum Plan' ermittelt werden, was die Mitarbeiter daran hinderte, konzentriert ihre Arbeit mit bestem Ergebnis zu leisten. Durch die Beseitigung so entdeckter

technologischer oder organisatorischer Hindernisse glaubte die Wirtschaftsführung, einen großen Produktivitätszuwachs zu erzielen. Sie hoffte, durch die Einbindung in den ↑ sozialistischen Wettbewerb alle Beschäftigten zu erreichen und zugleich dem Wettbewerbsgedanken neue Impulse zu verleihen. Die Aktion schlief nach einigen Jahren ein, ohne daß die angestrebten Ziele erreicht waren.

NSW /Kurzf. für nichtsozialistisches Wirtschaftsgebiet/ Alle Länder, mit denen der gesamte Handel auf der Grundlage konvertierbarer ↑ Devisen geführt werden mußte, wurden dieser zunächst v. a. für die Außenhandelsplanung und -praxis geschaffenen Staatengruppierung zugeordnet. Wegen der chronischen Devisenknappheit der ↑ DDR galt der ↑ Import aus dem NSW als sehr schwierig, der Export ins NSW als eine besonders gute Leistung. Wirtschaftliche Kontakte mit Partnern aus dem NSW waren nur dafür speziell ausgewählten Mitarbeitern der Außenhandelsbetriebe und -kombinate vorbehalten. Die Berechtigung, dienstlich in das NSW zu reisen, war für jeden Mitarbeiter erstrebenswert, wurde aber nur wenigen besonders geschulten und als politisch zuverlässig eingeschätzten ↑ Funktionären und Experten erteilt.

Nuttenbrosche Spöttische Bezeichnung für den Brunnen auf dem Alexanderplatz in Ostberlin, der aus einer bunt angestrichenen Messingschmiedearbeit bestand, die von den meisten als kitschig empfunden wurde. Dort boten junge Frauen ihre Liebesdienste gegen konvertierbare Währung an.

NVA /Kurzf. für Nationale Volksarmee/ Sprachüblich war die Wendung *bei der NVA sein* für seinen Wehrdienst bei der ↑ Nationalen Volksarmee ableisten; dazu synonym umgangssprachlich *bei der* ↑ *Fahne sein*; umg. regional *bei der Asche sein*

O

Oberlehrer Keine Dienstrangbezeichnung, sondern vom Staat verliehener ↑ Ehrentitel für einen Lehrer, dessen Verleihung neben der fachlichen Qualifikation in der Regel auch aktive Mitgliedschaft in der ↑ SED voraussetzte.

Oberliga Höchste Spielklasse in Sportarten wie Fußball und Handball. Z.: „In 32 Tagen am 17. August gibt es den ersten Punktspieltag der Fußball-Oberliga." BZA 16.7.1968, 4

Oberliga- Bestimmungswort, das sich in Zusammensetzungen mit Substantiven auf Sportler bezog, die an Wettkämpfen in der höchsten Spielklasse von bestimmten Sportarten teilnahmen. Ebenso konnte es sich auf Sportveranstaltungen in der höchsten Spielklasse einer entsprechenden Sportart beziehen. Gebräuchlich waren Zusammensetzungen mit Substantiven wie: -Aufstiegsrunde, -Mannschaft, -Schiedsrichter, -Spieler, -Spieltag

Oberschule Bezeichnung für alle allgemeinbildenden Schulen, im Unterschied zu den Berufsschulen und den Sonderschulen (z. B. für geistig Behinderte). Oberschule wurde nur in Verbindung mit einem Attribut gebraucht, das die Art der Schule kennzeichnete. Gebräuchlich waren Zusammensetzungen wie: ↑ polytechnische Oberschule (Klassen 1 bis 10) und ↑ erweiterte Oberschule (Klassen 8 bis 12).

Oberstes Gericht Höchstes ↑ Organ der Rechtsprechung in der ↑ DDR, das die einheitliche Anwendung der Gesetze durch alle Gerichte der unteren Ebenen zu kontrollieren, in besonderen Fällen deren Entscheidungen zu überprüfen sowie Rechtsstreitigkeiten selbst zu verhandeln hatte. Dies erfolgte sowohl durch direkte Inspektionstätigkeit als auch im Berufungs- bzw. Kassationsverfahren. Selbständige Verfahren führte das Oberste Gericht nur durch, wenn es aufgrund eigener Entscheidung einen Prozeß an sich zog, wenn (ausnahmsweise) ein ↑ Bezirksgericht erstinstanzlich entschieden hatte und Berufung eingelegt wurde, wenn der ↑ Generalstaatsanwalt der DDR Anklage erhob oder wenn der Generalstaatsanwalt oder der Präsident des Obersten Gerichts erfolgreich die ↑ Kassation einer rechtskräftigen Entscheidung beantragten.

Oberstudiendirektor Keine Dienstrangbezeichnung, sondern höchster vom Staat verliehener Ehrentitel für Lehrer an einer ↑ Fachschule.

Oberstudienrat Keine Dienstrangbezeichnung, sondern höchster Ehrentitel für einen Lehrer, der schon die Titel ↑ Oberlehrer und ↑ Studienrat verliehen bekommen hatte und als besonders verdienstvoll galt. Er war fast immer Mitglied der ↑ SED und sehr oft Mitarbeiter des Ministeriums für ↑ Volksbildung oder der Abteilung Volksbildung der ↑ Räte der Bezirke bzw. Kreise, selten Direktor einer Schule. Z.: „Dies stellt Oberstudienrat Herbert Titze, Sekretär des Zentralen Komitees für die Olympiaden junger Mathematiker der DDR und Mitbegründer der nationalen Mathematik-Olympiaden, in einem ADN-Gespräch fest." BZA 30.7.1968, 3

Oberstufe Die Klassenstufen 7 bis 10 der ↑ polytechnischen Oberschule bzw. 8 bis 12 der ↑ erweiterten Oberschule.

Oberstufenlehrer Lehrer, der (im Unterschied zum Unterstufenlehrer) an einer Universität oder pädagogischen ↑ Hochschule studiert hatte, dort in der Regel ein ↑ Diplom erworben hatte und der damit eine

Lehrbefähigung für die Klassenstufen 5 bis 12 besaß.

Objekt 1. Offiziell und umgangssprachlich für ein Gebäude (einschließlich Grundstück), das für die Öffentlichkeit zugänglich war, besonders ein Ferienheim, eine Gaststätte, ein Geschäft. **2.** Gebäude, das von einem ↑ staatlichen Organ genutzt wurde und der Öffentlichkeit nicht oder nur begrenzt zugänglich war (z. B. ein Ministerium, eine Kaserne, eine Polizeistation). * die Wachkompanie hat das Objekt abzusichern

-objekt Grundwort, das sich in Zusammensetzungen mit Substantiven bezog **1.** auf ein geplantes besonderes Vorhaben, ein Projekt. Gebräuchlich waren Zusammensetzungen wie: ↑ Jugend-, RGW-Muster- oder **2.** auf ein spezielles, in der Regel der Öffentlichkeit zugängliches Gebäude mit seinen gesamten Außenanlagen. Gebräuchlich waren Zusammensetzungen wie: Armee-, Ferien-, Gaststätten-, Handels-, Naherholungs-

Objekt- Bestimmungswort, das sich in Zusammensetzungen mit Substantiven bezog auf **1.** die Betriebsführung eines der Öffentlichkeit zugänglichen oder ausschließlich von einem staatlich oder ↑ bewaffneten Organ genutzten Gebäudes. Gebräuchlich waren Zusammensetzungen wie: ↑ -begehung, ↑ -leiter **2.** auf eine bestimmte, zeitlich oder sachlich abgegrenzte Aufgabe. Gebräuchlich waren Zusammensetzungen wie: ↑ -lohn, -prämie, -planung

Objektbegehung Kontrollgang einer Kommission durch ein Gebäude. Er wurde durchgeführt, wenn z. B. die Vorbereitung von Baumaßnahmen oder die Einhaltung von Brandschutz- oder Hygienevorschriften zu prüfen war.

Objektleiter Jemand, der ein Geschäft, ein Ferienheim, eine Gaststätte oder eine Sportanlage leitete.

Objektlohn Lohn, dessen Höhe auf der Grundlage staatlicher ↑ Normative zwischen Betriebs- und Gewerkschaftsleitung vor Beginn eines Bauvorhabens ausgehandelt, aber erst nach dessen Fertigstellung mit dem Ziel gezahlt wurde, die Bauzeit zu verkürzen. Um eine Abwanderung von knappen Arbeitskräften zu verhindern, wurde die Bauzeit zumeist so festgelegt, daß sie leicht eingehalten werden konnte. Die Bauarbeiter erhielten bis zur Fertigstellung Lohn in Form von Abschlagszahlungen.

Ochsenauge Vom Volke geprägte Bezeichnung für das ↑ Parteiabzeichen der SED.

Oder-Neiße-Grenze *auch* **Oder-Neiße-Friedensgrenze** Im offiziellen Sprachgebrauch die Staatsgrenze zwischen der ↑ DDR und Polen, die im Potsdamer Abkommen 1945 entlang der Flüsse Oder und (Görlitzer) Neiße festgelegt worden war. Obwohl offiziell die Grenze zwischen befreundeten Völkern, war sie sehr gut gesichert und nur vorübergehend in den siebziger Jahren (bis zum Erstarken der polnischen Solidarnosc-Bewegung) ohne Visum passierbar. Z.: „Die Revanchehetze gegen die Volksrepublik Polen, insbesondere gegen die Oder-Neiße-Grenze hat mit der Formulierung des westdeutschen Rechtskartells im Bonner Staat erheblich zugenommen." ND 1.7.1970, 7

Öffentliche Ordnung Nach Auffassung der Partei- und Staatsführung das Einhalten staatlicher Vorschriften in der Öffentlichkeit, insb. auch das Unterlassen jeder öffentlichen Kritik an der Politik der ↑ SED oder der Tätigkeit der staatlichen ↑ Organe. * die öffentliche Ordnung aufrechterhalten (Ruhe und ↑ Sicherheit im Verständnis der staatstragenden Kräfte mit Hilfe der Polizei, der Armee und des ↑ MfS gewährleisten); die öffentliche Ordnung stören (Ruhe und Ordnung beeinträchtigen, wobei es sich sowohl um kleinere Vergehen wie ruhestörenden Lärm als auch um Straftaten wie ungenehmigte Demonstrationen handeln konnte)

öffentlicher Tadel Strafe, die bei geringfügigen Vergehen von einem Gericht als Ausdruck der Mißbilligung ausgesprochen werden konnte und die v. a. dann (anstelle einer Geld- oder Gefängnisstrafe) verhängt wurde, wenn der Täter bisher noch nicht straffällig geworden war und Besserung versprach.

Offiziersschüler Berufssoldat während seiner dreijährigen Ausbildung an einer Offiziersschule, an der er zum Offizier für die Land-, Luft- oder Seestreitkräfte ausgebildet wurde.

(das, ein, sein) Ohr an der Masse haben /Phras./ Meist innerhalb der ↑ SED gebrauchte Wendung als Aufforderung an die eigenen ↑ Genossen, Meinungen, Stimmungen und Probleme der Bevölkerung in Erfahrung zu bringen, weil daraus Konsequenzen für die Arbeit der ↑ Partei gezogen werden sollten.

Ökonom Angestellter mit wirtschaftswissenschaftlichem ↑ Hoch- oder Fachschulabschluß, der sich beruflich mit kaufmännischen Aufgaben beschäftigte. Da die Arbeit der Ökonomen unter den gegebenen staatswirtschaftlichen Verhältnissen nur wenig bewirken konnte, waren sie neben den Polizisten die am meisten bewitzelte Berufsgruppe. W.: Warum trägt ein Ökonom immer Rollkragenpullover? Damit man das Gewinde vom Holzkopf nicht sieht.

ökonomischer Hebel /vorw. Pl./ In den sechziger Jahren im Zusammenhang mit dem ↑ Neuen ökonomischen System (NÖSPL) in der Wirtschaft eingeführtes Instrument, das durch Gewährung von zusätzlichen finanziellen Mitteln oder materiellen Leistungen (z. B. bevorzugte Belieferung mit knappem Material) die Betriebe veranlassen sollte, die ↑ Planwirtschaft effizienter zu gestalten, indem stärker auf ökonomische Kategorien wie Kosten, Gewinn, Kredit, Lohn orientiert und dadurch die Rentabilität der Betriebe erhöht sowie die Leistung des einzelnen durch vorwiegend finanzielle Anreize stimuliert werden sollte. Umgangssprachlich wurden unter ökonomischen Hebeln v. a. die ↑ Prämien verstanden.

ökonomisches Grundgesetz Gesetzmäßigkeit, die nach marxistisch-leninistischer Auffassung zum Ausdruck bringt, daß der Charakter einer ↑ Gesellschaft wesentlich durch die jeweilige ↑ Produktionsweise bestimmt wird. So wurde das ökonomische Grundgesetz des ↑ Kapitalismus als 'Mehrwertgesetz' bezeichnet, weil dort das Streben nach Mehrwert, also nach Profit, als Triebkraft der ↑ Produktion wirke und alle gesellschaftlichen Beziehungen präge. Im Unterschied dazu sollte das ökonomische Grundgesetz des Sozialismus darin bestehen, daß es die sozialistische Gesellschaft als ihr höchstes Ziel ansähe (und also ihre ganze Produktion darauf ausrichte) allen Menschen Wohlstand zu sichern und ihnen die freie Entfaltung ihrer Persönlichkeit zu ermöglichen.

Oktober, Roter ↑ Roter Oktober

Oktoberklub Der DDR-weit bekannteste ↑ Singeklub, der als erster in den sechziger Jahren auf Betreiben der ↑ FDJ gegründet wurde. Er trug überwiegend Arbeiter- und politische Lieder vor, fand aber aufgrund der ebenfalls zum Repertoire gehörenden jugendgemäßen, z. T. selbstgeschriebenen und -komponierten Lieder auch Interesse bei der nicht auf ↑ SED und ↑ FDJ eingeschworenen Jugend. Der Name bezieht sich auf die Oktoberrevolution in Rußland (1917).

Operativplan Kurzfristig von der Betriebsleitung aufgestellter ↑ Plan, in dem konkrete Maßnahmen festgelegt wurden, mit denen die Erfüllung des vorgegebenen, aber gefährdeten betrieblichen Plans gewährleistet werden sollten.

Orden Staatliches Ehrenzeichen, dessen Vergabe an Partei- und ↑ Staatsfunktionäre zu bestimmten Anlässen wie 1. Mai und 7. Oktober (Gründungstag der ↑ DDR) und persönlichen Jubiläen sehr freigiebig gehandhabt wurde. Zusammen mit dem Orden wurde meist auch ein dem Rang der Auszeichnung entsprechender Geldbetrag überreicht. Bei der Verleihung an ↑ Kollektive wurde, wenn die Personenanzahl überschritten, kein Geld zum Orden gezahlt, weil die Gesamtsumme geteilt durch so viele Personen für den einzelnen nur einen lächerlichen Betrag gebracht hätte. Diese Auszeichnungen hießen im Volke deshalb „Trockene Orden".

Ordnung, sozialistische ↑ Sozialismus

Ordnung und Sicherheit /o. Art./ Dem Sicherheitsverständnis des Staates entsprechendes Gebot, Staat und Bürger mit Hilfe von Polizei, Armee und ↑ Staatssicherheit gegen alle wie auch immer gearteten Gefahren und Störungen zu schützen. Unter Berufung auf Ordnung und Sicherheit wurden die ↑ Bürger notfalls auch gewaltsam zum Wohlverhalten gegenüber dem Staat gezwungen. Offiziell war die Verantwortung zwischen ↑ Volkspolizei und ↑ MfS aufgeteilt. Die Polizei sollte die ↑ öffentliche Ordnung gewährleisten, das MfS war zuständig für die staatliche Sicherheit. Wichtige Elemente des Systems von Ordnung und Sicherheit waren auch der Gesundheits-, Arbeits- und Brandschutz. Um v. a. in den Betrieben viele Mitarbeiter einzubeziehen, wurde der kollektive ↑ Ehrentitel „Bereich der vorbildlichen Ordnung und Sicherheit" verliehen. Als makaber mußte ein solches Prädikat dann gelten, wenn es, wie geschehen, auf einem Schild am Bahnhof eines im ehemaligen ↑ Grenzgebiet und damit

gegenüber Fremden stark abgeschirmten Ortes im Harz geschrieben stand. * Ordnung und Sicherheit gewährleisten

Ordnungsgruppe der FDJ ↑ FDJ-Ordnungsgruppe

Organ /vorw. Pl./ **1.** Mit bestimmten Aufgaben betraute und entsprechenden Rechten und Pflichten ausgestattete staatliche Behörde oder höheres bzw. mittleres Führungsgremium in einer Partei oder ↑ Massenorganisation. Es hatte in erster Linie für die Entscheidung der ihm übertragenen Angelegenheiten sowie für die Ausführung übergeordneter Beschlüsse und Weisungen zu sorgen. Außerdem oblag ihm die Anleitung der nachgeordneten Organe. * bewaffnete Organe; das höchste Organ der Partei (ZK der SED); leitendes Organ /vorw. Pl./; örtliche Organe (der Staatsmacht); staatliche Organe; zentrale Organe. Vgl. auch: staatliches Organ

2. Zeitung oder Zeitschrift, die von einer Partei oder Massenorganisation herausgegeben wurde und deren redaktionelle Ausrichtung den Interessen des Herausgebers entsprach. Sie hatte auch die offiziellen Verlautbarungen des Herausgebers zu veröffentlichen (z. B. das Kommuniqué des Gewerkschaftskongresses in der FDGB-Zeitung „Tribüne").

-organ /vorw. Pl./ Grundwort, das sich in Zusammensetzungen mit Substantiven **1.** auf eine mit bestimmten Befugnissen ausgestattete staatliche Behörde oder ein mit Führungsaufgaben betrautes Gremium einer Partei oder ↑ Massenorganisation bezog. Gebräuchlich waren Zusammensetzungen mit Substantiven wie: Grenzsicherungs-, Kontroll-, Leitungs-, Sicherheits-, Volksbildungs-. Oder **2.** auf eine von Parteien oder Massenorganisationen herausgegebene Zeitung oder Zeitschrift. Gebräuchlich waren Zusammensetzungen wie: Bezirks-, ↑ Zentral-

organisieren Umgangssprachlich **1.** Etwas, was sonst überhaupt nicht zu bekommen gewesen wäre, mit Hilfe von ↑ Beziehungen beschaffen, kaufen. **2.** Etwas, besonders Baumaterial, unerlaubt (meist von der Arbeitsstelle) mitnehmen, z. T. deshalb, weil es legal gar nicht zu erwerben war. Die Hemmschwelle war in der Regel niedrig, zum einen, weil wegen ungenügender Kontrolle kaum die Gefahr bestand, daß der Dieb entdeckt bzw. das Material überhaupt vermißt wurde, zum anderen, weil das ↑ Volkseigentum ein zu abstrakter Begriff war, als daß ein Vergreifen daran Unrechtsbewußtsein erzeugt hätte. S.: hochziehen (1)
W.: Ein Arbeiter, dessen Betrieb Kinderwagen produziert, wird Vater und nimmt während der Schwangerschaft seiner Frau jeden Abend ein anderes Teilchen aus der Produktion mit nach Hause, um daraus einen Wagen für das Baby zu bauen. Als der Geburtstermin immer näher rückt, fragt ihn sein Kumpel: „Hast du alle Teile für den Kinderwagen organisiert?" Antwortet der werdende Vater: „Ich habe sämtliche Teile mitgenommen und schon verschiedene Versuche gemacht, den Kinderwagen zusammenzubauen. Aber egal, wie ich die Teile zusammensetze, heraus kommt immer etwas, das wie ein Maschinengewehr aussieht."
orientieren auf Im offiziellen Sprachgebrauch jemanden, etwas auf die Realisierung eines bestimmten Zieles hinlenken. * die Werktätigen, alle Kräfte auf die Erfüllung der Wettbewerbsziele, des Plans orientieren
Ormig In der ↑ DDR massenhaft angewendetes und über Jahrzehnte einziges verfügbares Verfahren zur Vervielfältigung von internen Mitteilungen in den Betrieben und staatlichen Einrichtungen. Die entsprechenden Apparaturen wurden von Hand bewegt, die Farbübertragung erfolgte

mit Hilfe von Spiritus, der den Blättern einen durchdringenden, langanhaltenden Geruch verlieh; die Lesbarkeit war dennoch schlecht. Die mit der Vervielfältigung beauftragten Mitarbeiter waren an ihren blauen Fingern leicht erkennbar, in vielen Betrieben wurde eine Schmutzzulage gewährt.
örtliche Organe (der Staatsmacht) /Pl./ Offiziell für die Behörden, die die Staatsmacht auf unterer Ebene repräsentierten. Sie setzten sich zusammen aus den örtlich gewählten ↑ Volksvertretungen auf der Ebene des ↑ Bezirkes, des ↑ Kreises, der Stadt, des ↑ Stadtbezirks und der Gemeinde sowie den jeweiligen ↑ örtlichen Räten. Aufgebaut waren sie nach dem Prinzip des ↑ demokratischen Zentralismus und hatten die Aufgabe, die zentralen ↑ Vorgaben auf regionaler Ebene umzusetzen.
örtliche Räte /Pl./ Offiziell für die auf den verschiedenen regionalen Ebenen ständig arbeitende Gesamtheit von staatlichen Verwaltungsorganen. Sie bestanden als ↑ Rat jeweils aus dem Vorsitzenden des Rates (in Städten und Gemeinden als Bürgermeister bezeichnet), seinem ersten Stellvertreter und den ↑ Leitern der verschiedenen Fachorgane. Die entsprechenden ↑ örtlichen Volksvertretungen wählten die Räte für die Dauer einer Legislaturperiode (z. B. wählte die Stadtverordnetenversammlung den ↑ Rat der Stadt), die Mitglieder des Rates der Stadt waren nur für diese Zeit angestellt. Ihre Aufgabe war es, die Anweisungen von übergeordneter Stelle bzw. die Beschlüsse ihrer ↑ Volksvertretung durchzusetzen. Umgangssprachlich wurde das Attribut ʼörtlichʼ weggelassen und nur der jeweilige ↑ Rat bezeichnet (z. B. als Rat der Stadt, Rat der Gemeinde) oder die Kurzform ʼRatʼ gebraucht.
örtliche Volksvertretungen /Pl./ Offiziell für die Gesamtheit der örtlichen Par-

lamente, in denen auf den verschiedenen regionalen Ebenen (↑ Bezirk, ↑ Kreis bzw. kreisfreie Stadt, Gemeinde bzw. Stadt bzw. ↑ Stadtbezirk) die über die ↑ Einheitsliste gewählten ↑ Volksvertreter tätig waren. Die ↑ örtlichen Volksvertretungen galten (O-Ton:) ʼals oberste Organe der ↑ Volksmacht und umfassende politisch-gesellschaftliche Organisation der Werktätigen in den betreffenden Territorienʼ. Sie wählten die örtlichen Verwaltungsorgane (↑ Räte) und hatten innerhalb enger Grenzen die Möglichkeit, für ihr Territorium rechtswirksame Beschlüsse zu fassen (z. B. über die Gemeindeordnung, die Höhe der Hundesteuer). Ebenso wie die ↑ Volkskammer übten die ↑ örtlichen Volksvertretungen keine tatsächliche Macht aus, sondern bestätigten immer die von der ↑ SED vorgegebenen Beschlüsse. Außerhalb der offiziellen Sprache wurden nur konkrete

↑ Volksvertretungen benannt, also der ↑ Bezirkstag, der ↑ Kreistag, die ↑ Stadtverordnetenversammlung, Stadtbezirksversammlung bzw. der ↑ Gemeinderat.

ORWO ⟨o. Pl.⟩ Warenzeichen, dessen Name sich aus ʼOriginal Wolfenʼ ableitete und das seit 1964 für sämtliche photochemischen Erzeugnisse (z. B. ORWOCOLOR) des VEB Filmfabrik Wolfen, Fotochemisches Kombinat, gebraucht wurde.

Ostseewoche /o. Pl./ Staatlich organisierte, von 1958 bis 1975 jährlich im Juli im Bezirk Rostock stattfindende Festwoche, die unter dem Motto ʼDie Ostsee muß ein Meer des Friedens seinʼ stand. Mit der Einladung offizieller Vertreter der Anrainerstaaten verfolgte die ↑ DDR das Ziel, sich als Protagonist des Entspannungsprozesses zu präsentieren. Die Festwoche war bei der Bevölkerung und den Touristen beliebt, weil stets ein umfangreiches kulturelles Programm geboten wurde.

P

PA /Kurzf. für produktive Arbeit/ Unterrichtsfach in den Klassen 7 bis 10, in dem die Schüler vierzehntägig im Wechsel mit ↑ ESP einen Tag lang in einem ↑ Produktionsbetrieb arbeiteten und mit Grundbegriffen der materiellen Arbeit wie sägen, feilen, bohren, entgraten etc. vertraut gemacht wurden. S.: UTP; vgl. auch: polytechnische Bildung und Erziehung, ESP

Pädagogischer Rat An allen Schulen einmal im Monat durchgeführte Konferenz der gesamten Lehrerschaft, die den Direktor bei der Gestaltung der pädagogischen Arbeit beraten sollte. Auch der Vorsitzende des ↑ Elternbeirates und ein Vertreter des ↑ Patenbetriebes konnten an den Diskussionen teilnehmen. Tatsächlich erwies sich der ↑ Pädagogische Rat zumeist eher als besondere Form der Dienstunterweisung der Lehrer mit dem Ziel, dem Unterricht eine einheitliche politische und methodische ↑ Linie zu geben.

Palast der Republik Anläßlich des IX. SED-Parteitages (1976) am Standort des 1952 auf Veranlassung Walter Ulbrichts gesprengten Berliner Stadtschlosses errichtetes repräsentatives Bauwerk. Für die Fertigstellung wurden keine Kosten und Mittel gescheut und dafür Bauarbeiter und knappe Baumaterialien aus der gesamten ↑ Republik nach Berlin abgezogen, obwohl diese dringend zum Neubau oder zur Sanierung in den ↑ Städten und Gemeinden benötigt worden wären. Dennoch erfreute er sich bei Berlinern und Touristen zunehmender Beliebtheit, da er u. a. eine große Anzahl von Gaststätten, variable Säle für Konzert- und Revueaufführungen, eine Bowlinganlage und ein Postamt mit Spätdienst zur allgemeinen Nutzung anbot. In einem Seitentrakt war der Plenarsaal der ↑ Volkskammer untergebracht. Für Großveranstaltungen wie die ↑ Parteitage der SED wurde das Gelände um den Palast großräumig abgesperrt. Wegen Asbestgefährdung wurde der Palast im September 1990 gesperrt und für den Abriß vorgesehen. S.: Ballast der Republik, Erichs Lampenladen, Lichthaus Mitte, Palazzo Prozzo

Z.: „Mit einer begeisternden Veranstaltung im Palast der Republik wurde am Sonnabend das 10. Festival des politischen Liedes eröffnet, an dem ..." JW 11.2.1980, 1

Palazzo Protzo ↑ Palast der Republik

Panikmache /o. Pl./ Alle Argumente oder Kritiken, die aus dem westlichen Ausland oder auch von den eigenen Bürgern, ob gerechtfertigt oder nicht, am ↑ Sozialismus und seinen Verbündeten geäußert wurden, wurden von Partei- und Staatsführung mit Entrüstung zurückgewiesen. Das Wort Panikmache sollte diese Haltung im höchsten Grade ausdrücken und Kritiker diskreditieren.

Panoramakinderwagen Vom VEB Zekiwa in Zeitz entwickelter und hergestellter Kinderwagen, der an drei Seiten mit Panoramafenstern ähnlichen Scheiben aus Kunststoff ausgestattet war, die man je nach den Bedürfnissen des Kindes offen oder geschlossen halten konnte.

Pappe Vom Volke geprägte Bezeichnung für ↑ Trabant.

Parkuhr Eine einer Uhr nachgestaltete Pappscheibe, die der Fahrzeughalter gut sichtbar hinter die Frontscheibe seines Autos legte und auf der so die Anfangszeit seines Parkens abzulesen war. Vorgeschrieben war diese Parkuhr bei zeitlich eingeschränkt nutzbaren Parkplätzen.

Parlament der DDR Erläuternde Bezeichnung für die ↑ Volkskammer.

Parlament der FDJ Zentrales beschlußfassendes ↑ Organ der ↑ FDJ, das nach dem Statut allein für grundsätzliche Beschlüsse und Satzungsänderungen zuständig war. Tatsächlich gestalteten sich die im Abstand von ca. vier Jahren durchgeführten Parlamente zu Propagandaveranstaltungen, bei denen die von der ↑ SED oder den leitenden FDJ-Funktionären gewünschten Beschlüsse ohne Widerspruch gefaßt wurden.

Partei /o. Pl.; mit best. Art./ Bei der Nennung der Worte 'die Partei' in der ↑ DDR wurde dies immer mit der Sozialistischen Einheitspartei Deutschlands (↑ SED) assoziert. Offiziell gab es neben der SED auch noch die ↑ Blockparteien, die aber nie als 'die Partei' bezeichnet wurden. * er, sie ist in der Partei; er hat eine Stelle bei der Partei; er ist Funktionär der Partei; die führende Rolle der Partei

W.: Die Mitglieder der Parteigruppe eines Betriebes werden befragt: „Wer ist euer Vater?" „Die DDR", antworten alle. „Und wer ist eure Mutter?" „Die Partei." „Und was wollt ihr werden?" Darauf die Antwort: „Vollwaisen."

Partei neuen Typus /o. Pl./ Von Lenin geprägter Terminus zur Charakterisierung einer kommunistischen Partei mit einer Organisationsform, die absolut hierarchisch und ausschließlich von den Beschlüssen der jeweiligen Leitungen bestimmt war. * die SED ist eine Partei neuen Typus

Partei- Bestimmungswort, das sich in Zusammensetzungen mit Substantiven auf die ↑ SED, ihre Einrichtungen oder ihre Mitglieder bezog. Gebräuchlich waren Zusammensetzungen wie: ↑ -abzeichen, ↑ -aktiv, ↑ -aktivist, -aktivtagung, -apparat, ↑ -auftrag, -beitrag, -beschluß, -buch, ↑ -chinesisch, -disziplin, ↑ -doku-

ment, -führung, -funktion, -funktionär, ↑ -grundorganisation, ↑ -gruppe, ↑ -gruppenorganisator, ↑ -hochschule, -kader, -kollektiv, ↑ -konferenz, -kontrolle, ↑ -kontrollkommission, -leitung, ↑ -lehrjahr, ↑ -linie, ↑ -organ, -organisation, -organisator, -programm, -propaganda, ↑ -schule, ↑ -sekretär, -statut, ↑ -strafe, ↑ -tag, -treue, -verfahren, -versammlung, ↑ -veteran, ↑ -wahl

Parteiabzeichen Abzeichen, das die Zugehörigkeit zu einer Partei ausweist. In der ↑ DDR wurde es zum Synonym für das Parteiabzeichen der ↑ SED. Auf diesem waren zwei Hände, verschlungen zu einem Händedruck, als Symbol des Zusammenschlusses der kommunistischen und der sozialdemokratischen Partei, abgebildet. Die SED-Mitglieder waren laut Statut angehalten, dieses Abzeichen in der Öffentlichkeit ständig zu tragen. V. a. die ↑ Funktionäre erfüllten diese Pflicht genau und zeigten sich stets mit dem ovalen Abzeichen am Revers. S.: Bonbon, Existenzellipse, die entscheidenden drei Gramm am Revers, die zwei abgehackten Hände, Kannibalenabzeichen, Märchenauge, Ochsenauge

Parteiaktiv Von der betrieblichen oder regionalen Parteileitung auf besondere Veranlassung einberufene Konferenz, an der alle Parteifunktionäre des Bereiches unabhängig von ihrer hierarchischen Stellung teilzunehmen hatten und dort zielgerichtet politisch orientiert wurden.

Parteiaktivist Angehöriger eines ↑ Parteiaktivs, zumeist ein politisch besonders aktiver ↑ Funktionär.

Parteiauftrag Von der Parteileitung jedem Mitglied oder ↑ Kandidaten übergebener spezieller Auftrag, der in regelmäßigen Abständen kontrolliert wurde und dessen Nichterfüllung eine ↑ Parteistrafe zur Folge hatte. Parteiaufträge konnten sowohl politische (z. B. Durchführung von ↑ Jugendstunden), organisatori-

sche (z. B. Vorbereitung der ↑ Parteiwahlen), kadermäßige (z. B. Anwerbung von ↑ Kandidaten aus der Arbeiterschaft) als auch wirtschaftliche
(z. B. Erfüllung bestimmter Investitionsvorhaben) Aufgaben zum Inhalt
haben.

Parteichinesisch Umgangssprachlich
für parteilose Ohren unerträgliches
Kauderwelsch, das offiziell von Vertretern der Staats- und Parteiführung
in den Parteiversammlungen, in der
Presse und den marxistisch-leninistischen Weiterbildungen gesprochen
und geschrieben wurde.

Parteidokument Mitgliedsbuch oder
↑ Kandidatenkarte der ↑ SED. Vgl.
auch: Dokument

Parteifeind Aktiver Gegner der ↑ SED
oder einer anderen kommunistischen
Partei, oftmals ein ehemaliges Parteimitglied, das wegen abweichender
↑ ideologischer Auffassungen ausgeschlossen wurde oder austrat. S.:
Feind des Sozialismus

Parteigrundorganisation Organisatorische Einheit innerhalb der ↑ SED,
die eine Zusammenfassung von
↑ Parteigruppen eines Betriebes, eines ↑ Kreises oder eines in der Region tätigen ↑ Staatsorgans darstellte.

Parteigruppe Kleinste organisatorische
Einheit innerhalb der ↑ SED, die in
Betrieben und ↑ Wohnbezirken ge-
bildet wurde.

Parteihochschule ↑ Hochschule, die als
↑ Kaderschmiede der ↑ Partei galt.
Dort wurden vom ZK ausgewählte
Parteimitglieder politisch für höhere
Funktionen im Staats- und Parteiap-
parat vorbereitet.

Parteikonferenz Zentrale Funktionär-
stagung der ↑ SED, die anstelle von
↑ Parteitagen in besonders kritischen
Situationen neue programmatische
Beschlüsse zu fassen hatte. Da Par-
teikonferenzen aus statutarischen
Gründen wesentlich schneller als
Parteitage einberufen werden konn-
ten, waren sie die Entscheidungsor-
gane, wenn kurzfristig die politische

↑ Linie der ↑ Partei grundsätzlich zu
ändern war. Die SED führte insgesamt nur drei Parteikonferenzen
(1949, 1952 und 1956) durch.

Parteikontrollkommission Gewähltes
↑ Organ auf ↑ Kreis-, Bezirks- und
zentraler Ebene mit der Aufgabe, die
Übereinstimmung der Tätigkeit der
Parteileitung mit den von der Mitgliederversammlung bzw. ↑ Aktiv-
tagung gefaßten Beschlüssen ständig
zu kontrollieren.

Parteilehrjahr /o. Pl./ In den Betrieben
und anderen Einrichtungen sowie
den ↑ Wohnbezirken von der ↑ SED
für ihre Mitglieder, aber auch für
Parteilose im Staatsdienst, veranstalteter Schulungskursus. Es sollten den
Teilnehmern die neusten politischen
Erkenntnisse und Beschlüsse der
Partei- und Staatsführung sowie
Kenntnisse des ↑ Marxismus-Leninismus vermittelt werden. S.: Rotlichtbestrahlung

Z.: „Genossen des VEB Isolierwerke
Zehdenick, Kreis Gransee, zogen
Schlußfolgerungen zur Verbesserung
des Parteilehrjahrs." ND 1.7.1970, 3

parteilich Hieß in der ↑ DDR (O-Ton:)
'bewußt für die Sache des Sozialismus, für die Interessen der Arbeiterklasse eintretend'. Nach Auffassung
der Parteifunktionäre konnte dies
nur so geschehen, daß die Beschlüsse
der ↑ SED vorbehaltlos unterstützt
und umgesetzt wurden.

Parteilichkeit /vorw. Sg./ In der
↑ DDR war 'Parteilichkeit' immer
im Sinne von Parteiergreifen für die
Ziele und Interessen der ↑ Arbeiterklasse zu verstehen. Diese konnten
nach Auffassung der ↑ SED nur von
ihr richtig erkannt und formuliert
werden.

Parteilinie Vom ↑ Politbüro für die
↑ Partei festgelegte Art der Behandlung und Erläuterung aller politischen und gesellschaftlichen Fragen.

Parteiorgan 1. Leitungsgremium der
↑ SED

2. Von der SED herausgegebene Zeitung oder Zeitschrift.

Parteischule Einrichtungen der ↑ Kreis- und Bezirksleitungen der SED, die kurz- und langfristige politische Kurse mit ↑ Funktionären und anderen ↑ Kadern durchführten. Parteischulabschlüsse verschiedener Ebenen waren Voraussetzung für den Aufstieg in höhere Partei-, Staats- und Wirtschaftsfunktionen. Die Parteischulen waren ungewöhnlich gut ausgestattet und wurden gesondert mit Mangelwaren beliefert. Die dort tätigen Lehrer versuchten ihre Privilegien durch einen besonders doktrinären und deshalb weltfremden Unterricht zu bewahren.

Parteisekretär Leitender ↑ Funktionär einer Grundorganisation der ↑ SED. W.: Treffen sich drei alte Freunde nach vielen Jahren wieder und sprechen über den Erfolg, den sie im Beruf erreicht haben. Sagt der erste: „Ich bin Diplomat, und wo ich auftrete, sagt man: ´Guten Tag, Eure Exzellenz´." Darauf der zweite: „Ich bin Kardinal, zu mir sagt man ´Eure Eminenz´." Darauf der dritte: „Das ist alles nichts, ich bin nämlich Parteisekretär. Wenn ich irgendwo auftauche, sagen die Leute: ´Ach, du lieber Gott!´".

Parteistrafe Gegenüber einem Parteimitglied wegen Verletzung des Parteistatuts, Nichterfüllung eines ↑ Parteiauftrages oder abweichender politischer Auffassungen ausgesprochene Strafe (Verweis, Rüge, strenge Rüge, Ausschluß). Eine wirksame ↑ Parteistrafe führte zu einer Unterbrechung oder im Falle des Ausschlusses sogar zur Verhinderung weiterer beruflichen Aufstiegs.

Parteitag *auch* **Parteitag der SED 1.** Offiziell für die im Abstand von vier bis fünf Jahren tagende oberste beschlußfassende Konferenz der ↑ SED, die die politische Grundlinie bestimmte und das ↑ Zentralkommitee wählte.

2. Gebräuchlich in der vom Volk geprägten Verbindung ´das ist mir ein innerer Parteitag´ für die v. a. von Nichtparteimitgliedern empfundene Freude, wenn es ihnen gelungen war, eine Parteileitung oder ein ↑ Staatsorgan zu übertölpeln. Später auch für andere alltägliche Freuden verwendet.

Parteiveteran Langjähriges Parteimitglied nach Erreichen des Rentenalters. Parteiveteranen mit besonderen Verdiensten um die ↑ Partei (Mitgliedschaft vor 1945, hohe Parteifunktionen) wurden im Gegensatz zu normalen Rentnern eine Reihe von Vergünstigungen eingeräumt (höhere Rente, regelmäßige Kuren). Vgl. auch: Arbeiterveteran

Parteiwahl Ursprünglich Wahlen zu einem ↑ Parteiorgan. Später wurde die Vorbereitung der Parteiwahlen dazu benutzt, mit jedem Mitglied ein persönliches Gespräch zu führen. Ergaben sich dabei Zweifel an der bedingungslosen Bereitschaft zur Unterstützung der ↑ Parteilinie, wurden Erziehungsmaßen festgelegt oder Ausschlußverfahren eingeleitet.

Partner- Bestimmungswort, das sich in Zusammensetzungen mit Substantiven vorwiegend auf eine vertraglich geschlossene Zusammenarbeit zwischen ähnlichen wirtschaftlichen Einheiten bezog. Gebräuchlich waren Zusammensetzungen wie: -betrieb, -kombinat, -LPG, -schule, -stadt

Passierscheinabkommen Zwischen dem Senat von Westberlin und der DDR-Regierung nach dem Bau der Berliner Mauer ausgehandelte Vereinbarung. Damit erhielten die bisher von allen Besuchsmöglichkeiten ausgeschlossenen Westberliner die Gelegenheit zum Besuch von Ostberlin und der ↑ DDR. Hierzu mußte bei einer DDR-Dienststelle in Westberlin ein DDR-Passierschein beantragt werden. Mit dem Passierscheinabkommen durchbrach der Westberliner Senat die von der DDR verhängte Diskriminierung der Westberliner.

Passowmethode Vom Volke geprägte Bezeichnung für die Haltung vieler Arbeitnehmer, die schon früh auf das Ende der Arbeitszeit warteten. Übersetzt hieß Passowmethode: Paß off (paß auf), daß du den Feierabend nicht verpaßt! Die Bezeichnung schloß lautmalerisch an die von der ↑ SED propagierte Methode des sowjetischen Neueres Bassow an. S.: Robinson-Crusoe-Methode (warten auf Freitag)

Paten- Bestimmungswort, das sich in Zusammensetzungen mit Substantiven auf die Bedeutung von Patenschaft (1) bezog. Gebräuchlich waren Zusammensetzungen wie: -betrieb, ↑ -brigade, -kindergarten, ↑ -klasse, -schule

Patenbrigade Eine ↑ Brigade, die gegenüber einer Schulklasse, einem Kinderheim, einer ↑ Kinderkrippe oder einem ↑ Kindergarten eine Patenschaft (1) übernommen hatte.

Patenklasse Schulklasse, die mit einem Betrieb, einer Einrichtung oder einer dort arbeitenden ↑ Brigade einen ↑ Patenschaftsvertrag abgeschlossen hatte und die dadurch von dieser u. a. finanziell unterstützt wurde.

Patenschaft 1. Zumeist vertraglich zugesicherte Partnerschaft und Hilfe, die von einem Betrieb, einer ↑ Genossenschaft oder einer staatlichen Dienststelle insb. gegenüber Kindergärten, Schulen und Erziehungsheimen durch gegenseitige Besuche, Einladungen zu kulturellen Veranstaltungen, Mitbenutzung betrieblicher Sport- und Sozialeinrichtungen sowie finanzielle Zuwendungen gewährt wurde. Offiziell sollte dies der Vervollkommnung der ↑ politisch-ideologische Erziehung und der Vertiefung des Einflusses der ↑ Arbeiterklasse im Bildungswesen dienen, praktisch wurden so viele Engpässe in der materiellen Ausstattung zugunsten der Kinder beseitigt.

2. /vorw. Sg./ Von jemandem übernommene Mitverantwortung für die sozialistische Erziehung eines Kindes. Dies sollte den Familien einen Ersatz zu der Patenschaft im christlichen Sinne bieten, wurde aber nur von ganz wenigen Menschen so angenommen und praktiziert.

Patenschaftsvertrag Vereinbarung, mit der eine Patenschaft (1) übernommen wurde. * der Betrieb schloß mit der Hochschule einen Patenschaftsvertrag ab

Patientenbeirat In den ↑ Polikliniken und Krankenhäusern auf freiwilliger Basis arbeitende Gruppe interessierter Bürger, die die Leitungen der Häuser unterstützten, indem sie Wünsche oder Beschwerden der Patienten an diese weitergaben und auch selbst Vorschläge zur Verbesserung der Patientenbetreuung unterbreiteten. In Krankenhäusern mit Langzeitpatienten (z. B. in Tbc-, Rehakliniken) bildeten die Patienten selbst den Beirat.

Patriotismus ↑ sozialistischer Patriotismus

Pausengymnastik Von manchen Betrieben während zusätzlich gewährter Arbeitspausen von einer dafür extra ausgebildeten Fachkraft geleitete Gymnastik, die einseitiger Belastung entgegenwirken sollte. Auf Veranlassung von Walter Ulbricht als Kampagne betrieben, später auf wenige Bereiche mit Sondervorschriften beschränkt.

Pazifismus Als bürgerlich eingeordnete politische Überzeugung, die sich gegen Krieg jeder Art und Begründung richtete. Pazifismus in kapitalistischen Staaten wurde positiv beurteilt und gefördert, in der ↑ DDR hingegen als staatsfeindlich verurteilt und verfolgt.

Penis socialisticus erectus Vom Volke geprägte, auf die Form des Bauwerks anspielende, Bezeichnung für den ↑ Berliner Fernsehturm.

personengebunden Wurde benutzt, wenn ↑ Funktionären das Recht übertragen wurde, jederzeit über Personen (z. B. Referenten) oder Sachen (z. B. Dienstwagen) auch zu persönlichen Zwecken zu verfügen.

Personenkennzahl /Kurzf.: PKZ/ Systematisch aufgebaute computerlesbare Zahlenfolge für jeden Bürger, die bei der Geburt vergeben wurde und unveränderlich blieb. Sie diente als Kennzahl für die einheitliche Speicherung von Angaben zur Person bei allen staatlichen sowie Sicherheitsorganen und stand im Personalausweis und anderen persönlichen Dokumenten.

persönlich-schöpferische Pläne /Sg. ungebr.; Kurzf. für persönlich-schöpferische Pläne zur Steigerung der Arbeitsproduktivität/ Besondere Art der staatlich veranlaßten persönlichen Verpflichtung, bestimmte im einzelnen beschriebene Arbeitsleistungen im Rahmen des ↑ sozialistischen Wettbewerbs zu erbringen. Diese Form der von den Medien als ↑ sozialistische   ↑ Masseninitiative propagierten Wettbewerbsbürokratie bewirkte im praktischen Leben nicht mehr als eine zusätzliche Belästigung der Mitarbeiter, in den Zeitungen jedoch bedeutende Erfolgsmeldungen.

persönliche Hauswirtschaft ↑ individuelle Hauswirtschaft

Persönlichkeit ↑ allseitig gebildete Persönlichkeit

Persönlichkeitsentwicklung   ↑ sozialistische Persönlichkeit

Perspektivplan Staatlicher Volkswirtschafts- und Finanzplan für fünf Jahre. Die in der Regel durch SED-Parteitagsbeschlüsse weitgehend vorbestimmten Eckdaten der wirtschaftlichen Entwicklung für einen Fünfjahreszeitraum erhielten durch den staatlichen Perspektivplan Gesetzeskraft und waren verbindliche Grundlagen der ↑ Jahresvolkswirtschaftspläne. Mit der Zuspitzung der wirtschaftlichen Krise in den 80er Jahren

enthielten die Perspektivpläne zunehmend nur die verbalen Wunschbeschreibungen wirtschaftlicher Erfolge, die in den ↑ Jahresvolkswirtschaftsplänen nicht mehr umzusetzen waren.

PFA ↑ Produktionsfondsabgabe

Pflanzenproduktion Terminus der ökonomischen Wissenschaften zur Bezeichnung landwirtschaftlicher Produktion, die allein auf Nutzpflanzen gerichtet war. Dieser Begriff wurde zunehmend auch in die ↑ Propaganda übernommen, um den Übergang zur industriellen Arbeitsweise in der Landwirtschaft auch im Hinblick auf die Feldarbeit deutlich zu machen.

Pflegegeld /o. Pl./ Finanzelle Unterstützung (in der Regel 40 Mark monatlich) aus Mitteln der ↑ Sozialversicherung an Personen, die in ihrem Haushalt ständig pflegebedürftige Familienangehörige versorgten.

Pflichtimpfung Gesetzlich vorgeschriebene Impfung, mit der die bestehende umfangreiche allgemeine ↑ Impfpflicht erfüllt wurde.
Z.: „In Abstimmung mit den anderen sozialistischen Ländern bereitet die DDR die Aufhebung der Pockenschutz-Pflichtimpfung im Kindesalter vor." JW 1./2.3.1980, 1

Pflichtumtausch ↑ Mindestumtausch

Philosophie Im Verständnis der marxistisch-leninistischen Gesellschaftswissenschaft jede theoretisch begründete Weltanschauung. Nach Auffassung des Marxismus ist die Philosophie gekennzeichnet vom Gegensatz zwischen ↑ materialistischer (grundsätzlich fortschrittlicher) und idealistischer (der Religion nahestehender) Grundrichtung, wobei man allein die ↑ materialistische Weltanschauung des Marxismus als wissenschaftlich begründet ansah, da sie die allgemeinsten Entwicklungsgesetze in Natur und ↑ Gesellschaft erklärte, die Interessen der ↑ Arbeiterklasse widerspiegelte und für das praktische

Handeln der Menschen sofort anwendbar sei. Tatsächlich befand sich die Philosophie in der ↑ DDR in einem Zustand der völligen Abhängigkeit von den politisch motivierten ↑ ideologischen Ansichten der ↑ SED. Dadurch wurde wissenschaftlicher Meinungsstreit verhindert, das philosophische Denken bewegte sich in vorgegebenen engen Grenzen, entfernte sich weit von der Realität und war nicht in der Lage, Antworten auf die Fragen des Lebens zu geben. Dadurch wurde die Philosophie in den Augen vieler Menschen als nutzlose Scholastik schwer diskreditiert.

Pionier /nach russ. Vorbild; Kurzf. für Junger Pionier oder Thälmannpionier/ Bezeichnung für ein Mitglied der ↑ Pionierorganisation „Ernst Thälmann".

Pionier- Bestimmungswort, das sich in Zusammensetzungen mit Substantiven auf die Einrichtungen oder die Mitglieder der Pionierorganisation und deren Handeln bezog. Gebräuchlich waren Zusammensetzungen wie: -arbeit, ↑ -auftrag, -bluse, -brigade, ↑ -eisenbahn, ↑ -freundschaft, -gesetz, -gruppe, -(gruppen)-leiter, ↑ gruß, ↑ -haus, ↑ -lager, -lied, ↑ -manöver, ↑ -nachmittag, -objekt, ↑ -organisation „Ernst Thälmann", ↑ -palast, -park, ↑ -republik „Wilhelm Pieck", ↑ -rat, -treffen, ↑ -tuch, -zimmer, ↑ -zirkel „Unter der blauen Fahne"

Pionierauftrag Aufgaben, die entweder der gesamten ↑ Pionierorganisation, Einheiten der Pionierorganisation, Gruppen oder einzelnen ↑ Pionieren gestellt wurden und die sie meist im Verlauf eines Schuljahres erfüllen sollten. Der von zentraler Seite erteilte Auftrag stand unter einem bestimmten Motto, z. B. „Meine Liebe, meine Tat meiner Heimat DDR" (Schuljahr 1988/89). Die einem ↑ Pionier oder einer Gruppe erteilten Aufträge sollten zu deren sozialisti-

scher Erziehung beitragen und sie auf die Erfüllung von FDJ- und Parteiaufträgen vorbereiten.

Pioniereisenbahn Auf dem Gelände von Pionierparks gelegene Kleineisenbahn, die von ↑ Pionieren unter Anleitung erfahrener Eisenbahner betrieben wurde. In den Sommermonaten wurden nach festen Fahrplänen öffentliche Rundfahrten durchgeführt. Größere Pioniereisenbahnen waren oftmals auf die Vorbereitung des Berufsnachwuchses der Eisenbahner ausgerichtet.

Pionierfreundschaft Organisatorische Einheit, zumeist eine Schule, auch ein Kinderheim oder ein Ferienlager betreffend, der alle ↑ Pioniere angehörten.

Pioniergeburtstag Feiertag in der Pionierorganisation, der alljährlich am Gründungstag (13. Dezember) begangen wurde. An diesem Tag fanden in den Schulen ein ↑ Appell zur Aufnahme des neuen Mitgliederjahrganges und anschließend ein Kinderfest statt.

Pioniergesetz Für jeden ↑ Pionier geltende moralische Regeln, die in Anlehnung an die christlichen 10 Gebote formuliert waren. Sie verpflichteten die Pioniere neben der Liebe zur ↑ DDR und zur Sowjetunion u. a. auch zu Sauberkeit und Fleiß, gegenseitiger Hilfe und zur Achtung vor den arbeitenden Menschen.

Pioniergruß /o. Pl./ Symbol der Pionierorganisation. Der Gruß lautete: „Für Frieden und Sozialismus — Seid bereit! — Immer bereit!" und wurde ausgeführt, indem man die rechte Hand mit geschlossenen Fingern über den Kopf erhob. Der Pioniergruß wurde mindestens vor der ersten Unterrichtsstunde und bei Appellen ausgeführt und sollte die Bereitschaft zum Unterrichtsbeginn oder die Anwesenheit der Klassen bei den Appellen signalisieren.

Pionierhaus Gebäude (ähnlich den ↑ Kulturhäusern), das den Mitgliedern der ↑ Pionierorganisation in ihrer Freizeit zur Verfügung stand und wo sie an verschiedenen dort angebotenen Arbeitsgemeinschaften auf sportlichem, künstlerischem oder kulturellem Gebiet teilnehmen konnten.

Pionierlager /Kurzf. für Zentrales Pionierlager/ Neben den ↑ Betriebsferienlagern und den ↑ Ferienspielen gab es auch die Zentralen Pionierlager, in denen Mitglieder der ↑ Pionierorganisation oder auch ↑ FDJler ihre Ferien verbrachten. Die Teilnahme an diesen ↑ Ferienlagern war meist eine Auszeichnung und die Delegierung erfolgte durch die jeweiligen ↑ Grundeinheiten der Schulen. Große Betriebe und Kombinate sorgten für eine gute finanzielle und materielle Ausstattung.

Pioniermanöver Unter einem bestimmten Motto stehendes Geländespiel, das von den Verantwortlichen der ↑ Pionierorganisation und den Schulen organisiert und mit den Pionieren durchgeführt wurde und das offiziell als ↑ wehrsportliche ↑ Masseninitiative gedacht war.

Pioniernachmittag In regelmäßigen Abständen (meist wöchentlich) durchgeführte Nachmittagsveranstaltung, bei der sich alle ↑ Pioniere, die in einer Klasse lernten (meist also alle Schüler), trafen. Die Themen dieser Nachmittage waren nicht nur auf politische Agitation ausgerichtet, es standen auch solche Themen wie z. B. die Erkundung der Umwelt oder das richtige Verhalten im Straßenverkehr auf der Tagesordnung, es wurden auch Bastelnachmittage und Feste durchgeführt.

Pionierobjekt Von Mitgliedern der ↑ Pionierorganisation auszuführender Auftrag, der sich über einen längeren Zeitraum erstreckte und durch eigene Arbeit Neues entstehen lassen oder Vorhandenes pflegen sollte. Meist waren es solche Aufgaben wie die Verschönerung des Hortgartens,

das Sauberhalten oder Anlegen von Beeten auf dem Schulhof, die ständige Hilfe in Kindergärten oder die Pflege von Gedenkstätten. Sinn sollte es sein, die Kinder durch diese Aktionen zur Eigenverantwortlichkeit gegenüber ihrer Umwelt zu erziehen, gleichzeitig sollten mit ihrer Hilfe materielle Werte geschaffen und geschützt werden. Das Pionierobjekt war die der Altersgruppe angepaßte Vorform des ↑ Jugendobjekts der FDJ.

Pionierorganisation „Ernst Thälmann" /o. Pl./ Politisch orientierte sozialistische ↑ Massenorganisation, der fast alle Schüler in der ↑ DDR angehörten und die vom ↑ Zentralrat der FDJ geleitet wurde. Mitglied konnte jeder Schüler bis zum 14. Lebensjahr sein, wobei eine Unterteilung in ↑ Jungpioniere (Kinder der 1. bis 3. Klasse) und in ↑ Thälmannpioniere (4. bis 8. Klasse) gemacht wurde. Aufnahmebedingung war bei den ↑ Jungpionieren das Ablegen des Pionierversprechens „Ich verspreche, ein guter Jungpionier zu sein. Ich will nach den Geboten der Jungpioniere handeln." und bei den Thälmannpionieren das Ablegen des Gelöbnisses „Ernst Thälmann ist mein Vorbild. Ich gelobe, zu lernen, zu arbeiten und zu kämpfen, wie es Ernst Thälmann lehrt. Ich will nach den Gesetzen der Thälmannpioniere handeln. Getreu unserem Gruß bin ich für Frieden und Sozialismus immer bereit." Die Mitgliedschaft in der Pionierorganisation wurde durch Ausschluß oder durch die Aufnahme in die ↑ FDJ beendet.
Z.: „Helga Labs, Vorsitzende der Pionierorganisation „Ernst Thälmann" und Sekretär der FDJ, begrüßte die Teilnehmer und Gäste und eröffnete die Konferenz mit den Worten: ..." JW 26.2.1980, 1

Pionierpalast Sehr großes und besonders gut ausgestattetes ↑ Pionierhaus, das es nur in einigen Großstädten gab. Der bekannteste Pionierpalast war der in der Berliner Wuhlheide.

Z.: „... Pionierhäuser und andere Einrichtungen haben sich gut vorbereitet. JW sprach mit Sonja Schäuble, stellvertretender Direktor des Pionierpalastes Dresden." JW 9./ 10.2.1980, 2

Pionierrat Sammelbezeichnung für gewählte ↑ Funktionäre in den ↑ Jungpionier-, ↑ Gruppen- und ↑ Freundschaftsräten.

Pionierrepublik „Wilhelm Pieck" /o. Pl./ Staatlich finanzierter Komplex von Gebäuden, Sport- und Erholungseinrichtungen am Ufer des Werbelinsees. Er wurde von der zentralen Leitung der Pionierorganisation für repräsentative Aufgaben insb. bei der Schulung von Pionierräten, Betreuung ausländischer Gäste der Organisation oder, als Auszeichnung, für ganz besonders aktive Pioniere während der Ferien genutzt.

Pioniertuch Dreieckiges Halstuch der Pioniere, das mit einem besonderen Knoten gebunden wurde. Die drei Ecken sollten die Verbindung von Elternhaus − Schule − Pionierorganisation symbolisieren. Die Pioniere trugen es zu allen Veranstaltungen der Pionierorganisation und zu besonderen Anlässen wie z. B. dem 1. Mai. Das Halstuch der ↑ Jungpioniere war blau, das der ↑ Thälmannpioniere rot.

Pionierzirkel „Unter der blauen Fahne" /o. Pl./ Während des 7. Schuljahres monatlich durchgeführte Veranstaltung zu politischen Themen, die die Mitglieder einer Pioniergruppe auf die Aufnahme in die ↑ FDJ vorbereiten sollte.

PKO ↑ Preiskoordinierungsorgan

PKZ ↑ Personenkennzahl

Plan Staatlich verbindliche Richtlinie für die gesellschaftliche und wirtschaftliche Entwicklung und das staatliche Handeln in einem bestimmten Zeitabschnitt. Die Festle-

gung der Pläne durch den Staat erfolgte nach ↑ Vorgaben der ↑ SED, die behauptete, alle ihre in Form der Pläne vorgegebenen Wunschvorstellungen seien wissenschaftlich begründet. Die Pläne wurden in den Betrieben und Kommunen den Mitarbeitern bzw. Bürgern mit der Forderung vorgestellt, ↑ Selbstverpflichtungen zur Überbietung der Planziele abzugeben. * den Plan (vorfristig) erfüllen, übererfüllen, termingemäß einhalten; den Plan beraten, diskutieren, beschließen; über den Plan hinaus produzieren, zusätzliche Leistungen erbringen; die Pläne abstimmen, koordinieren, kontrollieren

Plan- Bestimmungswort, das sich in Zusammensetzungen mit Substantiven auf den Zeitraum der Ausarbeitung, der zeitlich- oder sachlich begrenzten Gültigkeit eines Planes bezog. Gebräuchlich waren Zusammensetzungen wie: -ablauf, ↑ -abrechnung, ↑ -abstimmung, -angebot, -anlauf, -ansatz, -anteil, ↑ -aufgabe, ↑ -auflage, -aufschlüsselung, ↑ -diskussion, ↑ -disziplin, -dokument, -durchführung, -entwurf, -erfüllung, -jahr, ↑ -jahrfünft, ↑ -kennziffer, -kommission (↑ -staatliche Plankommission), ↑ -plus, -position, -rückstand, ↑ -schuldner, ↑ -stelle, ↑ silvester, -soll, -treue, -verpflichtung, ↑ -verteidigung, -verzug, -vorbereitung, -vorhaben, ↑ -vorlauf, ↑ -wirtschaft, -zeitraum, -ziel, -ziffer, -überbietung

Planabrechnung Statistisches Verfahren, das mittels Abrechnung der Erfüllung von ↑ Plankennziffern den Partei- und ↑ Staatsfunktionären jederzeit Auskunft über den Arbeitsstand in allen staatlichen und wirtschaftlichen Bereichen geben sollte. Zu diesem Zweck war pro Monat und Quartal durch jeden Betrieb und jedes staatliche ↑ Organ gegenüber dem jeweils übergeordneten Organ sowie der staatlichen Zentralverwaltung für Statistik eine Meldung über den Erfüllungsstand jeder ↑ Plankennziffer abzugeben. Da die Abrechnung maßgebend für die Prämierung und Bewertung der jeweils verantwortlichen ↑ Funktionäre und ↑ Leiter war, wurde sie permanent geschönt.

Planabstimmung Gesetzlich geregeltes Verfahren, nach dem in der Phase der Planausarbeitung allen von den Ergebnissen des Planes betroffenen Staats- und Wirtschaftsorganen die Entwürfe der Pläne vorzulegen waren. Auf diese Weise sollten z. B. die übergeordneten Organe der Zulieferer oder Abnehmer, sowie die ↑ Finanzorgane (z. B. ↑ Staatsbank) Gelegenheit erhalten, auf die Pläne Einfluß zu nehmen und ihre eigenen Pläne entsprechend zu gestalten. Wegen der objektiven Interessendifferenz zwischen Abnehmern und Herstellern blieb dieses aufwendige Verfahren ohne die gewünschte positive Wirkung.

Planaufgabe Staatliche ↑ Vorgabe, mit der die Mindestleistung eines Betriebes oder die Obergrenze des Verbrauchs materieller oder finanzieller Mittel zu Beginn des Planungsprozesses zentral festgelegt wurde. Die planenden Betriebe waren selbst bei Nachweis sachlicher Unmöglichkeit nicht berechtigt, im Verlauf der Planausarbeitung geringere Leistungen oder eine höhere Inanspruchnahme vorzuschlagen.

Planauflage /Kurzf. für staatliche Planauflage; Kurzf.: STAL/ Staatliche Verpflichtung eines Betriebes durch das übergeordnete ↑ Organ, in einer festgelegten Höhe im Wirtschaftsjahr Produktionsleistungen zu erbringen oder Gewinne zu erwirtschaften. Sie war Grundlage der ↑ Planabrechnung.

Plandiskussion Jährliche propagandistische Aktion in den Betrieben und staatlichen Verwaltungen. Alle Mitarbeiter wurden aufgefordert, für sich oder ihr Arbeitskollektiv Möglichkeiten der Überbietung der Planaufgaben anzubieten, damit die ↑ Planauflagen entsprechend höher angesetzt werden konnten.

Plandisziplin Als Pflicht der Betriebe sowie der Staats- und Wirtschaftsfunktionäre ausgestaltete Forderung, ↑ Planauflagen zu erfüllen, ↑ Plankennziffern für die Inanspruchnahme von Material und finanziellen Mitteln nicht zu überschreiten und v. a. die ↑ Planabrechnung wahrheitsgemäß vorzunehmen. Verletzungen der Plandisziplin konnten mit Ordnungsstrafen, in schweren Fällen auch strafrechtlich geahndet werden.

Planjahrfünft Fünfjahreszeitraum, auf den sich ein ↑ Fünfjahrplan bzw. ↑ Perspektivplan bezog.

Plankennziffer Kennziffer, die als verbindlicher Richtwert für die Planausarbeitung vorgegeben oder als einzuhaltende Größe im bestätigten ↑ Plan festgelegt war und regelmäßig abgerechnet wurde.

Planplus Propagandistische Bezeichnung für eine wirtschaftliche Leistung während eines laufenden Planjahres, die Planziele übertraf. Fast nur im Sprachgebrauch der ↑ Partei und der Massenmedien benutzt. Z.: „Kombinat Baumechanisierung hat 2,5 Tage Planplus. Baureparaturen Treptow mit 13 Wohnungen zusätzlich." Berliner Zeitung 29.5.1985, 8

Planschuldner Betrieb oder Betriebsabteilung, die die im ↑ Plan festgelegten Leistungen nicht erbracht hatte. Z.: „Insgesamt jedoch gehört das Dresdner Baukombinat immer noch zu den größten Planschuldnern im Wohnungsbau." ND 9.7. 1970, 1

Plansilvester Zeitpunkt, zu dem bereits vor Ablauf des Planjahres die vom ↑ Plan verlangte Jahresleistung eines Betriebes erfüllt war, so daß durch die Arbeit an den verbleibenden Tagen des Jahres eine Planübererfüllung erreicht wurde. Dieser Begriff wurde ausschließlich in der Sprache der Parteifunktionäre und der Massenmedien verwendet. Er diente auch als Bezeichnung betrieblicher Veranstaltungen, auf denen in Gegenwart von ↑ Funktionären und Medienvertretern die vorzeitige Planerfüllung zum Anlaß von ↑ Selbstverpflichtungen für das nächste Planjahr genommen wurde, den Plan wiederum zu überbieten.

Planstelle Im Stellenplan (d. h. im Personalplan) ↑ volkseigener Betriebe, staatlicher Organe, Institutionen und Einrichtungen ausgewiesene und bewilligte Stelle.

Planung Zentraler Begriff der Staats- und Wirtschaftsführung in den sozialistischen Ländern zur Bezeichnung der gemäß staatlich verbindlich festgelegter ↑ Pläne in allen gesellschaftlichen Bereichen zu vollziehenden Entwicklung. Mit Hilfe der von der ↑ Partei in den Eckdaten fixierten und kontrollierten Planung sollten die Vorgänge in Verwaltung, Wirtschaft und allen anderen Lebensbereichen soweit vorbestimmt werden, daß sie ausschließlich den Zielen der Partei entsprachen. Die zentrale Rolle der Planung als des entscheidenden Instrumentes dabei wurde durch eine detaillierte gesetzliche Ablaufregelung (Planungsordnung), personell gut ausgestattete Planungsorgane (↑ staatliche Plankommission) sowie übergreifende ↑ Planabrechnung und persönliche Verantwortlichkeit der ↑ Funktionäre und betrieblichen Leiter abgesichert. * gesamtgesellschaftliche, komplexe, operative, sozialistische Planung

Planungs- Bestimmungswort, das sich in Zusammensetzungen mit Substantiven auf den Vorgang oder die Zuständigkeit bei der ↑ Planung bezog. Gebräuchlich waren Zusammensetzungen wie: -fehler, -methode, -ordnung, -prozeß, -system

Planverteidigung Unmittelbar vor Abschluß der Planausarbeitung durchgeführte Beratung des übergeordneten Planungsorgans mit der Leitung des Betriebes bzw. ↑ Staatsorgans. Ziel war es, die im eingereichten Planentwurf vorgeschlagenen Leistungen zu erhöhen und die vorgesehene Inanspruchnahme von Material, Investitionskapazität, Arbeitskräften und finanziellen Mitteln zu senken. An den Planverteidigungen nahmen auch die zuständigen Partei- und Gewerkschaftsfunktionäre sowie die ↑ Finanzorgane teil. Oftmals wurden die Betriebsleiter unter Androhung persönlicher Nachteile genötigt, unrealisierbaren Planentscheidungen zuzustimmen.

Planwirtschaft Die überwiegend auf ↑ Volkseigentum beruhende, zentral geleitete und geplante ↑ Volkswirtschaft. Sie war die wirtschaftliche Grundlage der sozialistischen ↑ Gesellschaftsordnung in der ↑ DDR.

Plast /Art.: der; Pl.: die Plaste/ *auch* **Plaste** /Art.: die; Pl.: die Plaste/ Vielseitig verwendbarer Kunststoff aus chemischer Herstellung, der sich durch geringe Dichte, gute elektrische Isolierfähigkeit, leichte Formbarkeit und sehr große Widerstandskraft gegenüber Korrosion auszeichnet. Synonym für das in der ↑ DDR gebrauchte Wort Plast war in der Bundesrepublik das Wort Plastik, das es in der DDR in dieser Bedeutung nicht gab.

Plast- *auch* ◆**Plaste-** Bestimmungswort, das sich in Zusammensetzungen mit Substantiven auf den Kunststoff ↑ Plast bezog. Bei manchen Zusammensetzungen wurde bevorzugt ◆Plaste- gesprochen oder geschrieben, besonders in der Umgangssprache. Gebräuchlich waren Zusammensetzungen wie: -abfälle, ◆-behälter, ◆-beutel, -beschichtung, -beton, ◆-deckel, -chemie, ◆-eimer, -erzeugnis, ◆-gehäuse, ◆-geschirr, ◆-indu-

strie, -müll, -reinigung, ◆-rohr, ◆-tü-
te, ◆-sack

Plaste und Elaste Sammelbezeichnung,
die zum Synonym für die Betriebe
des Industriezweiges Kunststoffpro-
duktion und ihre Produkte geworden
war.

Plastikbomber *auch* **Plastikpanzer**
Spöttische Bezeichnung für den PkW
↑ Trabant. Sie knüpfte an den nur
bei diesem Fahrzeug verwendeten
Karosseriewerkstoff ↑ Duroplast an.

sich eine, keine **Platte** machen
/Phras./ Umgangssprachlich für jemand macht sich ernsthafte Sorgen
um etwas, jemanden bzw. keine Gedanken um etwas, jemanden. S.: /
Phras./ sich eine, keine Rübe, Waffel
machen

Plattenbauweise Seit den sechziger Jahren generell im Wohnungsneubau
angewandte Technologie, nach der
Häuser aus industriell vorgefertigten
Großplatten montiert wurden. Die
ausschließliche Anwendung des Plat-
tenbaues führte zu großen uniformen
Wohnsiedlungen, mußte aber bei allen Neubauten eingesetzt werden,
um das von Partei- und Staatsführung zur besseren Versorgung der
Bevölkerung mit Wohnungen beschlossene und die Kräfte der DDR-
Wirtschaft übersteigende ↑ Wohnungsbauprogramm erfüllen zu können.

plazieren In ↑ HO- oder Konsumgaststätten häufig ergangene Aufforderung an Gäste, solange zu warten,
bis ihnen vom Personal ein Platz zugewiesen wurde. Das Schild mit der
Aufschrift „Sie werden plaziert" war
oftmals selbst dann aufgestellt, wenn
in der Gaststätte nur zwei oder drei
Tische wirklich besetzt waren. Die
Gäste hatten zwei Möglichkeiten:
Entweder sie verließen das Lokal,
ohne es überhaupt zu betreten, oder
sie warteten darauf, daß der Kellner
geruhte, sie an einem Tisch seiner
Wahl unterzubringen.

Plenum 1. Tagung des ↑ Zentralkom-
mitees der SED, die regelmäßig die
aktuelle politische Lage auswertete
und für alle ↑ Funktionäre in den
Parteien, Gewerkschaften, staatlichen Organen und Betrieben verbindliche Richtlinien vorgab.
2. Bei großen politischen und wissenschaftlichen Veranstaltungen im Unterschied zur Kommissionsarbeit
durchgeführte Beratung aller Anwesenden.

Poetenseminar Jährlich unter der
Schirmherrschaft der ↑ FDJ durchgeführte Veranstaltung für junge Ly-
riker. Sie bot die Gelegenheit zur
Diskussion zwischen Autoren, Lite-
raturwissenschaftlern und Verlags-
lektoren. Die Veranstaltung fand in
der Regel im historischen Schweriner
Schloß statt. Die Veröffentlichung
der dort diskutierten neuen Gedichte
in der FDJ-Presse und einer eigenen
Edition sorgte für große Publizität
der Lyrik.
Z.: „Zahlreiche Begabungen entwikkelten sich, erhielten bei den Schweriner FDJ-Poetenseminaren Förder-
preise, so Kathrin Schmidt, Hans
…" JW 22.2.1980, 1 (Beilage Rätsel-
seite)

Poliklinik Grundform der ambulanten
medizinischen Versorgung, die durch
Konzentration von Allgemein- und
Fachärzten, von therapeutischen und
diagnostischen Mitteln sowie durch
die zentrale Verwaltung der Patien-
tendaten in einem Haus den Kranken unnötige Wege ersparte und zugleich zur Milderung vieler Engpässe
in der medizinischen Ausstattung
beitrug. Polikliniken existierten in allen Städten und wurden auch in größeren Landgemeinden eingerichtet.

Politbüro Machtzentrum der ↑ SED
und damit der ↑ DDR. Ursprünglich
sollte das Politbüro die Beschlüsse
der ↑ Parteitage und des ↑ Zentralkomitees der SED organisatorisch innerhalb der ↑ Partei umsetzen. Praktisch regierten jedoch die Mitglieder

des Politbüros in ihren Verantwortungsbereichen unumschränkt und bestimmten unkontrolliert das Handeln in Staat, Wirtschaft und im öffentlichen Leben.

Politinformation Regelmäßige (zumeist wöchentliche) Zusammenkunft in Arbeitskollektiven, Schulklassen oder auch in anderen organisierten Gruppen, bei der das politische Geschehen aus der Sicht der ↑ SED kommentiert wurde. Die meisten Menschen nahmen diese Pflichtveranstaltung mit Desinteresse hin und bezeichneten sie spöttisch als „Rotlichtbestrahlung".

politisch-ideologisch Attribut, mit dem ein Vorgang, ein Ereignis oder eine Maßnahme, aber auch eine Überlegung oder persönliche Einstellung charakterisiert werden sollte. Die Verknüpfung der beiden Adjektive zielte darauf ab, Politik stets in eine unmittelbare Verbindung zu persönlicher Überzeugung zu bringen, d. h. politisches Denken oder Handeln zu einer ↑ Sache des Glaubens zu machen. Dieser Glaube sollte, getreu den Prinzipien des ↑ Klassenkampfes, v. a. auf die Unfehlbarkeit der Partei (↑ SED) und die historische Überlegenheit des Sozialismus gegenüber allen anderen ↑ Gesellschaftsordnungen gerichtet sein und die Menschen gegen andere Überlegungen, womöglich eigene politische Gedanken, immun machen. Gerade in den Medien, aber auch im Parteijargon wurde dieses Wort außerordentlich oft verwendet, in der Umgangssprache dagegen gemieden.
* politisch-ideologische Arbeit, Atmosphäre, Einstellung, Maßnahme, Situation
Z.: „Politisch-ideologische Arbeit läßt sich nicht mit dem Zollstock messen. Dennoch behauptet der erfahrene Propagandist, daß sich das Parteilehrjahr positiv auf die Bewußtseinsbildung der Bauarbeiter im

VEB(K) Bau Röbel auswirkt." Neuer Weg 1/1975, 12
politisch-moralische Einheit /Kurzf. für politisch-moralische Einheit des Volkes der DDR/ Häufiger Gebrauch in offiziellen und agitatorischen Texten, wobei meist die Kurzform verwendet wurde. In den siebziger Jahren zeigte sich, daß entgegen den bis dahin vertretenen ↑ ideologischen Lehrsätzen die klassenlose ↑ Gesellschaft nicht kurzfristig realisierbar war. Als Reaktion auf das Weiterbestehen von Klassen und Schichten einschließlich der Differenzen und Spannungen zwischen ihnen entwickelten die SED-Ideologen die These von der politisch-moralischen Einheit des Volkes. Sie sollte als Legitimation für die Staatsführung dienen, die nach außen die geschlossene Unterstützung ihrer Politik durch das Volk behauptete, ohne das Volk zu fragen.
politische Ökonomie ↑ Politökonomie
Politnik Umgangssprachlich, insb. bei den Soldaten der ↑ NVA für ↑ Politoffizier, auch auf ↑ Funktionäre in anderen Bereichen übertragen, z. B. auf die Mitarbeiter des politischen Hauptstabes der ↑ Deutschen Reichsbahn.

Politoffizier In allen Einheiten der ↑ Volksarmee als Stellvertreter der Kommandeure eingesetzte, politisch besonders geschulte Offiziere mit der Aufgabe, das gesamte Personal ständig im Sinne der ↑ SED zu beeinflussen. Diese Dienststellung wurde nach dem Vorbild der Sowjetarmee geschaffen, ohne den besonderen historischen Hintergrund (Einsetzung von Parteiarbeitern in der Roten Armee zur Kontrolle bürgerlicher Militärexperten während der Oktoberrevolution) und die abweichenden Rahmenbedingungen in der ↑ DDR zu berücksichtigen.
Politökonomie /o.Pl.; Kurzf. für politische Ökonomie/ Im Sinne des ↑ Marxismus-Leninismus die Wissenschaft von den Gesetzmäßigkeiten der ge-

sellschaftlichen ↑ Produktion und der Verteilung der Produkte. Die Politökonomie galt als eine der drei Basiswissenschaften des Marxismus-Leninismus, sie wurde in allen Studiengängen (gleich welcher Fachrichtung) unterrichtet und sehr oft als Ersatz für eine volks- oder betriebswirtschaftliche Ausbildung angesehen. Durch die politische Komponente besaß sie die von der ↑ SED gewünschte Orientierung, selbst wenn diese oftmals sogar einfachen ökonomischen Regeln zuwiderlief.

Politrock Als Teil einer stärker auf die Bedürfnisse der Jugend ausgerichteten staatlichen Kulturpolitik in den achtziger Jahren von DDR-Rockmusikern entwickelte Verbindung von massenwirksamer Rockmusik mit politisch unterlegten deutschsprachigen Texten. Der Politrock erreichte wegen seiner hohen musikalischen Qualität sehr viele Jugendliche und wurde bald auch zum Träger kritischer Gedanken.

Politschulung Pflichtveranstaltungen mit rein politischem Inhalt, insb. im Rahmen von Weiterbildungsmaßnahmen der Betriebe, aber auch regelmäßig durchgeführt für die Mitarbeiter des ↑ Staatsapparates und die Angehörigen ↑ bewaffneter Organe.

polytechnische Bildung und Erziehung In der ↑ DDR gültiges, anknüpfend an den Bauhausgedanken von der notwendigen Verbindung geistiger und handwerklicher Bildung junger Menschen entwickeltes Erziehungsprinzip. Demnach war in der schulischen Ausbildung ab der siebenten Klasse auch ein Ausbildungsteil enthalten, der den Kindern in vier Jahren die wesentlichen Techniken industrieller Fertigung theoretisch vermittelte und ihnen in vierzehntägigem Abstand Gelegenheit gab, in bestimmten Betrieben selbst produktive Tätigkeiten auszuführen. Für die Kinder bestand mithin die Gelegenheit, handwerkliche Fähigkeiten

auch für den persönlichen Bedarf zu entwickeln und zu lernen, wie man beispielsweise kleine Reparaturen im Haushalt selbst ausführt oder ein Fahrrad repariert. Vgl. auch: ESP, PA

polytechnische Oberschule /Kurzf. für zehnklassige allgemeinbildende polytechnische Oberschule; Kurzf.: POS/ Bezeichnung einer Normalschule. Da die schulische Ausbildung eine Regelschule von 10 Schuljahren vorsah und wesentlicher neuer Bestandteil des Schulsystems die ↑ polytechnische Bildung und Erziehung war, besuchten alle normal bildungsfähigen Kinder die ↑ polytechnische Oberschule.

polytechnischer Unterricht Unterricht in den Fächern ↑ PA und ↑ ESP als Bestandteil der ↑ polytechnischen Bildung und Erziehung in den Klassen 7 bis 10. Z.: „Die Verantwortung der FDJ für den polytechnischen Unterricht und für die Berufswahl ist das Thema eines Erfahrungsaustausches, der am Montag und Dienstag in Karl-Marx-Stadt stattfindet." JW 26.2.1980, 1

polytechnisches Kabinett Fachunterrichtsraum für das Fach ↑ ESP in Betrieben und Schulen mit entsprechender Ausstattung, z. B. technischen Modellen oder bildlichen Darstellungen von Produktionsabläufen. Z.: „Auch Lehrwerkstatt, Betriebsschule und polytechnische Kabinette sind im Fritz-Heckert-Werk mit modernen Werkzeugmaschinen ausgestattet." JW 26.2.1980, 2

polytechnisches Zentrum Durch Großbetriebe ausgestattetes und mit eigenem Personal besetztes Gebäude bzw. innerhalb des Betriebes abgegrenzter Gebäudeteil, in dem für die Schüler mehrerer Schulen der Unterricht in den Fächern ↑ ESP und ↑ PA durchgeführt wurde.

Popgymnastik /o. Pl./ Aerobic.

POS ↑ polytechnische Oberschule

postgraduales Studium Von einer ↑ Hochschule oder Universität durchgeführte Ausbildung für bereits einige Zeit im Berufsleben stehende ↑ Hoch- oder ↑ Fachschulabsolventen mit dem Ziel, deren theoretische Kenntnisse zu aktualisieren oder auf speziellen Gebieten zu vertiefen. Die berufliche Tätigkeit wurde jeweils nur wenige Tage für die Zeit der Lehrveranstaltungen unterbrochen. Vgl. auch: Fernstudium

Postmietbehälter Für einen Betrag von 50 Pfennigen war es möglich, von der Post einen sehr stabilen Karton aus Hartpappe gegen eine Quittung zu entleihen, der dann als Paketsendung verschickt wurde und den der Empfänger wieder an die Post zurückgeben mußte.

Postzeitungsvertrieb Dienststelle der Post, die das Monopol für den Vertrieb von Zeitungen und Zeitschriften innehatte und alle Zeitungsverkaufsstellen mit eigenem Personal betrieb.

Prämie Zusätzlich zum Arbeitslohn gezahlter sozialabgaben- und steuerfreier Betrag, der aufgrund besonderer Leistungen im ↑ sozialistischen Wettbewerb oder für die Übererfüllung des ↑ Plans vergeben wurde. Prämien wurden von der Betriebsleitung in Abstimmung mit der ↑ Betriebsgewerkschaftsleitung aus dem dafür zur Verfügung stehenden ↑ Prämienfond gezahlt. Oftmals wurden statt Geld- auch Sachprämien (↑ FDGB-Reisen, Bücher) vergeben. Die Hauptform der Prämienausschüttung war jedoch die ↑ Jahresendprämie.

-prämie Grundwort, das sich in Zusammensetzungen mit Substantiven auf eine zusätzlich zum Arbeitslohn gezahlte Vergütung bezog. Gebräuchlich waren Zusammensetzungen wie: Buch-, Einzel-, -Export-, ↑ Kollektiv-, Leistungs-, Objekt-, Sach-, ↑ Schicht-, ↑ Sofort-, Treue-, ↑ Ziel-

Prämien- Bestimmungswort, das sich in Zusammensetzungen mit Substantiven auf eine zusätzlich zum Arbeitslohn gezahlte Vergütung bezog. Gebräuchlich waren Zusammensetzungen mit Substantiven wie: ↑ -fonds, ↑ -lohn, -ordnung, -stücklohn (↑ Prämienlohn), -system, -vereinbarung

Prämienfonds Im Betrieb planmäßig zu bildender und auszugebender Geldbetrag zur Finanzierung von ↑ Prämien. Im Rahmen der Versuche, die Betriebe und ihre Mitarbeiter stärker finanziell an wirtschaftlichen Erfolgen zu interessieren, sollte der Prämienfonds entsprechend dem betrieblichen Gewinn gebildet werden. Da aber die betriebliche Gewinnsituation wesentlich von äußeren Eingriffen durch Partei- und ↑ Staatsorgane sowie die willkürliche staatliche ↑ Preispolitik bestimmt wurde, konnte v. a. wegen der Finanzierung der ↑ Jahresendprämie diese Absicht nie verwirklicht werden.

Prämienlohn Leistungsabhängiger, anhand konkreter Arbeitsergebnisse (z. B. der Anzahl fertiggestellter Werkstücke) auf den Grundlohn gezahlter Lohnanteil. Die wenig aussagefähige Bezeichnung wurde staatlich festgelegt, um das aus ↑ ideologischen Gründen verpönte Wort Akkordlohn zu umgehen.

Prasdnik /aus dem Russ./ Umgangssprachlich für eine Feier, bei der viel gegessen und getrunken wurde. Zunächst nur für solche Feiern, die anläßlich eines sozialistischen Feiertages (z. B. ↑ Tag der Republik, 1. Mai) durchgeführt wurden. Später auch verwendet für Feiern, die aus staatlichen Mitteln zu anderen Anlässen (z. B. ↑ Brigadefeiern, Richtfeste in Betrieben, ↑ Freundschaftstreffen der FDJ-Funktionäre oder von Offiziersgruppen mit sowjetischen Partnern) finanziert wurden.

Präsent Offiziell gebrauchtes Wort für Geschenke, besonders solche, die Betriebe oder ↑ staatliche Organe vergaben.

Präsent 20 Vom VE Textilkombinat Cottbus entwickeltes Rundstrickgewebe. Es wurde anläßlich des zwanzigsten Jahrestages der ↑ DDR (O-Ton:) ʼfür den Gabentisch der Republikʼ vorgestellt. Die „Präsent 20"-Stoffe waren knitterarm und haltbar, jedoch schon bald von der Mode überholt. Sie wurden dennoch jahrzehntelang produziert und boten deshalb Anlaß zu spöttischen Bemerkungen.

Preisanordnung Gesetzliche Preisfestlegung des Staatlichen Amtes für Preise, die für eine ganze ↑ Erzeugnisgruppe gültig war. Preisanordnungen regelten die Preise aller Handelsstufen sowie auch die Nebenkosten wie Verpackungs- und Kleinstmengenzuschläge, Versand- und Transportkosten. Sie wurden als Sonderdruck des Gesetzblattes (im Gesetzblatt bezeichnet als: AO Preise Nr. …) veröffentlicht. Die konkreten ↑ Erzeugnispreise waren im Rahmen der Preisanordnung in einem ↑ Preiskarteiblatt durch die ↑ Preisbildungsorgane zu bestimmen.

Preisbildung Gesetzlich geregeltes Verfahren der Vorbereitung, Abstimmung und staatlichen Festlegung von Preisen. In der ↑ DDR wurden alle Preise auf Grundlage staatlicher ↑ Vorgaben kalkuliert, in der Mehrzahl sogar ausdrücklich staatlich festgelegt. Preisbildung galt als wirtschaftspolitische Kernaufgabe des Staates, da man glaubte, durch willkürliche staatliche Preisfestlegung wesentlich die Wirtschaftsentwicklung fördern und zugleich die Möglichkeiten der ↑ privaten Gewerbetätigkeit einschränken zu können. Sie vollzog sich ohne Mitwirkung der Bürger, um die ungenügende Leistungsfähigkeit der DDR-Wirtschaft nicht erkennbar werden zu lassen. Die Preisbildung erforderte wegen des enormen Umfangs der Produk-

tions- und Importsortimente einen außerordentlich großen personellen und materiellen Aufwand, sie wurde durch Bürokratisierung und willkürliche politische Einflußnahmen zunehmend zu einem ernsten Hemmnis der Wirtschaftsentwicklung.

Preisbildungsorgan Gesetzlich mit der Festlegung von bestimmten Preisen betrautes ↑ Staatsorgan oder ↑ Kombinat.

Preiskarteiblatt Staatliches Dokument, das den im Rahmen einer ↑ Preisanordnung gebildeten gesetzlichen Preis eines Erzeugnisses auswies.

Preiskoordinierungsorgan /Kurzf.: PKO/ Gesetzlich mit der Vorbereitung und Abstimmung von Preisen beauftragtes ↑ Staatsorgan oder ↑ Kombinat. Preiskoordinierungsorgane wurden eingesetzt, wenn Ministerien oder das Amt für Preise mit der Preisfestlegung betraut waren, jedoch nicht über die nötige Sachkunde und die personelle ↑ Kapazität verfügten, um den hohen Arbeitsaufwand bei der ↑ Preisbildung zu bewältigen. Da zumeist die Herstellerkombinate als PKO eingesetzt wurden, begünstigte die Preisbildung in der Regel die Produzenten. Dadurch war ökonomischer Druck der Abnehmer auf die Verbesserung von Technologie und Produktqualität der Zulieferer weitgehend ausgeschlossen.

Preispolitik Politisch motivierte Zielvorgabe der ↑ SED und der Regierung für das Handeln aller an der ↑ Preisbildung beteiligten Staats- und Wirtschaftsorgane. Die Preispolitik diente der zielgerichteten Beeinflussung wirtschaftlicher Prozesse. Sie war oftmals von politischen Dogmen geprägt, wie z. B. der absoluten Stabilität der Verbraucherpreise, Tarife und Mieten für die Bevölkerung trotz tiefgreifender außen- und binnenwirtschaftlicher Veränderungen. Deshalb spiegelten die Preise nicht den tatsächlichen Wert der Waren wieder, dies förderte die Entstehung volkswirtschaftlicher Fehlentwicklungen und die leistungshemmende Isolierung von internationalen Märkten.

Pressefest Jährlich von den Bezirkszeitungen der ↑ SED und ihrem ↑ Zentralorgan „ND" veranstaltete Volksfeste in den ↑ Bezirksstädten und Berlin.

Preßluftschuppen Umgangssprachliche Bezeichnung für größere Tanzsäle und ähnliche Gaststätten, wegen der dort bei großem Andrang und Gedränge miserablen Luft.

Preßspanplatte Vor allem in der Möbelindustrie verwendete stabile, aus mehreren Lagen bestehende Hartpappe zum Ersatz massiver Holzteile. Die durch Pressen einer Mischung von Leim und Holzspänen enstandenen Platten wurden auch für weniger geeignete Zwecke eingesetzt, um den Mangel an massiven Holzteilen wenigstens teilweise auszugleichen.

Prinzip der Kritik und Selbstkritik Einer der von Lenin formulierten Grundsätze der inneren Demokratie in einer kommunistischen Partei. In der DDR-Propaganda wurde behauptet, dies sei auch ein Grundsatz der ↑ SED sowie anderer gesellschaftlicher Organisationen. Die Praxis der SED stand allerdings im krassen Gegensatz dazu, denn die Führung der SED stellte sich außerhalb jeder Kritik und Selbstkritik. Einfache Mitglieder hingegen wurden von den übergeordneten ↑ Funktionären oftmals schärfstens kritisiert und auch zur öffentlichen Selbstkritik genötigt.

Prinzip der materiellen Interessiertheit Als Grundsatz der sozialistischen Wirtschaftsführung angesehene Forderung, den für die durch persönliche Arbeit erreichten Nutzen auch für den einzelnen direkt wirksam zu machen. Eine Vielzahl von Privilegien für den Partei-, Staats- und Sicherheitsapparat sowie der Versuch

der Parteiführung, die Arbeiterschaft durch unterschiedliche Zuwendungen bei guter Stimmung zu halten, stand diesem Prinzip entgegen. Es kam deshalb v. a. in der Wirtschaft nur in entstellter Form zur Anwendung, seine praktische Wirkung war gering und konnte den Leistungsanreiz ↑ privaten gewerblichen Eigentums nicht ersetzen.

privat 1. Offizielles, mit negativer Wertung gebrauchtes Wort, das oftmals sogar im Sinne von unsozialistisch verwendet wurde. **2.** Zur Kennzeichnung unternehmerischer oder freiberuflicher Tätigkeit außerhalb von staatlichen oder genossenschaftlichen Betrieben gebraucht. * private Arztpraxis; privater Betrieb; privater Einzelhandel

Produktion 1. Im Sinne der politischen Ökonomie des ↑ Marxismus-Leninismus der Vorgang und zugleich der wirtschaftliche Bereich, in dem durch Umgestaltung von Stoffen materielle Güter entstehen. Produktion als erste Phase des gesamtgesellschaftlichen Reproduktionsprozesses wurde als Existenzbedingung des Staates erkannt. Die ↑ SED und die DDR-Staatsführung versuchten deshalb, die Produktion nach politischen und nicht nach wirtschaftlichen Kriterien zu führen. **2.** Betrieb oder Betriebsabteilung, in der körperliche Arbeit zu leisten war. V. a. in den fünfziger und sechziger Jahren waren dies auch die Bereiche, in die Oppositionelle (auch Künstler und Wissenschaftler) (O-Ton:) 'zur Bewährung' versetzt wurden. Gebräuchlich waren Verbindungen wie: er ist jetzt in der Produktion; wir haben ihn in die Produktion geschickt

Produktions- Bestimmungswort, das sich auf Personen oder Sachverhalte bezog, die die materielle Produktion betrafen. Gebräuchlich waren Zusammensetzungen wie: -arbeiter, ↑ -beratung, ↑ -betrieb, -brigade (↑ Brigade), ↑ -fonds, ↑ -fondsabgabe, ↑ -genossenschaft, -kapazität, -leiter, -plan, ↑ -prinzip, -prozeß, ↑ -verhältnisse, ↑ -weise

Produktionsberatung Auf Betreiben Walter Ulbrichts Ende der fünfziger Jahre nach sowjetischem Muster in allen Betrieben eingeführte regelmäßige Versammlung von Betriebsleitung und Belegschaftsvertretern, bei der Möglichkeiten zur Verbesserung der Produktion erörtert werden sollte. Sie blieb ohne die erhoffte Wirkung, konnte aber erst in den siebziger Jahren, nach Ulbrichts Tod, eingestellt werden. Spöttisch wurde die Bezeichnung Produktionsberatung verwendet, wenn während der Arbeitszeit eine größere Gruppe nichtarbeitender Mitarbeiter, z. B. wegen Materialmangels, beisammen saß.

Produktionsbetrieb Unternehmen, in dem die Waren hauptsächlich durch körperliche oder maschinelle Arbeit hergestellt wurden.

Produktionsfonds Kategorie der politischen Ökonomie, die die Gesamtheit der im Produktionsprozeß eingesetzten bzw. verwendeten Gebäude, Maschinen, Anlagen, Werk- und Hilfsstoffe usw. bezeichnete.

Produktionsfondsabgabe /Kurzf.: PFA/ Von den Betrieben an den Staat zu entrichtende steuerähnliche Abgabe, deren Höhe nach dem Wert der im Betrieb eingesetzten ↑ Produktionsfonds bemessen wurde. Die PFA sollte die Betriebe veranlassen, den Produktionsaufwand zu reduzieren. Dieses Ziel wurde nicht erreicht, weil die Betriebsleitungen durch staatliche ↑ Vorgaben und Eingriffe nur geringe Entscheidungsspielräume besaßen und auch das staatliche Planungs- und Abrechnungssystem dem entgegenwirkte.

Produktionsgenossenschaft Von der ↑ SED in den fünfziger Jahren ins Leben gerufene Form des Zusammenschlusses kleiner Unternehmer (Handwerker, Fischer, Gärtner, Bauern) mit dem Ziel, deren Unterneh-

men der staatlichen Leitung weitgehend unterzuordnen und die sozialen Gruppen der Bauern und kleinen Gewerbetreibenden schrittweise der ↑ Arbeiterklasse und den Angestellten gleichzustellen. Zugleich sollte die besondere Leistungsfähigkeit und das persönliche Engagement dieser Unternehmer durch die Mitgliedschaft in der Genossenschaft erhalten werden. Die Produktionsgenossenschaften entstanden zunächst in kleinerem Umfang v. a. auf der Grundlage besonderer staatlicher Vergünstigungen, z. B. bei der Besteuerung, der Materialversorgung, der Vergabe lukrativer Aufträge, der Kreditgewährung. Zu Beginn der sechziger Jahre wurde, v. a. in der Landwirtschaft und der Fischerei, außerordentlich starker Druck auf die Inhaber noch selbständiger Unternehmen ausgeübt, einer Genossenschaft beizutreten. Viele Genossenschaften entwickelten sich zu leistungsfähigen Unternehmen, die allerdings die Vorzüge der unternehmerischen Selbständigkeit für Mitglieder und Kunden nicht bewahren konnten, sondern in vielem den staatlichen Betrieben glichen.

Produktionsprinzip Gemeinsam mit dem ↑ Territorialprinzip eines der Leitungsprinzipien in der sozialistischen ↑ Gesellschaft. Das Produktionsprinzip wurde angewandt, indem alle großen und mittleren Betriebe eines Industriezweiges einer zentralen Leitung (↑ Industrieministerium) unterstellt wurden. Kleinere Betriebe und die meisten staatlichen Dienststellen wurden dagegen nach dem Territorialprinzip unterstellt, d. h. den Leitungen in den ↑ Kreisen und ↑ Bezirken. Die Perfektionierung des Produktionsprinzips in Gestalt der ↑ Kombinate, die eine gesamte Branche in einem Unternehmensverbund konzentrierten und zugleich mit bestimmten staatlichen Befugnissen (z. B. Preiskoordinierung, Absatzsteuerung durch Bilanzierung, Standardisierung, Qualitätsnormierung) lenkten, führte zu konzernartigen Strukturen, die auf dem streng isolierten Binnenmarkt konkurrenzlos waren und deshalb keine wettbewerbsbeständige Leistungsfähigkeit besaßen. Das Produktionsprinzip wurde auch in eingeschränktem Umfang in der ↑ SED, der ↑ FDJ und dem ↑ FDGB angewandt, indem für einige wenige Industriezweige (z. B. ↑ Wismut) selbständige, nur der Zentrale unterstehende Leitungen eingesetzt wurden.

Produktionsverhältnisse /Kurzf.: PV/ Terminus der politischen Ökonomie des ↑ Marxismus-Leninismus. Als PV wurde die Gesamtheit der zwischen den Menschen im Prozeß von ↑ Produktion, Austausch und Verteilung materieller Güter bestehenden objektiven Beziehungen bezeichnet. Die PV bildeten gemeinsam mit den ↑ Produktivkräften in dialektischer, d. h. gegensätzlicher Einheit die ↑ Produktionsweise einer ↑ Gesellschaft. Das Wesen der PV wurde bestimmt durch das (in einer konkreten ↑ Gesellschaftsordnung dominierende) Eigentum an den Produktionsmitteln. Davon ausgehend entschied sich, wie die Produkte zwischen sozialen Klassen und Schichten verteilt wurden, welche Stellung die Klassen und Schichten in der gesellschaftlichen Arbeitsteilung einnahmen und wer letztlich die Führung in Wirtschaft und Staat innehatte. Die PV galten gegenüber den Produktivkräften als der stabilere, aber auch progressivere Faktor der Produktionsweise. Im ↑ Sozialismus sollten die PV bereits durch die Dominanz des sozialistischen Eigentums an den Produktionsmitteln geprägt sein, wenngleich auch wegen der ungenügenden Entwicklung der Produktivkräfte (zu geringe Produktivität) noch keine klassenlose ↑ Gesellschaft entstanden war.

Produktionsweise /Kurzf.: PW/ Abstraktester Terminus der politischen Ökonomie des ↑ Marxismus, der die Art und Weise der Erzeugung materieller Güter als Existenzbedingung jeder menschlichen ↑ Gesellschaft bezeichnete. Die PW war als dialektische Einheit von ↑ Produktionsverhältnissen (v. a. der Eigentums- und Aneignungsverhältnisse) und ↑ Produktivkräften (v. a. des Standes des Wissens und der Entwicklung der Produktionsmittel) zu beschreiben, aus deren Widersprüchen letztlich die gesellschaftliche Entwicklung von den niederen zu den höheren ↑ Gesellschaftsordnungen erwuchs.

produktionswirksam Charakterisierte eine Investion, eine Maschine, eine Fortbildungsmaßnahme, eine ↑ Neuerung oder Technologie als unmittelbar die ↑ Produktion fördernd. Da das Interesse der Partei- und ↑ Staatsorgane v. a. auf die Herstellung möglichst großer Mengen (↑ Tonnenideologie) gerichtet war, unterstützten sie besonders Entscheidungen, die als produktionswirksam galten. Eine so bezeichnete Investition oder ↑ Neuerung hatte deshalb gute Aussichten, bewilligt zu werden, selbst wenn sie unverhältnismäßig teuer war.

produktive Arbeit ↑ PA

Produktivkräfte Terminus der politischen Ökonomie des ↑ Marxismus zur Bezeichnung der menschlichen und materiellen Faktoren des Produktionsprozesses. Als Hauptproduktivkraft wurde der Mensch mit seinem Wissen und seinen Fertigkeiten angesehen. Auch die Organisation der menschlichen Arbeit (Arbeitsleistung, ↑ Kooperation, Technologie) galt als Produktivkraft. Materielle Faktoren der ↑ Produktion waren u. a. Naturreichtümer, Materialien, Maschinen und Arbeitsstätten. Die Produktivkräfte sollten als das gegenüber den ↑ Produktionsverhältnissen revolutionäre Element die

Entwicklung der Wirtschaft und damit der ↑ Gesellschaft überhaupt vorantreiben. Als Voraussetzung dafür nannten die marxistischen Theoretiker die aktive Rolle der ↑ Arbeiterklasse bei der Vervollkommnung der ↑ Produktion, die nur in einer sozialistischen Gesellschaft möglich sei. Trotz dieser propagierten Theorie gerieten die Produktivkräfte in der ↑ DDR immer stärker in Rückstand gegenüber denen in westeuropäischen Ländern, ihre Entwicklung wurde durch die erstarrten gesellschaftlichen Verhältnisse immer stärker behindert.

Proletariat Terminus des ↑ Marxismus-Leninismus, der, als Element der Revolutionstheorie, die ↑ Arbeiterklasse bezeichnete.

Proletarier Angehöriger der ↑ Arbeiterklasse. Im Sinne des ↑ Marxismus-Leninismus Menschen, die lohnabhängige körperliche Arbeit leisteten.

proletarischer Internationalismus Terminus des ↑ Marxismus-Leninismus zur Bezeichnung eines Grundprinzips der kommunistischen ↑ Ideologie. Dieses Prinzip sollte als Gegengewicht zum (bürgerlichen) Nationalismus und Chauvinismus die internationale ↑ Solidarität und den Kampf der ↑ Arbeiterklassen aller Länder gegen den gemeinsamen Feind, die ↑ Bourgeoisie, darstellen. Der proletarische Internationalismus hatte aber nur Bedeutung in der Parteiagitation, während er die arbeitenden Menschen, nicht zuletzt wegen der vielen Reisebeschränkungen der ↑ DDR, kaum erreichte. Z.: „Vom Geist des proletarischen Internationalismus durchdrungen leistete die ruhmreiche Sowjetarmee stets einen entscheidenden Beitrag zum Schutz der schöpferischen Arbeit des Sowjetvolkes." JW 22.2.1980, 2

Proletengrill Umgangssprachlich für den DDR-Bürgern zugänglichen Teil der Schwarzmeerküste (Bulgarien,

Rumänien, UdSSR). Die Bildung dieses Wortes erfolgte in Analogie zu dem in Westdeutschland gebräuchlichen Wort Teutonengrill als Bezeichnung der von Westdeutschen überlaufenen Adriastrände.

Promotion A Verleihung des akademischen Grades Dr. (einer Wissenschaft) aufgrund einer erfolgreich abgeschlossenen selbständigen wissenschaftlichen Arbeit und deren öffentlicher Verteidigung an einer Universität oder ↑ Hochschule.

Promotion B Verleihung des akademischen Grades ↑ Dr. sc. (der Wissenschaften), der nach eingereichter wissenschaftlicher Arbeit und erfolgreicher Verteidigung verliehen wurde. Voraussetzung für die Promotion B war der erfolgreiche Abschluß der Promotion A. Mit der Promotion B wurde der höchste in der ↑ DDR mögliche akademische Grad verliehen, der den früher üblichen Dr. habil. (Doktor habilitatus) ersetzen sollte.

Propaganda Die massenhafte Verbreitung politischer, philosophischer oder anderer Ideen und Meinungen. Nach Auffassung der ↑ SED hatte die Propaganda eine maßgebliche ↑ Funktion bei der Gestaltung der sozialistischen ↑ Gesellschaft, weil sie die Menschen mit dem notwendigen wissenschaftlich fundierten Wissen ausstatten würde. Tatsächlich reduzierte sich aber die Propaganda zumeist auf die Verbreitung wirklichkeitsfremder Phrasen, die auf die breite Masse der Bevölkerung kaum Einfluß hatten. Vgl. auch: Agitation und Propaganda

Propagandist Parteimitglied oder Beauftragter einer ↑ Massenorganisation, der einer Gruppe von Menschen regelmäßig (z. B. im ↑ Parteilehrjahr) Wissen über gesellschaftliche Prozesse vermittelte. Z.: „Wer wie Genosse Hans Hamann 15 Jahre als Propagandist tätig ist, der verfügt über einen reichen Erfahrungsschatz." Neuer Weg 1/1975, 9

W.: Frage im Parteilehrjahr: „Was ist der Unterschied zwischen Agitation und Propaganda?" Antwort: „Der Agitator erklärt die große Linie, und der Propagandist begründet die Umwege!"

Protest Rechtsmittel des Staatsanwalts, mit dem er im Strafverfahren die erneute Verhandlung erzwingen konnte, wenn er mit einem Urteil eines erstinstanzlichen Gerichtes nicht einverstanden war (d. h. andere Bezeichnung für das einem Angeklagten zustehende vergleichbare Recht der Berufung). Da der Staatsanwalt kraft Gesetzes die Befugnis zur allgemeinen Kontrolle der Gesetzeseinhaltung auch außerhalb gerichtlicher Verfahren und in allen Rechtsgebieten innehatte, war das Rechtsmittel des Protestes ebenfalls außerhalb von Strafverfahren anwendbar. Wenn z. B. der Staatsanwalt von einer Entscheidung eines Betriebsleiters Kenntnis erhielt, die Vorschriften des Arbeitsrechtes verletzte, konnte er diese mit einem Protest anfechten. Der Betriebsleiter mußte seine Entscheidung ändern, andernfalls drohten ihm u. a. disziplinarische Bestrafungen. Die Staatsanwälte waren trotz dieses Rechtes wegen der zentralen Kontrolle der Justiz durch das ↑ ZK der SED nicht in der Lage, das Instrument des Protestes selbst bei klaren Rechtsverletzungen auch gegen die örtlichen und zentralen Parteifürsten einzusetzen.

Protzkeule Vom Volke geprägte Bezeichnung für den ↑ Berliner Fernsehturm.

Provinzfürst ↑ Bezirkssekretär

Punkthaus Hochhaus, das an einem markanten Punkt der jeweiligen Stadt stand und so unübersehbar war. Punkthäuser wurden auch als (O-Ton:) ´städtebauliche Dominante´ bezeichnet.

PV ↑ Produktionsverhältnisse
PW ↑ Produktionsweise

Q

Q Höchstes ↑ Gütezeichen, das in der ↑ DDR für eine Ware vergeben werden konnte. Das Q sollten im Unterschied zum Gütezeichen 1 (gute Qualität) und 2 (ausreichende, gebrauchsfähige Qualität) solche Waren bekommen, die im internationalen Vergleich wissenschaftlich-technischen Höchststand und sehr gute Gebrauchseigenschaften aufwiesen. Die Vergabe des Gütezeichens Q erfolgte durch das Staatliche Amt für Meßwesen und Warenprüfung; dieses war jedoch mangels ausreichender Sachkenntnis auf die Vorschläge und Gutachten der Kombinate, die zumeist auch Hersteller dieser Erzeugnisse waren, angewiesen. Um einen möglichst hohen Anteil internationaler Spitzenqualität der DDR-Produktion in der ↑ Propaganda nennen zu können, wurden die anzulegenden hohen Maßstäbe in den achtziger Jahren kaum noch eingehalten. * unser Kampf gilt dem Gütezeichen Q; dem Betrieb wurde für sein Erzeugnis das Q verliehen; die Bemühungen der Belegschaft, das Q zu erlangen, verdienen alle Anerkennung

qualifizieren Jemanden systematisch und gezielt auf fachlichem oder gesellschaftspolitischem Gebiet so weiterbilden, daß er in die Lage versetzt wurde, eine höhere Qualifikationsstufe zu erlangen. * die Belegschaft durch Kurse qualifizieren; er hatte sich vom Arbeiter zum Meister qualifiziert; sich zum ↑ Oberstufenlehrer, Ingenieur qualifizieren; sie hat sich durch ein Fernstudium qualifiziert. Dazu auch: Qualifizierung /vorw. Sg./; S.: qualifizieren, Qualifizierung
qualifizieren Scherzhaft für ↑ qualifizieren.
Qualifizierungs- Bestimmungswort, das sich in Zusammensetzungen mit Substantiven auf Maßnahmen, die im Zusammenhang mit der Qualifizierung der Arbeitnehmer standen, bezog. Gebräuchlich waren Zusammensetzungen wie: ↑ -gespräch, -lehrgang, -maßnahmen, ↑ -plan, ↑ -vertrag
Qualifizierungsgespräch Gespräch zwischen Betriebs- bzw. ↑ Kaderleitung und dem Mitarbeiter über eine mögliche Erhöhung seiner Qualifikation.
Qualifizierungsplan ↑ Plan, in dem der zeitliche Ablauf für die Weiterbildung eines Mitarbeiters genau festgelegt wurde.
Qualifizierungsvertrag Arbeitsrechtlich bindender Vertrag zwischen Mitarbeiter und Betrieb, in dem die Rechte und Pflichten (z. B. Kostenverteilung, Freistellung von der Arbeit, Bereitstellung von Büchern) im Zusammenhang mit der vorgesehenen Weiterbildung eines Mitarbeiters fixiert wurden.
qualitative Kennziffer ↑ Kennziffer
Qualitäts- Bestimmungswort, das sich in Zusammensetzungen mit Substantiven auf die Eigenschaften oder Beschaffenheit eines Produktes bezog. Darin eingeschlossen war die Aussage, daß ein Produkt größtmöglichen Anforderungen, die man nach dem üblichen Verwendungszweck erwarten muß, gerecht wird. Gebräuchlich waren Zusammensetzungen wie: -arbeit, ↑ -kennziffer, ↑ -konferenz, -norm, -steigerung, ↑ -wettbewerb
Qualitätskennziffer ↑ Kennziffer, mit deren Hilfe die Qualität bestimmter Arbeitsergebnisse bewertet wurde und bei deren Erreichen ein Anspruch auf Lohnzuschläge entstand. Die Kriterien für die Festlegung solcher Kennziffern waren in staatlichen Standards allgemein genannt und wurden für eine konkrete Arbeitsleistung durch das jeweilige Un-

ternehmen in Abstimmung mit der zuständigen Gewerkschaftsleitung bestimmt.

Qualitätskonferenz Veranstaltung in Großbetrieben, auf der bei den Mitarbeitern ein verstärktes Problembewußtsein für die Notwendigkeit der ↑ Produktion von qualitätsgerechten Erzeugnissen geweckt werden sollte. Versucht wurde dies, indem die Referenten ihre positiven Erfahrungen bei der Einhaltung und Erhöhung der Produktionsqualität darlegten. Da aber auf solchen Konferenzen die wirklichen Ursachen mangelhafter ↑ Produktion (z. B. fehlendes Material, überalterte Maschinen) nicht angesprochen wurden, um ↑ Partei und Regierung nicht zu kritisieren, waren diese Veranstaltungen wenig wirksam.

Qualitätswettbewerb Teil des ↑ sozialistischen Wettbewerbs in produzierenden Bereichen, der sich v. a. auf Einhaltung und Erreichen von Qualitätsmerkmalen der hergestellten Erzeugnisse bezog.

quantitative Kennziffer ↑ Kennziffer

R

R-Klasse /Kurzf. für Russisch-Klasse/ Klasse mit erweitertem Russisch-Unterricht. Es gab sie als besondere Klasse an einer Schule des ↑ Kreises bzw. in Großstädten an speziellen Russisch-Schulen. Bereits im zweiten Schuljahr wurden Kinder mit besonderer Leistungsfähigkeit ausgewählt, sie erhielten in den R-Klassen schon ab dem dritten Unterrichtsjahr Russisch-Unterricht, der als Hauptfach mit großer Stundenanzahl bis zum Schulabschluß weitergeführt wurde. Englisch als zweite Fremdsprache war ab der siebenten Klasse obligatorisch, ab Klasse neun konnte freiwillig eine dritte Fremdsprache erlernt werden. Leistungsniveau und Lernatmosphäre dieser Klassen waren überdurchschnittlich gut. Deshalb bemühten sich viele Eltern, ihren Kindern die Aufnahme in eine solche Klasse zu ermöglichen. Vgl. auch: Spezialklasse

rabotten /aus dem Russ. mit eingedeutschtem Flexionssuffix/ Umgangssprachlich für vorwiegend körperliche Arbeiten, die mit vollem Einsatz und ganz konzentriert durchgeführt wurden. * wir haben am Sonnabend mächtig rabottet

Rahmbutter Handelsbezeichnung für die einzige auf dem Markt erhältliche Buttersorte mit sehr niedrigem Fett- und Kaloriengehalt. Sie wurde wegen ihres günstigen Preises, ihres guten Geschmacks, aber auch wegen der praktischen Verpackung in dünnen Plastschalen sehr gern gekauft.

Rahmenkollektivvertrag /Kurzf.: RKV/ Tarif-Vereinbarung zwischen einem Ministerium und einer ↑ Gewerkschaft, die die Löhne und Gehälter, die Lohnzuschläge sowie weitere Bedingungen der Arbeitsverhältnisse eines Wirtschaftszweiges regelte. Sie enthielt u. a. auch Mindestvorschrif-

ten zur Pausen- und Urlaubsgewährung, zu Kündigungsfristen und ↑ Treueprämien. Der für den Wirtschaftszweig oder für eine bestimmte Berufsgruppe (z. B. Angestellte in der Datenverarbeitung) geltende Rahmenkollektivvertrag hatte Gesetzeskraft, wurde veröffentlicht und in einem zentralen Register dokumentiert.

Rat /Kurzf. für Rat des Bezirkes, Rat des Kreises, Rat des Stadtbezirks, Rat der Gemeinde/ Örtliche staatliche Verwaltung, die dem übergeordneten Rat (bzw. der Regierung) oder der ↑ örtlichen Volksvertretung verantwortlich war. Die Räte waren für die Mehrheit der staatlichen Verwaltungsdienststellen zuständig, ihnen unterstanden auch kommunale Dienstleistungs- bzw. Produktionsbetriebe. Allerdings verfügten sie über keinerlei ↑ bewaffnete Organe, diese waren besonderen zentralen ↑ Staatsorganen zugeordnet. Die Mitarbeiter der Räte wurden einerseits mit den Sorgen, Nöten und dem Ärger der Bevölkerung über eine unzureichende Infrastruktur und mangelhafte staatliche Leistungen konfrontiert, andererseits standen ihnen staatlicherseits keine ausreichenden Mittel zur Verfügung, um dieser Misere abzuhelfen. Gute Führungskräfte versuchten deshalb, ↑ Funktionen in den Räten nicht übernehmen zu müssen. In einigen Bereichen der Räte, v. a. im Wohnungswesen, traten nicht selten Korruptionsfälle auf.

Rat, gesellschaftlicher ↑ gesellschaftlicher Rat

Rat, pädagogischer ↑ Pädagogischer Rat

Rat für gegenseitige Wirtschaftshilfe ↑ RGW

Ratio- /Kurzf. für Rationalisierungs-/ Modewort, das in Zusammensetzungen mit Substantiven die bessere, zweckmäßigere Gestaltung von Arbeitsabläufen oder Produkten kennzeichnen sollte. Mit der zunehmenden Verknappung der Investitionsmittel war das zeitweilig die einzige Hoffnung der DDR-Wirtschaftspolitiker zur Verbesserung der wirtschaftlichen Leistungskraft. Gebräuchlich waren Zusammensetzungen wie: ↑ -büro, ↑ -mittel, ↑ -mittelbau

Ratiobüro Dienststelle des örtlichen ↑ Rates mit der Aufgabe, die ↑ Rationalisierung in den ortsansässigen ↑ volkseigenen oder genossenschaftlichen Klein- und Mittelbetrieben zu fördern. In den Vorräumen und den Gängen der Ratiobüros befanden sich ständige Ausstellungen (Vitrinen oder Schautafeln), die auf verfügbare ↑ Rationalisierungsmittel hinwiesen. Die Ratiobüros organisierten gelegentlich selbst Ausstellungen und übernahmen für kreisgeleitete kleinere Betriebe auch die Teilnahme an solchen. Außerdem vermittelte das Ratiobüro Ingenieurleistungen, die v. a. zur Verbesserung der Arbeitsabläufe beitragen sollten. In der Praxis wurden diese Angebote den sehr unterschiedlichen Arbeitsbedingungen der einzelnen Betriebe nie gerecht. Die Mitarbeiter der Ratiobüros mußten einen großen Teil ihrer Arbeitszeit darauf verwenden, die von der ↑ Partei gewünschten Erfolge der Rationalisierung in Statistiken nach oben zu melden.

Ratiomittel /o. Pl./ ↑ Rationalisierungsmittel

Ratiomittelbau ↑ Rationalisierungsmittelbau

Rationalisierung, sozialistische ↑ sozialistische Rationalisierung

Rationalisierungsmittel /Pl./ Werkzeuge, Vorrichtungen oder kleine Maschinen, die einen ganz bestimmten Produktionsvorgang in einem Betrieb zumeist durch Teilmechanisierung verbessern sollten. Weil spezia-

lisierte Entwicklungs- und Produktionsbetriebe für diese Aufgabe kaum vorhanden waren, mußten Rationalisierungsmittel in den jeweiligen Betrieben selbst produziert werden. Da sich die DDR-Wirtschaftsführung von den Rationalisierungsmitteln wesentliche Impulse und großen Nutzen für die Wirtschaft versprach, wurden die Betriebe durch willkürlich festgelegte Planauflagen gezwungen, eine bestimmte Anzahl dieser Rationalisierungsmittel neben ihrer eigentlichen ↑ Produktion herzustellen.

Rationalisierungsmittelbau /o. Pl./ Abteilung in einem Unternehmen, die Werkzeuge, Vorrichtungen oder Maschinen zur Verbesserung der betrieblichen Fertigungsabläufe herstellen sollte. Die oftmals mit guten ↑ Facharbeitern und findigen Ingenieuren besetzten Abteilungen mußten jedoch in handwerklicher ↑ Produktion die Lücken in der Belieferung mit Ersatzteilen und Baugruppen schließen, hatten deshalb kaum Kapazitäten für ihre eigentliche Aufgabe. Als die SED-Führung von allen Betrieben die ↑ Produktion von Verbrauchsgütern verlangte, wurden oftmals nur noch ↑ Konsumgüter wie z. B. Hollywoodschaukeln oder Gartengrills statt der fehlenden ↑ Rationalisierungsmittel produziert.

Rauhfasertapete Entsprechend strukturierte Tapete, die nach dem (farbigen) Überstreichen Wände wie Rauhputz aussehen ließ. Da die Nachfrage größer als die Produktionskapazität war und so der Bedarf nicht abgedeckt werden konnte, eignete sie sich auch hervorragend als Tauschobjekt.

rauhfutterverzehrende Großvieheinheit /Kurzf.: RVE/ Wortverbindung, die nichts weiter als 'Kuh' bedeutete und die ein hervorragendes Beispiel für sprachliche Entgleisungen der DDR-Bürokratie abgab. Allerdings drang sie nie in die Allgemeinsprache ein, sondern fristete nur in offiziellen Statistiken ihr Dasein. Eine Großvieheinheit entsprach 5 000 kg Lebendmasse, d. h. die Nutztiere wurden nicht zahlen- sondern gewichtsmäßig erfaßt.

-raumwohnung Grundwort, das sich in Zusammensetzungen mit Ein-, Zwei-, Drei- usw. auf die Wohnungsgröße hinsichtlich der Anzahl der Zimmer (unabhängig von deren Größe) bezog. Vgl. auch: Dreiraumwohnung

real-existierender Sozialismus *auch* **realer Sozialismus** In den achtziger Jahren von der ↑ SED geprägte Wortverbindung, mit der gegen andere, nur theoretisch existierende Sozialismusmodelle, besonders das des demokratischen Sozialismus, Front gemacht wurde. Das in der ↑ DDR immer deutlicher zutage tretende Mißverhältnis zwischen Anspruch und Wirklichkeit sollte dabei als vorübergehendes Problem erklärt werden, das durch die ↑ sozialistischen Errungenschaften ohnehin bereits ausgeglichen sei.

Realismus, sozialistischer ↑ sozialistischer Realismus

Rechnungsführung und Statistik /o. Pl./ Verkürzende Zusammenfassung von Rechnungsführung und Finanzkontrolle (Prinzip der sozialistischen Wirtschaftsführung) und Statistik (Instrument staatlicher Lenkung und Kontrolle). Rechnungsführung und Finanzkontrolle standen für den Versuch, durch ein der kaufmännischen Bilanzierung vergleichbares Verfahren die wirtschaftlichen Abläufe transparent zu machen, Fehler zu erkennen und Pflichtverletzungen aufzudecken. Die Statistik erwies sich dabei als wichtiges Instrument, deshalb wurde sie (trotz anderer Wirkungsweise) mit dem Begriff Rechnungsführung verbunden. Durch die Statistik sollten v. a. die Planungsprozesse verbessert werden. Rechnungsführung und Statistik blieben aber weitgehend wirkungslos, weil deren strikte Durchführung auch wirtschaftliche und personelle Konsequenzen, gerade gegenüber der subjektivistisch entscheidenden Wirtschaftsführung, erfordert hätte.

Recht auf Arbeit In der Verfassung der ↑ DDR verankerter Anspruch jedes Bürgers auf einen Arbeitsplatz, dessen freie Wahl allerdings von den (O-Ton:) ʼgesellschaftlichen Erfordernissenʼ abhängig gemacht wurde. Da wegen der vor allem durch Rohstoffknappheit, veraltete Technologie und maschinelle Ausrüstung bedingten niedrigen Produktivität der Gesamtwirtschaft sowie des hohen Personalbedarfs der staatlichen Bürokratie genügend Arbeit vorhanden war, fiel die Umsetzung dieses Prinzips auf einer niedrigen Lohnbasis nicht allzu schwer. Problematisch wurde die Realisierung dieses Anspruches v. a. dort, wo aus politischen Gründen (z. B. Schaffung von Arbeitsplätzen für Offiziersfrauen in nichtindustrialisierten Regionen) oder für gesellschaftliche Randgruppen (Behinderte, Wiedereingliederung Straffälliger) Arbeitsplätze benötigt wurden. In den letzten Jahren der DDR gab es auch zunehmend verdeckte Arbeitslosigkeit. Dem Recht auf Arbeit stand die Pflicht zur ↑ gesellschaftlich nützlichen Arbeit gegenüber.

Rechtsanwaltskollegium In jedem ↑ Bezirk bestehende genossenschaftsähnliche Vereinigung von Rechtsanwälten, die deren Tätigkeit organisierte, Räume und Personal bereitstellte, Honorare einnahm und Abrechnungsaufgaben erledigte. Seit Gründung der ↑ DDR wurden keine Einzelanwälte mehr zugelassen (politisch motivierte Ausnahmen bildeten die Rechtsanwälte F. Kaul und W. Vogel), vielmehr bestimmte ein Gesetz, daß nur noch Rechtsanwälte der Kollegien tätig werden konnten. Zugang zur Rechtsanwaltschaft sowie Verbleib im Kollegium waren wesentlich von der politischen Anpassungsfähigkeit der Anwälte abhängig. Insgesamt gab es in der

DDR weniger als tausend Rechtsanwälte, die gegenüber den bei der staatlichen Justiz oder bei den ↑ volkseigenen Betrieben angestellten Juristen ein erheblich höheres Einkommen erzielten.

Referateorgan Periodisch erscheinende Zeitschrift, in der auf bestimmten Fachgebieten veröffentlichte wissenschaftliche Beiträge referiert wurden. Für viele Wissenschaftler und wissenschaftlich Interessierte blieben diese Zeitschriften die einzige Informationsquelle über neue Veröffentlichungen des nichtsozialistischen Auslands, weil wegen der Devisenknappheit und der staatlich gewünschten Beschränkung des Zugangs zu westlichen Publikationen die wenigen importierten Exemplare nur mit besonderen Genehmigungen gelesen werden konnten.

Regan Handelsname der ↑ DDR für aus regenerierter Zellulose über das Zwischenprodukt Viskose hergestellte Chemiefasern und -seiden.

Regelleistungspreis Staatlich festgesetzter Preis für bestimmte Dienstleistungen, besonders im Handwerk.

Regierungskrankenhaus Berliner Krankenhaus, in dem ausschließlich höhere ↑ Funktionäre und ihre Angehörigen betreut wurden.

Reisebüro der DDR Monopolunternehmen, das zunächst unter dem Namen 'DER-Deutsches Reisebüro' und nach verlorenen internationalen Markenstreitigkeiten mit dem gleichnamigen westdeutschen Unternehmen unter der neuen Firmierung 'Reisebüro der DDR' Ferienreisen verkaufte. Neben dem Reisebüro der DDR waren nur noch der ↑ Feriendienst der Gewerkschaften und das Reisebüro ↑ Jugendtourist der ↑ FDJ mit dem Verkauf bzw. der Vergabe von Ferienreisen beschäftigt. Jährlich gab es außer einigen ↑ Inlandsreisen ausschließlich Gruppenreisen in das sozialistische Ausland zu staatlich festgesetzten außerordentlich hohen Preisen.

reisefähiges Alter Vom Volke geprägte Bezeichnung für Rentenalter, da man von da ab in den ↑ Westen fahren konnte. Vgl. auch: reisen

Reisekader ↑ Funktionär, Künstler, Wissenschaftler, Sportler oder Mitarbeiter in der ↑ volkseigenen Wirtschaft, dem Dienstreisen ins Ausland übertragen wurden. Um Reisekader für nichtsozialistische Staaten (↑ NSW) zu werden, war − neben familiären Bindungen (d. h. man mußte verheiratet sein und/oder ein Kind haben − eine positive Bewertung der (O-Ton:) 'politischen Zuverlässigkeit' durch den Vorgesetzten und die staatlichen Sicherheitsorgane Voraussetzung.

reisen Unter den Bedingungen der ↑ DDR bedeutete reisen, als jüngerer, arbeitsfähiger Mensch eine Genehmigung für eine Reise in den ↑ Westen zu erhalten, auch ohne ↑ Reisekader zu sein. Offiziell war dafür zwar 'nur' der Nachweis genau definierter verwandtschaftlicher Beziehungen und entsprechender (O-Ton:) 'reisewürdiger Gründe' (z. B. ein hoher Geburtstag, eine Beerdigung oder Hochzeit) erforderlich, tatsächlich aber war das Genehmigungsverfahren willkürlich und diente dazu, Wohlverhalten zu belohnen.
* ich kann, darf jetzt reisen

Reisestelle In Ministerien und ↑ Kombinaten eingerichtete Abteilung, die für die Prüfung der Dokumente der Mitarbeiter bei Auslandsreisen sowie für die Aufbewahrung der Dienstpässe zwischen den Auslandsreisen zuständig war. Die Reisestellen fungierten als verlängerter Arm der Sicherheitsorgane auf diesem Gebiet.

Reko- /Kurzf. für Rekonstruktion/ Bestimmungswort, das sich in Zusammensetzungen mit Substantiven umgangssprachlich auf die Sanierung und Modernisierung von Altbauwohnungen bezog. Gebräuchlich waren Zusammensetzungen wie: -arbeiten /Pl./, -bau, -baustelle, -maßnahme, ↑ -wohnung

Rekonstruktion Sanierung und Modernisierung älterer Bausubstanz und industrieller Anlagen.

Rekowohnung Umgangssprachlich für Altbauwohnung, die durch Sanierung und Modernisierung komfortabler wurde und deshalb bei Mietern sehr gefragt war.

Rennpappe Vom Volke geprägte Bezeichnung für ↑ Trabant.

Rentner- Bestimmungswort, das in Zusammensetzung mit Substantiven etwas bezeichnete, das von Rentnern oder für Rentner organisiert, veranstaltet wurde. Gebräuchlich waren Zusammensetzungen wie: ↑ -brigade, -disko, -klub, -nachmittag, ↑ -schwimmen

Rentnerbrigade Umgangssprachlich für eine Gruppe von nicht mehr berufstätigen, handwerklich begabten Rentnern, die kleinere Reparaturen in Wohnungen ausführten und nach ↑ Regelleistungspreisen bezahlt wurden. Diese ↑ Brigaden sollten v. a. helfen, den starken Mangel an Handwerkern zu kompensieren.

Rentnerschwimmen Zeitraum, in dem eine Schwimmhalle ausschließlich für Menschen im Rentenalter reserviert war. * montags ist immer Rentnerschwimmen

Reparaturschnelldienst ↑ Havariedienst

Reparaturstützpunkt Dienststelle der ↑ KWV mit der Aufgabe, dem Mieter einer ↑ KWV-Wohnung angesichts fehlender Bauhandwerker die Möglichkeit zu geben, selbst etwas für deren Instandsetzung zu tun. Dafür stellte man kostenlos Material zur Renovierung und Instandsetzung der Wohnung zur Verfügung. Der Mieter konnte auch die für die Arbeiten erforderlichen Werkzeuge ausleihen.

Republik /Kurzf. für Deutsche Demokratische Republik/ Offiziell, v. a. in der ↑ Propaganda als (O-Ton:) ʹunsere Republik, die ganze Republikʹ gebrauchte Verbindungen, die so viel bedeuteten wie alle DDR-Bürger. Im nichtoffiziellen Sprachgebrauch bezeichnete man damit das außerhalb Berlins liegende Gebiet der ↑ DDR und deren Bewohner. Da dieses Gebiet gegenüber der ↑ Hauptstadt in vielen Dingen vernachlässigt wurde (z. B. mit der Versorgung von Obst, Fleisch) bzw. für die Metropole Arbeitskräfte und Material (z. B. für den Wohnungsbau, Altbausanierung) gesondert bereitstellen mußte, wurde Republik je nach Interessenlage von den Berlinern oder Nichtberlinern mit abschätzigem oder resignierendem Unterton gebraucht. * in der Republik gibt es keine Bananen

Republik- Bestimmungswort, das sich in Zusammensetzungen mit Substantiven in offiziellen Texten auf die ↑ DDR bezog. Gebräuchlich waren Zusammensetzungen wie: ↑ -flucht, -flüchtling, ↑ -geburtstag, ↑ maßstab; dazu Adjektive wie: -weit

Republikflucht Bezeichnung für das illegale Verlassen der ↑ DDR, das als Verbrechen verfolgt und mit hohen Gefängnisstrafen geahndet wurde.

Republikgeburtstag ↑ Tag der Republik

im **Republikmaßstab** Etwas innerhalb der ganzen ↑ DDR Geltendes bzw. Anwendbares. In Ermangelung anderer, nicht erwünschter Vergleichsmöglichkeiten wurde die DDR zum Maßstab aller Dinge gemacht. * die Neuerermethode wird nun im Republikmaßstab angewandt; der Chor gehört zu den besten im Republikmaßstab

Reservefonds ↑ Fonds

Reservekader ↑ Kader

Reservistenkollektiv Vornehmlich in größeren Betrieben, in ↑ staatlichen Organen sowie in ↑ Wohnbezirken oder Gemeinden gebildete Gruppe ehemaliger Angehöriger der ↑NVA. Die Reservistenkollektive sollten den Zusammenhalt und die militärpolitischen Kenntnisse der als Reserve der NVA für den Bedarfsfall (z. B. Verteidigungsfall) angesehenen ehemaligen NVA-Angehörigen fördern und im Zivilleben die Verteidigungsbereitschaft unterstützen, z. B. bei der Anwerbung von Soldaten auf Zeit oder Offiziersschülern. Die Reservistenkollektive erhielten Finanzmittel für politische und gesellige Veranstaltungen (militärpolitische Foren, Reservistenbälle), Referenten der NVA stellten sich ihnen zur Verfügung, sie konnten Räume der NVA und der Betriebe kostenlos nutzen. Aktive Mitglieder in diesen Kollektiven waren aber fast nur ehemalige Berufs- und Unteroffiziere, die auf diesem Wege eine von den Wehrpflichtigen abgehobene Kameradschaft pflegten.

Revisionskommission Wahlgremium zur Kontrolle der Parteiarbeit sowie der Überprüfung der Finanzwirtschaft und der Kassenführung von Parteiorganen. Es gab die 'Zentrale Revisionskommission', die auf den ↑ Parteitagen der SED gewählt wurde, sowie die durch Delegiertenkonferenzen gewählten Revisionskommissionen der ↑ SED auf Bezirks-, Kreis- und Stadtebene. Aufgabe der Revisionskommissionen war die Prüfung der Arbeit der Parteiorgane, die Kontrolle besonders der von Parteimitgliedern eingereichten ↑ Eingaben sowie die Überprüfung einer ordnungsgemäßen Kassenführung. In der Praxis war der Einfluß dieser Gremien nicht sehr groß. Er reduzierte sich auf die quantitative Auswertung der aus den eigenen Parteireihen und der Bevölkerung kommenden Eingaben und auf das Überprüfen von finanztechnischen Vorgängen. Auch innerhalb der bestehenden ↑ Massenorganisationen und der ↑ Gewerkschaft wurde ein solches Gremium gewählt, das aber in erster Linie damit beauftragt war, die Verwendung finanzieller Mittel zu überprüfen.

Revolution, sozialistische ↑ sozialistische Revolution

Revolution, wissenschaftlich-technische ↑ wissenschaftlich-technische Revolution

revolutionärer Weltprozeß Nach SED-Verständnis der mit der Oktoberrevolution in Rußland 1917 eingeleitete Prozeß des weltweiten Übergangs vom ↑ Kapitalismus zum ↑ Sozialismus.

RGW /Kurzf. für Rat für gegenseitige Wirtschaftshilfe/ 1949 in Moskau als Gegengewicht zur Europäischen Wirtschaftsgemeinschaft gegründete Institution, die in den westlichen Ländern unter dem Namen COMECON bekannt war. Mitglieder waren die Sowjetunion, die ↑ DDR, die ČSSR, Polen, Ungarn, Rumänien, Bulgarien, die Mongolei, Kuba und Vietnam. Innerhalb des RGW sollte die wirtschaftliche Entwicklung der Mitgliedsstaaten koordiniert und schrittweise in einen gemeinsamen Wirtschaftsraum überführt werden. Zu diesem Zwecke wurde der zwischenstaatliche Handel jährlich in Regierungsabkommen festgelegt, nach einheitlichen Regeln (ALB/ RGW) und in einer gemeinsamen Währung (↑ Transfer-Rubel) über eine gemeinsame Bank (IBWZ) abgewickelt. Durch Spezialisierungsabkommen sollte die Produktion bestimmter Waren in einem Mitgliedsland konzentriert und damit für alle wirtschaftlicher werden. Durch die erheblichen Unterschiede in der wirtschaftlichen Leistungskraft und der Wirtschaftspolitik sowie Differenzen über den Handel mit westlichen Staaten, aber auch durch die starke Bürokratisierung des RGW-Apparates wurden die Ziele des RGW nicht erreicht, in vielen Fällen (z. B. bei der Produktionsverlagerung) den nationalen Wirtschaften sogar dauerhafte Schäden zugefügt.

RGW-Komplexprogramm 1971 verabschiedetes langfristiges Programm, das eine effektivere Zusammenarbeit zwischen den RGW-Staaten zum Ziel hatte.

Riasente In der ↑ Propaganda der fünfziger und sechziger Jahre für Meldungen des Westberliner Senders RIAS, die nicht den Wünschen der SED-Führung entsprachen. Solche mißliebigen Informationen wurden als Un- oder Halbwahrheiten diffamiert, deren ausschließliches Ziel die Schädigung der ↑ DDR sei. In der Bevölkerung genoß der RIAS dennoch hohes Ansehen und Glaubwürdigkeit.

Rinderoffenstall Auf Beschluß der SED-Parteiführung gegen den Widerstand der Bauern in der ganzen ↑ DDR nach dem Vorbild einiger sowjetischer Regionen gebauter offener Rinderstall. Da die im Vergleich zum Süden der Sowjetunion ungünstigeren klimatischen Verhältnisse in der DDR nicht berücksichtigt wurden, erkrankten viele Tiere, bei strengem Frost erfroren sie reihenweise. Diese Aktion wurde zum Inbegriff verfehlter Wirtschaftspolitik infolge der blinden Bereitschaft von SED-Funktionären, sowjetische Praktiken zu übernehmen.

RKV ↑ Rahmenkollektivvertrag

Robinson-Crusoe-Methode ↑ Passowmethode

Robotron Zentralgeleitetes ↑ Kombinat aus dem Bereich des Ministeriums für Elektotechnik und Elektronik, dem die Entwicklung und Herstellung von Anlagen der elektronischen Datenverarbeitung und technischen Artikeln (z. B. elektrische Schreibmaschinen) sowie der dazugehörigen Software oblag. Da die ↑ DDR alle Entwicklungen des Weltmarktes aus eigener Kraft zu vollziehen versuchte, geriet das Kombinat Robotron trotz relativ guter Mittelausstattung schnell in die Situation des ständigen Nachlaufens, v. a. hinter der Entwicklung in den USA und Japan. Bei dem Versuch, die gesamte Breite der DV-Technik zu beherrschen, wurde von der übrigen Wirtschaft viel hochqualifiziertes Personal abgezogen, ohne den vorhandenen technologischen Rückstand ausgleichen zu können.
W.: Frage an japanische Industrielle, was ihnen in der DDR am besten ge-

fallen habe. Antwort: „Die Museen – Pergamon und Robotron."

Rostquietsch /o. Art./ Umgangssprachlich spöttisch für einen PKW sowjetischer Bauart vom Typ 'Moskwitsch'.

rote Socke Spöttisch, aber weit weniger negativ gebraucht als nach der Wende, für ↑ Funktionäre oder Mitglieder der ↑ SED, die keiner Kritik zugänglich waren.

rote Woche Umgangssprachlich für die erste Woche im neuen ↑ Studienjahr, in der Organisatorisches geregelt wurde und besonders viele politische Veranstaltungen stattfanden.

Roter Oktober Offiziell, pathetisch für die Russische Oktoberrevolution von 1917.

Rotlichtbestrahlung Spöttisch für die politische ↑ Propaganda bei einer Partei-, Gewerkschaftsversammlung oder einer Schulung innerhalb der ↑ NVA.

Rowdytum In der ↑ DDR offizieller Straftatbestand bei der Störung von ↑ Ordnung und Sicherheit durch meist gemeinschaftlich begangene Beschädigung von ↑ Volkseigentum oder Belästigungen von Personen durch Gewalttätigkeiten.

sich eine, keine **Rübe** machen /Phras./ ↑ sich eine, keine **Platte** machen

rübermachen Umgangssprachlich, besonders sächsisch, für aus der ↑ DDR in die Bundesrepublik ↑ ausreisen oder flüchten.

Rückgewinnungsgespräch Offiziell gebraucht für ein Gespräch, das ein staatlich Beauftragter ↑ Genosse mit einem DDR-Bürger führte, um ihn zur Rücknahme eines ↑ Ausreiseantrages zu bewegen.

Rundgelutschter Vom Volke geprägte Bezeichnung für ↑ Trabant.

Rundtischgespräch Öffentliche Diskussionsrunde mit propagandistischer, z. T. auch populärwissenschaftlicher Zielstellung.

Russisch-Klasse ↑ R-Klasse

RVE ↑ rauhfutterverzehrende Großvieheinheit

S

Sache Von der ↑ SED und den von ihr gesteuerten Massenmedien verwendete Bezeichnung für das gesellschaftliche Anliegen, den Interessen der ↑ Arbeiterklasse zu dienen und den ↑ Sozialismus aufzubauen. * im Dienste der Sache; der Sache dienen; die Sache der Arbeiterklasse, des Sozialismus; sich in den Dienst der Sache stellen

Saisonkrippe Betreuungseinrichtung für Kleinkinder von Müttern, die in der Landwirtschaft arbeiteten. In diesen Krippen wurden die Betreuungs- den verlängerten Arbeitszeiten während der Saison, d. h. während der Frühjahrsbestellung und der Ernte angepaßt. Dies ermöglichte den betroffenen Müttern eine volle Berufstätigkeit, einschließlich notwendiger Überstunden auch außerhalb des Wohnortes.

Sanitätsrat Vom Staat verliehener Ehrentitel für Ärzte und Zahnärzte mit langjährigen Verdiensten in der ambulanten Betreuung.

Sankt Walter /o. Art./ Vom Volk geprägte Bezeichnung für den unter Walter Ulbricht erbauten, 1969 fertiggestellten ↑ Berliner Fernsehturm, auf dessen metallisch glänzender Kugel bei Sonneneinstrahlung deutlich ein Kreuz zu sehen ist.

Sättigungsbeilage Sammelbezeichnung für die in Gaststätten zu Fleischgerichten gereichten Kartoffeln, Reis, Nudeln, wenn bei Druck der Speisekarte nicht absehbar war, was zur Verfügung stehen würde. Dem Gast blieb der Überraschungseffekt und dem Küchenchef die Möglichkeit, bei mangelhaftem Angebot zu variieren, ohne die Karte neu schreiben zu müssen.

Sauerkrautplatte In der Bauwirtschaft zur Wärmeisolierung besonders von Wänden verwendete etwa vier Zenti-meter dicke Platte, die aus einem Gemisch von Zement und wie Sauerkraut aussehenden Holzfasern bestand und in der Regel verputzt wurde.

-schaffende Im offiziellen Sprachgebrauch zweiter Bestandteil von Wortbildungskonstruktionen, der sich in Zusammensetzungen mit Substantiven auf einen Angehörigen einer meist künstlerisch tätigen Berufsgruppe bezog. Eine solche Bezeichnung signalisierte Wohlwollen von ↑ Partei und Staat. Der jeweils erste Bestandteil bestimmt die Berufsgruppe näher. Die inflationäre Bildung solcher Berufsgruppenbezeichnungen, aber auch die gelegentliche Verwendung für Berufsgruppen, die nicht ↑ schöpferisch tätig waren (z. B. Bauschaffende), verursachte unfreiwillig komische Effekte. Gebräuchlich waren Zusammensetzungen wie: Bau-, Buch-, Beat-, Fernseh-, Film-, Geistes-, Kultur-, Kunst-, Theater-

Schallplattenunterhalter Von der Jugend der ↑ DDR kaum gebrauchte offizielle Bezeichnung für einen Diskjockey, die in dem erfolglosen Bemühen geprägt wurde, westlichen Einflüssen mit sprachlichen Mitteln entgegenzuwirken. Schallplattenunterhalter durfte sich nur nennen, wer in einer strengen Prüfung musikalische Kenntnisse und rhetorische Fertigkeiten bewiesen hatte. Die erteilte Berufslizenz berechtigte zur Ausübung dieser finanziell lukrativen Haupt- oder Nebenbeschäftigung. S.: Diskomoderator, Diskosprecher

Schaufensterwettbewerb Anläßlich bestimmter politischer Ereignisse wie ↑ Nationalfeiertag und SED-Parteitag verordneter Wettbewerb um das ansprechendste Schaufenster. Auf diesem Wege sollte ein Anreiz geschaffen werden, trotz fehlender Konkurrenz die Geschäfte hübsch zu dekorieren.

Schichtprämie ↑ Prämie

Schiedskommission 1. Mit juristischen Laien besetztes, im ↑ Wohngebiet tätiges ↑ gesellschaftliches Gericht, das kleinere Streitigkeiten zwischen den Bewohnern oder einfache strafrechtliche Vergehen, die von der Polizei oder einem staatlichen Gericht überwiesen worden waren, verhandelte und entschied. **2.** Entscheidungsorgan beim ↑ Staatlichen Vertragsgericht, das eingesetzt wurde, wenn wegen der Wichtigkeit oder Kompliziertheit eines Wirtschaftsstreites nicht ein Vertragsrichter allein, sondern gemeinsam mit sachkundigen Schiedsrichtern (einem Schöffengericht vergleichbar) zu entscheiden hatte.
Z.: „Sie ist glücklich darüber, daß man zu ihr mit seinen Sorgen kommt: zur Vorsitzenden der Schiedskommission." ND 9.7. 1970, 8

Schienenersatzverkehr Beförderung durch Omnibusse bei unterbrochenem Schienenverkehr der Fernbahn, S-Bahn, Straßenbahn.

Schirmbildstelle Staatliche Einrichtung, die die turnusmäßig vorgeschriebenen röntgenologischen Reihenuntersuchungen des Brustraumes für jeweils bestimmte Personengruppen in öffentlichen Gebäuden wie Schulen oder (besonders auf dem Land) in speziell ausgerüsteten Fahrzeugen durchführte. Schirmbildstellen wurden nach dem Krieg vorrangig zur Feststellung der damals häufigen Lungentuberkulose eingerichtet und später insb. für die Früherkennung von Lungenkrebs genutzt. Sie waren zunächst von allen Bürgern regelmäßig zu besuchen, in den siebziger und achtziger Jahren konnte dies stark eingeschränkt werden.

Schlagersüßtafel V. a. bei Kindern sehr beliebte Süßigkeit aus der ↑ Produk-

tion des VEB Rotstern Schokoladenwerk Saalfeld. Sie bestand aus einem schokoladenähnlichen Ersatzstoff mit Erdnußsplittern, den Tafeln waren Sammelbilder (Schlagerstars, Tiere der Heimat) beigelegt. Da sie ausschließlich aus Rohstoffen hergestellt wurde, die nicht gegen ↑ Devisen eingekauft werden mußten, wurde ihr Absatz auch durch einen außerordentlich geringen Preis (80 Pfennig) gefördert.

Schlange Häufig anzutreffende Ansammlung von Menschen, die v. a. vor einem Laden oder einer Gaststätte geduldig auf ihre Bedienung warteten. Vor einem Geschäft war sie ein untrügliches Anzeichen dafür, daß eine sonst nicht immer vorrätige Ware erwartet bzw. verkauft wurde. Deshalb stellten sich Passanten auch ohne genauere Informationen einfach dazu. S.: sozialistische Wartegemeinschaft
W.: Was macht der DDR-Bürger, wenn er in der Wüste eine Schlange sieht? Er stellt sich an.

Schlauchmilch ↑ Milchtüte (2)

Schlenki Regionale, vorwiegend berlinische Bezeichnung für ↑ Gelenkbus.

Schlüsseltechnologie In den achtziger Jahren von offizieller Seite ständig strapaziertes Schlagwort für Technologien (z. B. Mikroelektronik und ↑ CAD/CAM), von denen wesentliche Impulse für die wissenschaftlich-technische und ökonomische Entwicklung erwartet wurden. Durch deren Förderung und umfangreiche Investitionen hoffte die DDR-Führung, den wachsenden Produktivitätsrückstand gegenüber westlichen Ländern zu beseitigen. Weil nur wenige spezialisierte Unternehmen aufgebaut werden konnten, erhielten alle Betriebe staatliche ↑ Auflagen, Schlüsseltechnologien selbst zu entwickeln und zu nutzen. Dies führte zur Verzettelung der Kapazitäten, teilweise formaler Erfüllung vieler Aufgabenstellungen in den veralteten

Betrieben, auch der eklatante Mangel an Investitionsgütern stand einer erfolgreichen Realisierung im Wege. W.: Wieviel Leute braucht die ↑ DDR für den Aufbau einer erfolgreichen Wirtschaft? Nur fünf Mann. Die Genossen CAD und CAM für die Forschung, die Kollegen Hinz und Kunz zum Arbeiten und den Pförtner für die Schlüsseltechnologie.

Schnelle Medizinische Hilfe /Kurzf.: SMH/ Über eine Notrufzentrale jederzeit erreichbarer medizinischer Dienst für Erste Hilfe bei Unfällen, für dringende Hausbesuche und Einweisungen ins Krankenhaus bzw. den Transport dorthin. Er verfügte über Krankenwagen mit Sondersignal.

Schnitz Spöttisch gebrauchtes, den Namen des Chefkommentators des DDR-Fernsehens Karl-Eduard von Schnitzler verkürzendes Wort. Dessen Sendung ↑ „Der Schwarze Kanal" folgte im Montagabendprogramm einem dort regelmäßig ausgestrahlten alten deutschen Spielfilm. Die große Masse der Zuschauer schaltete aus oder um, wenn der „Schwarze Kanal" begann. Die Sendung war deshalb so unbeliebt, weil Originalausschnitte von Sendungen der ARD und des ZDF sinnentstellend montiert und mit unsachlicher Polemik kommentiert wurden. Vgl. auch: Sudel-Ede
W.: Was ist ein Schnitz? Das ist die Zeiteinheit vom Auftauchen eines bestimmten Kopfes auf dem Bildschirm bis zum Ausschalten des Fernsehers.

Schobi Vor allem in Fachkreisen bekannter Name für einen Ersatzstoff, die sog. **Scho**koerbse aus **Bi**ttkau (bei Genthin). Wegen der chronischen Devisenknappheit, aber auch der Furcht der DDR-Führung vor Auslandsabhängigkeit, mußte die DDR-Wirtschaft eine immense Zahl von Ersatzstoffen anstelle von Import-

produkten herstellen und nutzen. Aus der Erbsensorte 'Schobi' wurde ein Ersatzstoff gewonnen, der anstelle besser geeigneter, aber zu importierender Zuschlagstoffe bei der Schokoladenherstellung verwendet wurde. Die damit angereicherte Schokolade schmeckte immer etwas sandig.

Schokoladenhohlkörper Ausschließlich in der Sprache der staatlichen Planungsbürokratie gebrauchter Oberbegriff, z. B. auch für Weihnachtsmänner oder Osterhasen aus Schokolade.

Schonarbeit Durch einen Arzt im Anschluß an eine Erkrankung oder während einer Schwangerschaft zeitweilig (maximal sechs Monate) verordnete Erleichterung der Berufstätigkeit. Dies konnte durch einen Arbeitsplatz mit geringerer körperlicher Beanspruchung oder auch durch eine verminderte Wochenarbeitszeit erfolgen. Finanzielle Nachteile entstanden dem Mitarbeiter durch die Schonarbeit nicht. Jeder Betrieb war gemäß ↑ Arbeitsgesetzbuch verpflichtet, ärztliche Anordnungen über Schonarbeit einzuhalten und erforderlichenfalls ↑ Schonplätze bereitzustellen.

Schöner unsere Städte und Gemeinden Von der ↑ Nationalen Front auf Veranlassung der ↑ SED organisierter Wettbewerb der Städte und Gemeinden. Unter der in vielen Ortschaften auf ↑ Transparenten zu lesenden Losung „Schöner unsere Städte und Gemeinden – Mach mit!" sollten die Einwohner durch freiwillige und unentgeltliche Arbeitsleistungen ihre Stadt bzw. Gemeinde verschönern. In erster Linie ging es dabei um die Vorgärten und Höfe der Wohnhäuser, daneben wurden von dem Stadtbzw. Gemeindeverwaltungen auch zentrale Objekte benannt, z. B. Parks oder öffentliche Spielplätze, für deren Pflege oder Anlage keine staatlichen Mittel oder Baukapazitäten zur

Verfügung standen. Die Resonanz in der Bevölkerung nahm mit den Jahren immer mehr ab, dennoch blieb die Zahl derer, die sich um das unmittelbare Wohnumfeld kümmerten, hoch.

Schonplatz Arbeitsplatz mit geringerer Belastung, der auf ärztliche Anordnung zur Gewährung von ↑ Schonarbeit zeitweilig vom Betrieb bereitzustellen war.

schöpferisch Im offiziellen Sprachgebrauch für die Fähigkeit von Einzelpersonen, ↑ Kollektiven oder auch der Gesamtheit der ↑ Werktätigen, einen wichtigen kreativen Beitrag zur Entwicklung des Sozialismus im Sinne der ↑ SED zu leisten. Nach Auffassung der ↑ Partei waren es erst die gesellschaftlichen Verhältnisse des ↑ Sozialismus, die Kreativität im Denken und Handeln aller Menschen unabhängig von ihrer sozialen Stellung freisetzten. Da dies in der Realität jedoch nicht funktionierte, versuchte die SED mit häufig wiederholten formelhaften Aufrufen, die (O-Ton:) ʻSchöpferkraft der Werktätigenʼ zu aktivieren. Das Adjektiv ʻschöpferischʼ trat in dieser Verwendung so häufig in stereotypen Wortverbindungen auf, das es als Bestandteil vieler offizieller Worthülsen kaum noch wahrgenommen wurde. Gebräuchlich waren * schöpferische Aktivität(en), Atmosphäre; schöpferisches Voranschreiten; schöpferischer Meinungsaustausch

Z.: „Im Gegensatz zur westdeutschen Bundesrepublik, deren staatsmonopolistisch-imperialistische Ordnung die politische, die geistig-kulturelle schöpferische Aktivität der Massen erstickt, wird in der DDR mit der weiteren Entwicklung des Wissens, der Erfahrungen und der kulturvollen Lebensweise der werktätigen Massen auch der Inhalt ihres schöpferischen Handelns reicher." Kulturpol. WB, S. 478

Schöpferkollektiv Offiziell für eine Arbeitsgruppe gebraucht, die eine künstlerische Arbeit beendet, eine Erfindung gemacht hatte. Um die ↑ führende Rolle der Arbeiterklasse in allen gesellschaftlichen Bereichen zu demonstrieren, mußten einem Schöpferkollektiv immer auch Arbeiter angehören, selbst wenn sie zu dem Ergebnis kaum beitragen konnten.

Schöpferkraft Die in besonderer Weise den Arbeitern und Bauern von der ↑ SED zugeschriebene Fähigkeit, schöpferische Leistungen in allen Bereichen zu vollbringen. * die Schöpferkraft unseres Volkes, der Werktätigen, der Arbeiter und Bauern; die Schöpferkraft ständig weiterentwikkeln

Schöpfertum Anstelle von ↑ Schöpferkraft gebraucht, wenn mit besonderem Pathos formuliert werden sollte. * Entfaltung des Schöpfertums des Volkes; Entwicklung des Schöpfertums zur Massenbewegung

schreibender Arbeiter Ein Arbeiter, der sich meist in einer Arbeitsgemeinschaft unter Anleitung eines Schriftstellers oder Journalisten schriftstellerisch betätigte. Ausgangspunkt war die 1. Bitterfelder Kulturkonferenz 1959 (↑ Bitterfelder Weg), auf der neben einer stärkeren Orientierung der Künstler auf die (O-Ton) ʻsozialistische Wirklichkeitʼ v. a. von den Arbeitern gefordert wurde, unter dem Motto „Greif zur Feder Kumpel, die sozialistische deutsche Nationalliteratur braucht dich!" ihre Arbeitswelt schreibend darzustellen. Der Ansatz, interessierte ↑ Werktätige durch entsprechende Förderung an literarische Arbeit heranzuführen, wurde durch die Einseitigkeit der Thematik und der ↑ ideologischen Ausrichtung diskreditiert. Eine spöttische Reaktion auf die ↑ Propaganda um diese Bewegung waren die Glossen um die Figur des Arbeiterschriftstellers Hans Schramm, z. B.: „Goethe, Schiller,

Schramm, das Beste, was wir ham!".

S.: Arbeiterdichter

Schriftstellerbasar Meist im Rahmen eines Volksfestes durchgeführte Veranstaltung, bei der Schriftsteller aus ihren Werken lasen, ihre Bücher signierten, verkauften und bei dieser Gelegenheit Gespräche mit ihren Lesern führten. Derartige Angebote waren bei den Lesern nicht zuletzt deshalb sehr beliebt, weil sie so Bücher erwerben konnten, die im Buchhandel kaum zu bekommen bzw. längst vergriffen waren.

Schrittmacher In der Produktionspropaganda seit den sechziger Jahren Arbeiter, Angestellter, der sich durch besonders gute Arbeitsergebnisse auszeichnete, Verbesserungsvorschläge einbrachte und stets die von der ↑ SED gewünschte politische Meinung zu haben schien.

Schrittmaß Von offizieller Seite in den achziger Jahren propagandistisch eingesetzt, um − dem Märchen von den Siebenmeilenstiefeln entsprechend − das Ausmaß der zu erwartenden wirtschaftlichen Verbesserungen unter den Bedingungen einer höheren Arbeitsproduktivität auszumalen. * das Schrittmaß, im Schrittmaß der achtziger Jahre

Schrottplan Jedem Betrieb auferlegtes Abgabesoll für Schrott, mit dem ein hoher Wiederverwertungsgrad erreicht werden sollte. Bei dessen Nichterfüllung konnten dem Betrieb erhebliche Geldstrafen auferlegt werden. Deshalb wurde in manchen Betrieben brauchbares Material als Schrott abgeliefert und im folgenden Jahr Material neu gekauft.

Schulbegehung Kontrollgang einer Kommission durch die Schule, bei dem Mißstände hinsichtlich Bausubstanz und Ausstattung aufgenommen wurden. Der Kommission gehörten Vertreter der Schulbehörde, der Eltern und des ↑ Patenbetriebes an. Weil Baukapazitäten fehlten, wurden oft über Jahre hinweg die gleichen Mängel immer wieder protokolliert.

Schule der sozialistischen Arbeit Von den Gewerkschaften in allen ↑ volkseigenen Betrieben und Institutionen durchgeführte Pflichtveranstaltung für die Gewerkschaftsmitglieder, die nicht am ↑ Parteilehrjahr der ↑ SED teilnahmen. Ziel war es, durch politische Schulung über zentral vorgegebene Themen und die Propagierung des ↑ sozialistischen Wettbewerbs Arbeitsleistung und politische Einstellung der Mitarbeiter positiv zu beeinflussen. Die Veranstaltung fand einmal im Monat nach der Arbeitszeit (für ca. 45 Minuten) im ↑ Arbeitskollektiv statt.

Schulhort ↑ Hort

Schulspeisung Einrichtung zur Versorgung der Schüler jeder Schule mit warmem Mittagessen, das entweder in der Schulküche zubereitet oder in einer zentralen Küche gekocht und in Thermophoren an die Schule geliefert wurde. Jedes Essen kostete 55 Pfenning, für kinderreiche Familien mit vier und mehr Kindern war es kostenlos. 80% der Schüler nahmen an der Schulspeisung teil, die es vielen Müttern erleichterte, ganztägig zu arbeiten.

Schulsportgemeinschaft /Kurzf.: SSG/ An einer Schule bestehender Sportverein, in dem Schüler, außerhalb des Sportunterrichts, auf dem Schulgelände unter Anleitung (meist eines Sportlehrers) Sport trieben.

Schund- und Schmutzliteratur /o. PL./ In der Propagandasprache das als staatsgefährdend geltende Schriftgut mit nationalistischem, kriegs- und gewaltverherrlichendem Inhalt, dessen Besitz und Verbreitung laut Strafgesetzbuch strafbar war. Pornographische Druckerzeugnisse waren durch andere Strafvorschriften hinsichtlich Herstellung und Verbreitung untersagt.

Schüttgutbehälter Verwaltungssprachlich für Sack.

Schutzwall, antifaschistischer ↑ antifaschistischer Schutzwall

Schwangerschaftsgeld Umgangssprachlich für den Geldbetrag, der jeder Schwangeren bzw. jungen Mutter in Höhe des letzten Gehaltes bzw. Lohnes von der ↑ Sozialversicherung gezahlt wurde und zwar seit 1972 in der Regel 26 Wochen lang (sechs Wochen vor und 20 Wochen nach der Entbindung). In den Anfangsjahren der ↑ DDR wurde das Schwangerschaftsgeld für kürzere Zeiträume gezahlt.

Schwangerschaftsunterbrechung Seit 1972 jeder Frau eingeräumtes Recht, ohne Angabe von Gründen und ohne Pflichtberatung bis einschließlich 12. Schwangerschaftswoche auf Kosten der gesetzlichen Krankenversicherung eine Unterbrechung der Schwangerschaft vornehmen zu lassen. Vgl. auch: Fristenregelung

Schwarzer Kanal Meistgehaßte Sendung im DDR-Fernsehen, weil aus willkürlich zusammengeschnittenen bundesdeutschen Fernsehsendungen vom Chefkommentator Karl-Eduard von Schnitzler ein ausschließlich düsteres Bild von der deutschen Wirklichkeit jenseits der ↑ Mauer vermittelt wurde. Durch die extrem einseitige und vom deutlichen Haß geprägte Art der Darstellung, aber auch durch das beim DDR-Bürger dadurch entstehende Gefühl, der Moderator hielte ihn für dumm, wurde diese Sendung von breiten Bevölkerungskreisen abgelehnt.

Schwarztaxi Beliebiger PKW, mit dem der Fahrer ohne staatliche Lizenz Fahrgäste gegen ein frei vereinbartes Entgelt beförderte. Das war eine für Fahrer und Fahrgast vorteilhafte Lösung, denn der Fahrer sicherte sich eine gute Nebeneinnahme und der Fahrgast mußte nicht warten, bis eines der wenigen regulären Taxis vorbeikam. Ein Schwarztaxi war daran zu erkennen, daß es an Personen(gruppen), die am Straßenrand standen, auffällig langsam vorüberfuhr, um auf ein Zeichen hin sofort anzuhalten.

Schwedter Initiative Auf Veranlassung des ↑ ZK der SED von den Gewerkschaften ins Leben gerufene Aktion, besonders in der Verwaltung durch ↑ Rationalisierung Arbeitskräfte abzubauen, um sie dann auf freien Stellen v. a. in der ↑ Produktion einzusetzen. Damit sollte DDR-weit das Problem des permanenten Arbeitskräftemangels behoben werden. Aus propagandistischen Gründen wurde die Belegschaft des Petrolchemischen Kombinats Schwedt, eines Betriebs mit großer wirtschaftlicher Bedeutung, zum Initiator der Aktion erklärt. Obwohl eine einfache Umsetzung von Verwaltungsangestellten in die ↑ Produktion nirgends realisierbar war, wurde die Schwedter Initiative in der Praxis der Planungsbürokratie zu einem Instrument, mit dem die willkürliche Streichung von Planstellen in den Betrieben begründet werden konnte.

Schwerter zu Pflugscharen Ursprünglich das vom Wittenberger Pfarrer Friedrich Schorlemmer geprägte Motto der Friedensdekade der evangelischen Kirche 1981. In der Figur eines Mannes, der ein Gewehr auf dem Amboß zu einer Pflugschar schmiedet, wurde es zum Symbol für die vom Staat unabhängige Friedensbewegung in der ↑ DDR. Besonders junge Leute trugen Aufnäher mit dem Symbol am Ärmel ihres Parkas als Ausdruck des passiven Widerstandes gegen die in den achtziger Jahren zunehmende Militarisierung der Politik innerhalb der DDR. Die ↑ Stasi verfolgte alle, die dieses Symbol trugen und versuchte es abzutrennen oder herauszuschneiden. Als Reaktion darauf trugen nicht wenige Menschen an der Stelle des Aufnähers ein neutrales helles Stück Stoff oder sie schnitten sogar ein kreisrundes Loch in den Stoff ihrer Jacken.

Schwimmstufe Einer der drei Grade, von denen jeder einzelne zum Erwerb des Schwimmabzeichens (I, II, III) führte, wenn die jeweils festgelegten Leistungsanforderungen in einer Prüfung erfüllt wurden. Die Schwimmstufe diente als Nachweis der Schwimmbefähigung besonders in der Schule, aber auch im ↑ Ferienlager und bei der ↑ NVA.

Schwindelkurs Offiziell gebrauchte, agitatorisch überspitzte Bezeichnung für den vor der Maueröffnung 1989 in der Bundesrepublik üblichen Wechselkurs zwischen der ↑ Mark der DDR und der D-Mark. Entgegen dem staatlich festgelegten Kurs von 1:1 war je nach politischer und wirtschaftlicher Situation ein Umtausch in privaten Wechselstuben im ↑ Westen oder bei illegalen Tauschgeschäften in der ↑ DDR zu Kursen von 1:3 bis 1:18 möglich und üblich. Die ↑ SED bezeichnete solche Kurse als Schwindel und begründete ihre Kursfestlegung mit der hohen Kaufkraft der DDR-Mark, für die sie als Beweis ausgewählte, hochsubventionierte Waren und die staatlich festgelegten Mieten anführte. Der staatliche Kurs konnte nur beim ↑ Mindestumtausch durchgesetzt werden.

SED /Kurzf. für Sozialistische Einheitspartei Deutschlands/ Die am 21./ 22. 4. 1946 in der sowjetischen Besatzungszone aus dem Zusammenschluß der Kommunistischen Partei Deutschlands (KPD) und der Sozialdemokratischen Partei Deutschlands (SPD) hervorgegangene marxistisch-leninistische Partei, die in der 1949 gegründeten ↑ DDR die führende Rolle im politischen System übernahm. Sie selbst bezeichnete sich als (O-Ton) 'der bewußte und organisierte Vortrupp der Arbeiterklasse und des werktätigen Volkes der sozialistischen Deutschen Demokraktischen Republik'. Eine strenge Hierarchie innerhalb der SED sollte eine disziplinierte Unterordnung unter

die einzelnen Strukturen erreichen. In ihrem Organisationsaufbau folgte die SED dem Prinzip des ↑ demokratischen Zentralismus. Das System der ↑ Parteiorganisationen entsprach der Gliederung der ↑ Territorial- und Produktionsstruktur der DDR. Es gab die ↑ Bezirksleitungen (BL), die ↑ Kreisleitungen (KL) und die Strukturen auf der untersten Ebene wie ↑ Betriebsparteiorganisationen (BPO) und ↑ Wohngebietsparteiorganisationen (WPO). Höchstes ↑ Organ der SED war der ↑ Parteitag, auf ihm wurden die Mitglieder und ↑ Kandidaten des ↑ Zentralkomitees für die Periode bis zum nächsten Parteitag gewählt. Ab 1971 trat der Parteitag alle fünf Jahre zusammen. Dem Zentralkomitee stand das ↑ Politbüro vor, das wiederum aus Mitgliedern und Kandidaten bestand und in der Regel drei Mal pro Jahr tagte. Vorsitzende, Erste ↑ Sekretäre bzw. Generalsekretäre des ZK der SED waren 1946–1954 Wilhelm Pieck und Otto Grotewohl, 1954–1971 Walter Ulbricht, 1971 bis Oktober 1989 Erich Honecker, Oktober 1989 bis Dezember 1989 Egon Krenz. Die Mitglieder der SED mußten, bevor sie Mitglied werden konnten, eine einjährige Bewährungszeit einhalten, in der sie Kandidat der Partei waren. Ein Antrag auf Kandidatur mußte gestellt, zwei SED-Mitglieder benannt werden, die für die politische Zuverlässigkeit des Kandidaten zu bürgen hatten. Diese Bürgen wurden zur Rechenschaft gezogen, wenn sich der Kandidat nicht so verhielt, wie es dem Statut der Partei, mitunter aber auch den geschriebenen und ungeschriebenen Normen (↑ sozialistische Moral), entsprach. Der zu zahlende Mitgliedsbeitrag wurde nach dem monatlichen Bruttoeinkommen des Mitglieds berechnet und erfolgte nach einer bestimmten Staffelung von 0,5% für wenig Verdienende bis zu 3% für Besserverdienende. Die SED entwickelte sich im Laufe der Zeit zu der mitgliedsstärksten Partei in der DDR. Sie schuf sich im Laufe der Jahre ein System außerparteilicher Gremien, die den Führungsanspruch der Partei im gesellschaftlichen System der DDR untermauern sollten. Dazu zählten in erster Linie die ↑ Pionierorganisation und die ↑ Freie Deutsche Jugend, die man als (O-Ton:) 'Kampfreserve der Partei' bezeichnete. Der Zusammenbruch der Machtstrukturen innerhalb der SED begann am 18. 10. 1989. An diesem Tag entband das Politbüro Erich Honecker unter dem Druck von oppositionellen Gruppen und der Unterstützung fast aller in der DDR lebenden Bürger von seiner Verantwortung als Parteichef. Bis zu seiner Abwahl im Dezember 1989 sollte Egon Krenz in dieser Funktion versuchen, den Zusammenbruch der SED aufzuhalten.

Sekretär 1. Leitender ↑ Funktionär einer Organisationseinheit der ↑ SED oder einer ↑ Massenorganisation wie der ↑ FDJ. * der Sekretär der ↑ Kreisleitung; der Erste Sekretär der ↑ Bezirksleitung der SED
2. Gewähltes Mitglied eines ↑ Rates, der für die organisatorische Vorbereitung z. B. von Stadtbezirksversammlungen, von Ratssitzungen, von Wahlen verantwortlich war. * der Sekretär des Rates des Stadtbezirks, des Kreises

Sektion Mit der Hochschulreform 1968 an den Universitäten und ↑ Hochschulen eingeführte Organisationsform, die an die Stelle der ↑ Fakultäten, Fachbereiche oder Institute trat. Sie umfaßte einen größeren Wissenschaftsbereich mit dem dort tätigen Lehrkörper, den sonstigen Angestellten sowie den Studenten und wurde von einem Sektionsdirektor geleitet, dem der Sektionsrat unterstellt war. * Sektion Kulturwissenschaft, Chemie, Germanistik

Sekundärrohstoff /vorw. Pl./ Zur industriellen Wiederaufbereitung geeignete bzw. zum großen Teil aus Altstoffen gewonnene Materialien. Die Benennung wurde in den siebziger Jahren geprägt, als immer deutlicher wurde, daß der Rohstoffverbrauch gesenkt und die vorhandenen Rohstoffe mehrfach genutzt werden müssen. Der Staat förderte zunächst v. a. die Rückführung von Altstoffen (z. B. Glas, Papier, Lumpen) durch Ausbau des Systems der ↑ Annahmestellen und günstige ↑ Aufkaufpreise. Besonders Schulklassen besserten durch spezielle Sammelaktionen ihre Klassenkasse auf, standen aber auch zunehmend unter Wettbewerbsdruck, weil jedes Kind angehalten wurde, ständig Altstoffe von zu Hause mitzubringen. Gleichzeitig erhielten alle Betriebe staatliche ↑ Planauflagen für die Rückführung einer Vielzahl von Sekundärrohstoffen (z. B. ↑ Schrottplan), deren Nichterfüllung nicht nur Ordnungsstrafen für die Betriebsleiter, sondern auch Kürzungen bei der Bereitstellung von neuen Materialien zur Folge hatten. Mitte der achtziger Jahre gewannen auch bislang unbeachtete Sekundärrohstoffe an Bedeutung, so wurden z. B. Abraumhalden des Kupferbergbaus wiederaufgearbeitet und Sekundärenergien z. B. durch Wärmepumpen genutzt.

selbständige politische Einheit Westberlin Eine der offiziellen Bennungen für den Westteil Berlins, dessen Sonderstellung in bezug auf die Bundesrepublik immer betont wurde und das auch nie − allerdings in Übereinstimmung mit dem Vierseitigen Abkommen über Berlin (1971) − als Teil der Bundesrepublik anerkannt wurde.

Selbstverpflichtung Von einer einzelnen Person, einem ↑ Kollektiv meist nicht ganz freiwillig erklärte Bereitschaft, innerhalb einer bestimmten Zeit eine bestimmte Leistung zu erbringen. Solche Erklärungen wurden v. a. den einfachen Mitgliedern der ↑ SED abverlangt, um durch deren vorbildliches Verhalten andere Mitarbeiter zu besonderen Arbeitsleistungen, z. B. im ↑ sozialistischen Wettbewerb, zu veranlassen. Das Wort wurde auch im ↑ privaten Bereich scherzhaft gebraucht.

Selbstzensur ↑ freiwillige Selbstkontrolle (1)

Seminargruppe Einer Schulklasse ähnliche Gruppe von Studenten einer Fachrichtung und eines ↑ Studienjahres an einer Universität, ↑ Hoch- oder Fachschule. Die Seminargruppen wurden zu Beginn des Studiums von der Sektionsleitung festgelegt und blieben bis zum Abschluß des Studiums unverändert. Die Studenten einer Seminargruppe hatten die in einem verbindlichen Stundenplan vorgegebenen Seminare gemeinsam zu besuchen, sie absolvierten auch gesellschaftliche Verpflichtungen (z. B. Arbeitseinsätze) gemeinsam, und es war innerhalb der Seminargruppe üblich, sich gegenseitig zu helfen und leistungsmäßig schwächere Studenten zu unterstützen.

jemandem auf den **Senkel** gehen /Phras./ ↑ Keks

SERO *auch* Sero /o. Art.; Kurzf. für Sekundärrohstoffe/ **1.** Umgangssprachlich für die industriell wiederverwertbaren Stoffe, die an einer Sero-Annahmestelle abgegeben werden konnten. Vgl. auch: Materialwirtschaft * die Kinder sammeln, bringen Sero weg

2. ↑ Annahmestelle des zentralen VEB ↑ Kombinat Sekundärrohstoffe, bei der v. a. die Bevölkerung Altstoffe gegen Vergütung abgeben konnte. An besonders dafür ausgestatteten Annahmestellen wurden auch Stoffe, die sachkundig entsorgt werden mußten, z. B. Kühlschränke, Batterien, kostenlos angenommen. Z.: „Kämen aus jedem Haushalt monatlich nur ein Kilogramm Altpapier

mehr zum Kombinat SERO, wären das nahezu 76 000 Tonnen!" Trommel Nr. 5/1985, 3

SERO- *auch* **Sero-** Bestimmungswort, das sich in Zusammensetzungen mit Substantiven auf industriell wiederverwendbare Materialien (z. B. Glas, Papier, Lumpen und Buntmetall) und deren Erfassung bezog. Gebräuchlich waren Zusammensetzungen wie: -Aktion, -Annahmestelle, -Aufkommen, -Erfassung

SG ↑ Sportgemeinschaft

Shop Umgangssprachlich für ↑ Intershop

Sicherheit 1. Wesentliches Anliegen der Partei- und Staatsführung, durch innere Stabilität und äußere Verteidigungsbereitschaft die gesellschaftlichen Verhältnisse und allgemeinen Lebensbedingungen ohne Bedrohung zu erhalten. Bedingt durch das extreme Sicherheitsbedürfnis der Staatsführung wirkte der Sicherheitsbegriff in alle Lebensbereiche hinein und nutzte auch das natürliche Bedürfnis des Bürger nach Geborgenheit und Ungefährdetsein, vorgeblich in seinem Interesse, aus. * soziale Sicherheit; Ordnung und Sicherheit herstellen, gewährleisten

2. Umgangsprachlich für ↑ Staatssicherheit. * da kommen die Leute von der Sicherheit

Sicherheitsbeauftragter Mitarbeiter in einem kleineren Betrieb, der neben seiner eigentlichen Tätigkeit (z. B. als Hauptmechaniker) zusätzlich für Arbeits- und Gesundheitsschutz, nicht aber für Brandschutz, verantwortlich war. In den siebziger Jahren wurde diese Aufgabe dem ↑ Sicherheitsinspektor übertragen, in sehr kleinen Betrieben war der Direktor unmittelbar dafür verantwortlich.

Sicherheitsinspektor Dem ↑ Leiter eines Betriebes direkt unterstellter Mitarbeiter, der hauptberuflich für Gesundheits-, Arbeits- und Brandschutz zu sorgen hatte. In Großbetrieben waren mehrere Sicherheitsinspektoren, die jeweils für bestimmte Betriebsabteilungen zuständig waren, im Rahmen einer Abteilung Sicherheitsinspektion tätig.

Sicherheitsorgan /vorw. Pl./ Sammelbezeichnung für die für die innere ↑ Sicherheit zuständigen staatlichen Organe ↑ MfS, ↑ Volkspolizei und Strafvollzug.

Sichtagitation Im offiziellen Sprachgebrauch Bezeichnung für die in der Öffentlichkeit angebrachten optischen Agitationsmittel. An Häuserwänden und Brücken, durch Aufsteller und ↑ Wandzeitungen, aber auch auf ↑ Transparenten über Betriebseingängen wurden von der ↑ Partei vorgegebene politische Losungen für jedermann allgegenwärtig propagiert. Die Absicht, auf diese Weise die politische Einstellung der Bevölkerung nachdrücklich zu beeinflussen wurde kaum erreicht, weil die Flut solcherart plumper ↑ Agitation schnell abstumpfte. Folgende Losungen konnte man lesen: Schild über dem Eingang einer Spinnerei: „Wir spinnen für den Frieden."; an der Friedhofsmauer: „Alles heraus zum 1. Mai!"; an der Brauerer: „Wir produzieren zum Wohl des Volkes."; an der Nervenklinik: „Was wir sind, sind wir durch den Sozialismus!"; „FDJler in den Wald, macht die Borkenkäfer kalt!". Vgl. auch: Transparent

Singebewegung In den sechziger Jahren von der ↑ FDJ ins Leben gerufene, staatlich geförderte Bewegung. In ↑ FDJ-Singegruppen und -Klubs fanden sich junge Leute zusammen, um gemeinsam politische Lieder und internationale Folklore, Arbeiterkampflieder und Liebeslieder zur Gitarre zu singen. Weil sich die Singeklubs aus den Beschränkungen des traditionellen Chorgesangs lösten, neuen Rhythmen ebenso wie selbstverfaßten Melodien und Texten Raum gewährten, fanden sie bei der Jugend schnell großen Anklang.

Fast an jeder Schule, an ↑ Hochschulen und Universitäten, in vielen Betrieben und Armeeinheiten entstanden Singeklubs, der bekannteste war der ↑ Oktoberklub. Die Singebewegung wurde so zu einer der erfolgreichsten politischen Aktionen der ↑ FDJ. Jährlich fanden vom ↑ FDJ-Zentralrat organisierte Werkstattwochen der Singeklubs statt, die besten Singeklubs traten alljährlich beim ↑ Festival des Politischen Liedes in Berlin auf.

Singeklub ↑ Singebewegung

SMH ↑ Schnelle Medizinische Hilfe

Smog In der ↑ DDR offiziell nicht existierende Erscheinung. Das Thema Schadstoffbelastung der Luft, z. B. durch Auto, Industrie sowie Rohbraunkohlenheizung, sollte möglichst nicht öffentlich diskutiert werden, da sich die DDR wirtschaftlich nicht in der Lage sah, die technisch mögliche Vorsorge zu leisten. Die Medien waren angehalten, dieses Thema zu umgehen. Deshalb hatten die Bürger den Eindruck, daß der Smog an der ↑ Mauer haltmachte, denn er wurde selbst dann nicht offiziell erwähnt, als im Westteil der Stadt Berlin ein Smog-Vorwarn-System eingeführt und angewendet wurde. S.: Industrienebel
W.: Was bedeutet Smog im Sozialismus? Sozialistischer Mief ohne Gesundheitsgefährdung.

Sofortprämie ↑ Prämie, die für eine besonders gute Arbeitsleistung sofort gezahlt wurde.

Soli /o. Art./ Umgangssprachlich für ↑ Solidaritätsbeitrag.

Soli- /Kurzw. für: Solidarität/ Umgangssprachlich gebrauchtes Bestimmungswort, das sich in Zusammensetzungen mit Substantiven auf Vorgänge, Aktionen oder Gegenstände bezog, die im Zusammenhang mit ↑ Solidarität standen. Gebräuchlich waren Zusammensetzungen wie: -aktion, -aufkommen, ↑ -basar, ↑ -beitrag, ↑ -einsatz, -gelder /vorw. PL./,

↑ -güter, ↑ -marke, -spende, wobei in der Regel auch die Bindestrichschreibung möglich war, z. B. Soli-Aktion etc.

Solibasar In Schulen, Betrieben oder ↑ Wohngebieten gelegentlich eingerichteter improvisierter Verkaufsstand. Dort wurden kostenlos bereitgestellte, selbstangefertigte oder gespendete Waren verkauft. Der Erlös kam einem humanitären Zweck (z. B. Erdbebenhilfe für Mexiko) oder dem ↑ Solidaritätsfonds des ↑ FDGB zugute.

Solibeitrag Umgangssprachlich für einen zusammen mit dem Gewerkschaftsbeitrag kassierten Beitrag zum ↑ Solidaritätsfonds des ↑ FDGB. Die dafür ausgegebene ↑ Solimarke war in eine eigens dafür vorgesehene Spalte des Mitgliedsbuches einzukleben. Obwohl der Solibeitrag nominell freiwillig war, wurde von jedem Gewerkschaftsmitglied eine Zahlung erwartet. Zeitweilig verpflichteten sich Gewerkschaftsgruppen sogar im ↑ sozialistischen Wettbewerb, ihr Soliaufkommen zu erhöhen.

Solidarität 1. Terminus des wissenschaftlichen Kommunismus zur Bezeichnung eines Verhaltensprinzips, das das Zusammengehörigkeitsgefühl und die gegenseitige Hilfsbereitschaft der Angehörigen einer sozialen Klasse zum Inhalt hat. Nach marxistisch-leninistischer Auffassung konnte dieses Prinzip auch zwischen politischen Kräften mit grundsätzlich gleichen Interessen und Zielen wirksam werden, d. h. zwischen Angehörigen der ↑ Arbeiterklasse in den kapitalistischen Ländern, dem sozialistischen Lager und den als fortschrittlich eingestuften Kräften in der dritten Welt.
2. Von jedem Bürger der ↑ DDR erwartete Bereitschaft, für befreundete Staaten oder nationale Befreiungsbewegungen durch Geld- oder Sachspenden materielle Opfer zu bringen. Da die Solidaritätsaktionen oft von

der ↑ SED willkürlich ins Leben gerufen und über die Verwendung der Spenden nie öffentlich Rechenschaft gelegt wurde, bestand in der Bevölkerung wenig Neigung solche Aufrufe zu unterstützen, denen keine jedermann bekannte Notlage (wie z. B. nach Naturkatastrophen) zugrunde lag.

Solidaritäts- Bestimmungswort, das sich in Zusammensetzungen mit Substantiven auf eine Aktion bezog, die besonders die materielle Unterstützung von als fortschrittlich geltenden Kräften der dritten Welt betraf. Gebräuchlich waren Zusammensetzungen wie: ↑ -aufkommen, -basar (↑ Solibasar), -beitrag (↑ Solibeitrag), -bewegung, ↑ -fonds, -güter, -kampagne, -konto, ↑ -konzert, ↑ -scheck, -spende

Solidaritätsaufkommen Durch die regelmäßigen ↑ Solibeiträge, Einzelspenden oder die Erlöse von ↑ Solibasaren auf einem zentralen, vom Bundesvorstand des ↑ FDGB verwalteten Konto innerhalb eines Jahres angesammelter Geldbetrag. Diese Gelder sollten zur Unterstützung von befreundeten Gewerkschafts- und Befreiungsbewegungen sowie für die Opfer von Naturkatastrophen im Ausland eingesetzt werden. Eine detaillierte öffentliche Rechenschaftslegung über die Verwendung der Mittel erfolgte nicht.

Solidaritätsfonds Vom ↑ FDGB verwaltetes Vermögen (finanzielles Solidaritätsaufkommen aus Spenden der Mitglieder von Betrieben, Sachspenden), das für Solidaritätsaktionen eingesetzt werden sollte. Darunter verstand man die Unterstützung von befreundeten Gewerkschafts- und Befreiungsbewegungen sowie der Opfer von Naturkatastrophen im Ausland.

Solidaritätskonzert Im Rundfunk übertragenes Konzert oder mit Musik nach Hörerwünschen zusammengestellte Rundfunksendung. Der

Reinerlös des Konzerts oder die im Zusammenhang mit einem Musikwunsch gezahlte Geldspende wurden dem ↑ Solidaritätsfonds des ↑ FDGB zugeführt oder für einen vorher angekündigten besonderen Zweck (z. B. die Unterstützung einer bestimmten ↑ nationalen Befreiungsbewegung) eingesetzt. Die Solidaridätskonzerte standen unter dem Motto „Dem Frieden die Freiheit!", sie wurden mit großem Aufwand in den Massenmedien angekündigt und gewürdigt.

Solidaritätsscheck Symbolisch an die Empfänger einer aus dem ↑ Solidaritätsfonds oder aus zweckbestimmten Spenden finanzierten Hilfsleistung überreichter Scheck. Mit der öffentlichen Übergabe sollte die Verbundenheit mit den unterstützten Menschen bzw. Organisationen demonstriert werden, sie sollte auch dem weit verbreiteten Verdacht der Bevölkerung entgegenwirken, die ↑ Solispenden würden zweckentfremdet verwendet.

Solieinsatz Freiwilliger Arbeitseinsatz, dessen Erlös dem ↑ Solidaritätsfonds des ↑ FDGB oder einer konkreten Hilfsaktion zur Verfügung gestellt wurde. V. a. in den fünfziger und sechziger Jahren versuchte die ↑ SED mit initiierten kollektiven Arbeitseinsätzen (Solischichten) auch Produktionsengpässe zu bewältigen.

Soligüter /Pl./ Hilfsgüter, die aus dem ↑ Solidaritätsfonds oder anderen Spenden finanziert oder als Sachspenden bereitgestellt wurden.

Solimarke Umgangssprachlich für die den monatlichen ↑ Solibeitrag dokumentierende Marke, die neben der Beitragsmarke in eine eigens vorgesehene Spalte im FDGB-Mitgliedsbuch einzukleben war.

Soljanka In fast allen Gaststätten angebotene beliebte Wurstsuppe, die auf ukrainische Rezepte zurückzuführen sein sollte.

Soll 1. Die vorgegebene Mindestarbeitsleistung. Diese konnte sich aus einem Produktionsplan, aus der Arbeitsnormung, aber auch aus einer kollektiven oder persönlichen ↑ Selbstverpflichtung ergeben. Wurde auch umgangssprachlich gebraucht in der Verbindung * ich habe mein Soll erfüllt.
2. In den fünfziger Jahren die einem ↑ privaten Bauern vom Staat auferlegte Mindestmenge landwirtschaftlicher Erzeugnisse, die er den ↑ volkseigenen Aufkaufbetrieben zu einem staatlich festgesetzten Preis zum Ankauf anzubieten hatte. Weil willkürliche Ablieferungsauflagen oftmals die Leistungsfähigkeit der Bauern überforderten, im Falle der Nichterfüllung aber hohe Strafen drohten, kam es zu schweren Spannungen auf dem Lande, viele qualifizierte Bauern setzten sich über Westberlin in die Bundesrepublik ab, andere reduzierten für die Erfüllung des Solls ihre Viehbestände. Mit der Kollektivierung der Landwirtschaft wurde die schädliche Praxis des Ablieferungssolls eingestellt.

Sonderkontingent Posten von bestimmten Waren, die es normalerweise nur nach langer Anmeldung oder überhaupt nicht gab, die meist einem privilegierten Personenkreis, besonders ↑ Funktionären, angeboten wurden (z. B. Wohnungen, Autos westlicher Produktion, Krimsekt).

Sonderwahllokal Zentrales Wahllokal, in dem der Wähler schon Tage vor der eigentlichen Wahl seine Stimme abgeben konnte. Eine gern in Anspruch genommene Möglichkeit, weil man sich so den Wahlsonntag freihalten oder den als lächerlich empfundenen Wahlakt anonymer hinter sich bringen konnte.

Sonntagsvorlesung Populärwissenschaftlich angelegter Vortrag zu einem allgemein interessierenden Thema, der v. a. von einem Wissenschaftler, meist einem Mediziner, an einem Sonntag in der Universität gehalten wurde und immer gut besucht war.

Sozialbevollmächtigter Von jeder Gewerkschaftsgruppe gewählter Beauftragter seiner Kollegen, der sich für die Einhaltung der ↑ Sozialversicherungsordnung und andere soziale Belange einsetzen sollte. Er leitete z. B. die ↑ Krankenscheine seiner Kollegen an die ↑ Kaderabteilung weiter, machte Krankenbesuche, prüfte und befürwortete Kuranträge oder bemühte sich bei dem zuständigen ↑ Leiter um angemessene Möglichkeiten für ↑ Schonarbeit.

soziale Geborgenheit Von der Parteiführung herbeigewünschtes und immer wieder als bereits erreicht dargestelltes Gefühl in der Bevölkerung, sicher und von den (örtlichen) Autoritäten verstanden zu sein. Die tatsächliche, zunehmend schlechte Stimmung stand in bestimmten Phasen der Existenz der ↑ DDR, insb. in den sechziger Jahren und der zweiten Hälfte der achtziger Jahre, im starken Gegensatz zu dieser Wunschvorstellung.

soziale Sicherheit Als wesentlicher Vorzug der sozialistischen ↑ Gesellschaftsordnung von der ↑ SED dargestelltes und in der Bevölkerung akzeptiertes System, das jedem Bürger einen Arbeitsplatz, Wohnung, Schulausbildung, Versorgung im Krankheitsfall und im Alter staatlich garantierte. Das Wissen um diese staatliche Garantie enthob den DDR-Bürger jeder Existenzunsicherheit, solange er nicht mit den Gesetzen in Konflikt geriet. Das aus dieser Sicherheit erwachsende Lebensgefühl veranlaßte deshalb viele DDR-Bürger, trotz Unzufriedenheit mit den politischen oder wirtschaftlichen Verhältnissen das Leben in dieser Gesellschaftsordnung als gute, wenn auch verbesserungs- bzw. reformbedürftige Alternative zu dem gesellschaftlichen System der Bundesrepu

blik mit seinen ungleich höheren Chancen und Risiken zu sehen.

Sozialismus Kategorie des ↑ Marxismus-Leninismus, die in der Gesellschaftswissenschaft der ↑ DDR mehrfach neu bzw. verändert definiert und interpretiert wurde. Grundsätzlich verstand man darunter die auf den durch eine ↑ sozialistische Revolution überwundenen ↑ Kapitalismus folgende Gesellschaftsordnung. Diese war bereits vom gemeinschaftlichen Eigentum an den Produktionsmitteln gekennzeichnet, jedoch waren die ↑ Produktivkräfte noch nicht weit genug entwickelt, um die sozialen Unterschiede zwischen den Klassen und Schichten aufzuheben und anstelle der Verteilung der gesellschaftlichen Produkte nach Leistung zur Verteilung nach den Bedürfnissen überzugehen. Politisch hatte die Existenz verschiedener Klassen in einem Land und von Staaten anderer Gesellschaftsordnung zur Folge, daß es eines ↑ Staatsapparates bedurfte, der die Interessen der herrschenden ↑ Arbeiterklasse notfalls auch gewaltsam durchsetzte. Bis zum Ende der sechziger Jahre wurde der Sozialismus als eigenständige Gesellschaftsordnung betrachtet, die vor dem Übergang zum Aufbau des ↑ Kommunismus zunächst zu vollenden war. Später setzte sich die Auffassung durch, den Sozialismus als erste, niedere Stufe der kommunistischen Gesellschaftsordnung zu betrachten. Hinter dieser theoretischen Differenzierung stand u. a. der Gedanke der die ↑ Partei beherrschenden kleinen Führungsgruppe, ihren unumschränkten Herrschaftsanspruch historisch überzeugend zu begründen.

Sozialismus in den Farben der DDR In der zweiten Hälfte der achtziger Jahre von der ↑ SED geprägte Bezeichnung für die Grundorientierung, im Unterschied zur KPdSU und einigen anderen kommunistischen Parteien an einem Sozialismusmodell mit stalinistischen Zügen festzuhalten, das dem Verständnis der zu diesem Zeitpunkt bereits stark überalterten Parteiführung entsprach. Dieser Sonderweg der SED-Führung wurde mit dem Hinweis auf die DDR-Staatsfarben als Symbol für die Eigenständigkeit der ↑ DDR gekennzeichnet, er war Ausdruck des Unbehagens gegenüber Glasnost und Perestroika in der Sowjetunion.

sozialistisch Ein in zahllosen Verbindungen v. a. attributiv gebrauchtes Adjektiv, mit dem ein Vorgang, eine Institution oder auch eine Persönlichkeit als dem Verständnis der SED-Führung von ↑ Sozialismus entsprechend charakterisiert wurde. Da durch die massenhafte Verwendung dieses Adjektivs Erscheinungen oft nur etikettiert wurden, trat die beabsichtigte aufwertende Wirkung nicht ein. * sozialistisch arbeiten und leben; sozialistisch denken und handeln; sozialistischer Rundfunk; sozialistischer Schriftsteller; sozialistische Sportbewegung

sozialistisch arbeiten, lernen, leben Offizieller Slogan, der − besonders in den sechziger und siebziger Jahren − das Idealbild einer ↑ sozialistischen Persönlichkeit beschreiben sollte. Diese zeichnete sich nicht durch ↑ sozialistische Arbeitsmoral aus, sie war auch bestrebt, sich im eigenen Interesse und in dem der Allgemeinheit eine umfassende Bildung anzueignen, die ↑ Gesellschaft durch aktive Arbeit in der ↑ SED und den ↑ Massenorganisationen mitzugestalten und nach den ↑ zehn Geboten der ↑ sozialistischen Moral kulturvoll zu leben.

sozialistische Arbeitseinstellung ↑ Einstellung

sozialistische Arbeitsmoral Im offiziellen Sprachgebrauch eine von hohem Pflichtbewußtsein geprägte Einstellung zur Arbeit, die nicht allein von dem zu erzielenden Arbeitslohn, sondern v. a. von dem Bewußtsein der Verantwortung als Miteigentümer der ↑ volkseigenen Produktionsmittel bestimmt sein sollte.

sozialistische Demokratie Terminus des ↑ Marxismus-Leninismus, der eine Herrschaftsform bezeichnete, in der die ↑ Arbeiterklasse unter der Führung ihrer ↑ Partei im Bündnis mit den anderen ↑ werktätigen Klassen und Schichten (insb. mit den Bauern und der ↑ Intelligenz) die politische Macht ausübte. Lenin beschrieb sie als revolutionäre Herrschaft einer Mehrheit über eine Minderheit. In der Praxis der ↑ DDR stellte sie sich als absolute Herrschaft der ↑ SED dar, die bis in jeden Lebensbereich hineinreichte. Der Bevölkerung kam nach diesem Demokratieverständnis die Rolle zu, die Entscheidungen der Parteiführung durch intensive Arbeit zu realisieren. Dies drückte sich in dem offiziellen Motto aus ʻPlane mit, arbeite mit, regiere mit!'. Es bereitete der Parteipropaganda große Schwierigkeiten, der Bevölkerung zu erklären, daß sie nur im Rahmen der ↑ Vorgaben der ↑ SED an der politischen Entscheidungsfindung mitwirken könne und daß gerade dies Ausdruck einer höheren Qualität der Demokratie sei.

sozialistische deutsche Nation Bevölkerung der ↑ DDR, die sich nach der SED-Ideologie von der in der Bundesrepublik lebenden „bürgerlichen deutschen Nation" durch eine fortgeschrittenere Stufe der Gesellschaftsentwicklung unterschied.

sozialistische Errungenschaften /Pl./ ↑ Errungenschaften

sozialistische Eheschließung Im Anschluß an die standesamtliche Eheschließung durchgeführte ritualisierte Feier, bei der ein staatlicher Beauftragter, zumeist ein leitender Mitarbeiter des Betriebes oder der Einrichtung, bei der einer der Eheschließenden angestellt war, eine die Grundsätze der ↑ sozialistischen Moral hervorhebende Rede hielt. Dazu gehörte z. B. auch, daß der Bräutigam, sofern er Angehöriger der ↑ bewaffneten Organe war, Uniform trug und daß die Braut den Brautstrauß an einem Ehrenmal für gefallene sowjetische Soldaten niederlegte. Mit diesem festlichen Akt dokumentierte das Brautpaar seine besondere Staatstreue. Die Betriebe gewährten den wenigen Teilnehmern an dieser Form der Eheschließung eine finanzielle Zuwendung aus dem ↑ Kultur- und Sozialfonds.

Sozialistische Einheitspartei ↑ SED

sozialistische Gemeinschaftsarbeit ↑ sozialistische Zusammenarbeit

sozialistische Gesellschaftsordnung /o. Pl./ ↑ Sozialismus

sozialistische Intelligenz Nach der Theorie des ↑ Marxismus-Leninismus die in der sozialistischen ↑ Gesellschaftsordnung bestehende soziale Schicht der, im Unterschied zur ↑ Arbeiterklasse, ↑ Geistesschaffenden. Sie sollte aus der Arbeiterklasse hervorgehen und auch ständig aus ihr heraus erneuert werden, um ihre unbedingte Treue zu den Interessen der Arbeiterklasse und absolute Unterordnung unter die ↑ Partei sicherzustellen. Vgl. auch: Angehöriger der Intelligenz

sozialistische Intensivierung Oberbegriff von Maßnahmen, die über eine bessere Auslastung von Arbeitszeit, Material, technischen und personellen Ressourcen zu einer höheren Produktion führen sollte. Wegen der permanenten Materialknappheit oft einziger Weg zur Steigerung des Produktionsausstoßes. Wichtige Komponenten waren die ↑ sozialistische Rationalisierung und ↑ Qualifizierung. Intensivierung war der ständige Begriff in allen Medien und fand in der ↑ Propaganda mit Slogans wie (O-Ton:) 'Aus jeder Mark, jeder Stunde Arbeitszeit, jedem Gramm Material einen höheren Nutzeffekt' ihren Ausdruck.

Z.: „Die Parteiorganisationen gehen bei ihrer politischen Argumentation von dem Gedanken aus, daß der Hauptweg für die weitere Entwicklung der Konsumgüterproduktion die sozialistische Intensivierung ist, die das Ziel hat, stabile und dauerhafte Lösungen zu erreichen." Neuer Weg 1/1975, 1

sozialistische Kulturrevolution Als Teil der ↑ sozialistischen Revolution verstandener Prozeß, in dem sich die ↑ Werktätigen das kulturelle Niveau aneignen sollten, das zum Aufbau und der Gestaltung des ↑ Sozialismus notwendig war. Durch die Aufhebung der Klassenunterschiede hatten alle Werktätigen den gleichen Zugang zu kulturellen Bildungsmöglichkeiten und damit die Chance, ihre kulturellen Bedürfnisse zu befriedigen und sich auf diesem Gebiet weiterzuentwickeln. Der auf der Grundlage des ↑ Marxismus-Leninismus durch die ↑ SED geführte Bildungs- und Erziehungsprozeß besonders auf den Gebieten der Ideologie, Bildung und Kultur sollte zur Herausbildung einer sozialistischen Kultur und Entwicklung der ↑ sozialistischen Persönlichkeit führen.

Z.: „Die Dynamik der gesellschaftlichen Entwicklung und der Fortgang der sozialistischen Kulturrevolution erforderten es, historisch neuartige kulturpolitische Aufgaben in Angriff zu nehmen. ... Das erforderte zugleich mit der Umgestaltung des geistigen Lebens der Gesellschaft und der Heranführung der werktätigen Massen an Wissenschaft und Kunst auch eine tiefgreifende Veränderung ihrer sozialen und materiellen Arbeits- und Lebensbedingungen und war nur über einen längeren Zeitraum zu erreichen." Geschichte der DDR, S. 216

sozialistische Lebensweise Nach der Theorie des wissenschaftlichen Kommunismus die (O-Ton:)'für die sozialistische Gesellschaft typische Art und Gesamtheit der Formen des individuellen und gesellschaftlichen Lebens'. Nach dieser Auffassung begründeten die sozialistische ↑ Produktionsweise und die politische Macht der Arbeiter und Bauern eine Art des Zusammenlebens der Menschen im Arbeitsprozeß, in der Familie und in der Freizeit, die von gegenseitigem Verständnis und dem gemeinsamen Streben nach Vervollkommnung der Gesellschaft und Befriedigung der als berechtigt anerkannten Bedürfnisse geprägt war. Dieses Idealbild war in der Realität nirgends zu finden, es wurde aber von den Massenmedien unentwegt als fast erreicht propagiert.

sozialistische Menschenführung Prinzip der sozialistischen Leitungstätigkeit, nach dem jeder Angehörige der ↑ Gesellschaft im Rahmen eines ↑ Kollektivs so gefordert und gefördert werden sollte, daß er seine Kräfte und Fähigkeiten vollständig für die Entwicklung der sozialistischen Gesellschaftsordnung einsetzte. Als besonders wichtig hierfür galt es, eine ↑ politisch-ideologische Atmosphäre zu schaffen, in der jeder aus politischer Überzeugung heraus seinen Beitrag leistete. Daneben wurden so traditionelle Tugenden wie Ehrlichkeit, Konsequenz, Disziplin und Einfühlungsvermögen zu Elementen der ↑ sozialistischen Menschenführung erklärt, die allerdings oftmals v. a. bei den politisch nicht gebundenen ↑ Leitern zu finden waren.

sozialistische Menschengemeinschaft Unter Walter Ulbricht in den sechziger Jahren propagierte Form des Zusammenlebens der Menschen im ↑ Sozialismus in weitgehender Harmonie, frei von Ausbeutung und deshalb von gesellschaftlichen Konflikten. Doch weder die wirtschaftlich schwierige Lage der ↑ DDR noch die gerade unter Ulbricht sehr harte Praxis der gewaltsamen Bekämpfung

unerwünschter politischer Meinungen boten eine praktische Chance dafür. In den siebziger Jahren wurde die unrealistische These von der sozialistischen Menschengemeinschaft offiziell kaum noch benutzt.

sozialistische Moral Nach der Theorie des ↑ Marxismus-Leninismus, die sich unter den ökonomischen und politischen Bedingungen der sozialistischen Gesellschaftsordnung entwickelnden qualitativ neuen sittlichen Anschauungen, Werte, Prinzipien und Normen des Zusammenlebens der Menschen. Da durch das gesellschaftliche Eigentum an den Produktionsmitteln die antagonistischen Widersprüche in der ↑ Gesellschaft beseitigt wären, würden freundschaftliche Hilfe und kameradschaftliche Zusammenarbeit die gegenseitigen Beziehungen der Menschen bestimmen. In den ↑ zehn Geboten der sozialistischen Moral formulierte Ulbricht Merksätze, die sich bewußt an die Form der biblischen Gebote anlehnten, aber neue, der ↑ Ideologie der ↑ SED entsprechende Aussagen enthielten. In der Praxis der ↑ Parteiorgane entsprachen die Moralanschauungen eher denen des kleinbürgerlichen Spießertums, vielen Menschen konnte deshalb die vermeintlich neue Qualität der sozialistischen Moral nicht überzeugend vermittelt werden.

sozialistische Namengebung *auch* **Namensgebung** Als Ersatzhandlung zur Taufe begangene Feier, mit der ein Kind unter dem ihm gegebenen Namen in die sozialistische Gemeinschaft aufgenommen wurde. Diese Feiern waren jedoch zahlenmäßig sehr gering und wurden von vielen abgelehnt.

sozialistische ökonomische Integration ↑ Integration

sozialistische Persönlichkeit Im Sinne der ↑ Ideologie der ↑ SED ein Mensch, der die Möglichkeiten der sozialistischen ↑ Gesellschaft bewußt

nutzt, um durch aktive, gesellschaftlich verantwortliche Tätigkeit selbst
mitzugestalten. Er sollte sich durch
hohes Wissen und absolute Treue
zum ↑ Sozialismus und zur ↑ Sache
der Arbeiterklasse auszeichnen.
Z.: „Von großer Wirksamkeit in der
Bildung und Formung sozialistischer
Persönlichkeiten sind unsere Jugendobjekte." Neuer Weg 1/1975, 35
sozialistische Rationalisierung Alle die
Maßnahmen in einem sozialistischen
Betrieb, die zu einer effektiveren
↑ Produktion führen sollten. Durch
die spezifische Eigenschaft der sozialistischen ↑ Produktionsverhältnisse,
von Ausbeutung frei zu sein, sollte
dieser Prozeß ohne Entlassungen
und unter aktiver Mitwirkung der
Beschäftigten erfolgen. In der
↑ DDR wurden, wegen insgesamt
ungünstiger Struktur der ↑ Volkswirtschaft, ständig Arbeitskräfte benötigt, so daß tatsächlich, im Unterschied zu einigen anderen sozialistischen Ländern, keine Arbeitslosigkeit durch Rationalisierung eintrat.
Wegen des chronischen Mangels an
↑ Devisen für moderne technologi
sche Ausrüstungen und geeignete
Materialien blieb der Effekt der Rationalisierung gering.
sozialistische Revolution Nach der
Theorie des ↑ Marxismus-Leninismus die tiefgreifendste Umwälzung
der gesellschaftlichen Verhältnisse eines Staates, bei der der ↑ Kapitalismus zerstört und anschließend die
Grundlagen des ↑ Sozialismus aufgebaut werden. In diesem Sinne befand
sich die ↑ DDR lange Zeit in einem
revolutionären Prozeß, dessen we-
sentlichster Inhalt die Beseitigung
des Privateigentums an den Produktionsmitteln war. Entgegen der theoretischen Erwartung führte dies jedoch nicht zu einer sprunghaften
Steigerung der Produktivität.
sozialistische Staatengemeinschaft Die
sozialistischen Staaten, die organisatorisch im Rahmen des ↑ RGW und

des ↑ Warschauer Vertrages zusammengeschlossen waren. Vgl. auch:
sozialistisches Weltsystem
sozialistische Wartegemeinschaft In
Anlehnung an die offizielle Wortverbindung ↑ sozialistische Menschengemeinschaft spöttisch gebraucht für
eine ↑ Schlange vor einem Geschäft,
die sich immer dann bildete, wenn
ein Artikel, der sonst nur selten im
↑ Angebot war, verkauft wurde.
sozialistische Zusammenarbeit Art der
Zusammenarbeit, ↑ Kooperation zwischen Betrieben, Institutionen bzw.
Arbeitsgruppen in allen Bereichen
und auf allen Ebenen, besonders
auch im Rahmen des ↑ RGW. In der
von Ausbeutung freien sozialistischen Gesellschaftsordnung sollte sie
nach dem SED-Verständnis automatisch an die Stelle des Konkurrenz-
kampfes treten und ↑ schöpferische
Energien freisetzen. Vgl. auch: Ko-
operations-
(seinen) **sozialistischen Gang gehen**
↑ seinen Gang gehen
sozialistischer Handel Die staatlichen
und genossenschaftlichen Groß- und
↑ Einzelhandelsbetriebe (z. B. ↑ HO,
↑ Konsum) und deren Kommissionshändler sowie die ↑ Industrieläden.
Diese beherrschten praktisch konkurrenzlos die Versorgung der Bevölkerung.
sozialistischer Leiter ↑ Leiter in einem
↑ Staatsorgan, einer Institution oder
einem sozialistischen Betrieb, der die
Kunst der ↑ sozialistischen Menschenführung beherrschte.
sozialistischer Patriotismus Im offiziellen Sprachgebrauch die Liebe zum
sozialistischen Vaterland ↑ DDR, der
Stolz auf die revolutionären Traditionen der ↑ Arbeiterklasse und die
sozialistischen ↑ Errungenschaften,
die man bereit war, auch mit der
Waffe in der Hand zu verteidigen. In
diesem Sinne war er untrennbar mit
den Prinzipien des ↑ proletarischen
Internationalismus verbunden und
wandte sich gegen jede Form des Na-

tionalismus und Chauvinismus. * sozialistischer Patriotismus und proletarischer Internationalismus bilden in der DDR eine untrennbare Einheit; dem sozialistischen Patriotismus verpflichtet

sozialistischer Realismus Nach der Kulturtheorie der ↑ SED diejenige künstlerische Methode, die im Gegensatz zur (O-Ton:) ʿdekadenten Kunst des Spätkapitalismusʾ in der Lage sein sollte, die Realität sinngerecht darzustellen. In Übereinstimmung mit dem sowjetischen Vorbild verstanden die ↑ Kulturfunktionäre darunter eine beschönigende oder heroisierende Darstellung v. a. des Arbeitsalltages im ↑ Sozialismus, wogegen das ausbeuterische Wesen des ↑ Kapitalismus zu entlarven war. Dies führte oftmals zu einer plumpen Verfälschung der Wirklichkeit, kreative Künstler mit neuen Techniken wurden dagegen zu Außenseitern gemacht. Z.: „Wir weisen vor allem auf die großartige Ausstellung der Sowjetunion im Finanzministerium hin, die eine konkrete Antwort auf die Frage gibt, was sozialistischer Realismus ist." ND 11.8.1951, 1

sozialistischer Wettbewerb Als (O-Ton:) ʿdie umfassendste Form des ↑ Schöpfertums und der Initiative der ↑ Werktätigen bei der Gestaltung der entwickelten sozialistischen Gesellschaftʾ propagierter, vom ↑ FDGB organisierter „Kampf" um hohe Arbeitsleistungen. Jede Abteilung in einem Betrieb (auch außerhalb der ↑ Produktion) sollte sich zusätzlich zu den schon im ↑ Plan festgelegten Aufgaben zu höheren Arbeitsleistungen verpflichten. Diese Art des Wettbewerbes sollte nicht gegeneinander, sondern vielmehr miteinander für die Erreichung guter Produktionsergebnisse, die allen zugute kamen, geführt werden. Obwohl die Wettbewerbsbesten mit ↑ Prämien belohnt wurden, war im Unterschied zur großen öffentlichen Agitation das Interesse in den ↑ Kollektiven gering, die Wettbewerbsführung wurde oft nur formal abgerechnet. Z.: Im sozialistischen Wettbewerb wollen sie maßgeblich dazu beitragen. den geplanten Ertrag im Durchschnitt um mindestens 0,5 Dezitonnen ..." JW 9./10.2.1980, 2

sozialistisches Bewußtsein ↑ Bewußtsein (2)

sozialistisches Eigentum an den Produktionsmitteln In drei Formen existierendes Eigentum an Produktionsmitteln, und zwar als staatliches Eigentum (↑ Volkseigentum), das den größten Anteil der Wirtschaft bildete, als ↑ genossenschaftliches Eigentum, das einen Anteil von ca. 15% ausmachte, und als ↑ privates Eigentum an Produktionsmitteln, das im Unterschied zum persönlichen Eigentum, spätestens seit der Überführung der mittelständischen Betriebe in Volkseigentum im Jahre 1972, insb. im Handwerk bestand und nur noch einen verschwindend geringen Anteil hatte.

sozialistisches Weltsystem Gemeinschaft der Staaten, die den ↑ Sozialismus als Gesellschaftsform errichteten und durch das von Ausbeutung befreite Wirtschaftssystem fähig waren, ohne nur mit Gewalt zu lösende Interessengegensätze zusammenzuarbeiten. Die ↑ SED ging von der gesetzmäßigen Führungsrolle der Sowjetunion in dieser Staatengemeinschaft aus, die als Gegengewicht zum kapitalistischen Weltsystem verstanden werden sollte. Die politische Praxis des Umgangs mit den chinatreuen Staaten und die oftmals heftigen wirtschaftlichen Streitigkeiten im ↑ RGW standen im Widerspruch zu dieser Theorie. Vgl. auch: sozialistische Staatengemeinschaft

sozialpolitische Maßnahmen /Pl./ Leistungen des Staates oder der Betriebe, die für bestimmte Bevölkerungsgruppen per Gesetz festgelegt wurden, um eine gleichmäßigere Einkommenslage und die Möglichkeit für alle zu schaffen, Familie und Berufsleben zu vereinbaren. Dazu gehörten nicht nur die großzügigen Regelungen für Mütter und junge Familien, wie verkürzte Arbeitszeiten oder verbessertes Krankengeld bei Erkrankung des Kindes. Auch Rentenerhöhungen oder Erweiterung der Urlaubsregelungen für alle Arbeitnehmer wurden propagandistisch massiv als soziale Vergünstigungen dargestellt. Das unzureichende Wachstum der Produktivität machte die Finanzierung der sozialpolitischen Maßnahmen, die von der Parteiführung gern z. B. aus Anlaß von ↑ Parteitagen verkündet wurden, zunehmend schwierig und zu einer Ursache der schleichenden Inflation.

Sozialversicherung /Kurzw.: SV/ Als Organisation des ↑ FDGB geführte, aus staatlichen Zuschüssen und einem Pflichtbeitrag aller Arbeiter und Angestellten von maximal 60 Mark, den der Arbeitnehmer für sich und seine mitversicherten Familienangehörigen zu zahlen hatte, finanzierte Einrichtung für die Versorgung bei Krankheit, Mutterschaft, Invalidität, im Alter sowie im vorbeugenden Gesundheitsschutz. Durch den Beitritt zur ↑ freiwilligen Zusatzrentenversicherung konnten bei einem Einkommen von mehr als 600 Mark im Monat höhere Leistungen bei Krankheit und im ↑ Babyjahr sowie für die Rente erlangt werden. Für Freiberufler und Selbständige wurde eine ähnliche Einrichtung als ↑ Sozialversicherung bei der ↑ Staatlichen Versicherung geführt.

Sozialversicherungsbeitrag   ↑ SV-Beitrag

Sparsamkeitsprinzip Immer wieder propagiertes Prinzip, in der Wirtschaft möglichst sparsam mit Material, Rohstoffen und Energie umzugehen, was aufgrund mangelhafter

Kontrollen und ineffizienter ↑ Produktion eine Propagandaaktion blieb.

Spartakiade Nach Spartakus, dem Führer des römischen Sklavenaufstandes benannter, auf Traditionen der Arbeiterbewegung zurückgehender Sportwettkampf, der für Kinder, Jugendliche sowie für Armeeangehörige auf verschiedenen Ebenen in verschiedenen Sommer- und Winterspartakiaden veranstaltet wurde und dem olympischen Zeremoniell nachempfunden war. Vgl. auch: Kinder- und Jugendspartakiade

-spartakiade Grundwort, das sich in Zusammensetzungen mit Substantiven auf Sportveranstaltungen im Rahmen der Wettkämpfe einer ↑ Spartakiade bezog. Gebräuchlich waren Zusammensetzungen wie: Armee-, Bezirks-, DDR-, ↑ Kinder- und Jugend-, Kreis-

Z.: „431 000 Mädchen und Jungen gingen bei den Kreisspartakiaden an den Start." BZA 16.7.1968, 1

Spartakiade- Bestimmungswort, das sich in Zusammensetzungen mit Substantiven auf Personen, Gegenstände oder Ereignisse im Zusammenhang mit einer ↑ Spartakiade bezog. Gebräuchlich waren Zusammensetzungen wie: -bewegung, -kämpfer, -medaille, -sieger

Spätsprechstunde Von staatlichen Einrichtungen, Beratungsstellen oder auch Ärzten in den Abendstunden abgehaltene Sprechstunde. Insb. im Hinblick auf den sehr hohen Beschäftigungsgrad der Bevölkerung setzten die Partei- und ↑ Staatsorgane zunehmend solche Sprechstunden durch.

Spätverkaufsstelle Ein vom ↑ Rat des Kreises bestimmtes Lebensmittelgeschäft in zentraler Lage, das über die normalen Öffnungszeiten hinaus und am Wochenende geöffnet hatte, um dringenden Bedarf abzudecken.

Spee /o. Pl.; meist o. Art./ Das einzige im Handel angebotene gekörnte

Vollwaschmittel, das praktisch zum Synonym für solche Waschmittel wurde.

Spezialistenlager Schulungsheim, in dem Kinder und Jugendliche, meist in den Ferien, speziell betreut wurden. V. a. für Angehörige einer Arbeitsgruppe 'Junge Naturforscher' oder 'Junge Techniker', aber auch für jugendliche Mitglieder des Roten Kreuzes sollten so Möglichkeiten geschaffen werden, in den Ferien ihrem Interessengebiet unter Anleitung nachzugehen.

Spezialklasse An einer Spezialschule, aber auch an einer ↑ allgemeinbildenden Oberschule befindliche Klasse, in der über den allgemein verbindlichen ↑ Lehrplan hinaus zusätzlicher intensiver Unterricht in einem speziellen Fach erteilt wurde. Es gab z. B. ↑ Spezialklassen für Russisch, Mathematik. Vgl. auch: R-Klasse

spezitex /Adv.; Kurzw. für spezialveredelte Textilien/ Eingetragenes Warenzeichen, mit dem in der ↑ DDR entwickelte und hergestellte besondere Textilien gekennzeichnet wurden, die z. B. knitterarm, bügelfrei, krumpfarm oder wasserabweisend waren.

Spitzbart Spöttische Bezeichnung für Walter Ulbricht, der von 1960–1971 Erster ↑ Sekretär des ZK der SED und Vorsitzender des ↑ Staatsrates der DDR war.

Sportabzeichen Abzeichen, das vom ↑ DTSB für sportliche Leistungen v. a. auch im ↑ Breitensport nach genau festgelegten Prüfungskriterien in verschiedenen Stufen verliehen wurde.

Sportgemeinschaft /Kurzf.: SG/ Organisationsform innerhalb des ↑ DTSB auf unterer Ebene, bei der verschiedenen Sportarten zusammengefaßt und die in der Regel von einem Betrieb, einer Institution finanziell sowie personell unterstützt wurde.

Sprachheilkindergarten ↑ Kindergarten, in dem Kinder mit Sprachstö-

rungen von besonders ausgebildeten Fachkräften betreut und gefördert wurden.

Sprachkabinett Raum, besonders an Schulen, der mit den technischen Voraussetzungen für den Einsatz von Ton- und Bildmaterial im Fremdsprachenunterricht ausgestattet war.

Sprachmittler Jemand, der Texte von einer Sprache in eine andere überträgt, ein Dolmetscher, Übersetzer.

Sprechstundenschwester Arzthelferin.

Sputnik 1. Titel einer in der Sowjetunion herausgegebenen und gedruckten Zeitschrift in verschiedenen Fremdsprachen, die im Stile des „Reader's Digest" Artikel aus sowjetischen Zeitschriften für ausländische Leser zugänglich machen sollte. Nach dem Regierungsantritt Gorbatschows entstand in der Sowjetunion eine offene Diskussion über gesellschaftliche Probleme, die auch Tabuthemen der kommunistischen ↑ Ideologie und der sozialen Zustände nicht aussparte. Für die Leser in der ↑ DDR bot sich damit die Möglichkeit, an der Perestroika geistig teilzunehmen, der Verkauf des Sputnik stieg sprunghaft an. Die SED-Führung, in diesem Falle repräsentiert durch Kurt Hager, ließ daraufhin die Zeitschrift aus dem Sortiment der staatlich zugelassenen Presseorgane streichen und verstieß damit sogar wissentlich gegen ihr Dogma von der Vorbildrolle der Sowjetunion. Dies führte zu heftigen Auseinandersetzungen in den ↑ Partei- und Gewerkschaftsgruppen auf unterer Ebene, Sputnik wurde zum Synonym für die Furcht der SED-Oberen vor undogmatischem Denken.
2. Bezeichnung für den Westberlin umrundenden Zug zwischen Berlin und Potsdam, dessen Strecke nach dem Mauerbau 1961 in kürzester Zeit gebaut wurde, um die unterbrochene S-Bahn-Verbindung zu ersetzen. Bereits vor dem 13. August 1961 mußten alle Funktionäre und Staats-

angestellten diesen Zug benutzen, um nicht auf dem Arbeitsweg die für sie verbotene Stadt Westberlin zu durchqueren. S.: Bonzenschleuder (3)

SSG ↑ Schulsportgemeinschaft

Staatengemeinschaft ↑ sozialistische Staatengemeinschaft

staatliche Leitung Die durch staatliche Entscheidung eingesetzte Gruppe von Personen, der die Führung bzw. Verwaltung eines ↑ volkseigenen Betriebes, einer Institution oder einer staatlichen Einrichtung übertragen war. Von ihr wurde erwartet, daß sie ihre Führungstätigkeit in unmittelbarer Zusammenarbeit mit der zuständigen Parteileitung und im Einvernehmen mit der Gewerkschaftsleitung nach den Grundsätze der ↑ sozialistischen Menschenführung ausübte.

staatliche Planauflage ↑ Planauflage

staatliche Plankommission Einem Ministerium nominell gleichgestelltes ↑ staatliches Organ, das für die Koordinierung des Planungsprozesses im gesamten ↑ Staatsapparat sowie der ↑ Volkswirtschaft und für die Aufstellung der gesamtstaatlichen Pläne zuständig war. Ihr oblag es auch, die Umsetzung der Pläne zu kontrollieren und die Planabstimmungen innerhalb des ↑ RGW vorzunehmen. Auf diese Weise bestimmte sie die materielle Ausstattung und die Leistungsziele in allen staatlichen und wirtschaftlichen Bereichen und war deshalb die eigentliche Schaltzentrale der Wirtschaftspolitik. Die staatliche Plankommission handelte auf Weisung der SED-Führungsgremien, sie wurde von einem stellvertretenden Ministerpräsidenten geleitet und verfügte über fachlich unterstellte Organe in den ↑ Bezirken und ↑ Kreisen (Bezirks-, ↑ Kreisplankommission).

Staatliche Versicherung der DDR Hervorgegangen aus der „Deutschen Versicherungsanstalt" (DVA), die

1952 aus den Landesversicherungsanstalten entstand, war sie seit 1969 einziger Versicherungsträger für anfallende Schadens- und Regulierungsfälle innerhalb der ↑ DDR. Ausgenommen von diesem Versicherungsmonopol waren nur solche Schadensfälle, die ganz oder teilweise in fremder Währung zu regulieren waren. Für diese Fälle besaß die DDR eine Aktiengesellschaft, die Auslands- und Rückversicherungs-Aktiengesellschaft der DDR (DARAG). Sitz der Staatlichen Versicherung der DDR war Berlin, ihr unterstanden 15 Bezirksdirektionen (↑ Territorialprinzip), 128 Kreisdirektionen und 80 Kreisstellen. Die Versicherungsleistungen wurden in drei Gruppen unterteilt: erstens in die Versicherung der Wirtschaft, Landwirtschaft und des Handwerks (privat und genossenschaftlich), zweitens in Sach-, Haftpflicht und Unfallversicherung der DDR-Bürger und drittens in die Personenversicherung. Die Staatliche Versicherung der DDR beschäftigte hauptamtliche (ca. 12000) und nebenberufliche (ca. 35000) Versicherungsvertreter.

staatliches Organ /vorw. Pl./ Mit der Wahrnehmung festgelegter ↑ Funktionen betraute staatliche Einrichtung. Vgl. Organ

staatliches Vertragsgericht ↑ Vertragsgericht

Staatsapparat Die Gesamtheit der mit hauptamtlichen Mitarbeitern besetzten ↑ staatlichen Organe, Institutionen und Einrichtungen, mit deren Hilfe der Staat die Macht ausübte. An seiner Spitze standen die ↑ zentralen Staatsorgane, die gegenüber den ↑ örtlichen Staatsorganen bzw. der ↑ Volkswirtschaft und den anderen staatlichen Einrichtungen die unmittelbare Leitung innehatten. Die Organisation der Zusammenarbeit war durch eine Vielzahl detaillierter Weisungen und Vorschriften so geregelt, daß sie wie in einem mechanischen Apparat ablaufen sollte.

Staatsbürgerkunde An allen Schulen durchgeführtes Unterrichtsfach ab Klasse 7, in dem den Schülern politisches, philosophisches und ökonomisches Wissen und die von der ↑ SED gewünschten Überzeugungen vermittelt werden sollten. Wegen der oft einseitigen Ausrichtung auf die herrschende ↑ Ideologie und eine Leistungsbewertung, die auch die verbal geäußerte Anpassungsbereitschaft der Schüler einbezog, genoß das Fach keine Akzeptanz bei den Schülern.

Staatsbürgerschaft Offizieller, in den Rechtsvorschriften verwendeter Terminus, der die Zugehörigkeit der Bürger zum Staat ↑ DDR bezeichnete. Im Unterschied zu der damit überwundenen Konzeption der deutschen Staatsangehörigkeit des Deutschen Reiches, die in der Bundesrepublik weitergeführt wurde, wurden als Staatsbürger nur die in der DDR geborenen, von DDR-Staatsbürgern abstammenden oder zum Zeitpunkt der Gründung der DDR dort wohnhaften Deutschen anerkannt. Spätere Zureisende, auch Aus- oder Umsiedler, mußten die Staatsbürgerschaft erst erwerben. Die Staatsbürgerschaft sollte eine neue, sozialistische Qualität enthalten, die darin bestand, daß alle Staatsbürger nach den Regeln der ↑ sozialistischen Demokratie, d. h. in dem ihnen von der ↑ SED zugewiesenen Umfang mitentscheiden, v. a. aber mitarbeiten sollten. Aus der Staatsbürgerschaft wurde eine besondere Treuepflicht zur DDR abgeleitet, die z. B. das Verlassen des Landes gegen den Willen des Staates untersagte. Die DDR-Führung bemühte sich intensiv um die internationale Anerkennung ihrer Staatsbürgerschaft, weil die Staatsangehörigkeitskonzeption der Bundesrepublik alle Deutschen umfaßte und damit die Identität und

Lebensfähigkeit des Staates DDR bedrohte. Gesetzliche Form erhielt die Staatsbürgerschaft in dem Staatsbürgerschaftsgesetz von 1967, das Mitte der achtziger Jahre unter dem Druck der Ausreiseanträge novelliert wurde. W.: Ich bin in der DDR in Wohnhaft.

Staatseigentum Dasjenige Eigentum des Staates, das aus besonderen, zumeist außenpolitischen oder international vermögensrechtlichen Gründen nicht als ↑ Volkseigentum deklariert war. Es handelte sich dabei v. a. um Ansprüche oder Vermögenswerte, die die ↑ DDR als Rechtsnachfolger früherer staatlicher Organisationsformen (z. B. im Fall der Deutschen Reichsbahn gegenüber dem Westberliner Senat) für sich in Anspruch nahm.

Staatsfunktionär Offiziell für eine mit einer leitenden Aufgabe im ↑ Staatsapparat betraute Person, z. B. für ↑ Leiter in ↑ staatlichen Organen oder Inhaber von staatlichen Wahlfunktionen (↑ Bürgermeister, Richter u. a.)

Staatsgrenze West *auch* **Staatsgrenze der DDR** Offiziell für die Grenze zur Bundesrepublik und zu Westberlin. S.: antifaschistischer Schutzwall, Mauer

Staatsorgan /vorw. Pl./ ↑ staatliches Organ

Staatsplan Jährlich von der ↑ Staatlichen Plankommission ausgearbeiteter, vom ↑ ZK der SED gebilligter und von der ↑ Volkskammer auf Vorschlag des ↑ Ministerrats beschlossener ↑ Volkswirtschaftsplan bzw. ein in sich geschlossener Teil davon (z. B. Staatsplan Wissenschaft und Technik).

Staatsrat Das nach dem Tod des ersten Präsidenten Wilhelm Pieck eingesetzte kollektive Staatsoberhaupt. Es bestand aus ca. 25 Mitgliedern und wurde von der ↑ Volkskammer gewählt. Unter dem Vorsitz von Walter

Ulbricht übte der Staatsrat seine Tätigkeit als präsidiales oberstes ↑ Staatsorgan aus, Erich Honecker bediente sich seiner nur noch als formaler staatlicher Legitimation für die Entscheidungen des ↑ Politbüros. Die Vorsitzenden der ↑ Blockparteien waren stellvertretende Vorsitzende des Staatsrates, ohne daß sie irgendwelche staatliche Macht hätten ausüben können. Als letzter amtierender Vorsitzender des Staatsrates fungierte nach dem Rücktritt von Honecker und Krenz der ↑ LDPD-Vorsitzende Gerlach.

Staatsreserve /Kurzf. für Staatliche Verwaltung der Staatsreserve/ ↑ Staatliches Organ, das über eigene große Läger sowie Einlagerungen bei ↑ volkseigenen Betrieben Vorräte an strategisch wichtigen Gütern bildete, z. B. Grundnahrungsmittel, Treibstoffe, Saatgut, wichtige Materialien für Rüstungsproduktion. Diese durften nur auf Entscheidung des Ministerpräsidenten in besonderen Notfällen freigegeben werden. Die Bestände wurden analog der Versorgung der ↑ bewaffneten Organe bevorzugt gegenüber jedem anderen Bedarf gebildet und laufend erneuert.

Staatssicherheit Umgangssprachlich für Ministerium für ↑ Staatssicherheit bzw. Staatssekretariat für Staatssicherheit. Nichtoffizielle S: Firma; Konsum; Stasi; Memfis (von MfS); Horch, Guck und Greif; Paul Greifzu

Staatssicherheitsdienst V. a. im ↑ Westen gebräuchliche Bezeichnung für Ministerium für ↑ Staatssicherheit bzw. Staatssekretariat für Staatssicherheit.

Staatstitel Sammelbezeichnung für Ehrentitel (z. B. ↑ Kollektiv der sozialistischen Arbeit), die an Einzelpersonen oder ↑ Kollektive für besondere Leistungen im ↑ sozialistischen Wettbewerb verliehen wurden.

* um den Staatstitel kämpfen; mit dem Staatstitel auszeichnen

Staatsverleumdung Besonderer und schwerwiegender Straftatbestand, der jede nicht mit der Auffassung der ↑ SED in Übereinstimmung stehende Äußerung über den Staat oder auch nur das Handeln eines einzelnen ↑ Staatsorgans oder seines Mitarbeiters erfassen konnte. V. a. Witze, aber auch kritische Briefe, die sich mit der Arbeitsweise oder Entscheidungen staatlicher Organe auseinandersetzten, wurden auf dieser Grundlage mit Bewährungsverurteilungen oder Freiheitsstrafen geahndet.

Stabü In der Schülersprache für ↑ Staatsbürgerkunde.

Stadtbezirk Verwaltungsbezirk in einer Großstadt, der einer Stadt- bzw. Gemeindeverwaltung gleichgestellt war und über eine eigene ↑ Volksvertretung (↑ Stadtbezirksversammlung) verfügte.

Stadtbezirksgericht Für die Entscheidung von Rechtsstreitigkeiten in einem ↑ Stadtbezirk zuständiges, einem ↑ Kreisgericht gleichgestelltes erstinstanzliches Gericht.

Stadtbezirksversammlung ↑ Örtliche Volksvertretung in einem ↑ Stadtbezirk.

Stadtbilderklärer Offiziell für Stadtführer. Mit der Neuprägung wurde (ähnlich wie in anderen Fällen, z. B. bei ↑ Fahrerlaubnis) versucht, das Wort „Führer" aus der offiziellen Sprache zu tilgen.

Städte und Gemeinden /Pl./ Im offiziellen Sprachgebrauch für die regionalen Verwaltungsstrukturen unterhalb der Kreisebene, die nur sehr begrenzt eigenständig handlungsfähig waren.

Städteschnellverkehr Zwischen Berlin und den ↑ Bezirksstädten eingerichtete besondere D-Zug-Verbindungen an Werktagen. Sie ermöglichte es v. a. Dienstreisenden, innerhalb eines Tages mit An- und Abreise Termine bei staatlichen und wirtschaftsleiten-

den Organen in Berlin wahrzunehmen. Auf diese Weise sollten nicht
nur die geringen Hotelkapazitäten
entlastet, sondern v. a. der Dienstrei-
severkehr mit PKW und damit der
Kraftstoffverbrauch verringert werden.

STAL ↑ Planauflage

Standard Staatlich festgelegte rechts-
verbindliche Norm, die die Beschaffenheit von Produktions- und ↑ Konsumgütern, die Verfahren zur Konstruktion, Fertigung, Prüfung, Lagerung und Transport der Waren regelte und damit deren Merkmale verein-
heitlichte. Die Standards waren nach
ihrem Geltungsbereich systemati-
siert, neben den übergreifenden
DDR-Standards für mehrere Indu-
striebereiche wurden auch Fachbe-
reichs- bzw. Werkstandards erlassen,
deren Wirksamkeit auf einen Industriezweig, eine ↑ VVB, ein ↑ Kombinat oder einen Betrieb begrenzt war.
Die Aufstellung und Einhaltung der
Standards wurde von dem einem Ministerium gleichgestellten Amt für
Standardisierung, Meßwesen und
Warenprüfung (ASMW, früher
DAMW) koordiniert und kontrolliert. Mit der Entwicklung der sozialistischen ökonomischen Integration
im ↑ RGW wurden zunehmend auch
RGW-Standards übernommen.

ständig Im offiziellen Sprachgebrauch
in Verbindung mit Verben und Substantiven bzw. dem Komparativ bestimmter Adjektive verwendet, um
die gewünschte kontinuierliche Verbesserung eines bereits als zufriedenstellend deklarierten Zustandes auszudrücken. Häufig wurde damit nur
umschrieben, daß eine tatsächlich
unbefriedigende Situation verbessert
werden müsse. * die ständige Erhöhung des materiellen und kulturellen
Lebensniveaus des Volkes; die
Kampfkraft der Partei ständig steigern; die Leistungen ständig verbessern

Stasi Umgangssprachlich für ↑ Ministerium für Staatssicherheit bzw.
Staatssekretariat für Staatssicherheit.

Station Junger Techniker Von der
↑ Pionierorganisation oder der
↑ FDJ betreute Einrichtung, in der
sich Schüler außerhalb des Unter-
richts unter der Anleitung von päd-
agogisch ausgebildeten Fachkräften
in technischen und naturwissenschaftlichen Arbeitsgemeinschaften
betätigen konnten.

Stempel Gestempelte Eintragung in die
zur ↑ Fahrerlaubnis gehörende Be-
rechtigungskarte, mit der die Verkehrspolizei Verstöße gegen die Stra-
ßenverkehrsordnung ahndete. Je
nach Schwere des Vergehens wurden
ein oder mehrere Stempel (immer in
Verbindung mit einer Geldstrafe) erteilt, die nach einer vorgeschriebenen
Zeit wieder gelöscht wurden. Bei
fünf gültigen Stempeleintragungen
war der Führerschein einzuziehen.

Stern der Völkerfreundschaft An hoch-
rangige Politiker, auch verbündeter
Staaten, verliehener Orden in drei
Klassen für (O-Ton:) ʼaußerordent-
liche Verdienste um die DDR, um
die Verständigung und Freundschaft
der Völker und die Erhaltung des
Friedensʼ.
Z.: „In einem feierlichen Akt zeich-
net sodann Walter Ulbricht General-
major Nimeri mit dem ʻStern der
Völkerfreundschaftʼ aus.“ ND
2.7.1970, 2

Sternenstädtchen /o. Pl./ Die in der Nähe des Raumfahrtzentrums Baiko-
nur/Kasachstan gelegene Wohn- und
Ausbildungssiedlung für die ↑ Kos-
monauten der Sowjetunion und der
mit ihr verbündeten Staaten.

Stip /o. Pl.; Kurzf. für Stipendium/ In
der Jugendsprache gebraucht für eine darlehensfreie Studienbeihilfe in
Höhe von bis zu 200 Mark, die –
sofern das Einkommen der Eltern
bzw. des Ehepartners eine bestimmte
Grenze nicht überstieg – jedem

↑ Direktstudenten gewährt wurde. Sie konnte durch das ↑ Leistungstipendium aufgestockt werden.

Stipendium ↑ Stip

Stoffverteilungsplan Vom Ministerium für ↑ Volksbildung zentral für jedes Unterrichtsfach und jede Klassenstufe vorgegebener Plan, in dem über ein Schuljahr hinweg genau festgelegt wurde, welche Themen in wievielen Stunden zu behandeln waren. Zugleich wurden die zu verwendende Literatur, die wesentlichsten Lösungsansätze sowie die Unterrichtsziele für jede Stunde vorgegeben. Auf diese Weise konnte eine einheitliche Schulbildung gewährleistet werden, die auch jederzeit den Schulwechsel von Schülern und eine vergleichbare Leistungsbewertung ermöglichte.

Stomatologe Zahnmediziner.

Straße der Besten /vorw. Sg./ Meist am Betriebstor oder entlang der Hauptstraße im Betrieb auf Aufstellern angebrachte, mit lobenden Texten versehene großformatige Fotos von Betriebsangehörigen, deren hervorragende Arbeitsleistungen oder besonders wertvolle ↑ Neuerervorschläge auf diese Weise geehrt werden sollten.
Z.: „Die besten Straßen haben wir nicht, doch haben wir Straßen der Besten." Röhl: Ich wünschte, ich wär' mein Bruder, 1983

Straßenvertrauensmann SED-Mitglied, das in der Straße, in der es wohnte, v. a. in kommunalen Angelegenheiten Verbindung zu den ↑ HGL-Verantwortlichen hielt.

Studentenbrigade Gruppe von Studenten, die während der Ferien gemeinsam einen mehrwöchigen Arbeitseinsatz in der Industrie, auf Baustellen, in der Landwirtschaft absolvierten. Dieser Einsatz wurde von der ↑ FDJ organisiert und war teils obligatorisch, teils freiwillig. Weil mehrere Einsatzmöglichkeiten zur Wahl standen, die Arbeit bezahlt wurde und die Freizeit gemeinsam verbracht

werden konnte, war diese Art der Feriengestaltung nicht unbeliebt.

Studentensommer In der ↑ Propaganda verwendete Bezeichnung für die Zeit der Studienferien, in denen die ↑ Studentenbrigaden mehrwöchige Arbeitseinsätze absolvierten.

Studententage der FDJ *auch* **FDJ-Studententage** Einmal im ↑ Studienjahr an jeder Universität, ↑ Hoch- oder Fachschule durchzuführende mehrtäge Veranstaltung, die den Studenten Gelegenheit geben sollte, öffentlich und fachübergreifend praxiswirksame Forschungsarbeiten bzw. Ergebnisse vorzustellen. Besonderen Wert legte man auf die in allen Fächern obligatorische gesellschaftswissenschaftliche Seite der Ausbildung. Die ↑ FDJ sollte als Träger dieser Veranstaltung auftreten und dadurch besondere Aktivität bei den Studenten auslösen. Wirkliches Interesse fand diese Pflichtveranstaltung mit vorgegebenen Inhalten weder bei den Studenten noch bei Vertretern der Praxis.

Studiendirektor Staatlicher Ehrentitel für einen verdienten Lehrer an einer ↑ Fachschule.

Studienjahr 1. Dem Schuljahr vergleichbarer Zeitraum als fester zeitlicher Abschnitt eines Studiums. Die Lehrveranstaltungen an den Universitäten, ↑ Hoch- und Fachschulen fanden jeweils von September bis Juni statt, wobei eine Einteilung in Herbst- und Frühjahrssemester (nicht in Winter- und Sommersemester) erfolgte. Das Studium wurde aber nicht nach Semestern, sondern nach Studienjahren bemessen, für jedes Studienjahr waren staatlich verbindlich die Lehrveranstaltungen und Prüfungen festgelegt.
2. Alle Studenten aus ↑ Seminargruppen einer Fachrichtung ein und desselben Ausbildungsjahres. * das dritte Studienjahr Zahnmedizin trifft sich um 9 Uhr vor der Universität
3. Kurzf. für ↑ FDJ-Studienjahr

Studienrat Staatlicher Ehrentitel für einen verdienten Lehrer an einer ↑ allgemeinbildenden Schule, der bereits den Titel ↑ Oberlehrer verliehen bekommen hatte.

Stützpunkt Kurzform für die Zusammensetzungen mit dem Grundwort -stützpunkt.

-stützpunkt Grundwort, das sich in Zusammensetzungen mit Substantiven auf eine besondere Art von Versorgungs- oder Dienstleistungseinrichtung bezog. Gebräuchlich waren Zusammensetzungen wie: Getränke-, Reparatur-, SERO-

Subbotnik /nach russ. Vorbild/ Unbezahlter Arbeitseinsatz, der in der Freizeit geleistet wurde und als freiwillig galt. Er wurde von den Gewerkschaften auf Veranlassung der ↑ SED gemeinsam mit den Betriebsleitungen organisiert, die Nichtteilnahme sah man als Ausdruck unkollegialer, gesellschaftlich negativer Einstellung an. Das Wort Subbotnik war von dem russischen Wort Subbota (Sonnabend) abgeleitet, weil die ersten solcher Arbeitseinsätze in der jungen Sowjetunion an Sonnabenden stattgefunden hatten. Die Erlöse der Einsätze in den Betrieben kamen in der Regel dem ↑ Solidaritätsfonds des ↑ FDGB zugute.
Z.: „Auf dem Weg der Freundschaft fand auch die Woche der sozialistischen Pionierhilfe statt. Sie begann für die 16 Pionier- und die 6 FDJ-Gruppen mit einem Subbotnik." Trommel 22/1985, 3

subjektiver Faktor Nach marxistisch-leninistischer Auffassung der als Angehöriger einer bestimmten Klasse oder sozialen Gruppe bewußt handelnde Mensch bzw. die von ihm da-

für gebildete Organisation. Revolutionäre Umwälzungen waren nach der Theorie nur möglich, wenn eine entsprechende politisch bewußt handelnde Organisation agierte, für die ↑ sozialistische Revolution sah man eine revolutionäre Partei der Arbeiterklasse als unabdingbaren subjektiven Faktor an. Eine solche Revolution konnte allerdings nur dann erfolgreich sein, wenn auch der notwendige objektive Faktor (Behinderung der Entwicklung der ↑ Produktivkräfte durch die gesellschaftlichen Verhältnisse) sowie eine revolutionäre Situation gegeben waren.

Subversion ↑ Diversion

Sudel-Ede Umgangssprachlich für Karl-Eduard von Schnitzler, der als Redakteur und Moderator der Fernsehsendung ↑ 'Der schwarze Kanal' aufgrund seiner einseitig polemischen Berichterstattung über die Bundesrepublik bei den Fernsehzuschauern unbeliebt war. Vgl. auch: Schnitz

SV ↑ Sozialversicherung

SV-Ausweis ↑ Ausweis für Arbeit und Sozialversicherung

SV-Beitrag /Kurzf. für Sozialversicherungsbeitrag/ Pflichtbeitrag jedes Angestellten oder Arbeiters zur ↑ Sozialversicherung in Höhe von 10% des versicherungspflichtigen Einkommens. Weil dieses gesetzlich auf maximal 600 Mark begrenzt war, belief sich einerseits der Höchstbeitrag auf 60 Mark, andererseits war das die höchste Bemessungsgrenze für Krankengeld ab der siebten Woche im Krankheitsfall (50%) und die Basis der Rentenberechnung.

SVK-Urlaub Scherzhaft gebraucht für erschlichene mehrwöchige Krankschreibung.

T

Tag der ..., Tag des ... 1. Offiziell gebraucht für die jährlich begangenen Ehrentage ausgewählter Berufs- oder sozialer Gruppen. Sie wurden von der Regierung jährlich nach bestimmten Kriterien terminlich festgelegt, z. B. der 'Tag des Bauarbeiters' auf den letzten Sonntag im Juni oder der 'Tag des Chemiearbeiters' stets am zweiten Sonntag im November. Einige Ehrentage fanden auch zu feststehenden Terminen statt, so zum Beispiel der ↑ Tag der Nationalen Volksarmee am 1. März. Anläßlich eines solchen Tages wurden in den betreffenden Betrieben, Schulen oder anderen Einrichtungen Feiern durchgeführt und Auszeichnungen an die Mitarbeiter vergeben. Gebräuchliche Ehrentage waren außerdem u. a. mit festem Datum: Internationaler Tag des Kindes (1. Juni), Tag des Lehrers (12. Juni), Tag der Grenztruppen (1. Dezember), Tag des Gesundheitswesens (11. Dezember), Tag der Deutschen Volkspolizei (1. Juli). Die folgenden Ehrentage hatten kein festes Datum, sondern wurden jeweils auf einen Samstag oder Sonntag in einem bestimmten Monat gelegt: im Februar – Tag der Werktätigen des Post- und Fernmeldewesens, Tag der Mitarbeiter des Handels; im April – Tag des Metallarbeiters; im Juni – Tag des Eisenbahners/Tag der Werktätigen des Verkehrswesens, Tag der Werktätigen der Wasserwirtschaft, Tag der Genossenschaftsbauern und Arbeiter der sozialistischen Land- und Forstwirtschaft, Tag des Bauarbeiters, Tag des Eisenbahners; im Juli – Tag des Bergmanns und Energiearbeiters; im September – Tag der Werktätigen des Bereiches der haus- und kommunalwirtschaftlichen Dienstleistungen; im Oktober – Tag der Werktätigen der Leicht-,

Lebensmittel- und Nahrungsgüterindustrie; im November – Tag des Chemiearbeiters, Tag des Metallurgen. 2. Jährliche Gedenk- und Feiertage aus Anlaß historischer Ereignisse oder internationaler Traditionen: Tag der Ermordung von Karl Liebknecht und Rosa Luxemburg (15. Januar), Internationaler Tag für die Beseitigung der Rassendiskriminierung (21. März), Internationaler Tag der Jugend und Studenten (24. April), ↑ Tag der Befreiung vom Hitlerfaschismus (8. Mai), Tag des freien Buches (10. Mai), Tag der Opfer des Faschismus (14. September), ↑ Tag der Republik (7. Oktober), Tag der Vereinten Nationen (24. Oktober), Tag der Großen sozialistischen Oktoberrevolution (7. November).

Tag der Befreiung /Kurzf. für Tag der Befreiung vom Hitlerfaschismus/ Bis 1967 auch als Feiertag begangener Gedenktag anläßlich des durch die Kapitulation der deutschen Wehrmacht am 8. Mai 1945 besiegelten Zusammenbruchs des Dritten Reiches. Mit diesem Tag sollte der Opfer des zweiten Weltkrieges, besonders der gefallenen sowjetischen Soldaten gedacht werden, die einen großen Anteil an der Niederlage des Faschismus hatten.

Tag der Republik ↑ Nationalfeiertag der ↑ DDR, der jährlich am 7. Oktober begangen wurde, dem Tag der Gründung der DDR im Jahre 1949. S: Republikgeburtstag; vgl. auch Nationalfeiertag

Tagesvisum Einreiseberechtigung für Bürger der Bundesrepublik in gesetzlich bestimmte Grenzkreise der ↑ DDR, die nur einen Tag galt und unmittelbar an der Grenzkontrollstelle ausgestellt werden konnte. Tagesvisa wurden nur den Bewohnern grenznaher Regionen im Rahmen des sog. kleinen Grenzverkehrs sowie zum Besuch von Ostberlin ausgestellt.

Taigaschreck ↑ Taigawolf

Taigatrommel ↑ Taigawolf

Taigawolf Umgangssprachlich für eine ziemlich laute, aus der Sowjetunion eingeführte Diesellokomotive. S.: Taigatrommel, Taigaschreck

Tal der Ahnungslosen Vom Volke geprägte Bezeichnung für den Raum Dresden und die Oberlausitz, wo man kein Westfernsehen und nur sehr schwach einige westliche Rundfunkstationen empfangen konnte. Die Menschen dort waren somit auf die Aussagen der DDR-eigenen Medien angewiesen.

Talente- *auch* ♦**Talent-** Bestimmungswort, das sich in Zusammensetzungen mit Substantiven auf das Entdecken, Entfalten und Fördern von jungen Menschen bezog, die auf irgendeinem Gebiet eine herausragende, überdurchschnittliche Begabung erkennen ließen. Gebräuchlich waren Zusammensetzungen mit Substantiven wie: -bude, ♦-findung, ♦-förderung, ♦-schmiede, ♦-suche, -test, -werkstatt

Talonverpflegung /o. Pl./ Häufig praktiziertes Verfahren des staatlichen Reisebüros oder des gewerkschaftlichen Feriendienstes, bei dem der Urlauber für mindestens eine Mahlzeit täglich einen Gutschein über einen bestimmten Betrag erhielt. Dieser wurde von Gaststätten in der näheren Umgebung, die unter Vertrag mit dem Reiseveranstalter standen, als Bezahlung akzeptiert. Bei Auslandsreisen vermied der Staat damit die Auszahlung von ↑ Devisen, die der Urlauber auch anders hätte verwenden können. Bei ↑ Inlandsreisen wurde der Urlauber so nicht gezwungen, ausschließlich in einem bestimmten Ferienheim oder Hotel zu essen, obwohl während der großen Ferien in den Urlaubsgebieten die Suche nach

freien Gaststättenplätzen oftmals sehr mühsam war.

Tanzschaffende ↑ -schaffende

Tätigkeit ↑ gesellschaftliche Tätigkeit

technisch-ökonomisch Konzeptionen oder Handlungsanleitungen bezeichnend, in denen wirtschaftliche und technische Probleme im Zusammenhang behandelt sowie die zur Realisierung solcher Konzeptionen notwendigen Handlungen dargestellt wurden. In der Wirtschaftspraxis häufig benutzt in Verbindungen wie: * technisch-ökonomische Analyse, Konzeption; technisch-ökonomischer Projektteil

technisch-organisatorische Maßnahme /Kurzf.: TOM/ Zur Erfüllung des Planes Wissenschaft und Technik in den Betrieben vorzunehmende technologische oder organisatorische Veränderung, mit deren Hilfe die Arbeitsabläufe in ↑ Produktion und Versand zweckmäßiger gestaltet und die Arbeitsbedingungen verbessert werden sollten. Allerdings durften für diese in einem gesonderten Plananteil ausgewiesenen Vorhaben keine Investitionsmittel in Anspruch genommen und in der Regel nur betriebseigene Kapazitäten eingesetzt werden. Der Effekt dieser Maßnahmen war oft gering, da häufig hochqualifizierte Arbeitskräfte wegen des Mangels an Investitionsmitteln praktisch zu Bastelarbeiten verpflichtet wurden.

technisches Kabinett Speziell für die Lehre, aber auch die Beratung von Besuchern eingerichteter Raum in Betrieben, Berufsschulen und in Ausbildungsstätten der ↑ NVA, in dem wichtige technische Prinzipien und Vorgänge anhand von Schautafeln, Modellen oder technischen Mustern plastisch dargestellt wurden.

Teilnehmerheft Heft, das vollständig ausgefüllt von jedem Schüler vor Antritt der Fahrt in ein ↑ Ferienlager oder vor Beginn der ↑ Ferienspiele vorgelegt werden mußte. Es wies alle bis zu diesem Zeitpunkt erfolgten Impfungen, eine von einem praktischen Arzt innerhalb der letzten zwei Jahre vorgenommene Untersuchung, mit der die Ferienlagertauglichkeit des Schülers bestätigt wurde, und eine Erklärung des Klassenlehrers, daß in den letzten vier Wochen in der Klasse keine ansteckenden Krankheiten aufgetreten waren, aus. Außerdem enthielt es die schriftliche Erlaubnis der Eltern, daß das Kind während seines Aufenthalts im Ferienlager oder bei den Ferienspielen am Schwimmen, Wandern und Radfahren teilnehmen durfte, um den Veranstalter auch rechtlich bei Unfällen abzusichern.

Tele-Tip Ratgebersendung im DDR-Fernsehen, die sich harmlosen, in keinem Falle politischen Themen widmete.

Telespargel Offiziell geprägte Bezeichnung für den ↑ Berliner Fernsehturm, die aber von den Ostberlinern nicht angenommen wurde und nur in Rundfunk und Presse sprachüblich war.

Television In der ↑ DDR generell in der Langform gebrauchtes Wort, um sich von dem in der Bundesrepublik üblichen Anglizismus TV sprachlich abzugrenzen.

Tempo In der Propagandasprache der ↑ SED gebräuchlich im Sinne von (O-Ton:) ʼimmer höhere Leistungen zu Ehren der DDR erbringenʼ. V. a. in offiziellen Äußerungen zur wirtschaftlichen Entwicklung. * das Tempo anziehen, bestimmen, vorlegen

Termin- Bestimmungswort, das sich in Zusammensetzungen mit Substantiven oftmals auf einen im sozialistischen ↑ Plan genau festgelegten Zeitpunkt bezog. Gebräuchlich waren Zusammensetzungen wie: -plan, -schwierigkeiten, ↑ -treue, -vergabe, -verlegung, -vorsprung

Termintreue Häufig in der ↑ Propaganda, v. a. in der Presse verwendet für die termingerechte Einhaltung und Erfüllung des vorgegebenen staatlichen Planes in der sozialistischen ↑ Produktion.

territorial Nicht nur das Staatsgebiet der ↑ DDR, sondern im jeweiligen Zusammenhang auch das Gebiet einer Stadt, eines Kreises oder eines Bezirkes betreffend. Dieses Wort wurde offiziell bewußt anstelle des in der Bundesrepublik üblichen Wortes ʼregionalʼ verwendet.

Territorial- Bestimmungswort, das sich in Zusammensetzungen mit Substantiven auf den örtlichen Geltungsbereich der Vorschriften der ↑ DDR oder auf eine übergreifende regionale Betrachtung bezog. Gebräuchlich waren Zusammensetzungen wie: -entwicklung, -forschung, -geschichte, ↑ -planung, ↑ -prinzip, ↑ -struktur der Volkswirtschaft, -wissenschaft

Territorialplanung Offizieller (auch in Gesetzen verwendeter) Terminus für den Teil der Volkswirtschaftsplanung, der darauf gerichtet war, die Betriebe unterschiedlicher Branchen und Zweige auf die ↑ Bezirke und ↑ Kreise so zu verteilen, daß eine möglichst ausgewogene Wirtschaftsstruktur in allen Regionen entstand. Zugleich sollte in allen Territorien die Entwicklung der Infrastruktur vorangetrieben werden. Ziel der Territorialplanung war es, die Möglichkeiten der jeweiligen Region, z. B. Arbeitskräfteangebot, Bodenschätze, vorhandene und noch nicht ausgelastete Infrastruktur, zu nutzen. V. a. sollten durch ausgewogene Standortpolitik die jeweilige Wirtschaftsstruktur verbessert und einseitige Abhängigkeiten von bestimmten Industriezweigen vermieden werden. Die Territorialplanung erzielte aber unter dem Druck fehlender Investitionsmittel wenig positive Ergebnisse, vielmehr setzte sich eine starke Dominanz einzelner Wirtschaftszweige (Chemie, Braunkohlenförderung, Schiffbau u. a.) in den Regionen durch. Das Ziel einer ausgewogenen Verteilung wirtschaftlicher Aktivitäten wurde niemals erreicht.

Territorialprinzip Gemeinsam mit dem ↑ Produktionsprinzip eines der wesentlichen Prinzipien der Leitung des Staates. Es sollte durch die regionale Gliederung staatlicher Verwaltungen in Bezirken und Kreisen die Bedingungen dafür schaffen, daß sich die Regionen und Ortschaften planmäßig entwickeln und die Betriebe die für sie notwendigen Rahmenbedingungen (z. B. Berufsverkehr, Wohnraum) vorfinden. Das Territorialprinzip führte in der Praxis v. a. der Parteileitungen (SED-Kreis- und Bezirksleitungen) zu einer Regierungstätigkeit mit sehr autoritären Zügen, die oftmals auf die Person des jeweiligen Ersten Sekretärs der Bezirks- und Kreisleitung als des „Landes- oder Ortsfürsten" fixiert war.

Territorialstruktur der Volkswirtschaft Terminus der Volkswirtschaftsplanung für die räumliche Gliederung der ↑ Volkswirtschaft, insb. die Standortverteilung der Betriebe der einzelnen Wirtschaftszweige und -branchen. Die Territorialstruktur der Volkswirtschaft hatte historische Wurzeln. Durch nachhaltige willkürliche Eingriffe der Parteiführung auf dem Weg über die Volkswirtschaftsplanung wurde in vielen Regionen eine industrielle Monokultur (z. B. Stahlherstellung in der südlichen Uckermark, Braunkohlenförderung und -verstromung in der Lausitz) geschaffen und damit die wirtschaftliche Lebensfähigkeit schwer geschädigt.

TGL /Kurzf. für Technische Normen, Gütevorschriften und Lieferbedingungen/ Symbol für einen staatlichen DDR-Standard. Diese technische Standardbestimmung war zunächst als Alternative zur Deutschen Industrienorm (DIN) der Bundesrepublik gedacht. Um die internationale Verkaufsfähigkeit technischer Artikel aus der ↑ DDR zu erhalten, entwikkelten sich die TGL in der Regel inhaltlich parallel zu den DIN. Dem standen allerdings oftmals die Forderungen des Hauptabnehmers Sowjetunion nach Anpassung an seine Normen (GOST) entgegen. Die TGL wurden vom staatlichen Amt für Meßwesen als Norm mit Gesetzescharakter erlassen. Ihre Nichtanwendung setzte eine staatliche Sondergenehmigung voraus.

Thälmannpionier Bezeichnung für Schüler der 4. bis 7. Klasse, die Mitglied der ↑ Pionierorganisation „Ernst Thälmann" waren.

Theaterschaffende ↑ -schaffende

Themenplan Verzeichnis der in regelmäßigen (zumeist monatlichen) Versammlungen zu behandelnden politischen Themen. Themenpläne wurden sowohl von der ↑ SED und anderen Parteien für das ↑ Parteilehrjahr, von der ↑ FDJ und vom ↑ FDGB für monatliche Schulungen aller Mitglieder, aber auch von den politischen Verwaltungen der ↑ NVA und anderer Sicherheitsorgane für jeweils ein Ausbildungsjahr herausgegeben. Im Themenplan wurde bereits eine Richtlinie für den gewünschten Verlauf der Diskussion und die dabei zu verwendenden politischen Argumentationen vorgegeben.

tiefgreifend In der ↑ Propaganda häufig gebrauchtes Wort für sich angeblich zugunsten des ↑ Sozialismus entwickelnde gesellschaftliche Veränderungen. Gebräuchlich waren Verbindungen wie: * tiefgreifende Veränderungen in den menschlichen Beziehungen in der DDR; ein tiefgreifender Wandel des gesellschaftlichen Bewußtseins, der vorhandenen Produktionsprozesse

Tierproduktion Terminus der ökonomischen Wissenschaften, der zunehmend auch in die ↑ Propaganda übernommen wurde, zur Bezeichnung landwirtschaftlicher Produktion, die allein auf die Tierhaltung bezogen war. In dieser Begriffsbildung sollte der Übergang zur industriellen Arbeitsweise in der Landwirtschaft auch im Hinblick auf die Tierhaltung verdeutlicht werden.

Timur- Bestimmungswort, das sich in Zusammensetzungen mit Substantiven auf die in der ↑ Pionierorganisation propagierte und besonders in den fünfziger und sechziger Jahren von den Pionieren auch mitgetragene Timurbewegung bezog. Grundgedanke dieser Bewegung, die auf das von Arkadi P. Gaidar 1940 geschriebene sowjetische Kinderbuch „Timur und sein Trupp" zurückgeht, war die aktive Hilfe von Pionieren gegenüber älteren oder kranken Menschen. Ein bißchen sollte das auch ein Gegenstück zur amerikanischen Pfadfinderbewegung „Jeden Tag eine gute Tat" sein. Gebräuchlich waren Zusammensetzungen wie: -bewegung, -einsatz, -helfer, -hilfe, ↑ -trupp, -zentrale
Z.: „Die FDJlerin Anett Schmidt aus Dresden sprach von ihren Erfahrungen: 'Es kam vor, daß sich viele Timurs um ein und den selben Menschen kümmern wollten'." Trommel 18/1985, 6

Timurtrupp Meist eine Gruppe von ↑ Pionieren, die in ihrer Freizeit für ältere oder pflegebedürftige Menschen nützliche Arbeiten (z. B. einkaufen, Kohlen holen) verrichteten und dies meist im Rahmen eines ↑ Pionierauftrages leisteten.

Titelkampf Offizelle Bezeichnung für einen in den Betrieben oder Einrichtungen geführten Wettbewerb um den Ehrentitel ↑ „Kollektiv der sozialistischen Arbeit", der als Auszeichnung jährlich an einige tausend Arbeitskollektive vergeben wurde. Um diesen Ehrentitel zu bekommen, mußte ein ↑ Kampfprogramm erarbeitet und verteidigt werden, in dem sich die Mitarbeiter (O-Ton:) 'zu höchsten Leistungen bei der Planerfüllung, zu hoher Arbeitsmoral und

guter Arbeitsdisziplin verpflichteten' und versprachen, 'das geistig-kulturelle Niveau des Kollektivs zu heben'. Es war auch üblich, außerdem einen Titelkampf um den Ehrentitel ↑ „Kollektiv der deutsch-sowjetischen Freundschaft" zu führen. Hier mußten dann im ↑ Kampfprogramm besondere freundschaftliche Beziehungen zur Sowjetunion nachgewiesen werden. Es reichte aber schon aus, wenn man dies durch den Besuch einer Ausstellung im Haus der ↑ DSF oder durch einen Nachmittag in einer sowjetischen Teestube oder Gaststätte zum Ausdruck brachte.

TOM ↑ technisch-organisatorische Maßnahme

Tonmöbel Bezeichnung, v. a. in den fünfziger und sechziger Jahren, für alle Klang erzeugenden „Möbelstükke" wie Radios, Fernseher und Plattenspieler.

Tonnenideologie Bezeichnung für eine bei sehr vielen Partei- und ↑ Staatsfunktionären verbreitete Haltung, die Erfolge, v. a. in der ↑ Produktion, allein in großen Mengenergebnissen sahen, ohne die (zumeist völlig ungenügende) Qualität zu berücksichtigen. Die Bezeichnung hat ihren Ursprung in einer Forderung Stalins, mit vielen Tonnen produzierter Waren die USA zu überholen.

Totalvision Spezielles Verfahren zur Aufnahme und Projektion von Breitwandfilmen, international unter dem Namen Cinemascope bekannt. Es wurde in der ↑ DDR ↑ Totalvision genannt, um den internationalen rechtlichen Markenschutz zu umgehen und die daraus erwachsenden Lizenzgebühren zu sparen.

Trabant Offizielle Bezeichnung für das meistgekaufte DDR-Auto, den im „VEB Sachsenring Zwickau" hergestellten Kleinwagen „Trabant". Das wenig komfortable Fahrzeug mit einer Duroplastkarosse und kleinem Zweitaktmotor wurde fast dreißig Jahre ungeachtet wesentlicher Ent-

wicklungen im internationalen Fahrzeugbau in unveränderter Konzeption gebaut und erhielt deshalb im Laufe der Zeit verschiedene spöttische Bezeichnungen. S.: Asphaltblase, Hutschachtel, Karton de Blamage, Leukoplastbomber, mechanische Gehhilfe, Pappe, Plastikbomber, Plastikpanzer, Rennpappe, Rundgelutschter, Trabbi, überdachte Zündkerze, westsächsischer Lumpenpreßling;
W.: Ein Amerikaner hört, daß der Preis für einen Trabant etwa 13 000 Mark beträgt, hält das für sehr preiswert und gibt eine schriftliche Bestellung ab. Die Bestellung wird in weniger als 4 Wochen realisiert, und der Trabant kommt bei dem Amerikaner an. Dieser ist von dem Service ganz angetan, ruft seinen Freund an und sagt: „Stell dir vor, John. Sie haben mir doch ohne Aufforderung ein Modell geschickt. Wie gespannt bin ich jetzt erst auf das Auto!"

Trabbi Spöttisch bis liebevoll von der Bevölkerung gebrauchte Bezeichnung für ↑ Trabant. Da man in der ↑ DDR bis zu 15 Jahre auf einen Trabant warten mußte, war man froh, endlich stolzer Besitzer eines solchen Gefährts zu sein. Dementsprechend war die Einstellung zum Auto, man sprach häufig von ihm als ´unser Trabbi`.
W.: Treffen sich zwei Freunde, sagt der eine: „Du, den Trabbi kannste jetzt in Dresden sofort kaufen." Darauf sein Freund zweifelnd: „Das kann doch nicht sein!" Antwort: „Doch, du mußt dich bloß in Rostock anstellen!"
W.: Warum kann der Trabbi nicht schneller als 100 kmh fahren? Wenn er das könnte, müßte er Galoppi heißen!

Traditions- Bestimmungswort, das sich in Zusammensetzungen mit Substantiven auf eine in Betrieben, Schulen und anderen Institutionen, aber auch in Truppenteilen der ↑ NVA geschaf-

fene ausstellungsartige Einrichtung bezog. Diese war dem Gedenken an die Geschichte der revolutionären Arbeiterbewegung, an den antifaschistischen Widerstandskampf oder an die diesen Einrichtungen den Namen gebenden Persönlichkeiten gewidmet. Sie sollte die enge Verbundenheit mit den o. g. Ideen dokumentieren sowie die Tradition der eigenen Einrichtung dazu in Bezug setzen. Gebräuchlich waren Zusammensetzungen wie: -ecke, -kabinett, -raum, -zimmer

Traglufthalle Aus wetterfesten Folien oder zeltähnlichem Stoff bestehende Halle, die durch ständiges Einblasen von Druckluft ohne sonstige Stützen aufrecht gehalten wurde. Damit der Überdruck erhalten blieb, waren deren Ausgänge wie Schleusen konstruiert. Traglufthallen wurden wegen des Mangels an Baukapazitäten massenhaft auch für weniger geeignete Zwecke wie die Durchführung von Veranstaltungen oder die Aufbewahrung von Obst- und Gemüse eingesetzt. S.: Tragluftzelt

Tragluftzelt ↑ Traglufthalle

Trainingszentrum /Kurzf.: TZ/ Einrichtung im Rahmen des Sportförderungssystems der ↑ DDR. Die Trainingszentren dienten als Vorbereitung und Talentereservoir für den Spitzensport. In diesen staatlich finanzierten Leistungszentren für eine bestimmte Sportart wurden begabte Kinder, die sich zuvor bereits durch sehr gute sportliche Leistungen ausgezeichnet hatten, intensiv trainiert. Damit solten sie auf den Besuch der Kinder- und Jugendsportschule (meist ab Klasse 8) vorbereitet werden.

Traktorist /nach russ. Vorbild/ Berufsbezeichnung für jemand, der einen Traktor fährt. Der Traktorist galt als Prototyp des Arbeiters auf dem Lande und wurde deshalb in ↑ Agitation und Propaganda vielfach als Muster für das Zusammenwachsen von Arbeiterschaft und Bauern in der sozialistischen Landwirtschaft dargestellt. Dazu auch: Traktoristin

Tränenpavillon Vom Volke geprägte Bezeichnung für eine verglaste Halle der Grenzübergangsstelle am Bahnhof Friedrichstraße im Ostteil Berlins. Hier mußten sich Ostberliner von ihrem West-Besuch verabschieden, bevor dieser, nach Passieren der Grenzkontrolle, mit S- und U-Bahn wieder in den Westteil der Stadt zurückkehrte.

Transfer-Rubel /Kurzf. für transferabler Rubel/ Bezeichnung für die Werteinheit des multilateralen Verrechnungssystems bei Lieferungen zwischen Unternehmen der ↑ RGW-Länder. Mit seiner Hilfe wurden die Schwierigkeiten der fehlenden Konvertierbarkeit der Währungen im Ostblock zumindest für den blockinternen Handel ausgeschaltet. Die Verrechnung erfolgte über ein gemeinsames Bankinstitut der RGW-Staaten in Moskau (Internationale Bank für wirtschaftliche Zusammenarbeit). Der Transfer-Rubel wurde nicht als Münze oder Geldschein ausgegeben.

Transparent Besonders zu bestimmten Feiertagen (↑ Tag der Rebublik, 1. Mai) überall in Erscheinung tretende politische Werbung, die die Verbundenheit des Volkes mit ↑ Partei und Regierung unterstreichen sollte. Die auf den Transparenten propagierten Losungen waren nicht spontan, sondern entweder vom ↑ ZK der SED ausdrücklich vorgeschrieben oder zumindest genehmigt. Wegen ihrer gestelzten Sprache und lebensfremden Inhalte bewirkten sie zumeist Gegenteiliges. Vgl. auch Sichtagitation

Transportpolizei ↑ Trapo

Trapo /Kurzf. für Transportpolizei/ Umgangssprachlich für den Dienstzweig der ↑ Volkspolizei, der für die Sicherheit auf den Bahnhöfen und Anlagen der ↑ Deutschen Reichsbahn zuständig war. Seine Hauptaufgabe bestand in der Kontrolle der Reisenden, besonders im grenzüberschreitenden Verkehr. Die Trapo war auch für die Einhaltung von Sicherheitsbestimmungen im Bahnverkehr, die Aufklärung von Straftaten im Bereich der Bahnanlagen und die Unterbindung von Störungen der öffentlichen Ordnung (z. B. durch Randalierer) in den Bahnhöfen und Zügen zuständig.

Trasse /Kurzf. für Drushba-Trasse; nach russ. Vorbild/ Erdgas- oder Erdölleitung bzw. die dazugehörigen Objekte, die unter Beteiligung der ↑ DDR und anderer Länder des ↑ RGW insb. in Rußland und der Ukraine gebaut wurde. Gebräuchliche Verbindungen waren: * an die Trasse gehen; an der Trasse arbeiten; an der Trasse zu Gast sein
Z.: „Seit zwei Jahren schreiben wir uns mit einer Brigade aus der DDR, die in der Sowjetunion an der Trasse arbeitet." Trommel 16/1985, 15

Trassenbauer Jemand, der am Bau der ↑ Trasse beteiligt war. Die Trassenbauer sollten möglichst Mitglieder der ↑ FDJ sein, sie erhielten eine große Anzahl zusätzlicher Vergütungen und Vergünstigungen, z. B. kurzfristige PKW-Zuteilungen, bevorzugte Wohnungsvergabe, sehr hohe Löhne, im Inland unbekannte Erschwerniszulagen, Gutscheine zum Einkauf in Devisenläden. Dennoch blieb wegen ungenügender Ausstattung mit Material, Maschinen und Werkzeugen, mangelhafter Organisation und v. a. geringer Motivation der Mitarbeiter die Produktivität der Trassenbauer weit unter dem internationalen Niveau.

-treff Grundwort, das sich in Zusammensetzungen mit Substantiven auf Räumlichkeiten bezog, in denen sich bestimmte Personengruppen zusammenfanden. Gebräuchlich waren Zusammensetzungen wie: Jugend-

(↑ Jugendklub), Rentner-, Schüler-, Veteranen-

Treuebruch ↑ landesverräterischer Treuebruch

Treueprämie In einigen ausgewählten, als besonders wichtig geltenden Wirtschaftszweigen gezahlte Zuwendung an Mitarbeiter, die über längere Zeit bereits im Unternehmen tätig waren. Trotz der Treueprämie gelang es nicht, die zu hohe Arbeitskräftefluktuation zu reduzieren.

Triebkraft /vow. Pl./ Begriff des ↑ Marxismus-Leninismus, der sehr oft in der ↑ Propaganda der ↑ SED verwendet wurde. Er sollte den Eindruck vermitteln, daß durch die kluge Politik der SED die Vorwärtsentwicklung des ↑ Sozialismus unaufhaltsam war. Tatsächlich bezeichnete dieses Wort die simple Tatsache, daß das Handeln der Menschen von ihren Interessen bestimmt wird und daß deshalb die staatliche Politik diese Interessen berücksichtigen muß, um die Menschen in ihrem Sinne zu aktivieren. So wurde auch, durch den Verweis auf das Profitinteresse als Triebkraft im ↑ Kapitalismus, durch die SED erklärt, warum es in den entwickelten westlichen Staaten trotz „absterbender Gesellschaftsordnung" viele wirtschaftliche, wissenschaftliche und künstlerische Entwicklungen gab.

Trinkröhrchen Offiziell für Strohhalm, Trinkhalm.

Trommel Wochenzeitung der ↑ Pionierorganisation, die auf die Kinder ab Klassenstufe 4 orientiert war. Viele Lehrer benutzten sie im Unterricht zur Vermittlung politischer Themen. Nach der Wende unter dem Titel „Siehste" zunächst als Zeitung für Kinder ab 10 Jahre mit neuem, anspruchsvollen Profil recht erfolg-reich, wurde sie nach lange verzögerter und schließlich fehlgeschlagener Privatisierung eingestellt.

Truppe 1. Umgangssprachlich positive Bezeichnung für eine Gruppe von Menschen im Arbeits- oder Freizeitbereich, die gemeinsame Interessen und ein gewisses Zusammengehörigkeitsgefühl verband. Gebräuchlich waren Verbindungen wie: * er gehört zu unserer Truppe; unsere Truppe war gemeinsam im Kino; wir sind eine dufte Truppe
2. Unter (ehemaligen und aktiven) Berufssoldaten und Offizieren Bezeichnung für ihre militärische Diensteinheit.

Tschekist der DDR /nach russ. Vorbild/ Ausschließlich im offiziellen Sprachgebrauch verwendete, ehrenvoll gemeinte Bezeichnung für Mitarbeiter des ↑ MfS. Sie ist abgeleitet von der Bezeichnung der sowjetrussischen Geheimpolizei, die mit den kyrillischen Buchstaben ʹtscheʹ und ʹkaʹ abgekürzt wurde.

Turn- und Sportfest der DDR In mehrjährigen Abständen in Leipzig unter Schirmherrschaft des Staatsratsvorsitzenden durchgeführte Massenveranstaltung des Deutschen Turn- und Sportbundes der ↑ DDR, die sich v. a. durch prachtvolle und aufwendige Schaubilder auszeichnete. Die Turn- und Sportfeste sollten die Lebensfreude der DDR-Bürger ausdrücken und v. a. die Aktivität der Jugend auf den Sport lenken. Sie erreichten jedoch nie wirkliche Popularität, sondern blieben ein Spektakel vorwiegend für ↑ Funktionäre.

Typus ↑ Partei neuen Typus
TZ 1. Kurzform für ↑ Trainingszentrum.
2. Unterrichtsfach „Technisches Zeichen" in der ↑ Oberstufe der allgemeinbildenden Schulen.

U

Überbau ↑ Basis und Überbau

übererfüllen Mehr produzieren, als laut ↑ Plan vorgesehen ist * einen Plan, das Soll übererfüllen; dazu auch: Übererfüllung, /häufig formelhaft/ die Erfüllung und Übererfüllung der Pläne

überholen ohne einzuholen Unter Walter Ulbricht in den sechziger Jahren ausgegebene und nach relativ kurzer Zeit wieder zurückgezogene propagandistische Losung, nach der die ↑ DDR ihre Wirtschaftskraft in einem Maße steigern würde, daß sie die Bundesrepublik hinter sich läßt, ohne ihr in den negativen Seiten (z. B. Ausbeutung, Drogenmißbrauch, Nationalismus) ähnlich zu werden.

W.: Der Kapitalismus steht am Rande des Abgrunds, aber der Sozialismus ist ihm einen Schritt voraus.

Übergangsperiode Nach der Revolutionstheorie des ↑ Marxismus-Leninismus die Zeit des Aufbaus der Grundlagen des ↑ Sozialismus. Sie ist davon gekennzeichnet, daß die ↑ Arbeiterklasse über ihre ↑ Partei bereits die uneingeschränkte politische Macht ausübt, jedoch bestehen in vielen gesellschaftlichen Bereichen und im Denken der Menschen noch Elemente des ↑ Kapitalismus fort (z. B. Privateigentum an Produktionsmitteln bei Handwerkern, elitäre Kunstzirkel, egoistisches Streben nach Reichtum). Nachdem die Übergangsperiode ursprünglich mit der Herstellung der Grundlagen des ↑ Sozialismus abgeschlossen sein sollte, setzte sich in den siebziger Jahren die Auffassung durch, daß sie eine längere historische Zeit bestehen würde und erst dann abgeschlossen wäre, wenn der als erste Stufe des ↑ Kommunismus verstandene ↑ Sozialismus vollendet ist.

Überleitungsvertrag Besonderer, im ↑ AGB geregelter Typ des Arbeitsvertrages, der die Bedingungen für den Wechsel eines Berufstätigen in einen anderen Betrieb ohne Unterbrechung des Arbeitsverhältnisses regelte. Er war dann zwingend abzuschließen, wenn der bisherige Betrieb wegen ↑ Rationalisierung oder Umstrukturierung eine Weiterbeschäftigung nicht ermöglichen konnte und er deshalb seiner Rechtspflicht nachkam (ggf. mit Unterstützung des ↑ Amtes für Arbeit), eine andere angemessene Arbeit in einem anderen Betrieb anzubieten. Die bisherigen Lohn- und Urlaubsansprüche waren ebenso wie die sich aus der bisherigen Betriebszugehörigkeit ergebenden Vergünstigungen weiter zu gewähren. Erst im Falle der Ablehnung eines angemessenen Überleitungsvertrages durfte der Betrieb mit Zustimmung der ↑ Gewerkschaftsleitung fristgemäß kündigen.

Überplanbestand /vorw. Pl./ Bestand an Produkten, der die im ↑ Plan festgelegte Höhe des zulässigen Lagerbestandes überstieg. Solche Bestände wurden z. B. durch nicht ↑ bedarfsgerechte, qualitativ minderwertige und infolgedessen nicht absetzbare Produkte verursacht.

Überzeugungsarbeit /o. Pl./ Propagandistische Arbeit seitens des Staates, der Parteien und ↑ Massenorganisationen mit dem Ziel, Menschen dazu zu bringen, etwas im gesellschaftlichen Interesse liegendes zu tun und als richtig und notwendig anzuerkennen, z. B. Qualifizierung am Arbeitsplatz, die Übernahme einer bestimmten ↑ Funktion, einer Arbeit im Schichtrhythmus.

Z.: „Unsere Überzeugungsarbeit fiel auf fruchtbaren Boden. Die Jugendbrigade „Georgi Dimitroff" wandte sich mit einem Aufruf zur Weiterführung des sozialistischen Wettbewerbs anläßlich des 30. Jahrestages der Befreiung an alle Kollegen des Betriebes." Neuer Weg 1/1975, 18

Ulbrichts Wucherbude ↑ Uwubu

Ultra /Pl./ ↑ Bonner Ultras

Umlaufmittel /Pl./ Bezeichnung für die Gesamtheit der im Produktionsprozeß und Zirkulationsprozeß befindlichen materiellen und finanziellen Mittel. Dazu gehörten u. a. Materialbestände, unvollendete Produktion, Arbeitsgegenstände und geringwertige Arbeitsmittel, Forderungen aufgrund von Warenlieferungen, Bankguthaben und Kassenbestände. Um durch schnellen Umlauf dieser Mittel den Produktions- und Verteilungsaufwand zu senken, wurden die zulässigen Umlaufmittel für jeden volkswirtschaftlichen Bereich und jeden Betrieb als ↑ Plankennziffer vorgegeben (und damit begrenzt), zugleich sollte eine besondere Abgabe auf die Umlauffonds in der ↑ Produktion (↑ Produktionsfondsabgabe) als ↑ ökonomischer Hebel in diese Richtung wirken. Dies gelang jedoch nicht, weil die Produktionsfondsabgabe als Kostenfaktor für sich planbar war und alle Betriebe wegen der Mangelversorgung mit Maschinen und Material bestrebt waren, möglichst große Vorräte anzulegen.

umrubeln Umgangssprachlich für Geld einer Währung in das einer anderen Währung umtauschen. Angespielt wurde auf den Rubel, die sowjetische Währungseinheit, da DDR-Bürger nur Geld für Urlaubsreisen in sozialistische Länder tauschen konnten.

Umsiedler Offiziell gebrauchtes Wort für diejenigen Menschen, die durch die Auswirkungen des Krieges ihre eigentliche Heimat verlassen und sich irgendwo neu ansiedeln mußten. Im Gegensatz zu der ein Unrecht implizierenden bundesdeutschen Bezeichnung Vertriebene(r) sollte diese Benennung die Akzeptanz der im Er-

gebnis des zweiten Weltkrieges entstandenen Grenzen in Europa dokumentieren.
Z.: „Die Umsiedler waren von den Auswirkungen des faschistischen Raubkrieges besonders hart betroffen. In fremder Umgebung, notdürftig untergebracht, war es für sie schwer, sich zurechtzufinden, Stimmungen der Verzweiflung Herr zu werden, den Blick nach vorn zu richten." Geschichte der DDR, S. 32

Unionsfreund Bezeichnung für ein Mitglied der ↑ CDU der DDR, auch Form der Anrede der Mitglieder untereinander.

unser In Verbindung mit Bezeichnungen besonders für die ↑ DDR (* unsere DDR; unser sozialistisches Vaterland) propagandistisch gebrauchtes Wort, mit dessen Verwendung das Ziel verfolgt wurde, durch den Bezug auf Gemeinsamkeiten die innere Einheit des Volkes und die Übereinstimmung zwischen Bevölkerung und Führungsschicht zu verdeutlichen. Gemeinsamkeit sollte auch in den Verbindungen mit Bezeichnungen für die DDR-Bürger (* unsere Menschen; unsere ↑ Werktätigen) zum Ausdruck gebracht werden. Vgl. auch: wir
W.: Wie heißen die drei größten Staaten mit U? USA, UdSSR und unsere DDR.

Unterhaltungskunst Die Gesamtheit der künstlerischen Produktionen, die der Entspannung, der Geselligkeit und dem Vergnügen dienten, z. B. Schlagermusik, Kabarett, Varieté. Weil man auch in diesem Bereich Einfluß auf die Bevölkerung gewinnen wollte, sollte die sozialistische Unterhaltungskunst durch gut ausgebildete Texter, Komponisten und Interpreten neue Inhalte populär vermitteln. Dies wurde als Teil der Klassenauseinandersetzung mit dem ↑ Kapitalismus betrachtet. Um die ↑ führende Rolle der ↑ Partei auch dabei sicherzustellen, sollte die politische Führung und administrative Aufsicht durch ein besonderes ↑ staatliches Organ wahrgenommen werden, das staatliche Komitee für Unterhaltungskunst.

Unterrichtstag in der sozialistischen Produktion ↑ UTP

Untertrikotage /vorw. Pl./ Offizielle Bezeichnung für genähte Unterbekleidung aus gestricktem oder gewirktem Material.

unverbrüchlich Im offiziellen Sprachgebrauch pathetisch gebrauchtes Adjektiv, besonders für einen Typ der Beziehungen zwischen kommunistischen Parteien, sozialistischen Ländern und deren Bevölkerung, der nach den gesellschaftswissenschaftlichen Lehren gesetzmäßig nicht zerstörbar sein sollte. * unverbrüchliche Freundschaft mit der Sowjetunion; unverbrüchliche Treue zur Sache der Arbeiterklasse

URANIA 1954 neugegründete Gesellschaft zur Verbreitung neuster Erkenntnisse und Ergebnisse aus den Natur- und ↑ Gesellschaftswissenschaften sowie aus Kunst, Kultur und Technik, deren Ziel es war, mit Hilfe von populärwissenschaftlichen Vorträgen, Diskussionen, Kursen, Rundfunk- und Fernsehsendungen, Büchern sowie einer gleichnamigen Zeitschrift und des eigenen Verlages einen Beitrag zur sozialistischen Allgemeinbildung zu leisten. Die Publikationen, Fachgruppen und Veranstaltungen erreichten große Teile der Bevölkerung.

Urlaubsvereinbarung Im ↑ Betriebskollektivvertrag enthaltene Vereinbarung über den Zusatzurlaub, der den Mitarbeitern eines Betriebes in dem vom ↑ RKV (Tarifvertrag) eröffneten Umfang innerhalb eines Jahres zustand.

beim **Urschleim** anfangen /Phras./ Umgangssprachlich für etwas umständlich, langatmig, über viele, teilweise auch pseudologische Stufen hinweg erklären oder begründen. * bei seinem Referat hat er beim Urschleim angefangen

UTP /Kurzf. für Unterrichtstag in der sozialistischen Produktion/ Unterrichtsfach in den sechziger und siebziger Jahren, das alle Schüler der Klassenstufen 7 bis 10 in einem ↑ Produktionsbetrieb absolvierten, um praktische Fertigkeiten wie z. B. Bohren, Schleifen zu erwerben und das Arbeitsleben im Betrieb kennenzulernen. Die Betriebe hatten dafür geeignete Ausbildungsräume einzurichten (↑ polytechnisches Kabinett) und speziell ausgebildete Lehrkräfte zur Verfügung zu stellen. Die von den Schülern hergestellten Produkte wurden dem Betrieb bei der ↑ Planerfüllung angerechnet. Vgl. auch: ESP

Uwubu /Kurzf. für Ulbrichts Wucherbude/ Umgangssprachlich abwertende Bezeichnung für ein in den sechziger Jahren eröffnetes Geschäft in Berlin-Mitte, in dem westliche Produkte relativ teuer für DDR-Mark verkauft wurden und das als Vorläufer des ↑ Delikatladens galt.

V

Valuta 1. Gesamtheit der ausländischen Währungen und der auf sie bezogenen Vermögenswerte (konkrete Zahlungsmittel, Schuldverschreibungen wie Scheck und Wechsel, Wertpapiere) sowie Edelmetallbestände. Der Staat verlangte, alle diese Vermögenswerte seiner Kontrolle und Verwaltung zu unterstellen, und zwar unabhängig davon, welchem DDR-Bürger oder -Unternehmen sie gehörten. Ausgehend von dem in der Verfassung geregelten staatlichen Valutamonopol wurden alle DDR-Bürger verpflichtet, ihre Valuten in DDR-Mark (konvertierbare ↑ Devisen seit den siebziger Jahren teilweise auch in ↑ Forumschecks) umzutauschen. Dadurch konnte der Staat über die Valuten seiner Bürger und auch über alle Valutaeinnahmen der Betriebe verfügen. Durch das staatliche Valutamonopol blieben alle DDR-Bürger im Ausland auf die Devisenzuteilungen durch die zuständigen ↑ Staatsorgane angewiesen, d. h., sie waren z. B. bei Westreisen im Grunde mittellos, selbst wenn sie legale Valutaeinnahmen (z. B. aus Patentlizenzen oder Erbschaften) hatten. Nur für einzelne, z. B. Politiker, Wissenschaftler, Künstler oder Sportler, gab es günstigere Bedingungen.
2. In der Umgangssprache abweichend von Valuta (1) gebrauchte Bezeichnung für ausländische, insb. westliche Währungen. S.: umg. Divisen
3. Banktechnischer Begriff für die Wertstellung bei Kontobewegungen, der in der ↑ DDR, im Unterschied zu deutschsprachigen westlichen Ländern, nur einer kleinen Zahl von Spezialisten geläufig war.
Valuta-Mark Fiktive Währungseinheit, die für die Planung und Abrechnung

der ausländischen Handels- und Dienstleistungsbeziehungen geschaffen worden war. Jede Einnahme und Ausgabe in ↑ Devisen wurde nach dem offiziellen Kurs der Staatsbank der DDR in Mark umgerechnet und als Valuta-Mark ausgewiesen. Damit war es möglich, Einnahmen und Ausgaben in unterschiedlichen Währungen vergleichbar zu machen; so konnten z. B. auch ausländische Angebote in unterschiedlichen Währungen verglichen werden.
Vaterländischer Verdienstorden Hohe staatliche Auszeichnung der ↑ DDR, der in drei Stufen (Gold, Silber, Bronze) und als Ehrenspange zum Vaterländischen Verdienstorden in Gold vom Ministerrat der DDR zusammen mit einem Geldbetrag verliehen wurde für (O-Ton:) 'hervorragende Verdienste bei der allseitigen Stärkung und Festigung sowie beim Schutz der DDR, im Kampf um die Sicherung des Friedens, bei der Erhöhung des internationalen Ansehens der DDR sowie in der revolutionären deutschen und internationalen Arbeiterbewegung'. Ausgezeichnet wurden nicht nur Einzelpersonen und ↑ Kollektive, sondern z. B. auch Betriebe, Truppenteile, gesellschaftliche Organisationen oder ↑ Städte und Gemeinden.
VBE ↑ Vollbeschäftigteneinheit
VdgB ↑ Vereinigung der gegenseitigen Bauernhilfe/Bäuerliche Handelsgenossenschaft
VdN /Kurzf. für Verfolgter des Naziregimes/ Durch besonderen Verwaltungsakt als Opfer des Nationalsozialismus anerkannte Person, der eine große Anzahl besonderer staatlicher Leistungen zustand. Neben hohen Renten und der bevorzugten Versorgung (z. B. mit Wohnungen und Kuren) wurden auch die Kinder

der VdN, z. B. bei der Vergabe von Studienplätzen und durch besondere Stipendien, gefördert.

VEB [vau|e:|be:] /Kurzf. für volkseigener Betrieb/ Namensbestandteil aller Unternehmen, die dem Staat gehörten.

VEB Horch und Guck *auch* **VEB Horch, Guck und Greif** Vom Volke geprägte spöttische Bezeichnung für das allgegenwärtige ↑ Ministerium für Staatssicherheit, dessen Arbeitsweise im Volke so beschrieben wurde: Horchen, gucken, greifen. Vgl. auch: Horch und Guck

VEB Paul Greifzu Vom Volke geprägte Bezeichnung für ↑ Ministerium für Staatssicherheit.

VEG /Kurzf. für volkseigenes Gut/ Dem Staat gehörender großer landwirtschaftlicher Betrieb, der zumeist durch Enteignung eines Großbauern oder Rittergutsbesitzers auf besatzungsrechtlicher Grundlage durch die sowjetische Militäradministration in ↑ Staatseigentum übergegangen war. Im Unterschied zu den ↑ LPGs waren die Beschäftigten nicht Miteigentümer.

Verbandsauftrag Auftrag des Jugendverbandes ↑ FDJ an ein Mitglied oder eine Gruppe von Mitgliedern, eine bestimmte Aufgabe über ein Jahr hinweg oder länger zu übernehmen. Die Verbandsaufträge wurden ähnlich wie die ↑ Parteiaufträge behandelt, der ↑ FDJler hatte in der Mitgliederversammlung über den Stand der Erfüllung zu berichten und sich bei Verzögerungen zu verantworten. Inhalt der Verbandsaufträge konnten politische Aufgaben sein (z. B. die regelmäßige Durchführung von gesellschaftswissenschaftlichen Schulungen) oder auch wirtschaftliche (z. B. der Abschluß von Bauarbeiten durch eine ↑ Jugendbrigade).

Verbesserungsvorschlag Umgangssprachlich für ↑ Neuerervorschlag.

Verbundnetzsoße Spöttische Bezeichnung für eine wenig schmackhafte

braune Soße, die in vielen Kantinen und in der ↑ Schulspeisung zu allen Gerichten gereicht wurde und von der man den Eindruck hatte, sie käme aus einer zentralen Soßenringleitung.

Verdienter /in Ehrentiteln der DDR/ Als Attribut in Verbindung mit bestimmten Berufsbezeichnungen Teil einer großen Anzahl (35) von Ehrentiteln, die als staatliche Auszeichnung (verbunden mit einer Geldprämie) verliehen wurden. Die Verleihung erfolgte in der Regel am jeweiligen Ehrentag, z. B. wurde ein 'Verdienter Eisenbahner' am ↑ Tag des Eisenbahners oder ein 'Verdienter Arzt des Volkes' am ↑ Tag des Gesundheitswesens ausgezeichnet. Einige Ehrentitel erhielten durch den Zusatz 'Verdienter' eine zweite, höhere Stufe, so z. B. 'Verdienter Meister des Sports' gegenüber ↑ 'Meister des Sports' oder 'Verdienter Aktivist' gegenüber ↑ 'Aktivist'.

veredeln Zeitweiliges Modewort der SED-Wirtschaftspropaganda. Um der Bevölkerung zu erklären, worin die Leistungsfähigkeit der durch Materialprobleme stark beeinträchtigten und zu diesem Zeitpunkt bereits vielfach Lohnarbeiten im westlichen Auftrag ausführenden Betriebe bestand, wurde Mitte der achtziger Jahre die Veredelung als neue wirtschaftliche Strategie propagiert. Danach bezeichnete man jeden einfachen Verarbeitungsprozeß als Veredeln. So wurde aus der Erdölverarbeitung oder der Marmeladenproduktion ein Prozeß, in dem die ↑ Volkswirtschaft Materialien veredelte.

Vereinigung der gegenseitigen Bauernhilfe/Bäuerliche Handelsgenossenschaft /Kurzf.: VdgB/BHG/ ↑ Massenorganisation der Genossenschaftsbauern, Gärtner und Winzer der ↑ DDR. Die Vereinigung der gegenseitigen Bauernhilfe entstand aus den 1946 gebildeten „Ausschüssen

der gegenseitigen Bauernhilfe" und
wurde 1950 mit dem Zentralverband
der landwirtschaftlichen Genossenschaften Deutschlands zur Vereinigung der gegenseitigen Bauernhilfe/
Bäuerliche Handelsgenossenschaft
zusammengeschlossen. Diese sollte
sowohl gesellschaftlich als auch wirtschaftlich tätig sein und alle bisher
von den Raiffeisenbanken ausge-
führten Tätigkeiten übernehmen. Sie
verstand sich selbst als sozialistische
↑ Massenorganisation unter der führenden Rolle der ↑ SED, deren Aufgabe darin bestehen sollte, die unterschiedlichen sozialen Gruppen auf
dem Lande (Bauern bzw. Genossenschaftsbauern, Arbeiter, Gärtner) im
Sinne der ↑ Partei und des Staates zu
beeinflussen. Als Zeichen dieser politischen ↑ Funktion konnten einige
Abgeordnete in die ↑ Volkskammer
entsandt werden. Bedeutender war
die Wirtschaftstätigkeit, die die
VdgB/BHG über ihre Handels- und
Verarbeitungsgenossenschaften nach
dem Vorbild der Raiffeisengenossen-
schaften ausübte. Mit Hilfe der
BHG, die als organisationseigene Betriebe geführt wurden, beherrschte
sie auf dem Lande den Handel mit
Baustoffen, Saatgut und Werkzeugen, die in den verkaufseigenen Läden angeboten wurden. Außerdem
betrieb sie die meisten Molkereien
und Obstverarbeitungsbetriebe.

**Vereinigung der Verfolgten des Nazi-
regimes** /Kurzf.: VVN/ 1947 in allen
Besatzungszonen Deutschlands gegründete Organisation, in der sich
Opfer des Nationalsozialismus, v. a.
aus rassischen oder religiösen Gründen Verfolgte, und Widerstands-
kämpfer zur Wahrung ihrer Rechte
zusammenschlossen. In der ↑ DDR
stellte diese Organisation auf Druck
der ↑ Staatsorgane 1953 ihre Tätigkeit ein, weil nach offizieller Darstellung die Interessen der Opfer gesichert und die Gefahren des Nationalsozialismus dauerhaft beseitigt wa-

ren. An ihrer Stelle nahm ein direkt
von der ↑ SED gelenktes Komitee
der antifaschistischen Widerstands-
kämpfer die internationalen Kontakte wahr.

Vereinigung volkseigener Betriebe
/Kurzf.: VVB/ Im Jahre 1948 als Lei-
tungs- und ↑ Kontrollorgan für die
in ↑ Volkseigentum überführten Betriebe und Unternehmen eingeführte
wirtschaftliche Leitungsinstanz, deren Aufgabe darin bestand, die
↑ volkseigenen Betriebe eines Industriezweiges, im Ausnahmefall auch
die eines nichtindustriellen Bereiches
(z. B. Land- und Forstwirtschaft),
anzuleiten. Als Verwaltungseinrich-
tung verfügte sie über eigene ↑ Fonds
und arbeitete nach dem Prinzip der
↑ wirtschaftlichen Rechnungsführung. Ihr oblag die Aufgabe, über die
fristgerechte Erfüllung der betrieblichen Pläne zu wachen, Rationalisie-
rungskonzepte, Perspektiv- und Jahrespläne auszuarbeiten und die
Eigenverantwortlichkeit der ihr unterstellten Betriebe für ↑ Planung,
Leitung und Produktion zu erhöhen.
Außerdem sollte die VVB unterstüt-
zend und leitend bei der wissenschaftlich-technischen Entwicklung
von betriebsnotwendigen Anlagen
wirken und versuchen, die Arbeits-
und Lebensbedingungen für die in
ihren Betrieben beschäftigten Arbeiter zu verbessern. Durch die zwischen 1968 und 1971 erfolgte Bildung von ↑ Kombinaten mit hol-
dingähnlichen Konzernstrukturen,
die den Industrieministerien direkt
unterstellt waren, wurden die vorher
zwischen Ministerium und Betrieb
geschalteten VVBs überflüssig und
daher schrittweise aufgelöst.

Verfolgter des Naziregimes ↑ VdN
Vergaserkraftstoff ↑ VK
Vergenossenschaftlichung Auf starken
staatlichen Druck hin wurden v. a.
1972 (gleichzeitig mit der Umwand-
lung ↑ halbstaatlicher Betriebe in
↑ Volkseigentum) ↑ Produktionsge-

nossenschaften gebildet, in die größere Handwerksbetriebe und Gärtnereien sowie die Betriebe selbständiger Binnenfischer eintreten mußten. Dieser Prozeß der Vergenossenschaftlichung ehemals fast vollständig ↑ privater Branchen ermöglichte es dem Staat, die damit neugeschaffenen Betriebe (↑ PGH, ↑ GPG) weitgehend dem staatlichen Planungssystem zu unterwerfen und die Einkommen der ehemaligen Unternehmer zu begrenzen.

Vergesellschaftung Terminus der Politischen Ökonomie des Sozialismus, der den Prozeß beschreiben sollte, wie durch zunehmende Arbeitsteilung in der ↑ Gesellschaft einerseits die Produktivität wächst, andererseits aber jeder Produzent von anderen abhängig ist. Arbeit und ↑ Produktion wurden deshalb als 'vergesellschaftet' bezeichnet, die ständig fortgeführte Vergesellschaftung als notwendig, um die wachsenden Bedürfnisse der Menschen zu befriedigen. Nach der Lehre des ↑ Marxismus-Leninismus setzt im ↑ Kapitalismus das Privateigentum der Vergesellschaftung Grenzen, während im ↑ Sozialismus wegen des gesellschaftlichen Eigentums solche Grenzen nicht existieren. Daraus schloß man, daß im ↑ Sozialismus als Ergebnis der weitergehenden Vergesellschaftung die höhere Produktivität erzielt werden würde und deshalb der ↑ Kapitalismus keine Zukunft hätte. Dazu auch: vergesellschaften

Verhaltensnoten ↑ Kopfnoten

Verkaufskultur Für den sozialistischen Handel propagiertes Ziel, Selbstverständlichkeiten wie Ordnung, Sauberkeit und gute Bedienung zu gewährleisten. Während die Verkaufskultur ständig in den Zeitungen sowie in den ↑ Selbstverpflichtungen der Handelsbetriebe auftauchte, war sie im sozialistischen Alltag eine Ausnahmeerscheinung, die den Kunden angenehm überraschte. Die unzureichende Ausstattung der meisten ↑ Verkaufsstellen, das Problem der Sortimentslücken bei vielen Waren und die geringe Bezahlung des Verkaufspersonals trugen dazu bei, daß wirkliche Verkaufskultur nur dann zustande kommen konnte, wenn sich der ↑ Verkaufsstellenleiter und seine Mitarbeiter dafür engagierten.

Verkaufsstelle Offizielle Bezeichnung für ein Geschäft des sozialistischen Einzelhandels.

Verkaufsstellenausschuß Von der Mitgliederversammlung einer ↑ Konsumgenossenschaft gewähltes ehrenamtliches Gremium, das dem ↑ Verkaufsstellenbeirat vergleichbare Aufgaben und Rechte hatte. Von ihm bei Kontrollen festgestellte Mängel wurden dem (hauptamtlichen) Vorstand der ↑ Konsumgenossenschaft mitgeteilt, Beschwerden auf der alljährlichen Mitgliederversammlung vortragen.

Verkaufsstellenbeirat Ehrenamtlich als Interessenvertreter der Kunden tätiges Gremium, das die gesellschaftliche Kontrolle bei Einzelhandelsverkaufsstellen der ↑ HO und der ↑ Mitropa ausüben sollte. Zu diesem Zweck war ihm gesetzlich das Recht eingeräumt, jederzeit in der jeweiligen ↑ Verkaufsstelle Kontrollen durchzuführen, z. B. ob das Sortiment ausreichend war, Verbrauchsfristen eingehalten oder Mangelwaren in den Lagerräumen für das Personal zurückgehalten wurden. Es hatte kein direktes ↑ Weisungsrecht, sondern konnte Beschwerden nur der Direktion des Handelsbetriebes oder einem staatlichen ↑ Kontrollorgan (z. B. ↑ ABI, ↑ Hygieneinspektion) vortragen. Die Mitglieder der Verkaufsstellenbeiräte wurden auf Vorschlag des örtlichen Ausschusses der ↑ Nationalen Front eingesetzt.

Verkaufsstellenleiter Leitender Mitarbeiter eines Handelsbetriebes, dem die Verantwortung für die Führung einer Filiale übertragen war.

Verkehrshelfer Ehrenamtlich tätiger ↑ Helfer der Volkspolizei, der nur für Aufgaben, die im Zusammenhang mit dem Straßenverkehr standen, eingesetzt wurde. Besonders bei Kontrollen der Verkehrssicherheit von Lastkraftwagen griff die ↑ VP gern auf sachkundige Mitarbeiter von Verkehrsbetrieben und Werkstätten zurück.

Verkehrssicherheitsaktiv /Kurzf.: VSA/ Ehrenamtlich tätiges Gremium in einem Betrieb, einer staatlichen Einrichtung oder im ↑ Wohngebiet, das die Verkehrssicherheit förderte und zu diesem Zweck v. a. mit der Verkehrspolizei zusammenarbeitete. Es hielt u. a. monatlich Schulungen für Kraftfahrer ab, kontrollierte regelmäßig und auch unangemeldet die Fahrzeuge des Betriebes, führte bei den Berufskraftfahrern morgendliche Alkoholkontrollen vor Verlassen des Betriebsgeländes durch. Im Wohngebiet bemühte es sich v. a. um die Verkehrserziehung in den Schulen und Kindergärten.

Versorgungseinrichtung Innerhalb eines Betriebes oder einer staatlichen Einrichtung tätige Abteilung oder Filiale eines Handelsbetriebes. Sie stand ausschließlich Mitarbeitern zur Verfügung, die dort einkaufen (Betriebsverkaufsstellen) oder Mahlzeiten einnehmen (Betriebskantinen) konnten. Je nach dem Status des Betriebes oder der staatlichen Einrichtung wurden mehr oder weniger umfangreiche Waren und Leistungen angeboten, die sonst z. T. nur schwer zu bekommen waren. Gerade die ↑ Versorgungseinrichtungen des Ministerrats boten, gestaffelt nach dem Rang der Mitarbeiter, eine Vielzahl besonders günstiger Möglichkeiten. Vgl. auch: Nomenklaturkader

Verteidiger ↑ gesellschaftlicher Verteidiger

Verteidigungsrat ↑ Nationaler Verteidigungsrat

Vertragsgericht /Kurzf. für Staatliches Vertragsgericht beim Ministerrat/ ↑ Staatliches Organ im Range eines Ministeriums, das durch Gesetz festgelegte abgegrenzte Aufgaben bei der Leitung der ↑ Volkswirtschaft wahrzunehmen hatte. Alle Rechtsstreitigkeiten zwischen ↑ sozialistischen Betrieben (↑ VEB, ↑ PGH, ↑ LPG usw.) sowie mit staatlichen Einrichtungen (z. B. einem Bilanzorgan) waren der Zuständigkeit der staatlichen Gerichte entzogen und wurden vom Staatlichen Vertragsgericht entschieden. Dieses hatte bei seinen Entscheidungen nicht nur die Rechtslage, sondern v. a. auch das wirtschaftliche Interesse des Staates zu berücksichtigen. Als ↑ Staatsorgan waren ihm weitergehende Rechte als den Gerichten eingeräumt, es konnte Verträge zwischen Betrieben zwangsweise abschließen, einzelne Vertragsregelungen gegen den Willen der Beteiligten festlegen, andere Staatsorgane unter Zwangsgeldandrohung verpflichten, verschleppte Entscheidungen zu treffen, und es konnte nach eigenem Ermessen auch gegen den Willen der Vertragspartner Prozesse einleiten und entscheiden. Praktisch blieben die in das Vertragsgericht gerade von den Betrieben bei der Auseinandersetzung mit willkürlich handelnden Staatsorganen gesetzten Hoffnungen oft unerfüllt, weil viele dieser Entscheidungen bereits vom ↑ ZK gebilligt worden waren, ohne die für die Wirtschaft geltenden Rechtsvorschriften zu beachten.

Vertragsheim Ferienheim, das ausschließlich vom ↑ FDGB oder dem ↑ Feriendienst der Handwerkskammer für Urlaubsaufenthalte seiner Mitglieder vertragsgemäß genutzt wurde. Es handelte sich zumeist um ↑ private Hotels oder Pensionen, die entsprechende Verträge abgeschlossen hatten, um dadurch der Verstaatlichung zu entgehen. In besonders

den vom Faschismus befreiten Ländern entstanden gute Voraussetzungen für die Schaffung der Grundlagen des ↑ Sozialismus.
2. Im offiziellen Sprachgebrauch Bezeichnung für ein Land, das nach der Beseitigung des Faschismus eine sozialistische Staatsordnung aufbaute. Sie wurde vorwiegend für die osteuropäischen Staaten im direkten Machtbereich der Sowjetunion verwendet, bis die Vorherrschaft der kommunistischen Partei als gesichert galt.

volkseigen Im staatlichen Eigentum stehend und zum Bereich der Wirtschaft gehörend.

volkseigener Betrieb /Kurzf.: VEB/ Offizielle Bezeichnung für wirtschaftlich und rechtlich selbständige Unternehmen, die für die Herstellung von ↑ Produktions- und ↑ Konsumtionsmitteln, den Transport oder die entsprechenden Dienstleistungen verantwortlich waren. Eigentlicher Eigentümer der Betriebe war der Staat, der das ↑ Volkseigentum an den Produktionsmitteln verwaltete. ↑ Volkseigene Betriebe unterstanden direkt einem ↑ Staatsorgan (Ministerium, ↑ Rat des Kreises oder Bezirkes) oder gehörten einem ↑ Kombinat an. Zirka neunzig Prozent der Wirtschaftsleistung der ↑ DDR wurde in diesen Betrieben erbracht.

Volkseigentum Bezeichnung für das staatliche Eigentum, insb. an Unternehmen, Produktionsmitteln sowie Grundstücken. Mit dieser Bezeichnung sollte nach außen dargestellt werden, daß das gesamte Volk Eigentümer und Nutzließer der Betriebe sei. Tatsächlich hatte das Volk keinen Einfluß auf die Verwendung des Volkseigentums, alle Entscheidungen wurden durch die staatliche Bürokratie nach den Richtlinien der ↑ SED, die z. T. auch direkt eingriff, getroffen. Bei der Bekämpfung von Diebstählen in den Betrieben verursachte die Bezeichnung Volkseigen-

tum Schwierigkeiten. Wurde ein Diebstahl von Volkseigentum aufgedeckt, argumentierte der Dieb häufig: 'Was dem Volk gehört, gehört auch mir.'

Volksgut /Kurzf. für volkseigenes Gut/ ↑ VEG

Volksherrschaft Terminus des ↑ Wissenschaftlichen Kommunismus zur Bezeichnung einer Staatsform, in der das ↑ werktätige Volk die politische Herrschaft ausübt. Der Begriff ist bei den Jakobinern entlehnt worden, die bereits während der französischen Revolution die diktatorische Machtausübung ihrer kleinen Gruppe damit zu rechtfertigen versuchten, daß sie das Volk zu vertreten beanspruchten, daß also ihre Regierung eine Volksherrschaft sei. Gleiches behaupteten die Theoretiker des ↑ Marxismus-Leninismus z. B. von der Staatsform der Sowjetunion und der ↑ DDR. Diese theoretisierende Bestimmung der Bedeutung des Wortes wurde durch die häufige Verwendung in der ↑ Propaganda verflacht. Volksherrschaft wurde als Synonym für den von der ↑ SED geführten Staat verwendet. Zugleich grenzte die Theorie des Marxismus-Leninismus sich scharf von jeder Verwendung dieses Wortes für die bürgerliche Demokratie ab, die allein darauf gerichtet sei, die Herrschaft der Kapitalisten in diesen Staaten zu verschleiern.

Volkskammer Nach der Verfassung der ↑ DDR oberste ↑ Volksvertretung, der als nominell höchstem staatlichen Machtorgan die Gesetzgebung, die Kontrolle aller Verfassungsorgane, die Wahl der Regierung und die Ausübung weiterer hoheitlicher Aufgaben, z. B. des Amnestierechts oblag. Die Volkskammer übte nur scheinbar Macht aus, tatsächlich faßte sie auf ihren wenigen jährlichen Sitzungen grundsätzlich einstimmig die von der ↑ SED vorgegebenen Beschlüsse. Aufgabe der Volkskammer

begehrten Urlaubsgebieten (Sächsische Schweiz, Ostsee) wurde auch die staatliche Gewerbegenehmigung für Gaststätten o. ä. vom Abschluß eines solchen Vertrages abhängig gemacht. Die Vertragsheime waren oft in schlechtem baulichen Zustand, weil ihnen keine betrieblichen Baubrigaden zur Verfügung standen. Z.: „Alljährlich verleben viele tausend Werktätige ihren Winterurlaub in den Hotels oder Vertragsheimen des FDGB." Frau von Heute 7/1954

Vertragsstrafe Gesetzlich festgelegte Schadensersatzzahlung in normierter Höhe, die sozialistische Betriebe untereinander bei Verletzung von Wirtschaftsverträgen zu leisten hatten. Diese Zahlungen wurden fällig, ohne daß ein nachweisbarer Schaden wegen einer Vertragsverletzung (Verzug, Qualitätsverletzung, unvollständige Lieferung) vorliegen mußte, sie sollten auch erzieherisch wirken. Die erhebliche Höhe der Vertragsstrafe (bis zu 12% für die Vertragsverletzung) veranlaßte die Betriebe, sehr oft zur Durchsetzung oder Abwehr von Forderungen das ↑ Staatliche Vertragsgericht anzurufen. Andererseits wagten es viele Besteller wegen der großen Abhängigkeit von Zulieferern nicht, Vertragsstrafen zu verlangen. Die Wirksamkeit der Vertragsstrafen war auch deshalb nicht hoch, weil die meisten Vertragsverletzungen von den Betrieben nicht vermieden werden konnten, sondern auf zu geringe Material- oder Kapazitätszuweisungen durch die Bilanzorgane oder auch auf direkte staatliche Eingriffe zurückzuführen waren.

Vertrauensleutevollversammlung /Kurzf.: VVV/ Nach der Satzung der Gewerkschaften das höchste Entscheidungsgremium der Mitarbeiter im Betrieb. Die VVV tagte in größeren Abständen (drei bis vier Mal im Jahr), um Beschlüsse zu grundsätzlichen betrieblichen Fragen, bei denen

die ↑ Betriebsgewerkschaftsorganisation ein Mitspracherecht besaß, zu fassen. Dies betraf u. a. den ↑ Betriebskollektivvertrag und die Stellungnahme der ↑ Gewerkschaft zum betrieblichen Jahresplan. Der aus den einzelnen Gewerkschaftsgruppen entsandte ↑ Gewerkschaftsvertrauensmann konnte auf der VVV von der Betriebsleitung Auskunft, z. B. zur Lohn- und Gehaltspolitik oder zum Arbeitsschutz, verlangen. Dieses Recht wurde nur wenig genutzt, da er über das Fragerecht hinaus keine Möglichkeit hatte, unmittelbaren Einfluß auszuüben. Z.: „Zum Abschluß der Gewerkschaftswahlen im Centum-Warenhaus am Alexanderplatz fand am Mittwoch eine Vertrauensleutevollversammlung statt, die ..." Berliner Zeitung 28.1.1972, 3

Vertrauensmann ↑ Gewerkschaftsvertrauensmann

Vertretungsstunde Bezeichnung für eine Unterrichtsstunde, die ein Lehrer für einen erkrankten oder anderweitig verhinderten Kollegen zu halten hatte. Die Schüler sollten nicht nur beschäftigt werden, sondern es wurde ein vollwertiger Unterricht angestrebt. Das war möglich, weil das ↑ Lehrplanwerk für jede Stunde Unterrichtsgegenstand und -ziel detailliert vorgab. Vertretungsstunden waren nicht selten, da Unterrichtsausfall gemäß staatlicher Festlegung unbedingt zu vermeiden war.

Veteran 1. Bezeichnung für einen aus Altersgründen nicht mehr im Arbeitsleben stehenden Menschen. Dieses Wort wurde anstelle der in der Bundesrepublik gebräuchlichen Bezeichnung Senior v. a. in den Betrieben bei der Betreuung ehemaliger Mitarbeiter sowie im Rahmen der Tätigkeit der ↑ Volkssolidarität verwendet. Z.: „Darüber hinaus bietet unser gesellschaftliches Leben viele Möglichkeiten, für ... Aufgaben, die von unseren Veteranen erfüllt werden können." „Deine Gesundheit" 6/1968, 169

2. Kurzform für Arbeiterveteran. Vgl. auch: Parteiveteran

Veteranenklub Von der ↑ Volkssolidarität betriebene Einrichtung im ↑ Wohngebiet, in der sich Rentner täglich zum geselligen Beisammensein treffen konnten. Den Besuchern wurde neben einer sehr preiswerten warmen Mahlzeit auch die Möglichkeit geboten, an Veranstaltungen wie Diavorträgen, Dichterlesungen, Weihnachtsfeiern oder Ausflugsfahrten teilzunehmen.

Vitaminbar Gelegentlich verwendete Bezeichnung für einen Gemüseladen. Im Rahmen der von der ↑ Partei gewünschten attraktiveren Gestaltung der Geschäfte wurden einige Gemüseläden mit diesem neuen Namen versehen. Das dürftige Obst- und Gemüseangebot v. a. im Winter und Frühjahr sowie das triste Aussehen vieler Läden ließ dies eher komisch wirken. S.: Gemüseboutique, Vitaminbasar

Vitaminbasar ↑ Vitaminbar

VK /Kurzf. für Vergaserkraftstoff/ Anstelle der international durch die Mineralölkonzerne geübten Praxis, ihre Kraftstoffe an Tankstellen mit unternehmensbezogenen Namen auszustatten (z. B. Aral-Super, Euro-Shell bleifrei), wurde in der ↑ DDR auf einen Markenbezug (z. B. MINOL-Diesel) verzichtet und statt dessen bei den Herstellern und beim Vertriebsunternehmen die einheitliche Bezeichnung VK mit nachgestellter Angabe der Oktanzahl für verbleite Kraftstoffe (z. B. VK 92) bzw. dem Zusatz 'bleifrei' verwendet. So konnten auch die verschiedenen Organe der Planungsbürokratie diese Bezeichnung nutzen, ohne die Herkunft (↑ Import oder Raffinerie) ausweisen zu müssen. Daran hatte u. a. auch der im Kraftstoffbereich stark engagierte Bereich Kommerzielle

Koordinierung des Ministeriums für Außenhandel, der Geschäfte mit konvertierbaren ↑ Devisen abwickelte, großes Interesse.

VMI ↑ volkswirtschaftliche Masseninitiative

Volk Terminus des ↑ Wissenschaftlichen Kommunismus, mit dem innerhalb dieser gesellschaftswissenschaftlichen Lehre die Bevölkerung eines sozialistischen Landes bezeichnet wurde. Dabei wurde von der These ausgegangen, daß unvereinbare Klassengegensätze im ↑ Sozialismus nicht bestehen und deshalb alle Bürger dem Volk angehören. In kapitalistischen Staaten wurde nach dieser Lehrmeinung die Bezeichnung 'Volk' von den Herrschenden benutzt, um die Klassengegensätze zu verschleiern. Statt dessen sollte dort als 'Volk' nur der werktätige Teil der Bevölkerung (Arbeiter, Bauern, Angestellte, selbst produktiv arbeitende Handwerker) bezeichnet werden dürfen. Die Massenmedien in der ↑ DDR verwendeten das Wort ausschließlich nur in dieser Bedeutung.

Völkerfamilie In der ↑ Propaganda verwendete überhöhende Bezeichnung für die Gemeinschaft der sozialistischen Staaten. Dahinter stand die These, daß im ↑ Sozialismus die Völker verschiedener Staaten automatisch friedlich und freundschaftlich zusammenleben. Die zwischen den sozialistischen Ländern bestehenden Spannungen und die oftmals fehlende Freizügigkeit (z. B. Reisebeschränkungen) führten diese Bezeichnung ad absurdum.

Z.: „Auch die Freundschaft und Zusammenarbeit mit den anderen Ländern der sozialistischen Völkerfamilie gestalten wir unablässig tiefer und ertragreicher." Einheit, 9/10/1974, 1033

Völkerfreundschaft 1. Als Schlagwort verwendete Bezeichnung für die von der ↑ Propaganda als freundschaftlich deklarierten Beziehungen zwi-

schen den Völkern. Dem lag die These des ↑ Wissenschaftlichen Kommunismus zugrunde, daß Spannungen zwischen Staaten ihre Ursache in dem räuberischen Wesen von Ausbeuterklassen haben. Da in jedem kapitalistischen Staat die herrschende bürgerliche Klasse Ausbeutung betrieb und bestrebt war, die Kapitalisten anderer Länder zu verdrängen und die sozialistischen Länder zu unterwerfen, konnte dort Völkerfreundschaft nur vom werktätigen Teil der Bevölkerung ausgehen. Demgegenüber bestand nach dieser Auffassung zwischen allen sozialistischen Staaten (O-Ton:) 'wahre Völkerfreundschaft'.

2. Name von Ferienheimen, Gaststätten, ↑ Brigaden. Auch das erste Kreuzfahrtschiff der ↑ DDR wurde 'Völkerfreundschaft' getauft.

Volksarmee ↑ Nationale Volksarmee

Volksaussprache Offizielle Bezeichnung für eine auf Veranlassung der ↑ Partei von den Massenmedien und in den Betrieben durchgeführte propagandistische Großaktion. Sie hatte die Aufgabe, die Zustimmung breiter Kreise der Bevölkerung zu grundsätzlich neuen gesetzlichen Regelungen öffentlich darzustellen. So wurden große Gesetzgebungsvorhaben wie die Verfassung von 1968 oder das ↑ Arbeitsgesetzbuch (1977) öffentlich zur Diskussion gestellt. Es wurde dafür gesorgt, daß, von Detailvorschlägen abgesehen, alle Stellungnahmen Zustimmung ausdrückten.

Z.: „Dem Parteitag ist eine umfassende Volksaussprache über den Entwurf der Direktive vorangegangen." E. Honecker, „Protokoll VIII. Parteitag", 1/1971, S. 61

Volksbefreiungsarmee Bewaffnete Einheiten, die (O-Ton:) 'für die nationale und soziale Befreiung eines Volkes kämpfen'. Dies konnten sowohl reguläre Truppen eines sozialistischen Landes (z. B. Nordvietnam im

Kampf gegen die USA) als auch Freiwilligeneinheiten im Kampf gegen eine amtierende bürgerliche Regierung (z. B. Nicaragua) oder eine Kolonialmacht sein.

Volksbildung 1. Im offiziellen Sprachgebrauch das System der wissenschaftlichen, kulturellen und technischen Bildung der Bevölkerung, v. a. der Kinder und Jugendlichen, und alle dazu gehörigen Einrichtungen. Dies umfaßte das gesamte Schulsystem (endend bei der beruflichen Ausbildung) einschließlich der Kindergärten sowie den dafür verantwortlichen staatlichen Verwaltungsapparat unter der Leitung des Ministeriums für Volksbildung.

2. Kurzform für ein staatliches Verwaltungsorgan im Bereich der Volksbildung, z. B. die Abteilung Volksbildung beim ↑ Rat des Kreises. * die Volksbildung hat entschieden, heute nicht Hitzefrei zu geben; auf Veranlassung der Volksbildung haben alle Schüler an der Demonstration teilzunehmen

Volksbuchhandlung ↑ Volkseigene, d. h. staatliche Buchhandlung. Die Volksbuchhandlungen besaßen eine monopolähnliche Stellung, da die staatliche Gewerbepolitik die Neuzulassung genossenschaftlicher und ↑ privater Buchhandlungen aus ↑ ideologischen Gründen nicht mehr gestattete, so daß aus Altersgründen die Zahl der privaten Buchhändler stetig abnahm.

Volksdemokratie 1. Terminus des wissenschaftlichen Kommunismus zur Charakterisierung der ↑ Gesellschaftsordnung eines Landes, das nach der Beseitigung des Faschismus eine sozialistische Staatsordnung aufbaut. Solche Volksdemokratien bestanden im gesamten europäischen Ostblock, wobei nach Konsolidierung der kommunistischen Herrschaft die volksdemokratische Periode als abgeschlossen galt. Mit der Errichtung der Volksdemokratie in

war es, der Staatsordnung gegenüber
der Bevölkerung und dem Ausland
einen demokratischen Anstrich zu
verleihen. Die Mandate wurden zwar
bei regelmäßigen Wahlen erteilt, jedoch stand immer nur eine ↑ Einheitsliste zur Abstimmung, d. h. die
Mehrheitsverhältnisse waren bereits
vorher zugunsten der SED geklärt.
Dem einzelnen Volkskammerabgeordneten stand v. a. das Recht zu,
im Auftrag seiner Wähler Fragen an
alle ↑ Staatsorgane zu richten, um
Fehler im Einzelfall korrigieren zu
helfen. Stellten Abgeordnete hingegen politische Grundsätze in Frage
oder verweigerten sie das gewünschte
Abstimmungsverhalten, so konnten
sie auf Antrag ihrer ↑ Fraktion jederzeit von der Volkskammer abgewählt
werden. Außer der die stärkste Fraktion stellenden SED entsandten neben den ↑ Blockparteien auch einige
↑ Massenorganisationen wie der
↑ FDGB, die ↑ FDJ, der ↑ Kulturbund, der ↑ DFD und der ↑ VdgB/
BHG Abgeordnete in die Volkskammer.
Z.: „Eine Delegation der Volkskammer der DDR unter der Leitung von
Horst Sindemann, Mitglied des Politbüros des ZK der SED und Präsident der Volkskammer ist am Dienstagnachmittag zu einem Besuch der
Sowjetunion in Moskau eingetroffen." JW 27.2. 1980, 1
Volkskontrolle Offizielle, v. a. in der
Agitation verwendete Bezeichnung
für ein System von Maßnahmen, Organen und Rechtsinstitutionen, mit
dem den Bürgern der ↑ DDR scheinbar die Möglichkeit gegeben wurde,
die Durchführung der Beschlüsse
von ↑ Partei und Regierung in allen
staatlichen, wirtschaftlichen und gesellschaftlichen Bereichen zu überprüfen und ggf. Einfluß auf deren
Einhaltung zu nehmen. Volkskontrolle wurde als Form des (O-Ton:)
´Mitregierens der Volksmassen in einer sozialistischen Demokratie´ ver-

standen. Sie wurde v. a. ausgeübt
durch die Abgeordneten der ↑ Volksvertretungen, deren Ausschüsse und
gesellschaftliche ↑ Aktivs. Ab 1963
wurde die in diesem Jahr gegründete
↑ ABI für diesen Aufgabenbereich
zur wichtigsten Einrichtung.
Volkskorrespondent Ehrenamtlicher
Mitarbeiter einer Tageszeitung, Zeitschrift oder des Rundfunks, der Informationen und kleinere Textbeiträge lieferte. Die Volkskorrespondenten sollten (O-Ton:) ´die enge Verbindung der Presse v. a. zur Arbeiterklasse festigen´. Von ihnen wurden
progressive Beiträge erwartet, d. h.,
sie sollten v. a. die Erfolge des ↑ Sozialismus im täglichen Leben darstellen. Ihre Artikel waren mit der Abkürzung Vk und dem Nachnamen signiert.
Volksmacht Terminus des ↑ Wissenschaftlichen Kommunismus, der die
staatliche Machtausübung in einem
sozialistischen Staatswesen als vom
Volke unter der Führung der ↑ Arbeiterklasse ausgehend charakterisierte. In der ↑ Propaganda wurde
das Wort zunehmend vereinfachend
als Synonym für den ↑ Staatsapparat
der ↑ DDR verwendet. * diese Provokation läßt sich die Volksmacht
nicht bieten
Volksmarine Offizielle Bezeichnung für
die Seestreitkräfte der ↑ DDR. Diese
Teilstreitkraft der ↑ NVA beinhaltete
nicht die den Grenzdienst auf der
Ostsee versehende Grenzbrigade Küste, die zu den ↑ Grenztruppen gehörte. Der den Seestreitkräften 1960
anläßlich des 42. Jahrestages des
Kieler Matrosenaufstandes verliehene Name sollte an die Tradition der
Roten Matrosen anknüpfen.
Volkspolizei /Kurzf. für Deutsche
Volkspolizei, Kurzf.: VP/ Offizielle
Bezeichnung für die einheitliche
staatliche Polizei der ↑ DDR, die bis
Mitte der sechziger Jahre den Namen
Deutsche Volkspolizei trug. Der
Volkspolizei gehörten neben der

Schutzpolizei (Revier- und Streifendienst) und der Kriminalpolizei (VP/K) als selbständige Bereiche auch die ↑ Transportpolizei, die Verkehrspolizei, der Objektschutz (Wach- und Einlaßdienst in staatlichen Gebäuden sowie strategisch wichtigen Betrieben), die ↑ Bereitschaftspolizei (paramilitärisch ausgerüstete kasernierte Einsatzkräfte) und die Berufsfeuerwehr an. Chef der Volkspolizei war immer der Minister des Inneren.

Volkspolizeikreisamt ↑ VPKA

Volksschaffen ↑ künstlerisches Volksschaffen

Volkssolidarität ↑ Massenorganisation mit der Aufgabe, v. a. alte und behinderte Menschen im täglichen Leben zu unterstützen. Sie führte u. a. mehrere hundert ↑ Veteranenklubs, versorgte viele hilfsbedürftige Menschen jeden Tag mit einer warmen Mahlzeit, die in ihre Wohnung gebracht wurde, oder stellte unentgeltlich Hauswirtschaftshilfen. Die Volkssolidarität wurde durch die Beiträge von mehr als einer Million Mitglieder, durch zahlreiche Spendenaktionen sowie staatliche Zuschüsse finanziert.

Volksvertreter Abgeordneter einer ↑ Volksvertretung. Die Legitimation bezogen alle Volksvertreter in der ↑ DDR aus Wahlen, bei denen der Wähler keine Wahl hatte, denn es stand nur eine ↑ Einheitsliste zur Abstimmung. V. a. in den Kreisen und Gemeinden waren viele Volksvertreter mit den alltäglichen Problemen unmittelbar konfrontiert und bemühten sich, in ihrem Verantwortungsbereich Nützliches zu tun.

Volksvertretung Sammelbezeichnung für die Parlamente auf den unterschiedlichen staatlichen Leitungsebenen. Volksvertretungen waren die ↑ Volkskammer, die ↑ Bezirkstage, die ↑ Stadtverordnetenversammlungen, die ↑ Kreistage, die ↑ Stadtbezirksversammlungen sowie die Gemeindevertretungen. Alle Volksver-

tretungen wurden nach dem Einheitslistenprinzip gewählt, d. h., die Mitglieder wurden vorher von den Mandatsträgern (↑ SED, ↑ Blockparteien, ↑ Massenorganisationen) ausgewählt und erst nach Überprüfung ihrer Loyalität insb. gegenüber der führenden Rolle der SED auf die Kandidatenliste gesetzt. Der politische Einfluß der Volksvertretungen war verschwindend gering. Hingegen befaßten sich die unteren Volksvertretungen mit vielen Problemen, die den Alltag der Bürger betrafen (z. B. Verkehrsplanung, ↑ Schulspeisung, Versorgung durch den Handel, Zustand der Krankenhäuser).

Volkswahlen Offizielle Bezeichnung für die im Abstand von fünf Jahren durchgeführten Wahlakte zu den ↑ Volksvertretungen, bei denen nur eine ↑ Einheitsliste zur Abstimmung stand. Die Volkswahlen sollten nicht nur dem Ausland den Eindruck von Demokratie vermitteln, sie sollten v. a. bei den Bürgern das Gefühl hervorrufen, politisch mitzuentscheiden. Da dies nicht durch Auswahl unter verschiedenen Kandidaten geschehen durfte, wurde dem eigentlichen Wahltag eine längere Periode der Vorbereitung dieser Wahlen vorangestellt. In dieser Zeit wurden die Kandidaten sowohl bei Versammlungen im ↑ Wohngebiet als auch in den Betrieben vorgestellt und die Bürger aufgerufen sich zu äußern, wie sie selbst künftig (O-Ton:) ˈzur Stärkung der DDR beitragen wollenˈ. Der Wahlvorgang gab dem Wähler nur die Möglichkeit, einen Kandidaten zu streichen. Da für dieses Verhalten jedoch nicht öffentlich geworben werden durfte, kam es kaum zu mehrheitlichen Ablehnungen. Die Parteiführung maß die Zustimmung der Bürger an der Wahlbeteiligung, Nichtwähler galten als Gegner des ↑ Sozialismus und mußten mit Benachteiligungen rechnen. Um eine hohe Wahlbeteiligung zu erreichen, wurden bereits ab Mittag des Wahltages säumige Wähler aufgesucht. Kranke und Gebrechliche sollten ihren Wahlschein zu Hause in einer sog. 'fliegenden Wahlurne' abgeben. Z.: „Tägliche Bekanntgabe der Planerfüllung in den Brigaden, verbunden mit Gesprächen zur Vorbereitung der Volkswahlen, regelmäßige öffentliche Auswertung sämtlicher qualitativer Kennziffern in den Gewerkschaftsgruppen sind Unterpfand der Plantreue im VEB Hydraulische Werke ..." ND 30.9. 1971, 1

Volkswirtschaft Terminus der Politischen Ökonomie zur Bezeichnung der Gesamtheit der wirtschaftlichen und wissenschaftlich-technischen Prozesse bei der ↑ Produktion, der Verteilung und dem Verbrauch von Waren einschließlich der dazu benötigten infrastrukturellen Einrichtungen und Betriebe. Die Volkswirtschaft wurde in verschiedene Zweige und Sphären gegliedert, ihr Charakter sollte von den herrschenden Eigentumsverhältnissen bestimmt sein. In bezug auf die ↑ DDR wurde deshalb immer hervorgehoben, daß die sozialistischen Eigentumsverhältnisse die gesamte Wirtschaft charakterisieren. Mit dem Gebrauch des Wortes Volkswirtschaft war deshalb v. a. die ↑ volkseigene Wirtschaft gemeint, der genossenschaftliche und ↑ private Bereich wurde, entgegen seiner tatsächlichen Bedeutung, als untergeordnet dargestellt.

volkswirtschaftliche Masseninitiative /Kurzf.: VMI/ ↑ Masseninitiative

Volkswirtschaftsplan Von der ↑ Volkskammer durch Beschluß zum Gesetz erhobene Richtlinie, die für die Produktionsziele, die Verteilung finanzieller und materieller Mittel, die Ausgaben für Löhne und für Forschung und Entwicklung, die Aufwendungen für die Entwicklung der Infrastruktur und des Wohnungs-

und Gesellschaftsbaus sowie strukturbestimmende Investitionen für ein Jahr festgelegt wurden. Der Beschlußfassung über den Volkswirtschaftsplan ging ein aufwendiges Verfahren zur ↑ Planabstimmung unter Leitung der ↑ Staatlichen Plankommission voraus. Er sollte sich im Rahmen der für fünf Jahre beschlossenen und von den ↑ Parteitagen der SED durch ↑ Direktiven weitgehend vorbestimmten ↑ Perspektivpläne bewegen. Ausgehend von dem Volkswirtschaftsplan hatte jeder Industriezweig und jeder ↑ Rat des Bezirkes sowie jeder ↑ volkseigene Betrieb einen eigenen Plan aufzustellen und dem übergeordneten ↑ Organ zur Bestätigung vorzulegen. Da aber bereits die ↑ Planabstimmung nach den ↑ Vorgaben der SED-Führung, die v. a. an deren Wunschvorstellungen orientiert war, erfolgen mußte, blieben die Volkswirtschaftspläne oftmals Dokumente, deren Zielstellungen und Abrechnungen sich erheblich von den wirtschaftlich machbaren und tatsächlich erreichten Leistungen unterschieden. Z.: „Täglich und stündlich bieten die Werktätigen unserer Republik im sozialistischen Wettbewerb alle Anstrengungen auf, um den Volkswirtschaftsplan 1972 vertragsgerecht in Menge, Sortiment und Qualität zu erfüllen und zu überbieten." ND 26.6.1972, 1

Vollbeschäftigteneinheit /Kurzf.: VBE/ Statistische Größe zur Planung der Arbeitskräfteausstattung eines Betriebes oder einer staatlichen bzw. wissenschaftlichen Einrichtung. Eine VBE entsprach den jährlich von einem Mitarbeiter tariflich zu leistenden Arbeitsstunden. Wegen des chronischen Arbeitskräftemangels wurde die zugelassene Höchstzahl von Arbeitskräften einerseits mit dem ↑ Volkswirtschaftsplan für jeden Betrieb und jede Einrichtung vorgegeben, andererseits konnten die örtlichen Arbeitsämter weitere Beschränkungen bei der Einstellung von Mitarbeitern durch Begrenzung der zulässigen VBE eines Betriebes verfügen. Eine VBE konnte auch durch Einstellung von zwei Halbtagskräften abgedeckt werden. Die Betriebe und Einrichtungen mußten mit monatlichen Berichterstattungen belegen, daß sie die zulässigen VBE nicht überschritten hatten. Die Verletzung der Berichterstattungspflicht konnte ebenso wie die Überschreitung der VBE-Vorgabe mit Ordnungsstrafen gegenüber dem Betriebsleiter geahndet werden.

Vollerntemaschine Bezeichnung für eine Generation landwirtschaftlicher Maschinen, die Ernte und erste Verarbeitungsstufe vereinten. Die Vollerntemaschinen wurden nach sowjetischem Vorbild auch als Kombines bezeichnet. Sie wurden v. a. bei der Kartoffel- und Rübenernte eingesetzt. In der Getreideproduktion wurde die Bezeichnung ˊMähdrescherˊ beibehalten.

vollinhaltlich In der offiziellen Sprache gebrauchtes Wort, mit dem die vollständige Übereinstimmung einer Auffassung mit der von der ↑ SED oder einem ↑ Funktionär vertretenen Sichtweise deutlich gemacht werden sollte. * der Parteitag stimmte dem Bericht des ZK vollinhaltlich zu Z.: „Wir sind als Zentrale Revisionskommission vollinhaltlich mit dem vom Ersten Sekretär des ZK, Genossen Erich Honecker, erstatteten Bericht des Zentralkomitees an den Parteitag einverstanden." ND 16.6.1971, 10

Vollkomfortwohnung Seit den siebziger Jahren offizielle Bezeichnung für eine Neubauwohnung mit Bad, Fernheizung, meist auch Lift. Ungeachtet ihres aus heutiger Sicht bescheidenen Ausstattungsgrades (z. B. die Bäder waren nur teilweise oder gar nicht gefliest) waren diese Neubauwohnungen erheblich komfortabler als

die meisten Altbauten. Die Bezeichnung als Vollkomfortwohnung mußte auf staatliche Anweisung anstelle von ˊNeubauwohnungˊ bei allen Wohnungstauschanzeigen verwendet werden, um auch dadurch die großen Fortschritte im Wohnungsbau zu betonen.

Volvograd Vom Volke geprägte Bezeichnung für das Regierungsviertel in Berlin, in dem ständig die schweren Volvolimousinen der Partei- und Staatsführer verkehrten.

VoPo [foǀpo] Vor allem in Westberlin verwendete, von Teilen der Ostberliner Bevölkerung übernommene Bezeichnung für einen uniformierten Angehörigen der ↑ Volkspolizei.

vorberaten Beschönigende Bezeichnung dafür, daß alle wichtigen Entscheidungen, aber auch der Ablauf von Tagungen und Diskussionsrunden, sogar der Inhalt von bestimmten spontan wirkenden Diskussionsbeiträgen vorher unter Mitwirkung der jeweiligen Parteileitungen festgelegt wurde.

vorfristig Vor der festgesetzten Frist verwirklicht, erfolgend. * den Plan vorfristig erfüllen

Vorgabe ↑ Kennziffer, die von der ↑ Staatlichen Plankommission gegenüber einem ↑ Rat des Bezirkes, einem ↑ Kombinat oder einem Betrieb als verbindlich für die Ausarbeitung seines ↑ Perspektivplanes festgelegt wurde. Solche nur aufgrund der Wünsche der Parteiführung getroffenen Festlegungen standen sehr oft im Widerspruch zur Leistungsfähigkeit sowie zur Arbeitskräfte-, Material- und Investitionsausstattung der betreffenden Betriebe und Einrichtungen. Deshalb konnten die auf Grundlage der Vorgaben aufgestellten Pläne vielfach nicht erfüllt werden.

Vorkommnis Offizielle Bezeichnung für ein Ereignis, das im Gegensatz zu den Interessen des Staates stand. Dies konnte ein Brand in einem Be-

begehrten Urlaubsgebieten (Sächsische Schweiz, Ostsee) wurde auch die staatliche Gewerbegenehmigung für Gaststätten o. ä. vom Abschluß eines solchen Vertrages abhängig gemacht. Die Vertragsheime waren oft in schlechtem baulichen Zustand, weil ihnen keine betrieblichen Baubrigaden zur Verfügung standen.

Z.: „Alljährlich verleben viele tausend Werktätige ihren Winterurlaub in den Hotels oder Vertragsheimen des FDGB." Frau von Heute 7/1954

Vertragsstrafe Gesetzlich festgelegte Schadensersatzzahlung in normierter Höhe, die sozialistische Betriebe untereinander bei Verletzung von Wirtschaftsverträgen zu leisten hatten. Diese Zahlungen wurden fällig, ohne daß ein nachweisbarer Schaden wegen einer Vertragsverletzung (Verzug, Qualitätsverletzung, unvollständige Lieferung) vorliegen mußte, sie sollten auch erzieherisch wirken. Die erhebliche Höhe der Vertragsstrafe (bis zu 12% für die Vertragsverletzung) veranlaßte die Betriebe, sehr oft zur Durchsetzung oder Abwehr von Forderungen das ↑ Staatliche Vertragsgericht anzurufen. Andererseits wagten es viele Besteller wegen der großen Abhängigkeit von Zulieferern nicht, Vertragsstrafen zu verlangen. Die Wirksamkeit der Vertragsstrafen war auch deshalb nicht hoch, weil die meisten Vertragsverletzungen von den Betrieben nicht vermieden werden konnten, sondern auf zu geringe Material- oder Kapazitätszuweisungen durch die Bilanzorgane oder auch auf direkte staatliche Eingriffe zurückzuführen waren.

Vertrauensleutevollversammlung
/Kurzf.: VVV/ Nach der Satzung der Gewerkschaften das höchste Entscheidungsgremium der Mitarbeiter im Betrieb. Die VVV tagte in größeren Abständen (drei bis vier Mal im Jahr), um Beschlüsse zu grundsätzlichen betrieblichen Fragen, bei denen die ↑ Betriebsgewerkschaftsorganisation ein Mitspracherecht besaß, zu fassen. Dies betraf u. a. den ↑ Betriebskollektivvertrag und die Stellungnahme der ↑ Gewerkschaft zum betrieblichen Jahresplan. Der aus den einzelnen Gewerkschaftsgruppen entsandte ↑ Gewerkschaftsvertrauensmann konnte auf der VVV von der Betriebsleitung Auskunft, z. B. zur Lohn- und Gehaltspolitik oder zum Arbeitsschutz, verlangen. Dieses Recht wurde nur wenig genutzt, da er über das Fragerecht hinaus keine Möglichkeit hatte, unmittelbaren Einfluß auszuüben.

Z.: „Zum Abschluß der Gewerkschaftswahlen im Centum-Warenhaus am Alexanderplatz fand am Mittwoch eine Vertrauensleutevollversammlung statt, die ..." Berliner Zeitung 28.1.1972, 3

Vertrauensmann ↑ Gewerkschaftsvertrauensmann

Vertretungsstunde Bezeichnung für eine Unterrichtsstunde, die ein Lehrer für einen erkrankten oder anderweitig verhinderten Kollegen zu halten hatte. Die Schüler sollten nicht nur beschäftigt werden, sondern es wurde ein vollwertiger Unterricht angestrebt. Das war möglich, weil das ↑ Lehrplanwerk für jede Stunde Unterrichtsgegenstand und -ziel detailliert vorgab. Vertretungsstunden waren nicht selten, da Unterrichtsausfall gemäß staatlicher Festlegung unbedingt zu vermeiden war.

Veteran 1. Bezeichnung für einen aus Altersgründen nicht mehr im Arbeitsleben stehenden Menschen. Dieses Wort wurde anstelle der in der Bundesrepublik gebräuchlichen Bezeichnung Senior v. a. in den Betrieben bei der Betreuung ehemaliger Mitarbeiter sowie im Rahmen der Tätigkeit der ↑ Volkssolidarität verwendet.

Z.: „Darüber hinaus bietet unser gesellschaftliches Leben viele Möglichkeiten, für ... Aufgaben, die von un-

seren Veteranen erfüllt werden können." „Deine Gesundheit" 6/1968,
169
2. Kurzform für Arbeiterveteran.
Vgl. auch: Parteiveteran
Veteranenklub Von der ↑ Volkssolidarität betriebene Einrichtung im
↑ Wohngebiet, in der sich Rentner
täglich zum geselligen Beisammensein treffen konnten. Den Besuchern
wurde neben einer sehr preiswerten
warmen Mahlzeit auch die Möglichkeit geboten, an Veranstaltungen wie
Diavorträgen, Dichterlesungen,
Weihnachtsfeiern oder Ausflugsfahrten teilzunehmen.
Vitaminbar Gelegentlich verwendete
Bezeichnung für einen Gemüseladen.
Im Rahmen der von der ↑ Partei gewünschten attraktiveren Gestaltung
der Geschäfte wurden einige Gemüseläden mit diesem neuen Namen
versehen. Das dürftige Obst- und
Gemüseangebot v. a. im Winter und
Frühjahr sowie das triste Aussehen
vieler Läden ließ dies eher komisch
wirken. S.: Gemüseboutique, Vitaminbasar
Vitaminbasar ↑ Vitaminbar
VK /Kurzf. für Vergaserkraftstoff/ Anstelle der international durch die Mineralölkonzerne geübten Praxis, ihre
Kraftstoffe an Tankstellen mit unternehmensbezogenen Namen auszustatten (z. B. Aral-Super, Euro-Shell
bleifrei), wurde in der ↑ DDR auf einen Markenbezug (z. B. MINOL-
Diesel) verzichtet und statt dessen
bei den Herstellern und beim Vertriebsunternehmen die einheitliche
Bezeichnung VK mit nachgestellter
Angabe der Oktanzahl für verbleite
Kraftstoffe (z. B. VK 92) bzw. dem
Zusatz ›bleifrei‹ verwendet. So konnten auch die verschiedenen Organe
der Planungsbürokratie diese Bezeichnungen nutzen, ohne die Herkunft (↑ Import oder Raffinerie) ausweisen zu müssen. Daran hatte u. a.
auch der im Kraftstoffbereich stark
engagierte Bereich Kommerzielle

Koordinierung des Ministeriums für
Außenhandel, der Geschäfte mit
konvertierbaren ↑ Devisen abwickelte, großes Interesse.
VMI ↑ volkswirtschaftliche Masseninitiative
Volk Terminus des ↑ Wissenschaftlichen Kommunismus, mit dem innerhalb dieser gesellschaftswissenschaftlichen Lehre die Bevölkerung eines
sozialistischen Landes bezeichnet
wurde. Dabei wurde von der These
ausgegangen, daß unvereinbare
Klassengegensätze im ↑ Sozialismus
nicht bestehen und deshalb alle Bürger dem Volk angehören. In kapitalistischen Staaten wurde nach dieser
Lehrmeinung die Bezeichnung
›Volk‹ von den Herrschenden benutzt, um die Klassengegensätze zu
verschleiern. Statt dessen sollte dort
als ›Volk‹ nur der werktätige Teil der
Bevölkerung (Arbeiter, Bauern, Angestellte, selbst produktiv arbeitende
Handwerker) bezeichnet werden dürfen. Die Massenmedien in der
↑ DDR verwendeten das Wort ausschließlich nur in dieser Bedeutung.
Völkerfamilie In der ↑ Propaganda
verwendete überhöhende Bezeichnung für die Gemeinschaft der sozialistischen Staaten. Dahinter stand
die These, daß im ↑ Sozialismus die
Völker verschiedener Staaten automatisch friedlich und freundschaftlich zusammenleben. Die zwischen
den sozialistischen Ländern bestehenden Spannungen und die oftmals
fehlende Freizügigkeit (z. B. Reisebeschränkungen) führten diese Bezeichnung ad absurdum.
Z.: „Auch die Freundschaft und Zusammenarbeit mit den anderen Ländern der sozialistischen Völkerfamilie gestalten wir unablässig tiefer und
ertragreicher." Einheit, 9/10/1974,
1033
Völkerfreundschaft 1. Als Schlagwort
verwendete Bezeichnung für die von
der ↑ Propaganda als freundschaftlich deklarierten Beziehungen zwi-

schen den Völkern. Dem lag die These des → Wissenschaftlichen Kommunismus zugrunde, daß Spannungen zwischen Staaten ihre Ursache in dem räuberischen Wesen von Ausbeuterklassen haben. Da in jedem kapitalistischen Staat die herrschende bürgerliche Klasse Ausbeutung betrieb und bestrebt war, die Kapitalisten anderer Länder zu verdrängen und die sozialistischen Länder zu unterwerfen, konnte dort Völkerfreundschaft nur vom werktätigen Teil der Bevölkerung ausgehen. Dementsprechend bestand nach dieser Auffassung zwischen allen sozialistischen Staaten (O-Ton:) 'wahre Völkerfreundschaft'.

2. Name von Ferienheimen, Gaststätten, → Brigaden. Auch das erste Kreuzfahrtschiff der → DDR wurde 'Völkerfreundschaft' getauft.

Volksarmee → Nationale Volksarmee

Volksaussprache Offizielle Bezeichnung für eine auf Veranlassung der → Partei von den Massenmedien und in den Betrieben durchgeführte propagandistische Großaktion. Sie hatte die Aufgabe, die Zustimmung breiter Kreise der Bevölkerung zu grundsätzlich neuen gesetzlichen Regelungen öffentlich darzustellen. So wurden große Gesetzgebungsvorhaben wie die Verfassung von 1968 oder das → Arbeitsgesetzbuch (1977) öffentlich zur Diskussion gestellt. Es wurde dafür gesorgt, daß, von Detailvorschlägen abgesehen, alle Stellungnahmen Zustimmung ausdrückten.

Z.: „Dem Parteitag ist eine umfassende Volksaussprache über den Entwurf der Direktive vorangegangen." E. Honecker, „Protokoll VIII. Parteitag", 1/1971, S. 61

Volksbefreiungsarmee Bewaffnete Einheiten, die (O-Ton:) 'für die nationale und soziale Befreiung eines Volkes kämpfen'. Dies konnten sowohl reguläre Truppen eines sozialistischen Landes (z. B. Nordvietnam im

Kampf gegen die USA) als auch Freiwilligeneinheiten im Kampf gegen eine amtierende bürgerliche Regierung (z. B. Nicaragua) oder eine Kolonialmacht sein.

Volksbildung 1. Im offiziellen Sprachgebrauch das System der wissenschaftlichen, kulturellen und technischen Bildung der Bevölkerung, v. a. der Kinder und Jugendlichen, und alle dazu gehörigen Einrichtungen. Dies umfaßte das gesamte Schulsystem (endend bei der beruflichen Ausbildung) einschließlich der Kindergärten sowie den dafür verantwortlichen staatlichen Verwaltungsapparat unter der Leitung des Ministeriums für Volksbildung.

2. Kurzform für ein staatliches Verwaltungsorgan im Bereich der Volksbildung, z. B. die Abteilung Volksbildung beim → Rat des Kreises. * die Volksbildung hat entschieden, heute nicht Hitzefrei zu geben; auf Veranlassung der Volksbildung haben alle Schüler an der Demonstration teilzunehmen

Volksbuchhandlung → Volkseigene, d. h. staatliche Buchhandlung. Die Volksbuchhandlungen besaßen eine monopolähnliche Stellung, da die staatliche Gewerbepolitik die Neuzulassung genossenschaftlicher und → privater Buchhandlungen aus → ideologischen Gründen nicht mehr gestattete, so daß aus Altersgründen die Zahl der privaten Buchhändler stetig abnahm.

Volksdemokratie 1. Terminus des wissenschaftlichen Kommunismus zur Charakterisierung der → Gesellschaftsordnung eines Landes, das nach der Beseitigung des Faschismus eine sozialistische Staatsordnung aufbaut. Solche Volksdemokratien bestanden im gesamten europäischen Ostblock, wobei nach Konsolidierung der kommunistischen Herrschaft die volksdemokratische Periode als abgeschlossen galt. Mit der Errichtung der Volksdemokratie in den vom Faschismus befreiten Ländern entstanden gute Vorausetzungen für die Schaffung der Grundlagen des ↑ Sozialismus.

2. Im offiziellen Sprachgebrauch Bezeichnung für ein Land, das nach der Beseitigung des Faschismus eine sozialistische Staatsordnung aufbaute. Sie wurde vorwiegend für die osteuropäischen Staaten im direkten Machtbereich der Sowjetunion verwendet, bis die Vorherrschaft der kommunistischen Partei als gesichert galt.

volkseigen Im staatlichen Eigentum stehend und zum Bereich der Wirtschaft gehörend.

volkseigener Betrieb /Kurzf.: VEB/ Offizielle Bezeichnung für wirtschaftlich und rechtlich selbständige Unternehmen, die für die Herstellung von ↑ Produktions- und ↑ Konsumtionsmitteln, den Transport oder die entsprechenden Dienstleistungen verantwortlich waren. Eigentlicher Eigentümer der Betriebe war der Staat, der das ↑ Volkseigentum an den Produktionsmitteln verwaltete. ↑ Volkseigene Betriebe unterstanden direkt einem ↑ Staatsorgan (Ministerium, ↑ Rat des Kreises oder Bezirkes) oder gehörten einem ↑ Kombinat an. Zirka neunzig Prozent der Wirtschaftsleistung der ↑ DDR wurde in diesen Betrieben erbracht.

Volkseigentum Bezeichnung für das staatliche Eigentum, insb. an Unternehmen, Produktionsmitteln sowie Grundstücken. Mit dieser Bezeichnung sollte nach außen dargestellt werden, daß das gesamte Volk Eigentümer und Nutznießer der Betriebe sei. Tatsächlich hatte das Volk keinen Einfluß auf die Verwendung des Volkseigentums, alle Entscheidungen wurden durch die staatliche Bürokratie nach den Richtlinien der ↑ SED, die z.T. auch direkt eingriff, getroffen. Bei der Bekämpfung von Diebstählen in den Betrieben verursachte die Bezeichnung Volkseigentum Schwierigkeiten. Wurde ein Diebstahl von Volkseigentum aufgedeckt, argumentierte der Dieb häufig: 'Was dem Volk gehört, gehört auch mir.'

Volksgut /Kurzf. für volkseigenes Gut/ ↑ VEG

Volksherrschaft Terminus des ↑ Wissenschaftlichen Kommunismus zur Bezeichnung einer Staatsform, in der das ↑ werktätige Volk die politische Herrschaft ausübt. Der Begriff ist bei den Jakobinern entlehnt worden, die bereits während der französischen Revolution die diktatorische Machtausübung ihrer kleinen Gruppe damit zu rechtfertigen versuchten, daß sie das Volk zu vertreten beanspruchten, daß also ihre Regierung eine Volksherrschaft sei. Gleiches behaupteten die Theoretiker des ↑ Marxismus-Leninismus z.B. von der Staatsform der Sowjetunion und der ↑ DDR. Diese theoretisierende Bestimmung der Bedeutung des Wortes wurde durch die häufige Verwendung in der ↑ Propaganda verflacht. Volksherrschaft wurde als Synonym für den von der ↑ SED geführten Staat verwendet. Zugleich grenzte die Theorie des Marxismus-Leninismus sich scharf von jeder Verwendung dieses Wortes für eine bürgerliche Demokratie ab, die allein darauf gerichtet sei, die Herrschaft der Kapitalisten in diesen Staaten zu verschleiern.

Volkskammer Nach der Verfassung der ↑ DDR oberste ↑ Volksvertretung, der als nominell höchstem staatlichen Machtorgan die Gesetzgebung, die Kontrolle aller Verfassungsorgane, die Wahl der Regierung und die Ausübung weiterer hoheitlicher Aufgaben, z.B. des Amnestierechts oblag. Die Volkskammer übte nur scheinbar Macht aus, tatsächlich faßte sie auf ihren wenigen jährlichen Sitzungen grundsätzlich einstimmig die von der ↑ SED vorgegebenen Beschlüsse. Aufgabe der Volkskammer

war es, der Staatsordnung gegenüber der Bevölkerung und dem Ausland einen demokratischen Anstrich zu verleihen. Die Mandate wurden zwar bei regelmäßigen Wahlen erteilt, jedoch stand immer nur eine ↑ Einheitsliste zur Abstimmung, d. h. die Mehrheitsverhältnisse waren bereits vorher zugunsten der SED geklärt. Dem einzelnen Volkskammerabgeordneten stand v. a. das Recht zu, im Auftrag seiner Wähler Fragen an alle ↑ Staatsorgane zu richten, um Fehler im Einzelfall korrigieren zu helfen. Stellten Abgeordnete hingegen politische Grundsätze in Frage oder verweigerten sie das gewünschte Abstimmungsverhalten, so konnten sie auf Antrag ihrer ↑ Fraktion jederzeit von der Volkskammer abgewählt werden. Außer der der stärkste Fraktion stellenden SED entsandten neben den ↑ Blockparteien auch einige ↑ Massenorganisationen wie der ↑ FDGB, die ↑ FDJ, der ↑ Kulturbund, der ↑ DFD und der ↑ VdgB/ BHG Abgeordnete in die Volkskammer.
Z.: „Eine Delegation der Volkskammer der DDR unter der Leitung von Horst Sindemann, Mitglied des Politbüros des ZK der SED und Präsident der Volkskammer ist am Dienstagnachmittag zu einem Besuch der Sowjetunion in Moskau eingetroffen." JW 27.2. 1980, 1

Volkskontrolle Offizielle, v. a. in der Agitation verwendete Bezeichnung für ein System von Maßnahmen, Organen und Rechtsinstitutionen, mit dem den Bürgern der ↑ DDR scheinbar die Möglichkeit gegeben wurde, die Durchführung der Beschlüsse von ↑ Partei und Regierung in allen staatlichen, wirtschaftlichen und gesellschaftlichen Bereichen zu überprüfen und ggf. Einfluß auf deren Einhaltung zu nehmen. Volkskontrolle wurde als Form des (O-Ton:) 'Mitregierens der Volksmassen in einer sozialistischen Demokratie' ver-

standen. Sie wurde v. a. ausgeübt durch die Abgeordneten der ↑ Volksvertretungen, deren Ausschüsse und gesellschaftliche ↑ Aktivs. Ab 1963 wurde die in diesem Jahr gegründete ↑ ABI für diesen Aufgabenbereich zur wichtigsten Einrichtung.

Volkskorrespondent Ehrenamtlicher Mitarbeiter einer Tageszeitung, Zeitschrift oder des Rundfunks, die Informationen und kleinere Textbeiträge lieferte. Die Volkskorrespondenten sollten (O-Ton:) 'die enge Verbindung der Presse v. a. zur Arbeiterklasse festigen'. Von ihnen wurden progressive Beiträge erwartet, d. h., sie sollten v. a. die Erfolge des ↑ Sozialismus im täglichen Leben darstellen. Ihre Artikel waren mit der Abkürzung Vk und dem Nachnamen signiert.

Volksmacht Terminus des ↑ Wissenschaftlichen Kommunismus, der die staatliche Machtausübung in einem sozialistischen Staatswesen als vom Volke unter der Führung der ↑ Arbeiterklasse ausgehend charakterisierte. In der ↑ Propaganda wurde das Wort zunehmend vereinfachend als Synonym für den ↑ Staatsapparat der ↑ DDR verwendet. * diese Provokation läßt sich die Volksmacht nicht bieten

Volksmarine Offizielle Bezeichnung für die Seestreitkräfte der ↑ DDR. Diese Teilstreitkraft der ↑ NVA beinhaltete nicht die den Grenzdienst auf der Ostsee versehende Grenzbrigade Küste, die zu den ↑ Grenztruppen gehörte. Der den Seestreitkräften 1960 anläßlich des 42. Jahrestages des Kieler Matrosenaufstandes verliehene Name sollte an die Tradition der Roten Matrosen anknüpfen.

Volkspolizei /Kurzf. für Deutsche Volkspolizei, Kurzf.: VP/ Offizielle Bezeichnung für die einheitliche staatliche Polizei der ↑ DDR, die bis Mitte der sechziger Jahre den Namen Deutsche Volkspolizei trug. Der Volkspolizei gehörten neben der

Schutzpolizei (Revier- und Streifendienst) und der Kriminalpolizei (VP/K) als selbständige Bereiche auch die ↑ Transportpolizei, die Verkehrspolizei, der Objektschutz (Wach- und Einlaßdienst in staatlichen Gebäuden sowie strategisch wichtigen Betrieben), die ↑ Bereitschaftspolizei (paramilitärisch ausgerüstete kasernierte Einsatzkräfte) und die Berufsfeuerwehr an. Chef der Volkspolizei war immer der Minister des Inneren.

Volkspolizeikreisamt ↑ VPKA

Volksschaffen ↑ künstlerisches Volksschaffen

Volkssolidarität ↑ Massenorganisation mit der Aufgabe, v. a. alte und behinderte Menschen im täglichen Leben zu unterstützen. Sie führte u. a. mehrere hundert ↑ Veteranenklubs, versorgte viele hilfsbedürftige Menschen jeden Tag mit einer warmen Mahlzeit, die in ihre Wohnung gebracht wurde, oder stellte unentgeltlich Hauswirtschaftshilfen. Die Volkssolidarität wurde durch die Beiträge von mehr als einer Million Mitglieder, durch zahlreiche Spendenaktionen sowie staatliche Zuschüsse finanziert.

Volksvertreter Abgeordneter einer ↑ Volksvertretung. Die Legitimation bezogen alle Volksvertreter in der ↑ DDR aus Wahlen, bei denen der Wähler keine Wahl hatte, denn es stand nur eine ↑ Einheitsliste zur Abstimmung. V. a. in den Kreisen und Gemeinden waren viele Volksvertreter mit den alltäglichen Problemen unmittelbar konfrontiert und bemühten sich, in ihrem Verantwortungsbereich Nützliches zu tun.

Volksvertretung Sammelbezeichnung für die Parlamente auf den unterschiedlichen staatlichen Leitungsebenen. Volksvertretungen waren die ↑ Volkskammer, die ↑ Bezirkstage, die ↑ Stadtverordnetenversammlungen, die ↑ Kreistage, die ↑ Stadtbezirksversammlungen sowie die Gemeindevertretungen. Alle Volksver-

tretungen wurden nach dem Einheitslistenprinzip gewählt, d. h., die Mitglieder wurden vorher von den Mandatsträgern (↑ SED, ↑ Blockparteien, ↑ Massenorganisationen) ausgewählt und erst nach Überprüfung ihrer Loyalität insb. gegenüber der führenden Rolle der SED auf die Kandidatenliste gesetzt. Der politische Einfluß der Volksvertretungen war verschwindend gering. Hingegen befaßten sich die unteren Volksvertretungen mit vielen Problemen, die den Alltag der Bürger betrafen (z. B. Verkehrsplanung, ↑ Schulspeisung, Versorgung durch den Handel, Zustand der Krankenhäuser).

Volkswahlen Offizielle Bezeichnung für die im Abstand von fünf Jahren durchgeführten Wahlakte zu den ↑ Volksvertretungen, bei denen nur eine ↑ Einheitsliste zur Abstimmung stand. Die Volkswahlen sollten nicht nur dem Ausland den Eindruck von Demokratie vermitteln, sie sollten v. a. bei den Bürgern das Gefühl hervorrufen, politisch mitzuentscheiden. Da dies nicht durch Auswahl unter verschiedenen Kandidaten geschehen durfte, wurde dem eigentlichen Wahltag eine längere Periode der Vorbereitung dieser Wahlen vorangestellt. In dieser Zeit wurden die Kandidaten sowohl bei Versammlungen im ↑ Wohngebiet als auch in den Betrieben vorgestellt und die Bürger aufgerufen sich zu äußern, wie sie selbst künftig (O-Ton:) 'zur Stärkung der DDR beitragen wollen'. Der Wahlvorgang gab dem Wähler nur die Möglichkeit, einen Kandidaten zu streichen. Da für dieses Verhalten jedoch nicht öffentlich geworben werden durfte, kam es kaum zu mehrheitlichen Ablehnungen. Die Parteiführung maß die Zustimmung der Bürger an der Wahlbeteiligung, Nichtwähler galten als Gegner des ↑ Sozialismus und mußten mit Benachteiligungen rechnen. Um eine hohe Wahlbeteiligung zu er-

reichen, wurden bereits ab Mittag
des Wahltages säumige Wähler aufgesucht. Kranke und Gebrechliche
sollten ihren Wahlschein zu Hause in
einer sog. 'fliegenden Wahlurne' abgeben. Z.: „Tägliche Bekanntgabe der Planerfüllung in den Brigaden, verbunden mit Gesprächen zur Vorbereitung der Volkswahlen, regelmäßige
öffentliche Auswertung sämtlicher
qualitativer Kennziffern in den
Gewerkschaftsgruppen sind Unterpfand der Plantreue im VEB
Hydraulische Werke ...“ ND 30.9.
1971, 1

Volkswirtschaft Terminus der Politischen Ökonomie zur Bezeichnung
der Gesamtheit der wirtschaftlichen
und wissenschaftlich-technischen
Prozesse bei der ↑ Produktion, der
Verteilung und dem Verbrauch von
Waren einschließlich der dazu benötigten infrastrukturellen Einrichtungen und Betriebe. Die Volkswirtschaft wurde in verschiedene Zweige
und Sphären gegliedert, ihr Charakter sollte von den herrschenden
Eigentumsverhältnissen bestimmt
sein. In bezug auf die ↑ DDR wurde
deshalb immer hervorgehoben, daß
die sozialistischen Eigentumsverhältnisse die gesamte Wirtschaft charakterisieren. Mit dem Gebrauch des
Wortes Volkswirtschaft war deshalb
v. a. die ↑ volkseigene Wirtschaft gemeint, der genossenschaftliche und
↑ private Bereich wurde, entgegen
seiner tatsächlichen Bedeutung, als
untergeordnet dargestellt.

volkswirtschaftliche Masseninitiative
/Kurzf.: VMI/ ↑ Masseninitiative

Volkswirtschaftsplan Von der ↑ Volkskammer durch Beschluß zum Gesetz
erhobene Richtlinie, die für die Produktionsziele, die Verteilung finanzieller und materieller Mittel, die
Ausgaben für Löhne und für Forschung und Entwicklung, die Aufwendungen für die Entwicklung der
Infrastruktur und des Wohnungs-

und Gesellschaftsbaus sowie strukturbestimmende Investitionen für ein
Jahr festgelegt wurden. Der Beschlußfassung über den Volkswirtschaftsplan ging ein aufwendiges
Verfahren zur ↑ Planabstimmung unter Leitung der ↑ Staatlichen Plankommission voraus. Er sollte sich im
Rahmen der für fünf Jahre beschlossenen und von den ↑ Parteitagen der
SED durch ↑ Direktiven weitgehend
vorbestimmten ↑ Perspektivpläne bewegen. Ausgehend von dem Volkswirtschaftsplan hatte jeder Industriezweig und jeder ↑ Rat des Bezirkes
sowie jeder ↑ volkseigene Betrieb einen eigenen Plan aufzustellen und
dem übergeordneten ↑ Organ zur Bestätigung vorzulegen. Da aber bereits
die ↑ Planabstimmung nach den
↑ Vorgaben der SED-Führung, die
v. a. an deren Wunschvorstellungen
orientiert war, erfolgen mußte, blieben die Volkswirtschaftspläne oftmals Dokumente, deren Zielstellungen und Abrechnungen sich erheblich von den wirtschaftlich machbaren und tatsächlich erreichten Lei-
stungen unterschieden. Z.: „Täglich und stündlich bieten die
Werktätigen unserer Republik im so-
zialistischen Wettbewerb alle Anstrengungen auf, um den Volkswirtschaftsplan 1972 vertragsgerecht in
Menge, Sortiment und Qualität zu
erfüllen und zu überbieten.“ ND
26.6.1972, 1

Vollbeschäftigteneinheit /Kurzf.: VBE/
Statistische Größe zur Planung der
Arbeitskräfteausstattung eines Betriebes oder einer staatlichen bzw.
wissenschaftlichen Einrichtung. Eine
VBE entsprach den jährlich von einem Mitarbeiter tariflich zu leistenden Arbeitsstunden. Wegen des chronischen Arbeitskräftemangels wurde
die zugelassene Höchstzahl von Arbeitskräften einerseits mit dem
↑ Volkswirtschaftsplan für jeden Betrieb und jede Einrichtung vorgegeben, andererseits konnten die örtli-

chen Arbeitsämter weitere Beschränkungen bei der Einstellung von Mitarbeitern durch Begrenzung der zulässigen VBE eines Betriebes verfügen. Eine VBE konnte auch durch
Einstellung von zwei Halbtagskräften abgedeckt werden. Die Betriebe
und Einrichtungen mußten mit monatlichen Berichterstattungen belegen, daß sie die zulässigen VBE nicht
überschritten hatten. Die Verletzung
der Berichterstattungspflicht konnte
ebenso wie die Überschreitung der
VBE-Vorgabe mit Ordnungsstrafen
gegenüber dem Betriebsleiter geahndet werden.

Vollerntemaschine Bezeichnung für eine Generation landwirtschaftlicher
Maschinen, die Ernte und erste Verarbeitungsstufe vereinten. Die Vollerntemaschinen wurden nach sowjetischem Vorbild auch als Kombines
bezeichnet. Sie wurden v. a. bei der
Kartoffel- und Rübenernte eingesetzt. In der Getreideproduktion
wurde die Bezeichnung 'Mähdrescher' beibehalten.

vollinhaltlich In der offiziellen Sprache
gebrauchtes Wort, mit dem die vollständige Übereinstimmung einer
Auffassung mit der von der ↑ SED
oder einem ↑ Funktionär vertretenen
Sichtweise deutlich gemacht werden
sollte. * der Parteitag stimmte dem
Bericht des ZK vollinhaltlich zu
Z.: „Wir sind als Zentrale Revisionskommission vollinhaltlich mit dem
vom Ersten Sekretär des ZK, Genossen Erich Honecker, erstatteten Bericht des Zentralkomitees an den
Parteitag einverstanden." ND
16.6.1971, 10

Vollkomfortwohnung Seit den siebziger
Jahren offizielle Bezeichnung für eine Neubauwohnung mit Bad, Fernheizung, meist auch Lift. Ungeachtet
ihres aus heutiger Sicht bescheidenen
Ausstattungsgrades (z. B. die Bäder
waren nur teilweise oder gar nicht
gefliest) waren diese Neubauwohnungen erheblich komfortabler als

die meisten Altbauten. Die Bezeichnung als Vollkomfortwohnung mußte auf staatliche Anweisung anstelle
von 'Neubauwohnung' bei allen
Wohnungstauschanzeigen verwendet
werden, um auch dadurch die großen
Fortschritte im Wohnungsbau zu betonen.

Volvograd Vom Volke geprägte Bezeichnung für das Regierungsviertel
in Berlin, in dem ständig die schweren Volvolimousinen der Partei- und
Staatsführer verkehrten.

VoPo [fo|po] Vor allem in Westberlin
verwendete, von Teilen der Ostberliner Bevölkerung übernommene Bezeichnung für einen uniformierten
Angehörigen der ↑ Volkspolizei.

vorberaten Beschönigende Bezeichnung dafür, daß alle wichtigen Entscheidungen, aber auch der Ablauf
von Tagungen und Diskussionsrunden, sogar der Inhalt von bestimmten spontan wirkenden Diskussionsbeiträgen vorher unter Mitwirkung
der jeweiligen Parteileitungen festgelegt wurde.

vorfristig Vor der festgesetzten Frist
verwirklicht, erfolgend. * den Plan
vorfristig erfüllen

Vorgabe ↑ Kennziffer, die von der
↑ Staatlichen Plankommission gegenüber einem ↑ Rat des Bezirkes, einem ↑ Kombinat oder einem Betrieb
als verbindlich für die Ausarbeitung
seines ↑ Perspektivplanes festgelegt
wurde. Solche nur aufgrund der
Wünsche der Parteiführung getroffenen Festlegungen standen sehr oft im
Widerspruch zur Leistungsfähigkeit
sowie zur Arbeitskräfte-, Material-
und Investitionsausstattung der betreffenden Betriebe und Einrichtungen. Deshalb konnten die auf
Grundlage der Vorgaben aufgestellten Pläne vielfach nicht erfüllt werden.

Vorkommnis Offizielle Bezeichnung für
ein Ereignis, das im Gegensatz zu
den Interessen des Staates stand.
Dies konnte ein Brand in einem Be-

trieb, eine unerlaubte Demonstration oder auch ein Waffenfund sein. Das Wort Vorkommnis erlaubte eine Berichterstattung, ohne daß das negativ bewertete Ereignis im einzelnen beschrieben werden mußte. Oftmals auch verwendet in der Zusammensetzung (O-Ton:) 'besonderes Vorkommnis'. * aufgrund des Vorkommnisses (hier: Unfall eines Tanklastzuges) mußte die Straße gesperrt werden; die Parteileitung wertete das Vorkommnis (hier: öffentlich ausgehängter ↑ Ausreiseantrag eines Mitarbeiters) aus

vormilitärische Ausbildung Obligatorischer Teil der Ausbildung von männlichen Lehrlingen und Schülern (an den ↑ EOS) im Alter von 16 bis 18 Jahren. Sie sollte die Jugendlichen durch wehrsportliche Übungen sowie Training an einfachen Waffen (Luftdruck- und KK-Gewehren) auf den Dienst in der ↑ NVA vorbereiten. Der praktische Unterricht wurde von der ↑ GST durchgeführt, die bei dieser Gelegenheit auch um Mitglieder warb. Als Element des ↑ Wehrkundeunterrichts wurde die vormilitärische Ausbildung zu einem wesentlichen Konfliktpunkt zwischen der ↑ SED und den Kirchen.

VP /Kurzf. für Volkspolizei/ In Verbindung mit einem Buchstaben auch Kurzform für einen selbständigen Bereich innerhalb der ↑ Volkspolizei, z. B. VP/K für Kriminalpolizei, VP/F für Berufsfeuerwehr.

VP-Bereitschaft Einheit der ↑ Bereitschaftspolizei.

VP/K ↑ K

VPKA /Kurzf. für Volkspolizeikreisamt/ Zentrale Dienststelle der ↑ Volkspolizei in einem ↑ Kreis.

VSA ↑ Verkehrssicherheitsaktiv

VST /Kurzf. für eine Verkaufsstelle (des sozialistischen Einzelhandels)/ Bezeichnung für jedes Geschäft, das in das Einzelhandelssystem der ↑ DDR eingebunden war. Diese Kurzform wurde nicht nur in der Verwaltungspraxis, sondern häufig auch in Zeitungsartikeln und ähnlichem verwendet, im mündlichen Gebrauch war sie nicht üblich.

VVB ↑ Vereinigung Volkseigener Betriebe

VVN ↑ Vereinigung der Verfolgten des Naziregimes

VVV ↑ Vertrauensleutevollversammlung

Vylan /o. Pl./ Warenzeichen für eine in der ↑ DDR hergestellte Chemiefaser, die sich durch antirheumatische Eigenschaften auszeichnete.

W

sich eine, keine **Waffel** machen /Phras./
↑ sich eine, keine **Platte** machen
Waffenbrüder /Pl./ Im offiziellen
Sprachgebrauch verwendete, eine
positive Einstellung ausdrückende
Bezeichnung für die Angehörigen der
anderen Armeen des ↑ Warschauer
Vertrages, besonders der sowjetischen Armee. * unsere Waffenbrüder
Z.: „Die Armeeangehörigen bekundeten ihren festen Willen getreu dem
Vermächtnis Lenins, dessen 110. Geburtstag in diesem Jahr begangen
wird, gemeinsam mit den Waffenbrüdern aus der NVA und den anderen
Bruderarmeen Sozialismus und Frieden jederzeit zu schützen." JW
22.2.1980, 2
Wählerauftrag Auftrag, der einem
künftigen Abgeordneten besonders
auf einer Wahlveranstaltung von
Wählern erteilt wurde. Der Abgeordnete, der diesen Auftrag an seine
↑ Volksvertretung weiterleitete, die
ihrerseits über dessen Annahme oder
Ablehnung zu befinden hatte, war
den Wählern auskunftspflichtig. Gegenstand des Wählerauftrages konnte nur ein konkretes Anliegen (z. B.
die Erneuerung der Wasserleitung in
einer Gemeinde) sein, während die
politischen Aufträge allein durch den
Mandatsträger (die ↑ Partei bzw. die
das Mandat stellende ↑ Massenorganisation) erteilt wurden.
Wählervertreter Auf Wahlveranstaltungen von den Wählern eines oder
mehrerer Wahlkreise gewählter Vertreter, der beauftragt war, bestimmte
Auffassungen der Wähler vorzutragen, z. B. indem er für die Ablehnung eines bestimmten Kandidaten
votierte.
Wanderfahne Fahne, die der jeweils besten Abteilung bzw. dem besten Betrieb im ↑ sozialistischen Wettbewerb
innerhalb eines Großbetriebes, eines

↑ Kombinates oder eines Ministeriums überreicht wurde und die dort
bis zur nächsten Bestenermittlung
verblieb.
Z.: „Die Wanderfahne der Bezirksleitung der SED und des FDGB-Bezirksvorstands erhielt gestern das
Kollektiv der Kaufhalle Sterndamm-Süd in Johannisthal." BZA
26.7.1968, 5
Waldsiedlung Wandlitz ↑ Honnywood
Wandzeitung /aus dem Russ./ Agitationsmaterialien, Nachrichten und
Mitteilungen v. a. über ↑ aktuell-politische Themen, die besonders in
Schulen oder Betrieben auf einem
Brett an der Wand angebracht wurden.
WAO [ve:|a:|o:] ↑ wissenschaftliche Arbeitsorganisation
Waren des Grundbedarfs Bestimmte
Waren, besonders Lebensmittel und
Bekleidung, die als elementar für die
Versorgung der Bevölkerung galten
und die aus politischen Gründen
über Jahrzehnte im Preis stabil gehalten wurden.
Waren täglicher Bedarf Der Teil des
↑ Grundbedarfs, der nicht die
Grundnahrungsmittel, sondern all
die kleinen Selbstverständlichkeiten
des täglichen Lebens meinte, deren
↑ Produktion und Verteilung allerdings oft ein Problem sein konnte,
wie sich z. B. bei regelmäßig auftretenden Engpässen auf dem (O-Ton:)
´Toilettenpapiersektor´ zeigte.
Warenfonds In der ↑ Planung verwendete Bezeichnung für die Gesamtheit
der Waren aus ↑ Produktion und
↑ Import, die im Einzelhandel im
Zeitraum eines Jahres angeboten
wurden und die im Wert dem
↑ Kauffonds entsprechen sollten.
Warschauer Vertrag /Kurzf. für Vertrag über Freundschaft, Zusammenarbeit und gegenseitigen Beistand/

Multilateraler Vertrag über gegenseitigen militärischen Beistand und gemeinsame Führung der Streitkräfte sowie Name der zu diesem Zwecke gegründeten zwischenstaatlichen Organisation. Der Vertrag wurde als Reaktion auf den Beitritt der Bundesrepublik zur NATO im Mai 1955 zwischen der Sowjetunion, Albanien (bis 1968), Bulgarien, der ↑ DDR, Polen, Rumänien, der ČSSR und Ungarn abgeschlossen. Er war von der absoluten Dominanz der Sowjetunion geprägt, das gemeinsame Oberkommando unter Befehl eines sowjetischen Marschalls hatte seinen Sitz in Moskau.

Wartburg Einer der beiden langjährig in der ↑ DDR hergestellten PKWs, der nach der oberhalb der Produktionsstätte Eisenach gelegenen Wartburg benannt worden war. Er war der gegenüber dem ↑ Trabant größere und komfortablere Wagentyp. Z.: „Nachdem wir den Wartburg 1.3 Ende August in wesentlichen Parametern schon vorgestellt haben, entsprechen wir heute dem Wunsch von Technik-Interessierten und gehen auf Details ein." JW 10.10.1988, 1 (Beilage Motor und Straße)

Wartegemeinschaft Ironisch gebraucht für eine der vielen Warteschlangen vor einem Geschäft oder einem ↑ staatlichen Organ. Die Wortprägung erfolgte in Anspielung an den im offiziellen Sprachgebrauch gern benutzten Begriff von der allgegenwärtigen sozialistischen Gemeinschaft.

Waschstützpunkt Kommunale oder betriebliche Einrichtung, in der die Kunden ihre Wäsche abgaben und schrankfertig wieder abholten.

Wasserrettungsdienst Abteilung des Deutschen Roten Kreuzes der ↑ DDR, die Rettungsschwimmer ausbildete und die Rettungsstationen an den öffentlich zugänglichen Badestränden besetzte.

WBA [ve:|be:|a:] ↑ Wohnbezirksausschuß

WBS 70 [ve:|be:|es] /Kurzf. für Wohnungsbausystem der siebziger Jahre/ Für die Realisierung des ↑ Wohnungsbauprogramms entwickeltes Bauprogramm für die Serienfertigung von Wohnungen und ↑ Gemeinschaftseinrichtungen. Es wurde in den siebziger und achtziger Jahren DDR-weit am häufigsten realisiert, weil es in hohem Maße mit standardisierten Teilen arbeitete und dadurch kostengünstiges, wenn auch wenig abwechslungsreiches Bauen ermöglichte.

wegrationalisieren Umgangssprachlich für etwas einsparen, das eine Erleichterung, Annehmlichkeit bedeutet hatte.

Wehrbezirkskommando Dienststelle der ↑ NVA auf Bezirksebene, in deren Zuständigkeit die Anleitung und Kontrolle der ↑ Wehrkreiskommandos fiel.

W.: Der kurz vor dem Schulabschluß stehende Sohn sagt zu seinem Vater: „Papa, ich habe eine Einladung zu einem Gespräch vom Werbezirkus Mando bekommen. Ich kann mich nicht erinnern, daß ich mich dort auch beworben habe." Der Vater läßt sich den Brief zeigen und sagt: „Du Blödmann, der Brief ist nicht vom Werbezirkus Mando, sondern vom Wehrbezirkskommando!"

Wehrerziehung Teil der staatlichen Bildungs- und Erziehungsarbeit, die darauf ausgerichtet war, die Jugend vom Kindergartenalter an mit militärischen Themen vertraut zu machen, um sie auf den Wehrdienst vorzubereiten.

Wehrkreiskommando Dienststelle der ↑ NVA auf Kreisebene, in deren Zuständigkeitsbereich die Musterung und Einberufung der Wehrpflichtigen und Reservisten sowie die Anwerbung von Soldaten auf Zeit, Berufsunteroffizieren und Offiziersbewerbern fiel.

Wehrkundeunterricht Seit 1978 von Klasse 9 an in den Unterricht an allgemeinbildenden Schulen aufgenommenes Pflichtfach, das einmal jährlich eine Wehrausbildung im Lager bzw. (für Mädchen) eine Ausbildung in ↑ Zivilverteidigung enthielt, die nicht verweigert werden konnte.

Wehrspartakiade In Schulen und Betrieben von der ↑ GST veranstaltete Wettkämpfe mit vormilitärischem Charakter.

Weißes Haus Umgangssprachlich für das Gebäude der ständigen Vertretung der Bundesrepublik in der ↑ DDR in Berlin-Mitte.

Weisungsrecht Recht eines sozialistischen ↑ Leiters, den jeweils untergeordneten Leitern und Mitarbeitern Arbeitsaufträge und in diesem Zusammenhang Vorschriften über ihr Verhalten im Arbeitsprozeß zu erteilen.

Weltfestspiele /Kurzf. für Weltfestspiele der Jugend und Studenten/ Vom (kommunistisch dominierten) Weltbund der Demokratischen Jugend im Abstand von mehreren Jahren in Hauptstädten meist sozialistischer Länder ausgerichtetes ↑ Festival (z. B. 1973 in Ostberlin), das dem (O-Ton:) ʹKampf der Weltjugend für Frieden, Abrüstung, Demokratie, nationale Unabhängigkeit und Fortschrittʹ Ausdruck geben sollte. Die DDR-Delegation zu Weltfestspielen bestand aus vom ↑ Zentralrat der FDJ ausgewählten ↑ Funktionären sowie mit Repräsentationsaufgaben bedachten jungen Künstlern oder Spitzensportlern. Z.: „Der großartige Erfolg der III. Weltfestspiele der Jugend und Studenten für den Frieden hat unter den Kriegstreibern und ihren deutschen Handlangern Wut und Entrüstung ausgelöst, die sich in zahlreichen Diversionsakten und Sabotagemaßnahmen gegen das Festival und seine Teilnehmer äußern." ND 11.8. 1951, 1

Weltniveau Schlagwort, mit dem besonders in den sechziger und siebziger Jahren der Leistungsstand der ↑ DDR beschönigend beschrieben wurde. Für die DDR-Wirtschaft führte dies zu der Forderung, ihre Leistungen dem Welthöchststand anzunähern.

-werker Im offiziellen Sprachgebrauch zweiter Bestandteil von Wortbildungskonstruktionen, der sich in Zusammensetzungen mit Substantiven auf einen Facharbeiter bezog, der in einem bestimmten Werk, einer bestimmten Branche arbeitete.

werktätige Bauern(schaft) Mit der Durchführung der ↑ demokratischen Bodenreform und dem Aufbau des Sozialismus auf dem Lande wurden aus ehemaligen Tagelöhnern, Landarbeitern, Umsiedlern und Großbauern die Klasse der werktätigen Bauern. Diese entwickelte sich zu einer der beiden Grundklassen in der DDR. Als Klasse der ↑ Genossenschaftsbauern verfügte sie über genossenschaftliches sozialistisches Eigentum. Z.: „Mit der Schaffung bzw. der Vergrößerung von einigen hunderttausend Bauernstellen auf dem Lande wurde jahrhundertealtes historisches Unrecht an den Bauern wiedergutgemacht und umgesiedelten Bauern und Landarbeitern eine Heimstatt gegeben. Z.: … Zwischen *Arbeiterklasse und Bauernschaft*, insbesondere der werktätigen Bauernschaft, *entstand ein dauerhaftes, auf einer festen sozialen Grundlage basierendes Bündnis*." Geschichte der DDR, S. 50

Werktätiger Im offiziellen Sprachgebrauch Bezeichnung für einen Arbeiter, Angestellten oder das Mitglied einer sozialistischen Genossenschaft, d. h. einen Menschen, der seinen Lebensunterhalt durch eigene Arbeit und nicht durch die Ausbeutung der Arbeit anderer Menschen verdient. Das Wort war aber auch die allgemein übliche Bezeichnung für einen Berufstätigen. * die Interessen der Werktätigen, die DDR − ein Staat der Werktätigen Z.: „Durch das 35. Gründungsjubiläum der DDR inspiriert, vollbrachten die Werktätigen hervorragende, oftmals über Bisheriges weit hinausgehende Leistungen." Trommel Nr. 1/1985, 5

West- Bestimmungswort, das sich in Zusammensetzungen mit Substantiven auf in der Bundesrepublik lebende Personen und aus der Bundesrepublik stammende Produkte, mit denen sich meist positive Vorstellungen verbanden, bezog. Gebräuchlich waren Zusammensetzungen wie: -auto, -deutscher, -fernsehen, -geld, ↑-goten, ↑-kontakt, ↑-mensch, -paket, -schokolade, -tante, -verwandtschaft

Westen Umgangssprachlich für die Bundesrepublik Deutschland.

Westgoten /Pl./ Ironisch gebraucht für einen Bundesbürger.

Westkontakt /vorw. Pl./ Brieflicher, telefonischer, persönlicher Kontakt eines DDR-Bürgers mit einem Bundesbürger oder einem Bürger bzw. einer Institution in einem anderen kapitalistischen Land. Von offizieller Seite waren ↑ private Westkontakte generell unerwünscht. Mitarbeitern im ↑ Staatsapparat, Geheimnisträgern oder ↑ Reisekadern waren solche Kontakte in jedem Fall verboten.

Westmensch Umgangssprachlich für Bundesbürger.

Wettbewerb, sozialistischer ↑ sozialistischer Wettbewerb

Wettbewerbs- Bestimmungswort, das sich in Zusammensetzungen mit Substantiven auf bestimmte, den ↑ sozialistischen Wettbewerb vorbereitende bzw. steuernde Maßnahmen bezog. Gebräuchlich waren Zusammensetzungen wie: -aufruf, -initiative, -programm, -verpflichtung

Winkelement Im offiziellen Sprachgebrauch Fähnchen, Tuch, mit dem beim Spalierstehen oder auf einer Großkundgebung beim Vorbeimarsch an der Tribüne gewinkt werden sollte und das von den Organisatoren des Aufmarsches bereitgestellt wurde.

wir Im offiziellen Sprachgebrauch verwendetes Personalpronomen als Zeichen für den Wunsch der herrschenden Kräfte, Einheit mit dem Volk zu demonstrieren. Im nichtöffentlichen Sprachgebrauch war die Verwendung von 'wir' anstelle von 'ich' Zeichen für das (unbewußte) Sich-Zurückziehen in eine Gemeinschaft, deren Meinung dann quasi stellvertretend geäußert wurde. Vgl. auch: unser

wirtschaftliche Rechnungsführung Grundkategorie der sozialistischen Betriebswirtschaft und Methode der planmäßigen Wirtschaftsführung. Sie sollte in der gesamten ↑ Volkswirtschaft eine möglichst effektive Produktion in Verbindung von zentraler ↑ Planung und Leitung einerseits und relativer Selbständigkeit der Betriebe andererseits unterstützen. Der sachliche Gehalt der wirtschaftlichen Rechnungsführung bestand in der Übernahme traditioneller Prinzipien kaufmännischen Wirtschaftens (wertbezogene Bilanzierung, zeitgerechte Rechnungslegung, ordnungsgerechte Buchführung) für jeden Betrieb in Verbindung mit teilweise neuen Bezeichnungen unter Beibehaltung von Mechanismen, um die selbständige Tätigkeit der Betriebe dem Primat der zentralen staatlichen ↑ Planung unterzuordnen.

Wirtschafts- und Sozialprogramm Vom VIII. ↑ Parteitag der SED 1971 verkündetes umfassendes Programm, durch das die Lebensbedingungen der DDR-Bürger grundlegend verbessert werden sollten. Kernstück war das ↑ Wohnungsbauprogramm.

Wirtschaftsflug Von der einzigen Luftverkehrsgesellschaft der ↑ DDR, der ↑ Interflug, wahrgenommener Aufgabenbereich für die Landwirtschaft, die Wissenschaft, das Rettungswesen.

Wirtschaftspaket Tarifbezeichnung für ein Paket, das – teurer als normal – im Postversand zwischen nicht privaten Postkunden verschickt wurde.

Wismut /Art.: die/ Sowjetisch-deutsche Aktiengesellschaft, die das Monopol für den Uranerzbergbau in der ↑ DDR innehatte und ausschließlich sowjetische und DDR-Abnehmer belieferte. Die Wismut galt wegen ihrer sowjetischen Mehrheitsführung als Staat im Staate mit eigenen Tarifen, Sicherheitsvorschriften, Einzelhandels- und ↑ Versorgungseinrichtungen, in dem ausschließlich das zuständige sowjetische Ministerium bestimmte.

wissenschaftlich-technische Revolution Schlagwort für den die Verbindung von Wissenschaft, Technik und ↑ Produktion betreffenden tiefgreifenden gesellschaftlichen Prozeß, der v. a. durch neue Technologien eine Vervielfachung der Produktivität hervorbringt. Da nach offizieller Meinung nur im ↑ Sozialismus die Voraussetzungen für solche ↑ schöpferischen Energien vorhanden sein sollten, erwartete man eine schnell anwachsende Effektivität in der ↑ Volkswirtschaft. In der Praxis kam jedoch die Industrieforschung in der ↑ DDR wegen zu knapper Mittel, Verzettelung der Kräfte und politischer Fehlleitung nie in die Lage, dieser Vision zu entsprechen.

wissenschaftlich-technisches Zentrum Einrichtung der Industrieforschung, die zu einer ↑ VVB oder einem ↑ Kombinat gehörte oder für sie tätig war. Sie sollte den wissenschaftlich-technischen Höchststand für den jeweiligen Industriezweig analysieren, neue Produktentwicklungen oder Technologien vorschlagen oder anbieten und bei den wichtigsten Erzeugnissen durchsetzen helfen. In den achtziger Jahren, als der ↑ Apparat der Industrieministerien stark

reduziert wurde, hatten diese Zentren eine Vielzahl der vorher vom Ministerium zu erledigenden administrativen Vorarbeiten und Kontrollaufgaben wahrzunehmen.

wissenschaftliche Arbeitsorganisation /Kurzf.: WAO/ Die Lehre vom zweckmäßigen Organisieren des Arbeitsprozesses in der Weise, daß bei ausdrücklicher Einbeziehung der Arbeitskräfte selbst die Arbeitsbedingungen verbessert und die Arbeitsabläufe rationalisiert wurden und damit die Produktivität ohne Einsatz neuer technischer Mittel gesteigert werden sollte. In den siebziger und achtziger Jahren erhoffte sich die DDR-Wirtschaftsführung angesichts fehlender Investitionsmittel Wunder von der besseren Organisation der Produktionsabläufe; in allen Betrieben mußten WAO-Abteilungen oder -Beauftragte eingesetzt und Produktivitätsfortschritte abgerechnet werden. Da aber allein organisatorische Veränderungen die wichtigsten Hindernisse für eine reibungslose ↑ Produktion, ungenügende Materialversorgung und ein wenig wirksames Entlohnungssystem, nicht beseitigen konnten, blieb der Aufwand für ↑ WAO oftmals höher als ihr Nutzen.

Wissenschaftlicher Rat 1. Gremium von Wissenschaftlern, das den Rektor einer ↑ Hochschule in bezug auf Forschung, Lehre und Weiterbildung sowie auf die wissenschaftliche Entwicklung der Hochschule beriet. **2.** Gremium von Wissenschaftlern, das forschungsleitende und -koordinierende Aufgaben für die naturwissenschaftliche und wirtschaftswissenschaftliche Forschung besaß und das seinen Sitz an einer zentralen wissenschaftlichen Einrichtung (z. B. an der Akademie der Wissenschaften der DDR, der Akademie für Gesellschaftswissenschaften beim ↑ ZK der SED) hatte.

Wissenschaftsorganisation Die Gesamtheit staatlich organisierter Maßnahmen, mit denen das Ziel verfolgt wurde, Wissenschaft und Forschung optimal zu entwickeln und deren Ergebnisse in die Praxis zu überführen.

Wissenschaftswissenschaft Wissenschaft, die die Wissenschaft selbst zum Gegenstand hatte und die mit dem Ziel betrieben wurde, für die Entwicklung von Wissenschaft und Forschung optimale Bedingungen zu schaffen. In den achtziger Jahren als Lehr- und Forschungsdisziplin an einigen wenigen ausgewählten ↑ Hochschulen probehalber installiert.

Wochenheim ↑ Wochenkrippe

Wochenkrippe Kommunale oder betriebliche Einrichtung, in der Säuglinge und Kleinkinder besonders alleinerziehender, in Schichten arbeitender Mütter in der Regel von Montag bis Freitag Tag und Nacht betreut wurden.

Wohnbezirk Aus mindestens zwei Wahlbezirken mit insgesamt ca. 1000 bis 3000 wahlberechtigten Bürgern bestehende organisatorische Einheit in größeren Städten, innerhalb derer die Arbeit der ↑ Nationalen Front (↑ Wohnbezirksausschuß) und der ↑ SED (↑ Wohnparteiorganisation) organisiert wurde.

Wohnbezirksausschuß /Kurzf.: WBA/ Ausschuß der ↑ Nationalen Front, der im ↑ Wohnbezirk mit politisch-organisatorischen Aufgaben wie der Wahlvorbereitung, aber auch mit praktischen Aufgaben betraut war, wie mit der Organisierung von zentralen Arbeitseinsätzen für die Verbesserung des Wohnumfeldes, von Festen im ↑ Wohngebiet und mit der Betreuung älterer und kranker Menschen.

Wohngebiet Nähere Wohnumgebung.
* im Wohngebiet

Wohngebiets- Bestimmungswort, das sich in Zusammensetzungen mit Substantiven auf eine zentrale Einrichtung, einen zentralen Treffpunkt besonders in Neubaugebieten bezog. Gebräuchlich waren Zusammensetzungen wie: -fest, -gaststätte, -klub, -park, -wäscherei

Wohnhof Besonders der von der Rückseite mehrerer Neubaublocks eingeschlossene Bereich, in dem Grünanlagen und Spielplätze angelegt waren.

Wohnparteiorganisation /Kurzf.: WPO/ ↑ Grundorganisation der ↑ SED im ↑ Wohnbezirk. In ihr waren alle SED-Mitglieder, die nicht einer ↑ BPO angehörten, zusammengefaßt.

Wohnraumlenkung Staatliche Erfassung des gesamten (auch in Privatbesitz befindlichen) Wohnraums und seine Verteilung an Wohnungssuchende aufgrund gesetzlicher Bestimmungen. Ausgehend von dem Verfassungsrecht auf Wohnraum für jeden Bürger war durch die Wohnraumlenkung jedermann Wohnraum zur Verfügung zu stellen, der gesamte Wohnraum war durch die Erfassung und staatliche Preisfestsetzung praktisch zwangsbewirtschaftet. Da in vielen Städten Wohnungsanträge erst nach zehn und mehr Jahren berücksichtigt werden konnten, enthielten die gesetzlichen Vorschriften v. a. Ausnahme- und Prioritätsregelungen für die Wohnraumvergabe (z. B. bei Familien mit mehreren Kindern, Schichtarbeitern). Die Wohnungsgröße wurde nach einem staatlichen Verteilerschlüssel zugeordnet, z. B. hatte eine vierköpfige Familie Anspruch auf eine ↑ Drei-Raum-Wohnung.

Wohnungsbauprogramm Kernbereich des Anfang der siebziger Jahre beschlossenen sozialpolitischen Programms, das die (O-Ton:) ´Lösung der Wohnungsfrage als soziales Problem bis 1990´ zum Ziel hatte. Damit sollten die Wohnverhältnisse für mehr als die Hälfte der Bevölkerung durch Neubau und Modernisierung verbessert und der eklatante Wohnraummangel beseitigt werden.

Wohnungsbausystem ↑ WBS 70

Wohnungskommission Gremium auf kommunaler Ebene oder in den Betrieben, das für die Vergabe von Wohnungen Empfehlungen an das staatliche Wohnraumlenkungsorgan gab, denen in der Regel entsprochen wurde. Es prüfte im Auftrage des ↑ Rates der Stadt bzw. des ↑ Stadtbezirks die Wohnverhältnisse der Wohnungsantragsteller und befürwortete auch die staatliche Genehmigung von Wohnungstauschanträgen. Die im Auftrag der ↑ BGL tätige Wohnungskommission vergab an Betriebsangehörige die von der staatlichen Wohnraumlenkung freigestellten Werkswohnungen und befürwortete die Anträge auf Mitgliedschaft in einer ↑ AWG.

Wolpryla /o. Pl./ Kunstwort, das sich zusammensetzt aus **Wol**fen + **Prem**nitz + **ryl**akrylnitril + **la**na (lat. Wolle) und für die Handelsmarke einer in der ↑ DDR entwickelten Chemiefaser steht, die in Wolfen und Premnitz hergestellt wurde. Wolpryla

fühlte sich ähnlich wie Wolle an, war pflegeleicht und formbeständig und wurde besonders zu Pullovern verarbeitet. Vergleichbares, in Westdeutschland hergestelltes Produkt war die synthetische Faser Dralon.

WPO (ve:|pe:|o:) ↑ Wohnparteiorganisation

Wunschkindpille Auch im offiziellen Sprachgebrauch verwendete, eine positive Einstellung ausdrückende Bezeichnung für die Antibabypille.

Wuppke Vom Volke geprägte Bezeichnung für den ↑ Berliner Fernsehturm. Dieses Wort war eine Verkürzung und bedeutete (O-Ton:) 'Walter Ulbrichts Prestigekeule'.

Wurfrotationsflachkegel Offizielle sprachliche Version für Frisbe-Scheibe, die aber von der Bevölkerung abgelehnt und höchstens als das bewertet wurde, was sie war, nämlich der lächerliche Versuch, das Eindringen von Amerikanismen in die Sprache der DDR zu verhindern.

Würzfleisch In Gaststätten gebräuchliche Bezeichnung für Ragout fin, das aber in der ↑ DDR nicht aus Kalb-, sondern aus Schweinefleisch oder Geflügel hergestellt wurde.

Z

Zahlbox Kastenförmige Apparatur aus Metall, die ab Mitte der sechziger Jahre in öffentlichen Verkehrsmitteln den Schaffner ersetzen sollte. Der ehrliche Fahrgast warf das Fahrgeld ein und zog per Handhebel den Fahrschein. Trotz des geringen Fahrpreises von 15 oder 20 Pfennigen wurde von manchen dennoch ein Fahrschein ohne Bezahlung gezogen. Viele Städte gingen deshalb in den achtziger Jahren dazu über, die Zahlbox durch mechanische Entwerter für die vorher in einer ↑ Verkaufsstelle zu erwerbenden Fahrscheine zu ersetzen.

Zahlenlotto /Kurzf.: Lotto/ Über Jahrzehnte hinweg wichtigste staatliche Lotteriespielart. An jedem Sonntag wurden fünf Gewinnzahlen aus 90 Zahlen in einer öffentlichen Ziehung ermittelt. Bereits bei zwei Richtigen gab es einen kleinen Geldgewinn, bei fünf Richtigen einen Hauptgewinn, der zumeist mehr als 100 000 Mark betrug. In den fünfziger und sechziger Jahren versuchte man, die Attraktivität durch die Einführung von Systemspielen und durch Buchgutscheine zu erhöhen. Für einen Buchgutschein mußten mehrere hundert bezahlter Spielscheine eingereicht werden, die Bücher waren aus einer Liste als fortschrittlich eingestufter Romane oder gesellschaftswissenschaftlicher Werke (z. B. Lenin) auszuwählen. Der Reinerlös der Lotterie kam dem Staat zugute, jedoch wurde alljährlich ein Teil der Lottoeinnahmen zweckgebunden zur Errichtung von Sportstätten, Kulturbauten oder auch Tiergärten eingesetzt. Als das Interesse der Bevölkerung am Spiel abnahm, führte man eine Reihe neuer Spielarten wie Sportfest-Toto (6 aus 49) oder Tele-Lotto (5 aus 35) ein, die die Teilnehmerzahl des Zahlenlotto bald deutlich übertrafen. Lotto wurde von der Bevölkerung als eine der wenigen Chancen angesehen, im ↑ Sozialismus auch ohne politischen Aufstieg zu viel Geld zu kommen.

Zappelfrosch Umgangssprachliche Bezeichnung für den sowjetischen Kleinwagen vom Typ ῾Saporoshez᾽.
S.: Conterganwolga
W.: Unterhalten sich zwei Autofans. Sagt der eine: „Weißt Du, daß der ῾Saporoshez᾽ auf der Moskauer Automobilausstellung drei Goldmedaillen bekommen hat?" „Das kann ich mir nicht vorstellen", sagt der andere, „wofür denn?" „Nun", antwortet der erste, „er ist schneller als ein Traktor (1), er ist leiser als ein Panzer (2) und er verbraucht weniger Benzin als ein Flugzeug (3)!"

ZBE ↑ zwischenbetriebliche Einrichtung

ZDF/ARD Die in den Empfangsgebieten innerhalb der ↑ DDR von der Bevölkerung am meisten gesehenen Fernsehprogramme. Da nördlich von Dresden das größte Gebiet begann, in dem diese Sender nicht zu empfangen waren, interpretierte der Volksmund die Abkürzung so: **Z**entrales **d**eutsches **F**ernsehen/**a**ußer **R**aum **D**resden.

Zehn Gebote der sozialistischen Moral 1958 durch Walter Ulbricht auf dem V. ↑ Parteitag der SED verkündete Moralnormen, nach denen jedes Parteimitglied und auch jedes andere Mitglied der ↑ sozialistischen Menschengemeinschaft sein Leben gestalten sollte. Die Formulierung der Moralvorstellungen der ↑ SED in zehn Sätzen, die analog den biblischen Geboten mit „Du sollst …" eingeleitet wurden, sollte zeigen, daß der ↑ Sozialismus alle humanistischen Traditionen aufnahm und unter den

neuen Bedingungen weiterentwickel-
te. Da die Ulbrichtschen Normen
selbst innerhalb der SED keinen großen Anklang fanden, wurden sie mit
Beginn der Ära Honecker (1971)
nicht mehr öffentlich erwähnt.
**zehnklassige allgemeinbildende poly-
technische Oberschule** ↑ polytechnische Oberschule
Zeitfonds Dem Sprachgebrauch der
↑ Funktionäre nachempfundene Bezeichnung für die jemandem zur Verfügung stehende Zeit. Wenn man eine Aufgabe aus Zeitgründen nicht erfüllen konnte, so begründete man
dies mit den Worten: „Mein Zeitfonds läßt das nicht mehr zu" oder
„... ist ausgeschöpft".
Zeitkino In großen Bahnhöfen v. a. zur
Unterhaltung der Reisenden eingerichtetes Kino, in dem jederzeit Ein-
und Auslaß gewährt wurde. Die Programme bestanden aus einer Folge
ständig wiederholter Kurz-, Doku-
mentar- und Zeichentrickfilme,
abends wurden auch Spielfilme gezeigt.
zentral Die leitende ↑ Funktion für das
gesamte Staatsgebiet ausübend. Da
die ↑ DDR nicht nur als Staat zen-
tralistisch war, sondern das gesamte
gesellschaftliche Leben nach den
Prinzipien des ↑ demokratischen
Zentralismus geleitet werden sollte,
kam dem als 'zentral' bezeichneten
Führungsorgan oder der zentralen
Festlegung eine besonders große Bedeutung zu. In allen ↑ Staatsorganen
und gesellschaftlichen Organisationen waren vor Ort die zentralen
↑ Vorgaben widerspruchslos auszuführen. * der Einsatz der Mähdrescher wird zentral entschieden; die
Losungen zum 1. Mai werden zentral
festgelegt
zentrale Organe der Staatsmacht Sammelbezeichnung für alle staatlichen
Behörden, die direkt dem Ministerrat der ↑ DDR unterstanden und
staatliche Befugnisse innehatten. Zu
diesen gehörten neben den Ministe-

rien auch die selbständigen Staatsse-
kretariate (z. B. Staatssekretariat für
Kirchenfragen), Ämter (z. B. Amt
für Preise, Amt für industrielle
Formgestaltung) und Staatlichen
Verwaltungen (z. B. Staatliche Zentralverwaltung für Statistik). Kenn-
zeichnend für diese Organe war es,
daß sie eine sachlich begrenzte Befugnis besaßen, Rechtsvorschriften
in Form der Anordnungen zu erlassen.
zentrale Staatsorgane /Kurzf. für Zentrale Organe der Staatsmacht/ Diese
Kurzform wurde mit Beginn der Ära
Honnecker zunehmend auch als offizieller Terminus in Rechtsvorschriften benutzt.
Zentrales Pionierlager ↑ Pionierlager
zentralgeleitet 1. Bezeichnung für eine
Organisation oder eine Veranstaltung (↑ Mathematikolympiade,
↑ Arbeiterfestspiele), die durch eine
zentrale Leitung verantwortet wurde.
2. Direkt einem Ministerium unterstehende ↑ volkseigene Betriebe oder
↑ Kombinate.
Zentralismus /Kurzf. für demokratischen Zentralismus/
Zentralkomitee /Kurzf. für Zentralkomitee der SED; Kurzf.: ZK/ Auf dem
III. ↑ Parteitag der SED (1950) erstmals gewähltes, nach dem Parteistatut höchstes ↑ Organ der SED in der
Zeit zwischen den Parteitagen. Das
erste ZK bestand aus 51 Mitgliedern
und 30 ↑ Kandidaten, der XI. ↑ Parteitag (1986), der letzte vor der Wende, wählte 165 Mitglieder und 57
Kandidaten. Die Mitglieder und
Kandidaten des Zentralkomitees bestimmten aus ihrer Mitte als Arbeits-
gremium das ↑ Politbüro, dessen
Mitglieder die eigentliche politische
Macht ausübten. Im Zentralkomitee
sollten die besten Parteimitglieder
aus allen gesellschaftlichen Bereichen
vertreten sein, es sollte auch die de-
mographische Struktur der Bevölkerung widerspiegeln. Die in Abstän-

den von drei bis sechs Monaten vom Politbüro einberufenen Tagungen des Zentralkomitees (↑ Plenum) faßten Beschlüsse über die wesentlichen politischen Aufgaben, die für alle SED-Mitglieder verbindlich und damit in allen ↑ Staatsorganen und gesellschaftlichen Organisationen zu erfüllen waren. Im Unterschied zu den Mitgliedern hatten die Kandidaten des ZK nur das Recht zur Teilnahme an den Sitzungen, jedoch kein Stimmrecht. Wenn ein Mitglied vor Ablauf der Wahlperiode aus dem ZK ausschied, so bestimmte das ZK selbst, welcher Kandidat nachrückte. Mitglieder und Kandidaten wurden letztendlich von der Parteiführung ausgewählt, kein ↑ Parteitag hat einen diesbezüglichen Vorschlag der Parteiführung abgelehnt oder geändert. Obwohl die Mitglieder des ZK nominell auf der höchsten Ebene der Parteihierarchie standen, waren ihre persönlichen Machtbefugnisse und Einflußmöglichkeiten gering, wenn sie nicht gleichzeitig eine hohe ↑ Funktion im hauptamtlichen Parteiapparat ausübten. Im ↑ Apparat des ZK waren mehrere tausend gut ausgebildeter Mitarbeiter tätig. Diese kontrollierten die Arbeit der untergeordneten ↑ Bezirks- und Kreisleitungen, aber auch die der Ministerien. Ein Abteilungsleiter des ZK war, obgleich nominell nur Angestellter, praktisch Vorgesetzter mehrerer Minister. Das Zentralkomitee betrieb außerdem mehrere wissenschaftliche Einrichtungen (z. B. Akademie für Gesellschaftswissenschaften), die für wirtschaftliche und soziale Fragen Zuarbeiten leisteten und Parteikader ausbildeten. Im Unterschied zu den einfachen Mitgliedern des ZK, die ihre Aufgabe in der Regel ehrenamtlich wahrnahmen, wurden die Mitarbeiter und Abteilungsleiter des ZK sehr gut bezahlt und genossen eine Reihe sozialer Privilegien.

Zentralorgan 1. Offizielle Bezeichnung für die zentralen Tageszeitungen der politischen Parteien. Das waren neben dem 'Neuen Deutschland' (↑ SED) der 'Morgen' (↑ LDPD), die 'National-Zeitung' (↑ NDPD), die 'Neue Zeit' (↑ CDU) und die 'Neue Deutsche Bauernzeitung' (↑ DBD). Die jeweiligen Parteimitglieder waren angehalten, diese Zeitungen neben den lokalen Zeitungen der Parteien zu abonnieren. Wegen der politisch motivierten Auflagenbegrenzung der Zentralorgane der ↑ Blockparteien waren diese oftmals für Nichtparteimitglieder nur schwer im freien Verkauf erhältlich.
2. Umgangssprachlich für 'ND', Zentralorgan der SED. Da die SED die politische Führung in allen staatlichen und gesellschaftlichen Bereichen innehatte, trugen die Verlautbarungen des ↑ ND offiziellen Charakter.

Zentralrat /Kurzf. für Zentralrat der FDJ/ Höchstes Entscheidungsgremium der ↑ FDJ zwischen den alle vier Jahre stattfindenden Parlamenten. Neben den Mitgliedern und ↑ Kandidaten des Zentralrates, die sich im Abstand von drei bis sechs Monaten zu Tagungen versammelten und die zuvor mit dem ↑ ZK der SED abgestimmten Beschlüsse faßten, war zur Unterstützung der politischen Führung der FDJ ein mit hauptamtlichen angestellten Mitarbeitern besetzter ↑ Apparat des Zentralrates tätig. Im Unterschied zu den ehrenamtlichen Mitgliedern des Zentralrates wurde im Apparat die Politik der FDJ vorbereitet und die Kontrolle über die unterstellten ↑ Bezirks- und Kreisleitungen der FDJ ausgeübt. Aus dem Apparat des Zentralrates wurden häufig Mitarbeiter in den Apparat des ↑ Zentralkomitees übernommen.

Zettel falten gehen Vom Volke geprägte Bezeichnung für den Wahlvorgang bei den ↑ Volkskammer- und Kommunalwahlen. Dort wurde den Wählern eine vorbereitete ↑ Einheitsliste übergeben, die keine wirkliche Auswahl zuließ. Der Wahlschein war vom Wähler zu falten und in die Urne einzuwerfen. Änderungen bzw. Streichungen auf dem Wahlschein signalisierten Widerstand gegen die Politik der ↑ SED.

ZGB ↑ Zivilgesetzbuch

ZGE   ↑ zwischengenossenschaftliche Einrichtung

Zielprämie Bei Erreichen eines bestimmten vorher in einer Zielprämienvereinbarung zwischen dem ↑ Kollektiv, der ↑ AGL/BGL und dem Betrieb festgelegten Leistungszieles (z. B. Abnahme eines Bauabschnittes, Abschluß eines Exportvertrages, vorzeitige Erfüllung des Produktionsplanes) fällige, zumeist kollektive ↑ Prämie.

Zielsetzung Häufig anstelle des Wortes Zielstellung v. a. in offiziellen Texten verwendetes Wort. * unsere Werktätigen kämpfen täglich um die Erfüllung der Zielsetzung im sozialistischen Wettbewerb; S.: Zielstellung

Zielstellung ↑ Zielsetzung

Zigarre In Anspielung auf seine Form umgangssprachlich für ↑ Karlex gebraucht.

Zirkel 1. In regelmäßigem Abstand durchgeführte politische Lehrveranstaltung in Gewerkschafts- oder FDJ-Gruppen, z. B. im Rahmen der ↑ Schulen der sozialistischen Arbeit oder des ↑ FDJ-Studienjahres. **2.** Arbeitsgemeinschaft, v. a. auf kulturellem Gebiet, z. B. Theaterzirkel des Kreiskulturhauses oder Zirkel ↑ schreibender Arbeiter.

Zirkelleiter Ehrenamtlich tätiger Leiter eines ↑ Zirkels. Je nach Art des Zirkels waren die Zirkelleiter zumeist hauptberuflich künstlerisch tätig (z. B. Schauspieler leiteten einen dramatischen Zirkel), andere wurden besonders geschult (z. B. für das ↑ FDJ-Studienjahr).

Zirkulationsfonds Kategorie der ↑ sozialistischen Ökonomie zur Bezeichnung der ↑ Produktions- und Konsumtionsmittel in der Zirkulationssphäre. Dabei handelte es sich um die Fertigwarenbestände in den Produktionsbetrieben sowie die Lagerbestände im Groß- und Einzelhandel. Hinzugerechnet wurden auch die finanziellen Mittel auf Bankkonten und im Verrechnungsverkehr. Es war das Bestreben der staatlichen ↑ Planung, die Bestände möglichst gering zu halten und sie sehr schnell der ↑ Konsumtion oder erneuten Produktion zuzuführen. Dies gelang aber nicht in dem gewünschten Ausmaß, weil die Transport- und Umschlagsmöglichkeiten und die Kapazitäten für effektive zentrale Lagerhaltung nicht ausreichten.

Zirkus Krenz Von der Abkürzung ZK inspirierte spöttische Bezeichnung des ↑ Zentralkomitees der SED, in dem Egon Krenz als Nachfolger Honeckers galt.

Zivilgesetzbuch /Kurzf.: ZGB/ Am 1. Januar 1976 in Kraft getretenes Gesetzeswerk zur Ablösung des bis dahin noch angewandten Bürgerlichen Gesetzbuches vom 18. August 1896. Im Gegensatz zu diesem regelte es jedoch nur die zivilrechtlichen Beziehungen, an denen Bürger als Privatpersonen beteiligt waren, während die Rechtsbeziehungen der Betriebe untereinander und die Handelsbeziehungen zum Ausland anderen Vorschriften unterworfen wurden. Nach der Gesetzesbegründung sollte mit dem Zivilgesetzbuch das kapitalistische Zivilrecht zerschlagen und die neue Ära des sozialistischen Zivilrechts begonnen werden. In diesem Bestreben wurden viele systematische Vorzüge des deutschen Zivilrechts geopfert, wodurch große Unsicherheiten v. a. bei der Beurteilung von Vertragsbeziehungen entstanden. Andererseits brachte die für jedermann gut verständliche Sprache des Gesetzes und die stark vereinfachte Regelung einzelner Rechtsgebiete, z. B. des Erbrechtes, für den Bürger eine Reihe von Verbesserungen. Das Zivilgesetzbuch trat mit dem Beitritt der ↑ DDR zur Bundesrepublik außer Kraft.

Zivilverteidigung /Kurzf.: ZV/ 1958 durch das Luftschutzgesetz ins Leben gerufene Organisation, deren Aufgabe in der Vorbereitung auf den Verteidigungsfall oder andere Notsituationen im Inland bestand. Neben einem dem Verteidigungsministerium unterstehenden hauptamtlichen ↑ Apparat, der in Bezirks- und Kreisstäbe gegliedert war, gehörten bis zu 500 000 in den Betrieben und ↑ Staatsorganen geworbene ehrenamtliche Helfer dieser Organisation an. Sie wurde von einem Stellvertreter des Verteidigungsministers geführt und verfügte außerdem über Wehrpflichtige, die dort einen Wehrersatzdienst abzuleisten hatten. Die Zivilverteidigung errichtete und verwaltete Schutzräume, hielt Schutzausrüstungen gegen nukleare, chemische und bakteriologische Angriffe bereit und besaß eigene Sanitäts- und Bergungseinheiten sowie schwere Räumtechnik. Sie wurde in jede Investitionsentscheidung einbezogen, um bei dieser Gelegenheit eine Erweiterung des Schutzraumbestandes zu erreichen. Die Zivilverteidigung führte in Abstimmung mit dem Hauptstab der ↑ NVA unter Wahrung strenger Geheimhaltung eigene manöverähnliche Übungen durch. Alle Studenten, soweit sie nicht bei der NVA zu dienen hatten, sowie nach Einführung des ↑ Wehrkundeunterrichts auch Schüler ab Klasse 10 hatten an Lehrgängen und Übungen der Zivilverteidigung teilzunehmen. Hauptamtliche Kräfte der Zivilverteidigung wurden zur Bekämpfung von Waldbränden, zur Beseitigung von Hochwasser- und Sturmschäden, aber auch zum vorbeugenden Katastrophenschutz eingesetzt.

ZK ↑ Zentralkomitee

Zollverwaltung der DDR Seit 1962 Bezeichnung für die zentrale staatliche Institution (vorher Amt für Zoll und Kontrolle des Warenverkehrs), die die Kontrolle des grenzüberschreitenden Warenverkehrs ausübte sowie für die Erhebung von Zöllen zuständig war. Sie unterstand direkt dem Ministerium für Außenhandel und unterhielt neben der Hauptverwaltung in Berlin Bezirksverwaltungen, Zollämter sowie (v. a. an den Grenzübergängen) Zollstellen. Ihre Mitarbeiter wurden nach politischen Kriterien ausgewählt und so geschult, daß sie neben der international üblichen Zollkontrolle in der Lage waren, Einfuhrverbote wie das westlicher Zeitungen konsequent durchzusetzen. Die Zollverwaltung gehörte zu den ↑ bewaffneten Organen, sie konnte ihren Mitarbeitern sehr gute Bezahlung, besondere Renten und andere Vergünstigungen (z. B. Urlaubsplätze) gewähren.

Zone Dem Sprachgebrauch westdeutscher rechtsgerichteter Politiker und Zeitungen entlehnte Bezeichnung für die ↑ DDR (ohne Ostberlin). Da nach westdeutschem Verständnis nach der Gründung der Bundesrepublik nur noch eine Besatzungszone (die sowjetische) bestand und die DDR lange Zeit nicht als Staat akzeptiert wurde, war die Bezeichnung Ostzone oder Zone dafür folgerichtig. V. a. in der Ostberliner Bevölkerung wurde dies aufgenommen und noch lange Zeit benutzt.

Zoni Bezeichnung für DDR-Bürger. Im westdeutschen Sprachgebrauch abwertend, im ostdeutschen eher ironisch verwendet.

Zootechnik /o. Pl./ Nutztierhaltung und -zucht. Mit diesem Wort sollte die neue Qualität der Tierzucht in den sozialistischen Landwirtschaftsbetrieben beschrieben werden, die v. a. durch moderne Technik zur Ablösung schwerer körperlicher Arbeit gekennzeichnet war.

Zootechniker Facharbeiterberuf auf dem Gebiet der Nutztierhaltung und -zucht.

Zuführung Jemanden gewaltsam durch die Polizei einem Ermittlungsorgan, dem Gericht oder einer Strafvollzugsanstalt übergeben.

Zulieferbetrieb Betrieb, dessen ↑ Produktion nicht für Endverbraucher, sondern für die Weiterverarbeitung in einem anderen Unternehmen benötigt wurde. Da lange Zeit nur die Grundstoffindustrie und die Konsumgüterhersteller durch die Wirtschaftspolitik gefördert wurden, entstand ein wirtschaftliches Mißverhältnis bei der Zulieferproduktion. Dies wirkte sich (z. B. durch schlechte Belieferung mit Werkzeugen und Ersatzteilen) auch in den geförderten Bereichen sehr negativ aus. Zur Beseitigung dieser ↑ Disproportion wurden jährlich mit den ↑ Volkswirtschaftsplänen besondere Aufgaben für die Ministerien festgelegt, die Parteiführung erließ Aufrufe zur Stärkung der Zulieferbetriebe. Wegen der v. a. die industrielle Warenproduktion der Schwerindustrie und die ↑ Konsumgüterproduktion honorierenden Planabrechnungen blieben aber diese Bemühungen ohne spürbaren Erfolg.

überdachte Zündkerze Vom Volke geprägte Bezeichnung für ↑ Trabant.

Zündwaren Streichhölzer, auf den Packungen werbewirksam auch als „Sicherheitszündwaren" bezeichnet.

Zusatzrentenversicherung ↑ Freiwillige Zusatzrentenversicherung

Zusatzstudium Zusätzliche Ausbildung an einer ↑ Hoch- oder Fachschule, mit der ein vorhandener Hoch- oder Fachschulabschluß ergänzt oder ein weiterer erworben wurde. Auf diesem Wege wurden berufsbezogen spezielle Kenntnisse vermittelt

(z. B. Außenwirtschaftsrecht, Arbeitsschutz), besondere Qualifikationen erworben (z. B. Schweißfachingenieur) oder die Möglichkeit geschaffen, auf einem neuen Fachgebiet tätig zu werden. Im Rahmen der betrieblichen Qualifizierungspläne wurden die Mitarbeiter angehalten, für den Betrieb nützliche Zusatzstudien mit dessen finanzieller Unterstützung zu absolvieren. Vgl. auch: postgraduales Studium

Zwangsumtausch Nicht offiziell für ↑ Mindestumtausch

ZV ↑ Zivilverteidigung

Zweiradsalon ↑ Verkaufsstelle des VEB ↑ IFA-Kombinat Zweiradfahrzeuge, die Motorräder, Mopeds oder Fahrräder an Privatkunden verkaufte. Vgl. auch: Industrieladen

zwischenbetriebliche Einrichtung /Kurzf.: ZBE/ Von mehreren ↑ VEB gebildetes Gemeinschaftsunternehmen, das eine besonderen Aufgabe für die beteiligten Betriebe zu erfüllen hatte. Dies konnte z. B. der Betrieb einer Anschlußbahn mit mehreren Anliegern, eine gemeinsame Betriebsgaststätte oder Ferienanlage sein. In der Landwirtschaft und der örtlich geleiteten Industrie hatten gemeinsame Baubetriebe Investitionen und Reparaturen für die Beteiligten zu übernehmen. Oftmals traten auch Kreise, Städte oder Gemeinden solchen Einrichtungen bei, wenn auf diesem Wege örtliche Probleme (z. B. Abwasserreinigung, öffentlicher Nahverkehr) besser gelöst werden konnten.

zwischengenossenschaftliche Einrichtung /Kurzf.: ZGE/ Von mehreren ↑ Genossenschaften gebildetes Gemeinschaftsunternehmen, das für die Lösung einer die beteiligten Betriebe betreffenden besonderen Aufgabe verantwortlich war. V. a. in der Landwirtschaft bildeten die ↑ LPG und ↑ GPG gemeinsame Baubetriebe (auch als zwischengenossenschaftliche Bauorganisation-ZGO), ↑ Meliorationsbetriebe, Lager- und Verarbeitungsbetriebe (z. B. Kartoffellagerhäuser, Milchhöfe) sowie Einrichtungen für die gemeinsame Versorgung der Mitglieder mit Betriebsessen und Ferienunterkünften. GPG gründeten gelegentlich auch solche Betriebe als gemeinsame Investitionsträger und Betreiber, z. B. bei großen Gewächshausanlagen.

Dieter Herberg / Doris Steffens / Elke Tellenbach

Schlüsselwörter der Wendezeit

Wörter-Buch zum öffentlichen Sprachgebrauch 1989/90

1997. X, 522 Seiten. Leinen. ISBN 3-11-015398-X
(Schriften des Instituts für deutsche Sprache, Band 6)

Vom „Menschen in der Gerade-noch-DDR" zum „künftigen Bundesbürger", „Flüchtlingsmassen" und „Massenflucht", die „Aktenwasch-
anlage" und − natürlich − der „Wendehals": Die kurze Wendezeit
1989/90 hat uns rund 1.000 neue Wörter beschert, über die Sie in diesem
Wörter-Buch alles Wissenswerte finden. Die Autoren verzeichnen die
verschiedenen Wortbildungen und deren Bedeutung und vermitteln das
nötige Hintergrundwissen. Die vielen Textbelege zeigen, wie die Wörter
gebraucht wurden bzw. werden.
„Schlüsselwörter der Wendezeit" ist ein Nachschlagewerk und zugleich
ein Lesebuch für alle, die etwas über diesen jüngsten Abschnitt der
deutschen Sprachentwicklung wissen möchten.

Sabina Schroeter

Die Sprache der DDR
im Spiegel ihrer Literatur

Studien zum DDR-typischen Wortschatz

1994. X, 241 Seiten. Leinen. ISBN 3-11-013808-5
(Sprache, Politik, Öffentlichkeit, Band 2)

Auf der Grundlage von 35 Romanen und Erzählungen der DDR-Lite-
ratur von 1949 bis 1989 wird der DDR-typische Wortschatz der deutschen Gegenwartssprache untersucht.
Die Studie möchte zur Klärung der Beziehungen zwischen Sprache und
Gesellschaft bzw. Sprache und Ideologie am Beispiel der DDR beitragen.

Walter de Gruyter　　W DE G　　Berlin · New York

Cornelia Schmitz-Berning
Vokabular des Nationalsozialismus
1998. XLII, 710 Seiten. Gebunden. ISBN 3-11-013379-2
2000. Broschiert. ISBN 3-11-016888-X

Dieses Nachschlagewerk dokumentiert in Wortartikeln die Geschichte und die besondere Verwendung von Ausdrücken, die sich dem offiziellen Sprachgebrauch des „Dritten Reiches" zuordnen lassen. Es wird dargestellt, ob die Ausdrücke schon vor der NS-Zeit benutzt wurden, ob und in welcher Bedeutung sie während der NS-Zeit verwendet wurden und ob sie eventuell im heutigen Sprachgebrauch weiterleben. Umfangreiche, möglichst ungekürzte und sprechende Belegbeispiele verdeutlichen den Gebrauchszusammenhang.

Karin Böke / Frank Liedtke / Martin Wengeler
Politische Leitvokabeln in der Adenauer-Ära
Mit einem Beitrag von Dorothee Dengel

1996. XII, 496 Seiten. Leinen. ISBN 3-11-014236-8
(Sprache, Politik, Öffentlichkeit, Band 8)

Das Buch behandelt die Sprache der Politik in der Adenauer-Ära. Charakteristisch für diese Phase der Sprach- und Zeitgeschichte ist die Entstehung von politischen Begriffen, die für den öffentlichen Sprachgebrauch in der Bundesrepublik prägend waren. Behandelt werden die zentralen Themenbereiche Außenpolitik, Frauenpolitik, Schulpolitik, Wirtschaftpolitik, staatlicher Aufbau, Flüchtlings- sowie Deutschlandpolitik.

Georg Stötzel / Martin Wengeler
Kontroverse Begriffe
Geschichte des öffentlichen Sprachgebrauchs in der Bundesrepublik Deutschland
In Zusammenarbeit mit Karin Böke, Hildegard Gorny, Silke Hahn, Matthias Jung, Andreas Musolff, Cornelia Tönnesen

1994. VII, 852 Seiten. Leinen. ISBN 3-11-014652-5; Broschiert ISBN 3-11-014106-X
(Sprache, Politik, Öffentlichkeit, Band 4)

Diese Sprachgeschichte der Gegenwart zeigt, wie im Laufe der Geschichte der Bundesrepublik Deutschland das Sprechen über politische und/oder soziale Konzeptionen thematisiert wurde − und wie diese Thematisierung wiederum Einfluß auf das öffentliche Sprechen und Handeln nahm.
Die einzelnen Kapitel behandeln die Bereiche Wirtschaft, Europa, Jugend, Bildung, Rüstung, Zweistaatlichkeit, Studentenbewegung, Umwelt, Terrorismus, Gleichberechtigung und Emanzipation, Fremdwortdebatte und Amerikanisierung, Einwanderung, Abtreibung, sprachliche Diskriminierung von Frauen, Sexualität und Partnerschaft.

Walter de Gruyter   **Berlin · New York**